國家教育心靈

家育

教靈

心

創造個人幸福與
美好社會的教育生態系統

陳騏龍 著

目　　錄

序曲、核心精神的導讀.. 9

壹、心靈篇

一、什麼是國家教育心靈.. 16

二、國家教育心靈的顯現方式.................................... 25

三、探索新課綱的心靈世界...................................... 33

四、普羅克拉斯蒂的鐵床.. 54

五、孩子生命歷程中的緊箍咒.................................. 66

六、人的生態系統.. 73

七、人性水平線.. 117

八、生命的綻放只在當下.. 126

九、社會性神經的成長.. 132

十、成熟是另一個不成熟的起點.............................. 144

貳、制度篇

一、以德性為核心的教育系統.................................. 154

二、德性的成長系統.. 170

三、德性的彌補系統.. 183

四、以心應心的練心系統建立.................................. 189

五、人性的破口.. 218

六、反省是純淨美好人性的基礎.............................. 230

七、多元入學的苦與痛.. 237

八、單一窗口單一軌道多元檢定的入學制度設計.. 253

九、智慧的深化和知識的累積.................................. 272

參、生活篇

一、隨機殺人的陰影 306

二、無孔不在的詐騙集團 312

三、歡樂過後的垃圾戰場 323

四、抓不完的交通違規 331

五、利益至上的黑心商品 337

六、為情為利痛下殺手 348

七、校園霸凌與社會暴力 355

八、走進愛情的墳墓 367

九、層出不窮的貪腐案件 376

十、空污水污是心污 382

肆、夢想篇

一、值得等待的人性花朵 392

二、生活是一切知識的依歸 400

三、自由流動的靈魂 409

四、生命的累積與轉化 417

五、培養智慧樂天知命 424

六、存在本身就是個驚奇 429

七、成為最美好的自己 433

八、教育是神奇的心靈工程 440

九、終身學習終身喜樂 446

十、為下一代編織夢想 450

伍、附錄

一、東方心理治療的科學基礎探源 456

二、當前國民教育學生學習態度現況調查研究.................468

三、面對校園霸凌氾濫的真相與省思.................486

四、學校裡的一闡提.................493

五、誰不想擁有歡樂的時光？.................500

陸、參考文獻

一、中文部分.................506

二、英文部分.................509

圖　次

1-1-1　個人心靈的內容圖 ……………………………… 19

1-1-2　家庭心靈的內容圖 ……………………………… 20

1-1-3　三人家庭的心靈內容圖 ………………………… 21

1-1-4　國家教育心靈的形成與運作圖 ………………… 24

1-2-1　行為動力機制圖 ………………………………… 26

1-3-1　核心素養的滾動圓輪印象 ……………………… 36

1-3-2　人的精神層次與三態圖 ………………………… 37

1-3-3　人性的人文世界圖 ……………………………… 40

1-4-1　終身學習的精神圖 ……………………………… 59

1-4-2　精神的力量圖 …………………………………… 60

1-5-1　知識用途的層次圖 ……………………………… 70

1-6-1　個人身心靈的生態系統太極圖 ………………… 75

1-6-2　個人身心靈的主客觀世界太極圖 ……………… 76

1-6-3　人體的元素結構圖 ……………………………… 80

1-6-4　人性和動物性的光譜圖 ………………………… 90

1-6-5　人性和動物性的同心圓圖 ……………………… 91

1-6-6　動物性的核心圖 ………………………………… 95

1-6-7　人性的核心圖 …………………………………… 98

1-6-8　個人的生態系統粗細層次圖 ………………… 113

1-6-9　個人的生態系統整體圖 ……………………… 116

1-7-1　人性水平線圖 ………………………………… 119

1-7-2　大同世界的人性水平線圖 …………………… 123

1-9-1　社會性神經層次圖 …………………………… 136

2-1-1　幸福的層次圖 ………………………………… 156

2-1-2　純淨美好的德性圖 …………………………… 159

2-1-3　德與仁的層次圖　·····················　164

2-1-4　以德性為核心的教育系統圖　·············　167

2-2-1　德性的成長系統圖　·····················　170

2-2-2　100 分的德性圖·························　173

2-3-1　人性能量與動物性的戰爭圖　·············　185

2-4-1　以心應心的世界圖　·····················　191

2-4-2　練心系統的消極與積極層次圖　···········　194

2-4-3　練心系統的進階層次圖　·················　196

2-4-4　心靈成長與多元智慧的關係圖　···········　199

2-4-5　心靈成長與八大領域的關係圖　···········　200

2-4-6　個人心靈成長與共同心靈成長圖　·········　205

2-6-1　人的三種意識品質圖　···················　230

2-8-1　以德性為核心的入學系統圖　·············　264

2-9-1　以德性與智慧為核心的教育系統圖　·······　285

3-1-1　鄭捷事件生態系統圖　···················　307

3-2-1　詐騙集團的動物性圖　···················　313

3-3-1　心的品質與亂丟垃圾圖　·················　324

3-3-2　仁的層次與個人垃圾圖　·················　327

3-4-1　智慧深淺與車禍心靈因素圖　·············　335

3-5-1　人性的良心和動物性的黑心　·············　344

3-6-1　人性的覺醒與動物性的核心　·············　354

3-7-1　人性細能量和動物性能量粗細圖　·········　347

3-7-2　君子與小人的不同心靈品質圖　···········　364

3-8-1　愛情的幸福三層次圖　···················　370

3-8-2　認識自己與認識他人圖　·················　372

3-9-1　心靈品質與貪污圖　·····················　380

3-10-1　空污水污人心污系統圖　················　383

4-1-1　個人的自我結構圖 ················· 394

4-4-1　生命的累積與轉化圖 ················· 422

4-7-1　人性的覺醒與美好圖 ················· 434

4-7-2　追求美好的自己圖 ················· 438

4-8-1　存在的三大層次圖 ················· 442

表　次

1-6-1　個人存在生態系統的六大層面 …………………………………… 78

2-4-1　108 課綱國民小學及國民中學課程規劃表 …………………… 202

2-7-1　學生學習歷程檔案蒐集項目 …………………………………… 244

2-7-2　學習歷程檔案資料內容 ………………………………………… 246

2-8-1　學科能力多元方式檢定表 ……………………………………… 258

3-1-1　台灣隨機殺人事件表 …………………………………………… 309

3-2-1　近十年地方檢察署執行裁判確定詐欺罪人數表 …………… 314

3-2-2　台灣詐騙集團橫行世界表 ……………………………………… 315

3-4-1　近十年全台灣交通事故死傷人數表 ………………………… 333

3-4-2　近十年全台灣交通事故少年死傷人數表 …………………… 334

3-5-1　台灣重大食安事件表 …………………………………………… 345

3-5-1　近十年地方檢察署執行裁判確定竊盜罪人數表 …………… 332

3-6-1　近十年地方檢察署執行裁判確定殺人罪人數表 …………… 353

3-7-1　近十年地方檢察署執行裁判確定恐嚇罪和傷害罪人數 … 356

3-7-2　兒福聯盟校園霸凌調查報告表 ……………………………… 357

3-8-1　近十年家庭暴力事件通報案件統計表 ……………………… 368

3-8-2　近十年台灣離婚對數與離婚率統計表 ……………………… 369

3-9-1　近十年的重大貪污案件 ………………………………………… 377

3-9-2　近十年地方檢察署執行裁判確定瀆職罪人數表 …………… 378

序曲、核心精神的導讀

　　本書所關心的核心重點不僅止於教育，更是一個人的追求幸福生活和豐富生命的權利。對於國家和個人而言，教育只是工具，透過教育的心靈工程，是為了達到更深更遠的生命意義與生命目的。國家有國家的教育目的，而個人也有屬於個人的生命目的，然而，當國家的教育目的和個人的生命目的不一樣的時候，究竟是國家的教育目的重要，還是個人的生命目的重要呢？

　　人生存在天地萬物之間，面對千緯萬端的複雜世界，人無法只靠自己的力量活得精彩，活得透徹，活得幸福。因此，透過教育的力量，人的心靈得以獲得成長，人的智慧得以獲得啟發，人與人之間得以建立彼此互相尊重，彼此共同合作的和諧人性社會，讓每一個人得以自由追求屬於自己的快樂與幸福。所以，國家的生存與發展需要教育的力量，而個人的生存與發展也需要教育的滋養。本書分成心靈篇、制度篇、生活篇和夢想篇等四個部分，進行探討國家教育制度系統與個人教育生命歷程的本質與內涵，深入探索美好生命的智慧道路，其中的核心精神內涵主要包含以下幾點：

　　一、整體的科學：西方心靈的思維是以「腦」為主的物質科學，而東方心靈的思維是以「心」為主的心靈科學。而本書採取整體科學的視野，探討教育的本質與內涵，整體的科學就是包含客觀的物質科學和主觀的心靈科學。印度成道大師奧修（Osho）說：「科學是最終的價值，科學只有兩種：第一種是客觀的科學，它決定關於外在世界的事，第二種是主觀的科學，直到目前為止，它被稱為宗教，但是最好不要稱之為宗教，最好稱之為內在的科學。將科學分為外在科學和內在科學──────客觀的科學和主觀的科學。但是使它成為一個堅實的整體，科學仍然保持是最終的價值，沒有什麼東西比它更高（謙達那譯，1987）。」因此，教育需要以主觀科學為核心，以客觀科學為

輔助，才能建構一套滋養孩子生命靈魂與智慧的教育體系（詳文參考附錄一）。

二、**長青的智慧**：本書所提到任何古老智慧經典，如：《聖經》、《倫語》、《孟子》、《老子》、《凱巴萊恩》和所有佛家經典內容，主要是採擷人類內心的長青智慧。人類的四大聖哲：孔子、佛陀、耶穌和蘇格拉底，能夠留下穿越千古歲月的智慧話語給予後代的人們，為了就是滋養人類靈魂的生命。因此，在經過歷代先賢先聖的心靈檢驗與淬鍊之下，許許多多古代的長青智慧，無形當中就成為照亮亙古黑夜心靈的光明能量來源。所以，本書所引用的長青智慧話語，並不在宗教的框架之中，而在於生命的永恆智慧之光。

三、**德性與智慧**：德性並不是為了道德的名義而存在，德性是為了成就個人生命的美好與幸福的基石。雖然我們的國家教育心靈將德育擺在五育的第一位，但實際上的教育現場實踐卻是以智育為核心的教育系統。本書內容主要是在探索什麼才是真正以德育為首的教育系統，國家教育心靈需要重新檢視本身的教育理念與教育實踐之間的言行一致，而非是說一套，做一套，教育理想很遙遠，然而教育實踐卻距離教育理想更遙遠。因此，唯有以追求生命智慧的深度，培養孩子的圓滿德性，才是真正以德育為第一位的教育系統。

四、**主觀的世界**：每一個人之所以具有獨一無二的獨特性，不僅僅只是長相容貌有所不同，而更細微的更是每一個人都擁有很不一樣的內在主觀世界。內在主觀世界就是自己生命世界的核心，主觀世界從人一出生下來就與生俱來的本性。因此，尊重一個人就是要尊重一個人的主觀世界，尊重一個人獨特性的感覺與感受。如果國家教育心靈無法看見每一個孩子存在著非常不一樣的主觀世界，那麼，當孩子的主觀世界無法獲得應有的尊重與同理時，孩子的主觀世界和國家的教育心靈就會處在不同的生命軌道了。如果國家教育心靈無法瞭解孩子主觀世界的生命軌道，又如何談論適性揚才呢？

五、**生態系統觀**：人的存在不是一個封閉的孤島，而是存在一個多層次

與多層面的生態系統之中。因此，本書內容所探討的教育心靈世界，是從個人、家庭、學校、社會和國家等不同層次的生態系統進行深入探索。人的存在本身就是一個完整的生態系統，同樣地，家庭、學校、社會和國家的存在也是一層比一層更為繁複深細的生態系統。個人是社會生態系統中的一部分，社會的生存發展也需要依賴個人的投入參與，所以，在生態系統中，所有不同層次與不同層面的存在，都是彼此習習相關，彼此相互影響。

六、**精神與制度**：人的精神可以創造制度，人的制度可以塑造精神。在教育系統的制度中，孩子的心靈除了接受了各領域的知識、技術和態度，但在不知不覺中教育系統的制度也傳達了一種無形的價值與精神。在學校努力追求分數，出社會賣命追求金錢，這就是當前學校與社會的主流追求。如果在孩子短短幾年的教育歷程中，無法培養出基本的人性素養，那麼，無所不在的動物性本能行為就自然會進入我們的日常生活中。一旦整體社會中充斥著無所不在的動物性本能行為，那麼，自然就會有人受到侵襲與傷害，究竟是誰會受到傷害呢？那也只是機率的問題。因此，教育需要透過系統性的制度培養每一個人的基本人性素養，建構一個「無害他人」的純粹人性化社會，然後每一個人才可以「各從所向」，追求屬於自己生命中的快樂與幸福。

七、**當下的生命**：從出生到死亡，人生中的每一個時刻都是同樣地珍貴與美好。真實美好的生命只存在於當下，過去和未來只存在於人的頭腦之中，而鮮活躍動的生命只存在於當下。生命的舞蹈在孩子的四肢中舞動，生命的歌曲在孩子的喧鬧聲中歡唱，生命的夢想在孩子神祕的心靈中飛翔，沒有人知道孩子的未來是什麼，但孩子完全知道生命一切的真實與美好就在於當下。是誰綁住了孩子的夢想羽翼？是誰困住了孩子的自由靈魂？當爸媽真正愛孩子，孩子自然會真心愛爸媽；當國家教育心靈懂得真正愛孩子，孩子自然也會以無限的生命潛能與美好的夢想果實予以豐盛的回報。

八、**學校與社會**：學校是孩子通往社會的必經橋樑。孩子出生於家庭，成長於學校，貢獻於社會，然而，為什麼每一個國民都是成長於學校，但卻不是每一個國民都會貢獻於社會？為什麼會有許多國民會選擇危害於社會

呢？教育界有一句名言：「青少年的差偏行為問題都是起因於家庭，顯現於學校，惡化於社會。」如果學校是每一個國民必經的生命旅途，而且是一段不算短的生命歲月，那麼，學校就有機會成為社會人性化的過濾器。目前的教育系統是很典型的社會知識化的過濾器，所以，每一個國民都能擁有基本的知識水平。因此，國家教育心靈如果能夠將教育核心的焦點，從知識化的過濾器轉換成人性化的過濾器，那麼，純粹的人性化社會就是值得夢想與期待的。

　　九、人性水平線：人性就只有人性，人性沒有動物性；人性沒有黑暗，人性只有光明，心靈的黑暗都是源自於人的內在動物性。所以，人性的水平線意謂著人性覺醒的起點，人性的尊重、同理心、誠信、關懷與仁慈都是美好的人性心靈品質。因此，我們必先將人的動物性部分和人的人性部分，涇渭分明地透徹地釐清，動物性就是動物性，人性就是人性，二者是完完全全不一樣的意識層次和心靈品質。人的生態系統本質就是具有動物性、人性和神性，動物性本身並不是罪惡，而是人的言行舉止因著動物性本能的自私自利與為所欲為，生出了罪惡的結果。因此，人生而自由，人的言行舉止是可以由自己的內心所決定出來的。長青智慧的光明之路，明確地指引人們的心靈追求人性的美好與神性的喜樂。國家教育心靈需要引導孩子轉化內在動物性的本能，覺醒人性的美好與快樂，建構一個純粹人性化的美好社會。

　　十、美好的生活：每一個人都渴望擁有美好的生活，每一個人都在追求美好的生活。美國教育哲學家杜威（John Dewey）有一句名言：「教育即生活，生活即教育。」（Education as life, life as education.）一切的知識如果沒有依歸於生活，那就是沒有用的知識；一切的教育如果沒有成就美好的生活，那就是空洞的教育。因此，印度成道大師奧修（Osho）說：「完全清醒地生活，除了生活以外，沒有其他的神。」（Live－fully awake. There is no God other than life itself.）人的一生中，會有許多不同的生命階段，有時候會為了生存而掙扎，有時候會為了生活的困境而煩惱，有時候會覺得生命充斥著空虛與無奈，無論人在什麼樣的生命階段，都是需要

生命智慧之光的指引，而不是需要累積大量的知識。因此，知識浩瀚無邊，不一定急著需要快速學會學好學滿，需要用到的時候，自然會有強大的生命動力快速學會學好學滿。然而，智慧卻是需要一點一滴地慢慢深化，一旦擁有生命的智慧，終身學習的生命動力自然水到渠成。因此，國家教育心靈需要引導孩子學習用智慧追求美好的生活，而不是被動盲目地追求不一定有用的無窮知識。

壹、心靈篇

一、什麼是國家教育心靈

國家教育心靈的層次與高度，影響了國民心靈品質的層次與高度；
國民心靈品質的層次與高度，決定了國家精神文明的層次與高度。

　　國家是一個抽象的名詞，教育是一個抽象的名詞，心靈更是一個非常抽象的名詞，所有抽象的名詞都存在於內在的精神世界，而精神世界的存在，都必須透過理性思維的道路，才能進入浩瀚無邊的精神世界的廣袤領域。

　　抽象的世界存在於內心的廣大世界，而不在於物質的具體世界之中。所以，英國首相鐵娘子瑪格麗特・柴契爾夫人（Margaret Hilda Thatcher）在1987年接受專訪時說了一句名言：『根本就不存在「社會」這種東西。』從具體的物質世界來說，柴契爾夫人所說的並沒有問題，我們在市區的大街上看不到社會，也看不到國家，我們看到的就只是人們、車子、房子和道路等具體的物質存在，我們的肉眼是看不到所謂的「社會」和「國家」。我們必須進入內心的概念思維，才能夠掌握住「家庭」、「社會」和「國家」的存在性。

　　「家庭」、「社會」和「國家」的存在性是在於「具體」的內心之中，我們內心世界存在的具體性和外在世界的具體性是沒有兩樣的，只是看我們從什麼角度去看待所謂具體的存在性。因此，外在世界的真實，是透過眼、耳、鼻、舌、身等五官去體驗與感受其中的具體性與存在性；而內在世界的真實，必須透過「心」去體驗與感受其中的具體性與存在性，然而「心」的世界在西方科學的眼中是不可測、不可量、無法具體的東西，因此予以排除在科學之外。不同於西方科學的思維層面，東方的心靈科學，千年以來對於「心」的探索，已經極為深入，而且極為細微。因此，對於內在真實的存在，必須以「心」的角度去體驗與感受，才得以進入浩瀚無邊無際的內在真實性。

理性、感性、意識、心靈和精神，都是「心」的層面。在此，我們先以理性的思維，進入內在世界的真實。

　　從哲學的角度來說，「家庭」、「社會」和「國家」是一種概念的存在性，而所有的概念都是一種認同，一種心象的過程。概念可以分為基本概念、上位概念和下位概念。以魚類為例，當把「魚類」做為基本概念時，其上位概念就是「動物」，下位概念就是「金魚」；如果以人類的組織為例，當把「人類」做為基本概念時，其上位概念就是「社會」，下位概念就是「個人」。因此，「個人」和「家庭」、「社會」、「國家」之間的關係，就是屬於上位概念和下位概念的關係。「個人」是「家庭」、「社會」、「國家」的最基本單位，因此，「個人」的存在就是完整的個體性，沒有所謂的半個人，「個人」就是一個完整的個體性存在，「個人」就是一個具足一切的完整存在，「個人」的存在本身就是「家庭」、「社會」、「國家」存在的基礎與基本單位。而所有的上位概念「家庭」、「社會」、「國家」，以及人類任何組織的存在，都是以下位概念的「個人」做為根本基礎的實體存在。因此，沒有「個人」的存在，就沒有「家庭」、「社會」、「國家」的存在。

　　在談論國家教育心靈之前，我們從大家最為熟悉的「家庭」來談起。從法律的層面來說，二個人就可以共組一個家庭了，所以家庭的存在性至少必須要有二個人以上。當二個人有意願共組一個家庭，去戶政機關登記時，戶政人員不會問你有沒有房子，有沒有車子，有沒有足夠的金錢。因此，房子、車子和錢的都少都不是組織家庭的必要條件。如果有一家人被迫流落街頭，他們還算是一個家庭嗎？答案是肯定的，當然他們還是算一個家庭，他們只是暫時性地沒有房子住，沒有車子開，沒有錢可以用，但他們仍然是一個完整性的家庭。因此，家庭再如何落魄，如何顛沛流離，如何艱難困苦，只要是家人在一起，就是一個完整的家庭。台灣名主持人虞美人小時候經常到處搬家，有一天她問媽媽：「我們的家到底在哪裡？」媽媽很有智慧回答她：「媽媽在哪裡，家就在哪裡。」因此，家的核心條件是「人」，而不是房子、車子和金錢。一般來說，爸媽是孩子心靈安全感、信任感和基本需求的主要

來源。因此，再美的房子，再好的車子，再多的金錢，如果沒有爸媽陪伴的孩子，心靈依然會是寂寞、空虛、孤獨的。心靈的美好與富足，金錢並不是唯一決定的主要因素，而心靈彼此的交流與共鳴，更是產生美好心靈的重要因素。

孩子心靈的成長最重要的基石，就是爸媽的心靈陪伴與引導。因此，當我們談論「家庭心靈」時，就不難理解，家庭心靈和個人心靈最大的差別就是，家庭心靈除了包含了個人的心靈之外，擴展延伸了個人與個人之間的互動交流所產生存在的心理內容，如：尊重、同理、和諧、衝突等二人以上才會出現的存在內容。

尊重、同理、和諧、衝突等心理內容的存在，是必須建立在個人心靈與個人心靈產生互動之後，才會在彼此之間產生出來的心理內容。因此，在人與人之間所產生的心理內容世界，我們可以稱為「人際心理內容」或「社會心理內容」。「社會心理內容」的存在是相對性的，而非絕對性的存在，也就是和不同的人所產生的互動心理內容，就會有不同的「社會心理內容」，例如：小華是個溫和良善的人，當他遇到一個同樣溫和良善的人，彼此之間就會產生和諧與尊重的心理內容；然而，當小華遇到一個強勢霸道的人，不時地嘲笑他懦弱無用，那麼這個時候所產生的心理內容，就變成了不尊重、欺凌和衝突了。因此，個人心靈的美好，並不能完全決定社會心靈的美好，而社會心靈的美好，卻必須奠基於個人心靈的美好。

那麼，什麼是個人的心靈內容呢？當自己一個人關在房間時，自己一個人的存在就是屬於個人心靈的內容（圖 1-1-1）。在個人獨處的房間裡面，是不會有「社會心理內容」的存在。因此，個人的心靈內容是可以由個人所完全主導決定的，個人的主觀感受、想法，都是可以透過個人的努力而獲得屬於個人的心靈內容；而社會心理內容是在人與人之間互動所產生的，所以社會心理內容並無法完全由自己所決定而掌控，而是在人與人之間彼此的相對關係，由個人心靈內容所延伸出來，完全是另一不同層面的心理內容。

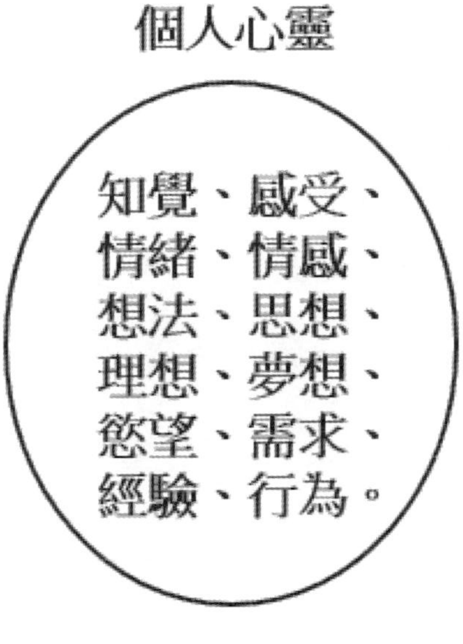

個人心靈

知覺、感受、
情緒、情感、
想法、思想、
理想、夢想、
慾望、需求、
經驗、行為。

圖 1-1-1 個人心靈的內容圖

　　當我們在探索個人的心靈內容時，必須保持一個基本的態度，就是個人的心靈內容和宇宙太空一樣地浩瀚無邊，個人的心靈內容就是一個「小宇宙」，是無邊無際的廣大無垠存在，而我們所能探討的就是屬於目前所能覺知到的主流議題與內容，如：知覺、感受、情緒、情感、想法、思想、理想、夢想、慾望、需求、經驗、行為等內容，這些都是與個人生存、生活、生命，有著習習相關的主要心理內容。

　　當個人與個人產生互動時，社會心理內容就會在彼此之間自然產生了。因此，家庭心靈的內容是以丈夫的個人心靈內容和妻子的個人心靈內容為互動基礎，所延伸產生的心理內容，如：親密、和諧、尊重、同理、 暴力、冷漠、疏離、衝突等。社會心理內容的產生是相對性的，因此，不同個人心靈內容的人，也自然會形成不同的家庭心靈內容（圖 1-1-2）。

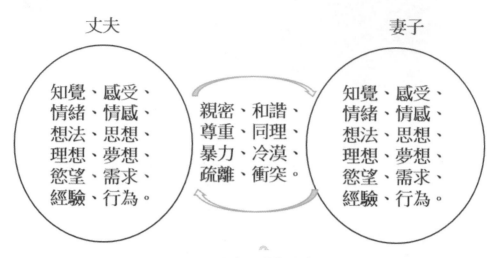

圖 1-1-2 家庭心靈的內容圖

　　當孩子降臨到丈夫和妻子之中時，丈夫和妻子不再只是丈夫和妻子，而是自然而然多了爸爸和媽媽的角色。孩子的誕生，也意謂著家庭的組成與家庭的動力，自然會因為孩子的加入而有所改變。這時候所形成的三人家庭心靈的內容，也會自然發生改變，和二人的家庭心靈內容完全不一樣的心靈內容（圖 1-1-3），例如：孩子的教養方式經常會造成夫妻之間衝突與爭執的議題，如果沒有孩子的加入，就自然不會有孩子教養方式的議題發生。

　　在家庭中，每加入一個孩子，就自然會改生不一樣的家庭心靈內容。因此，家庭的心靈內容就是由家庭的每一個個人心靈內容所互動而產生的。

　　家庭的心靈內容的產生，也就是所謂的家庭氣氛，會直接影響到家庭成員的每一個人。充滿笑聲和樂的家庭氣氛，會讓家庭的每一個人，每天帶著愉悅的心情出門，也會帶著期待的心情，渴望儘快回到讓自己感到很舒適愉快的家庭心理環境；相反地，充滿敵意衝突的家庭氣氛，經常火藥味十足的家庭，會讓家庭的每一個人，每天愁眉苦臉地出門，然後帶著沈重的步伐，又得回去面對讓人不舒服的家庭心理環境了。

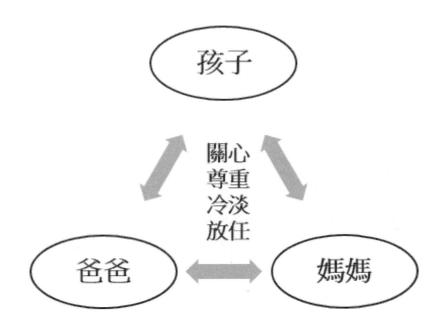

圖 1-1-3 三人家庭心靈的內容圖

那麼，家庭氣氛是由誰所主導決定的呢？簡單地來說，在家庭的成員中，每一個成員都有可能成為家庭氣氛的主導者。當然，誰擁有主要權力，誰就比較容易成為具有決定家庭氣氛的主導者。我們可以從以下幾個案例，進而瞭解家庭氣氛主導者的不同樣態。

案例一：小安的媽媽是個完美主義傾向者，對於爸爸和小安經常有諸多的抱怨和嘮騷，小安經常必須面對爸媽之間為了小事而大吵一翻，在這種情況下，小安的媽媽就是家庭氣氛的主導者。因此，在媽媽尚未做出重大的調整與改變之前，小安所要面對諸多爭執的家庭氣氛是難以改變的。

案例二：小旭的爸爸是個控制慾很強的人，他很需要什麼事情都要按著他的意思進行。家庭中稍有不順他心的事情，就會開始大發雷霆。爸爸在一次經商失敗之後，意志消沈，每天喝酒看電視，沒有人敢去惹他，整個家庭像是烏雲罩頂般地灰暗無光，在這種情況下，小旭的爸爸就是家庭氣氛的主

導者。在爸爸還沒有改變自己強烈的控制慾之前，學習對於家庭成員的平等與尊重，那麼低迷的家庭氣氛是難以改變的。

案例三：小華是被寵溺的小孩，是家裡的小王子，從小到大已經習慣以他為中心的生活方式。爸媽經常為了滿足小華的慾望和安撫小華的情緒，必須付出許多的辛勞代價。小華有一次在學校和同學起衝突，而把對方的牙齒打到流血，爸媽出面處理，也不敢多責罵小華，只能承受小華經常惹出的事端。在這種情形下，小華就成為了家庭氣氛的主導者。

案例四：小傑是家中的開心果，經常一個小小的動作和天真的話語，就可以把爺爺奶奶逗得哈哈大笑，爸爸媽媽對於孩子的教養態度是關心與尊重的，家庭成員遇到事情，都能好好地溝通討論，鮮少會有大吵大鬧的情形發生。在這種情況下，在表面上，小傑是創造家庭氣氛歡樂的主導者，但在深度層面上，爸爸媽媽的民主與尊重態度，才是整個家庭氣氛的主導者。

因此，家庭氣氛的形成和家庭成員的每個個人心靈內容，有著彼此習習相關的互動關係。家庭的心靈內容的形成，源自於個人的心靈內容，因此，每個人對於家庭的氣氛的影響，都存在著一份可以改變的潛力。

在討論了個人的心靈內容與家庭的心靈內容之後，我們就可以開始進入，什麼是國家的教育心靈主題了。

國家是由全體國民所組成的，然而國家教育心靈的形成，並非由全體國民的每一個個人心靈所匯集而成的，因為每一個人對於教育的考量與想法都會有所不同，而難以在龐大紛雜的全體國民身上，匯集出具體的共同教育心靈。因此，在民主國家形成國家教育心靈，最常使用的方式，就是採取代表制度。

一般來說，影響國家教育心靈形成的主要代表力量來源，包含：立法委員、政府官員、專家團體、學者團體、家長團體和教師團體等（圖 1-1-4）。

國家教育心靈形成的過程包括開公聽會、公開討論、公開辯論，逐漸形成所謂的團體共識，具體的存在就是教育相關的各項法令、規章和制度，如：

《教育基本法》、《國民教育法》、《終身教育法》、《十二年國民基本教育課程綱要總綱》、《少年不良行為及虞犯預防辦法》和升學制度等。當然，教育相關的各項法令、規章和制度，是繁多不及備載。國家教育的正常運作，也正是靠著這些繁多不及備載的各項法令、規章和制度。

國家教育心靈的運作，主要直接影響在學校生活的學生和老師，而間接影響的是學生的家長。國家教育心靈的運作，依照《中華民國憲法》第 158 條，主要的目的是「教育文化，應發展國民之民族精神、自治精神、國民道德、健全體格、科學及生活智能。」以當前的教育現場來看，從民族精神、自治精神、國民道德、健全體格、科學及生活智能的五個層面來說，科學與生活智能，最受到重視，而國民道德是最受到忽視。簡單地說說，就是以智育掛帥的教育體制。這樣仍然以智育為主的教育現場，和 1994 年以來所發起一連串的教育改革，教育心靈內容有什麼樣的重大的轉變與調整嗎？當然，從二十幾年的漫長改革歷程來看，雖然已經在教育法令和教育制度上做出了許許多多的調整與改革，然而在以智育為核心的教育現場依舊是沒有太大的改變。

如果依照《國民教育法》第 1 條規定：「國民教育依中華民國憲法第一百五十八條之規定，以養成德、智、體、群、美五育均衡發展之健全國民為宗旨。」那麼，為何經過二十幾年的大量的人力、金錢與時間的投入教育改革，仍然無法改變教育現場，以智育最為受到紅花般地重視，而德育、體育、群育、美育只是受到綠葉般地陪襯的對待，尤其德育已經近忽像是流浪者一般，可有可無地不被當一回事了。

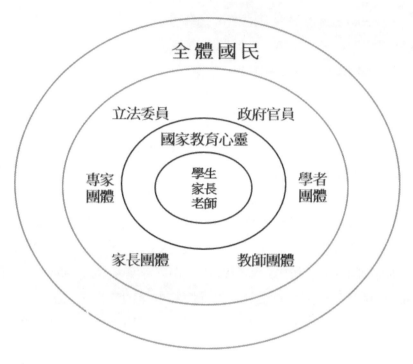

圖 1-1-4 國家教育心靈的形成與運作圖

　　如果我們的國家教育心靈，仍然看重國民的德、智、體、群、美五育均衡健全發展，仍然強調「德育」才是五育之首。然而，整體國民的發展與教育現場，卻是明顯地仍然以智育為主的教育體制。那麼，我們就很想問一個問題，一個國家的教育心靈，怎麼會是強調以「德育」為首的五育均衡發展，然而實際上在國民的個人心靈中，「智育」卻是受到最普遍的重視，其他四育就可有可無了呢？這其中的問題，肯定不是在學生、老師或是家長配不配合身上，而是出在教育心靈的智慧深度和教育制度的設計上。

　　國家教育心靈的具體顯現方式，主要在於教育相關的各項法令、規章和制度上。因此，問題的探源就必須從這裡開始。

二、國家教育心靈的顯現方式

存在本身的一切是宇宙心靈的顯現方式；顯現本身即是存在之花朵。

個人的顯現方式是按照自己的方式，而不會是依照國家教育心靈的方式。

「每個人的行為一定都有目的。」這是由個體心理學派創始人阿德勒（Alfred Adler）所提出來的「虛構目的論（Fictional Goal）」。阿德勒認為，每個人的生活模式不同，經驗和想法也都不同，因此每一個人的主觀目的也不完全相同。個人的主觀目的就是個人的虛構目的，此一虛構目的會影響個人一生的行為。阿德勒主要是從「目的論」的觀點，來解釋每個人的行為，認為每個人的行為一定都有其目的。然而從個人的主觀知覺來說，個人不一定都能明白自己行為背後的目的，例如：一個人毫無目的，行屍走肉般地走在街上，在面對感情失敗和事業挫折的雙重打擊之下，人生失去目標，生活失去重心，感到生命沒有意義，漫無目的地遊走在街上。或許他自己不明白自己為何會漫無目的地走在街上，但他的行為背後目的，可能是借此排解內心鬱悶的情緒。

又例如：小嬰孩肚子餓了，本能地會在媽媽的胸口找奶喝。小嬰孩內心並沒有目的的想法，只是本能的自然行為而已。所以，從人的生態系統來看，人有動物性、人性和神性的不同意識品質，人的行為背後必然會有動力，而行為動力的機制可以分成三種：動物性的本能機制、人性的人文機制和神性的自然機制，此三種機制都是屬於自然的一部分（圖1-2-1）。無論是本然機制、人文機制和自然機制，都是自然的一部分，所以老子說：「人法地，地法天，天法道，道法自然。」《道德經》

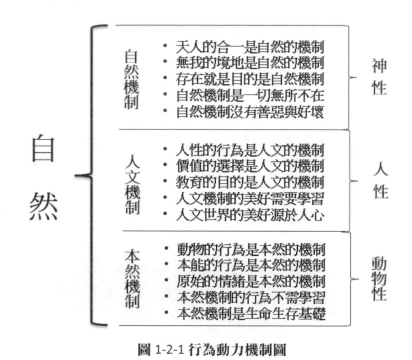

圖 1-2-1 行為動力機制圖

一、本然機制：本然機制的行為就是不需要經過學習的本能行為，所有的動物性為都是屬於本然機制行為，肚子餓了就吃，性衝動來了就做，沒有什麼想法，也沒有什麼內在的目的，就只是依循內在的本然機制，小孩子的行為主要是源自於本然機制的動力。此一本然機制也是生命很重要的生存基礎，地球上欣欣向榮的生命現象，就是按照本然機制進行著。

人的行為核心基礎就是源自於動物性的能量，也就是本然的機制主導著人的原始行為，餓了就想吃東西，睏了就想睡覺，情緒來了就想發洩，這就是本然的機制，也是維護個人生存很重要的基礎動力。

小孩子遇到不想上的課，無聊的情緒就會出現亂吵亂鬧的情形，而什麼是尊重？在小孩子還沒有發展出人性的意識之前，在他的字典是找不到尊重的，尊重在他的生命中只是沒有意義的語詞而已。小孩子經常沒有同理心地鬧情緒，就是源自於本然機制的行為，人性的語言對於本然機制的力量是微

弱的。本然的機制就是弱肉強食，比力量大小的動物性世界。

在人類的世界中，動物性世界的能量是不會消失的，本然機制的行為是永遠會存在的，因為本然的機制是生命生存很重要的基礎，所以，本然的機制會一直存在於人的生命根處，會跟隨人的一生，以保護其生命得以持續活動。

二、人文機制：人文機制的行為是需要透過學習才能表現出來的行為，如同理心和尊重等。人出生下來，同理心只是種子的狀態，是沒有同理心行為的，同理心行為是需要透過學習才能慢慢出現的。

人的理性所發展出來的思想、理念和價值等精神內涵，都是人文機制。孔子說：「克己復禮」《論語·顏淵》就是人文機制的行為表現。為什麼要克己復禮，為什麼不要為所欲為？這就是人文機制的價值選擇，人文機制自然會選擇對自己更好的生活方式與生命價值，這就是人不同於萬物的獨有智慧。

教育目的就是人文機制的呈現。《教育基本法》（民國 102 年 12 月 11 日）第 2 條明定：「教育之目的以培養人民健全人格、民主素養、法治觀念、人文涵養、愛國教育、鄉土關懷、資訊知能、強健體魄及思考、判斷與創造能力，並促進其對基本人權之尊重、生態環境之保護及對不同國家、族群、性別、宗教、文化之瞭解與關懷，使其成為具有國家意識與國際視野之現代化國民。」其精神內涵就是期許，所以國民都能展現人性意識的行為，而不會鼓勵動物性慾望的為所欲為。

以尊重來說，尊重是人文機制最基本的行為，然而，我們的社會到處可以看到，感受到不尊重的行為，例如：說話無禮、以大欺小、你爭我奪、交通違規等行為，如野地裡的雜草，無處不在。這就是我們的教育系統缺乏人文素養培育的結果。人文素養的培育是需要耗費許許多多的時間和心力的，而不是只靠教課書上的幾個字，或老師口裡的幾句話就可以成就的。

國家教育心靈對於尊重的精神內涵也非常地重視，在《教育基本法》全文十七條中，就有四條提到尊重：

第 2 條「對基本人權之尊重」。

第 3 條「尊重人性價值」。

第 6 條「私立學校之特定宗教活動，應尊重學校行政人員、教師及學生參加之意願。」

第 8 條「教師之專業自主應予尊重」。

國家教育心靈在文字上和精神上很重視尊重的人文基本素養，但在執行上就非常缺乏尊重的行為了。最實際的例子就是，強迫每個人都要完成「十二年國民基本教育課程綱要總綱」（簡稱總綱）的所有內容。當孩子表現出完全沒興趣，不想學，學不來的態度時，教育現場只能繼續執行總綱的要求，無論如何就是要學起來，學不起來就是要進入扶助學習系統強迫就是要學起來規定的課程內容，這就是不尊重的行為。如果國教育心靈都無法做到尊重的基本文人素養，又如何能夠期待所有的國民能夠表現出尊重的基本人文素養呢？就好像一個媽媽準備孩子不喜歡吃的東西，還硬是強迫孩子每天要吃下去，用盡各種理由說服孩子，這是為了他好，才會強迫他的，還相信以後孩子自然就會明白媽媽的用心。當孩子每天都忍受著負向的情緒，忍受著無法被瞭解的痛苦，在無法被尊重的心理環境下，如此這般的情境，怎能期待孩子學會尊重別人呢？

「要怎麼收穫，先那麼栽。」如果國家教育心靈期許，所有的國民都能學會尊重的人素基本素養，那麼，國家教育心靈就必先做到，如何真正地尊重每一個孩子和每一個國民的個人生命自由發展。

三、自然機制：自然機制的行為就是天人物我的和諧行為，一切行為都順從宇宙生命的自然生命脈動，沒有強烈的執著心，只是純然地保持無我境地與天地萬物和諧相處。一個人的身心和諧，自然能夠保持長長久久的身心健康，擁有愉悅的身心健康，自然能夠享有一切美好的存在。

自然機制的行為就是人的神性行為，而神性的行為並非是指像神一般高高在上，難以觸及的天國世界，而只是無念無為地與天地萬物和諧地同在。當一切行為都能與周遭的人事物和諧同在時，內心自然會感到平靜、美好、

愉悅的精神境地。自然機制的行為肯定不是天生就會出現的，而是必須歷經文人機制的種種挑戰與磨練，才能慢慢達到最自然和諧的心靈境地。因此，人文機制的行為是本然機制和自然機制的橋樑，如果沒有通過人文機制的理性橋樑，是無法到達自然機制的行為境地的。

我們國家的教育心靈主要核心的信仰是西方的主流理性，而非東方的深細心靈，所以自然對於人的神性部分著墨極少極淺，以《教育基本法》的十七條全文來說，勉強稍微觸及到人的神性部分就只有一句話，就是第 3 條的「致力開發個人潛能，協助個人追求自我實現」，個人的潛能就是包含著神性的自然機制行為。雖然《教育基本法》期許每個人都能致力開發個人生命潛能，以追求個人自我實現的生命高峰經驗，美好的生命體驗，然而在實際的執行為，卻是完完全全在壓抑個人的生命潛能，障礙個人追求自我實現，「十二年國民基本教育課程綱要總綱」就是非常顯而易見的例子。因此，在臺灣這塊土地上，國家教育心靈的言行不一致，說的是一套，做出來的又是另外一套，有錢有勢的爸爸媽媽，完全不相信我們的教育系統是在致力開發個人潛能，完全在協助個人追求自我實現，所以只能把孩子往國外送，好讓自己的孩子可以獲得真正地開發個人生命潛能，獲取實現自我生命的可能性。

因著我們國家的教育心靈缺乏神性精神內涵，所以整體的教育系統就是以智育為核心的人文機制在運作著。如果國家教育心靈缺乏神性的精神內涵，那麼，孩子們無法獲得真實的生命尊重與愛，那就是很自然的事。

國家教育心靈具體顯示於各項教育相關的法令、規章和制度中，如《中華民國憲法》、《教育基本法》、《國民教育法》、《十二年國民基本教育課程綱要總綱》。教育是國家百年樹人大計，國民的行為素質和心靈素質肯定與國家教育心靈的智慧深淺度有絕對的關係。

《中華民國憲法》（民國 36 年 01 月 01 日）第 159 條明定：「國民受教育之機會，一律平等。」這也是孔子所提倡的有教無類。以目前的教育系統而言，此一精神的實踐上最為到位，最為值得讚賞。在孔子二千多年後

的今日，現代化的教育真正可以做到有教無類，國民受教育機會一律平等的境地，這是當代教育最偉大的成就之一。而第 158 條規定：「教育文化，應發展國民之民族精神、自治精神、國民道德、健全體格、科學及生活智能。」很顯然地，國民道德是很被忽視的一塊。

《國民教育法》（105 年 6 月 1 日）第 1 條規定：「國民教育依中華民國憲法第一百五十八條之規定，以養成德、智、體、群、美五育均衡發展之健全國民為宗旨。」國家教育心靈以五育均衡做教育發展的宗旨，其精神表面看來似乎很好，似乎也呼應第 7 條：「國民小學及國民中學之課程，應以民族精神教育及國民生活教育為中心，學生身心健全發展為目標，並注重其連貫性。」五育均衡和身心健全發展相呼相應，表面精神似乎看來沒什麼問題。但實務是扭曲人性的做法。因為五育均衡意謂著每一項都要等量地發展，這樣子的做法就是現今教育系統在扼殺天才，平庸化每一個孩子，讓每一個孩子樣樣通，樣樣鬆，不允許把生命所有的時間和精神，專注投入生命熱情之所在，只能把時間和心力分散給那些消損生命熱情的乏味無趣的課程框架上。

美國心理發展學家迦德納（Howard Gardner）於 1983 年提出多元智慧論（multiple intelligencestheory），迦德納認為每個人都至少有八種智能：語言（Linguistic）、邏輯數學（Mathematical）、空間（Spatial）、肢體動覺（Kinesthetic）、音樂（Musical）、人際（Interpersonal）、內省（Intrapersonal)和自然觀察（Naturalist，加德納在 1999 年補充）。在八大智能中，每個人會有不同的表現方式，每個人的天賦所在都不太相同，例如：音樂神童莫扎特（Wolfgang Amadeus Mozart）的天賦就是在於音樂，當時候的莫扎特不需要上國民教育系統，不需要上一些對他沒有什麼幫助的課程，所以可以把大部分的時間投入音樂的學習與創作上，他的生命熱情在於音樂，生命的成就也自然在於音樂上，這就是生命的基本法則，你的生命熱情投入在哪裡，你的成就就會哪裡。

因為國家教育心靈要求國民教育要以養成德、智、體、群、美五育均衡

教育國民為宗旨，為了達到此一具體目標，就誕了生歷年的教育課程綱要，每一個人都要樣樣學，無論有沒有興趣，無論能不能學得來，無論願不願意學，都必須要上好上滿每一堂安排好的課程。要發呆，要無言抗議，要逃學，那是個人的問題，就是要逼迫每一個孩子要把時間和心力分散到五育均衡的課程學習上。如果莫扎特生活在現今這個教育系統中，不知道還有沒有機會成為一個偉大的音樂家，為世人留下如此多美好的音樂作品？我們真的無法想像，在強調五育均衡教育的教育系統中，究竟扼殺了多少具有獨特天賦的孩子們，人世間究竟又失去了多少美好的生命精彩畫面，國家又失去了多少值得榮耀的珍寶。因為不曾擁有過，自然也不瞭解究竟失去了多少，這就是國家教育心靈的無明與無知。

從多元智慧理論來看，每個人的五育不會是均衡的，不均衡才是自然的，適性的自然發展結果，一定是不均衡的。如果硬要把每個人的五育搞成均衡，那必定是使用了強權，扭曲了個人生命潛能的本質，才能把每個人的五育削成均衡的狀態。

從生命的常態分配法則來看，五育的均衡不應該放在個人的身上，而是應該放在整體國家的教育發展上。怎麼說呢？假設國家教育心靈是一個大巨人，而每一個人是大巨人的小細胞，那麼，五育均衡應該是放在大巨人的發展上，而不是在小細胞上。也就是說，小細胞各自發展其生命潛能，有些人強項體育，有些人強項智育，有些人強項美育，小細胞的五育不均衡是自然的，而在大巨人的身上，就自然會呈現常態分配的五育均衡，國教教育心靈的發展就自然可以達到德、智、體、群、美五育均衡發展的宗旨。

然而，現今的教育現場剛剛好相反，大巨人完全五育不均衡，只重智育的主流發展，卻完全忽視了其他四育的發展。為了要求小細胞要五育均衡，把所有必須完成的課程，全部排入課程綱要，壓抑小細胞個人潛能天賦所在，扭曲小細胞自然的發展，只為了要讓小細胞達到五育均衡的目標。然而，我們必須問的是，如此對人性的壓抑與扭曲，每個小細胞真的有達到國家教育心靈所期許的「養成德、智、體、群、美五育均衡教育國民為宗旨」了嗎？

所以《國民教育法》第 1 條應修改為：「國民教育依中華民國憲法第一百五十八條之規定，以養成德育圓滿之身心健全國民為宗旨，並協助開發個人潛能與追求幸福。」如此才不致於壓抑與扭曲孩子與生俱來的寶貴天賦資源。

　　造成對每一孩子的壓抑與扭曲，其源頭就是《國民教育法》五育均衡發展的教育理念，而其元兇就是「十二年國民基本教育課程綱要總綱」。因此，我們有必要好好深省「十二年國民基本教育課程綱要總綱」對於每一個孩子生命潛能發展的影響為何？

三、探索新課綱的心靈世界

知識的系統是為了人存在，而非人為知識而活；

人是知識的主人，而非知識的奴隸；

知識是灰色的，而生命是常青的；

如果知識滿分，而心靈卻充滿痛苦，那生命又有何意義呢？

自民國 57 年實施九年國民教育以來，歷次的課程標準訂定與修訂皆以「課程標準」為名，以《普通教育暫行課程之標準》作為中、小學發展課程與編寫教科書的主要依據，而到民國 90 年的九年一貫改以「課程綱要」取代「課程標準」，以示降低對學校課程的規範與限制（鍾鴻銘，2017）。

從「課程綱要」取代「課程標準」的歷史背景，主要是呼應 1990 年代以來一連串的教育改革措施。九年一貫是教改呼聲下的產物，強調以「鬆綁」為主軸，主要做了三大變革：一是以「能力本位」取代「學科知識本位」；二是從「中央集權」的剛性課綱，釋放彈性課程及空間讓地方政府及學校能「因地制宜」的校本課程；三是順應全球化與本土化潮流，希望培養學生國際視野與在地關懷，首度在小學增設英語及母語課程。教育部當時訂定九年一貫的教育目標時明定：「國民教育階段的課程設計應以學生為主體，以生活經驗為重心，培養現代國民所需的基本能力。」

新課綱是承接九年一貫的「舊」課綱，新課綱全名為「十二年國民基本教育課程綱要總綱」（簡稱總綱），於民國 103 年 11 月發布，並於民國 108 年 8 月正式上路，因此又稱為「108 課綱」。新課綱以「核心素養」做為課程發展之主軸，「核心素養」是指一個人為適應現在生活及面對未來挑戰，所應具備的知識、能力與態度（總綱，頁 3）。

因此，從歷史來看，從民國 57 年的九年義務教育實施以來，一直沒有變

動過的九年義務教育「課程標準」共用了三十三年的時間，而九年一貫課綱從民國 90 年試行開始總共實施了十九年的時間，目前的十二年國教課綱從民國 108 年至今，是現在進行式，也將會主導未來教育現場的活動。

　　從國家教育心靈的精神來看，民國 57 年以來的九年國民義務教育，所強調的是「學科知識」；民國 90 年的九年一貫課程，所強調的是「基本能力」；而民國 108 年的十二年國教課綱，強調的是「核心素養」。無論是「學科知識」，或是「基本能力」，到現今的「核心素養」，雖然內涵精神所強調的重點不太一樣，不過有一個核心剛性的東西是如如不動的，那就是會有一整套的「知識系統」。雖然知識系統的內容會隨著社會的變動而所有變動，隨著時代的演變而自然進行應有的調整，例如：2006 年時在捷克布拉格舉行的第 26 屆國際天文學聯會通過決議，將冥王星降級成矮行星，把原有的知識「太陽系九大行星」，已經正式走入歷史，成為八大行星。那麼隨著知識的演變，知識系統的內容自然也會隨著調整。然而，知識系統的核心主架構一直是教育現場的主要角色，從來沒有改變過，從課程標準時代的分科課程，歷經九年一貫課綱的七大領域，到今日的 108 課綱的八大領域，都備具一套剛性的課程架構，一定要「每一個」孩子學會學好的課程內容。換句話說，智育的發展仍然主導著教育現場的教學活動，而技術的發展是長期被弱化的，至於德育的發展更是幾乎快被遺忘了。

　　為何智育的發展一直長期主導著教育現場的教學活動呢？當然就是考試引導教學所造成的，因此，國家教育心靈試圖解決智育掛帥的困境，多年以來一直是教育改革所著力的重點之一，這也是 108 課綱的修訂背景所提到的「如何紓解過度的升學壓力」（總綱，頁 1）。為了解決升學主導莘莘學子的壓力問題，於是近幾年進行一連串的升學管道的變革，從多元入學方案到多元比序方式，試圖跳脫原有以智育掛帥的困境，雖然已經投入大量的時間、人力和金錢，只是事與願違，改良後的多元入學方案，不但沒有真正解決升學壓力，反而造成學生、老師和家長更多更大的焦慮、困擾和痛苦，不只是壓力加重，更是產生許多的不信任感和痛苦感的後遺症。為何國家教育心靈

用盡心力，企圖紓解過度的升學壓力，卻適得其反地帶來更大的壓力呢？這當中必定忽略了什麼重要的東西，才會產生適得其反的結果。因此我們就必須重新檢視新課綱的定位與意義，才能採取不同的視框，重新調整位置，以適合現代潮流的教育體系。

針對 108 新課綱心靈世界的內容探索，我們可以先分成二個部分來看：精神內涵與具體實踐。精神內涵包括修訂背景、基本理念、課程目標、核心素養和學習階段等五個部分（總綱，頁 1-7）；而具體實踐部分包括課程架構、實施要點和附錄等三個部分（總綱，頁 8-38）。

在精神內涵的部分，修訂背景主要說明變革的必要性，「社會變遷，網路及資訊發展快速，全球化與國際化所帶來的轉變，使得學校教育面臨諸多挑戰，必須因應社會需求與時代潮流而與時俱進。」；基本理念本於全人教育的精神，以「自發」、「互動」及「共好」為理念；課程目標有四點：一、啟發生命潛能，二、陶養生活知能，三、促進生涯發展，四、涵育公民責任；核心素養是做為 108 課綱的發展主軸，分為三大面向：「自主行動」、「溝通互動」、「社會參與」與九大項目：「身心素質與自我精進」、「系統思考與解決問題」、「規劃執行與創新應變」、「符號運用與溝通表達」、「科技資訊與媒體素養」、「藝術涵養與美感素養」、「道德實踐與公民意識」、「人際關係與團隊合作」、「多元文化與國際理解」（圖 1-3-1）；學習階段區分為五個學習階段：國民小學一、二年級為第一學習階段，國民小學三、四年級為第二學習階段，國民小學五、六年級為第三學習階段，國民中學七、八、九年級為第四學習階段，高級中等學校十、十一、十二年級為第五學習階段。

在具體實踐部分，以系統式的方式，建構一套十二年一貫的學習內容，主要分成「部定課程」與「校訂課程」。「十二年國民基本教育課程依據全人教育之理念，配合知識結構與屬性、社會變遷與知識創新及學習心理之連續發展原則，將學習範疇劃分為八大領域，提供學生基礎、寬廣且關聯的學習內涵，獲得較為統整的學習經驗，以培養具備現代公民所需之核心素養與

終身學習的能力。」（總綱，頁8）。

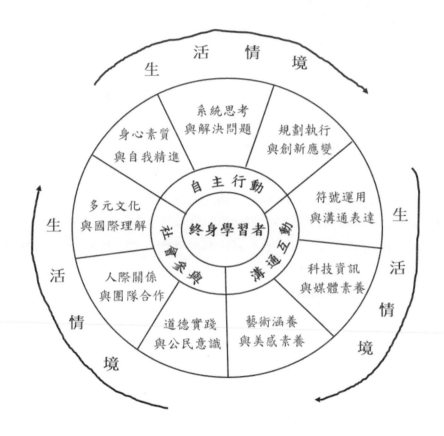

圖 1-3-1 核心素養的滾動圓輪印象

資料來源：教育部（2013）。《十二年國民基本教育課程綱要總綱》（頁3）。

　　新課綱的主要精神內涵以「成就每一個孩子—適性揚才、終身學習」為願景，並以「自發」、「互動」及「共好」為理念（總綱，頁1）。為了達成新課綱的願景與理念，於是提出具體實踐的整套系統知識之課程架構。國家教育心靈期許透過一套完整詳的具體課程架構，以達到《中華民國憲法》、《教育基本法》、《國民教育法》和108課綱所期待的教育目的。然而，我

們必須深入地不斷去反思，108課綱的具體課程架構，真的可以協助每一個孩子達到其主要精神內涵嗎？

首先，我們採取以東方心靈科學的視域，從人的精神層次（圖1-3-2）來探討新課綱精神內涵的境界位置。採取以不同視域的架構來探討新課綱，才有可能跳脫西方自然科學，以知識為核心的思維方式。

精神三態	愛的境界	意識層次	心理環境	水的三態	精神的層次
自性	無條件的愛	神性意識	不二寧靜	水蒸氣（氣體）	
自我	相對性的愛	人性意識	分別動盪	水（液體）	
本我	佔有慾的愛	動物性意識	慾望奔流	冰（固體）	

圖1-3-2 人的精神層次與三態圖

從心靈科學的視域來看，人的意識品質主要可以分為三個層次：動物性意識、人性意識和神性意識。從精神層次的三態來說，動物性意識的核心是本我，人性的核心是自我，而神性的核心是自性；從愛的境界來說，動物性的欲望是佔有慾的愛，人性的情感是相對性的愛，而神性的存在是無條件的愛；從心理環境狀態來說，動物性的內心是慾望奔流，人性的內心是分別動盪，而神性的內心是不二寧靜；以水的三態來比喻內在的性質來說，動物性的內心有如固著和強硬的冰一樣，人性的內心有如水一般地柔軟和滋養，而神性的內心有如水蒸氣般地輕盈而無所不在（圖1-3-2）。

對於人的理性來說，我們來瞭解動物性意識的層次是比較容易的，因為從高層次去瞭解低層次的部分是比較容易的，相反地，從低層次要去瞭解高層次的部分是比較不容易的。所以，我們很容易瞭解，動物性的意識核心是本能，是由慾望所主導行為機制，所以有的動物都是有意識的，只是牠們的意識是屬於本能機制，餓了就是想辦法找到東西吃，性衝動來了就是想辦法

解決內在的衝動。當人的行為處在動物性慾望的狀態下，就自然會以本我的慾望為核心，所有的行為自然會以滿足個人內在慾望為主。這一股動物性的慾望奔流極為強大，如果沒有人性意識的覺醒，這股強大的慾望必然會做出傷害別人的行為，必然會造成別人的麻煩與痛苦。動物性的愛就是佔有慾的愛，是以本我為核心，在他的慾望之內的就是想要佔有成為自己的。社會上經常會出現許多「愛不到，就毀了你」的例子，例如：曾經震驚社會的淡水情殺案，二十多歲的王姓兇嫌，愛不到張姓女子，就開車衝撞昏她，裝進後車廂，然後再用西瓜刀，瘋狂砍殺她 176 刀，真的是碎屍萬段；同樣的悲劇劇情仍然在社會不斷地上演，相愛容易相處難，牽手容易分手更難。曾經有一名律師，不甘心女友先提分手，在沒有辦法挽回的狀況下，竟然在住家附近埋伏，偷偷摸摸從背後現身，就在大馬路上痛下毒手，突然像發狂一樣拿出菜刀，右手先用力一刺，再從頭頂上方往下砍，女子的媽媽衝出來，從後面抱住制伏，倒地後男朋友親眼看著身中十多刀的女友慢慢斷氣。這都是動物性佔有慾的真實社會案例，而且肯定在人類的社會中還會重覆不斷地發生類似的事件，除非人性的能量有所覺醒，不然動物性的能量是無所不在的。動物性的能量和知識的多少沒有直接的關係，而是和心靈的品質有直接的關係。

　　人性的覺醒並非是指動物性意識的消失，人性的意識和動物性的意識是同一個能量來源，只是品質有所不同。人性意識比較柔軟，有如水一般；而動物性意識比較強硬，有如冰一樣。水和冰是一屬性的物質，只是呈現出來的樣態有所不同而已。在人的身上，動物性的能量是生存的核心要素，因此，這股生存的本能會跟隨人的一生不會消失，也就是說，人的一生都會有動物性的能量，人的動物性慾望是不會自動消失的，而是會跟隨人的一生過生活的。

　　所以，人性的覺醒並不是意謂著去掉了動物性能量，而是意識品質的轉化，原本純粹的動物性意識，慢慢地發展出人性意識。人性意識的發展就是意謂著，人的內在同理心慢慢地長出來，開始學會懂得以相對性地的方式去

看待自己的世界，人活在這個世界中，除了「自我」之外，還有「他人」。

「自我」和「他人」是相對性的存在，因此，人性的覺醒是從「自我」開始發展出來的，並且開始意識到每一個人也都和自己一樣，有一個內在的「自我」。「人同此心，心同此理」的同理心開始發展出來的時候，心就會開始變得不再那麼強硬，而是會去學習去分辨原本自己的動物性意識和轉變為人性意識之間的差別為何。人性的世界就是分別的世界，人的表面五官看起來都差不多，但仔細去分別就會發現，每一個人都是不一樣的。就好像每一片葉子看起來都很像，但每一片葉子的葉脈紋路都是不一樣的，所有的萬事萬物都具有同樣的道理，表面看起來很像的東西，深入去比較探究都會發現其中細微差異的奧妙之處。

「比較」是人性理性世界的本能，人不需要透過學習，自然就會有比較的心態，自然會去比較什麼是比較好的，什麼是比較不好的。小孩子在本能的比較之下，心裡自然會知道，誰是對自己比較好的，誰是對自己比較不好的。人會憑借著自己的經驗，去選擇對自己比較好的，而逃避對自己不好的，這是人性的本能反應。趨樂避苦是動物的本能，而比較選擇是人性的本能。

因為人的本能很會做比較選擇，所以人自然會把自我和動物之間做一個比較，因為比較選擇是人的本能，所以無論是大人或小孩，每個人都可以指出人和動物之間的一些不同地方，只是智慧深淺度的差別而已。儒家的孟子認為，人和動物之間的差別很少，最主要的差別只在於「四端之心」；古希臘哲學家亞里士多德（Aristotle）說：「人是理性的動物」，亞里士多德認為，人和動物之間最大的差別就是理性；而在法國哲學家柏克森（Henri Bergson）的哲學中，人性只有一條法則，就是自由。因此，柏克森的生命哲學認為，人性因為有自由，所以他會選擇，他知道什麼東西有價值（鄔昆如，2004）。

人性和動物性之間的差別，可以從很多不同的面向去比較出來，雖然我們無法把每一個面向都比較的很清楚，但是我們可以很確定地說，人性存在著無窮無盡的潛能，而這些人性的潛能是動物世界所找不到的，也就是說，

人性的世界和動物的世界是完完全全不一樣的世界，而且動物的世界是完全無法表現出人性的潛能。因為動物就是動物，動物不具備人性的潛能，而人不只是動物，人還有人性。所謂的人性潛能，就是指由人性的種子，所發展出來的內在精神世界和外在生命的表現方式，例如：價值、理念、文化、歷史、語言、信仰、藝術、音樂、舞蹈、表演和冥想等。

　　從長青智慧的探索中，動物世界所找不到的人性潛能，由人性所發展出來的主要特徵有三點：精神世界、自由意志和智慧超越。而人性潛能所發展出來的世界，就是所謂的人文世界（圖 1-3-3）。

　　108 課綱所強調自發、互動及共好的理念，就是人性的精神世界，也是人文世界素養的重要元素。人性的精神世界可以分成個人的精神和共同的精神：個人的精神就是由個人責任所培養出來的，個人精神的提升必須由個人精神投入才有可能獲得個人心靈的成長，例如：耐心、堅持、專注、智慧等；共同的精神就是必須透過每一個人共同負起責任，共同精神的能量圈才有可能形成和完成的，例如：信任、團結、公平、正義和大同世界等。

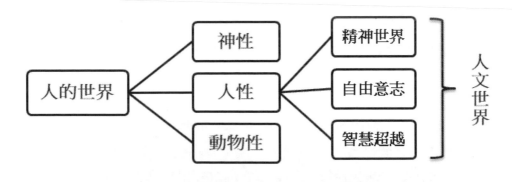

圖 1-3-3 人性的人文世界圖

　　108 課綱的三個核心理念：自發、互動及共好。自發和互動是屬於個人精神的發展，而共好是屬於共同精神的發展。

　　108 課綱的四大課程目標：一、啟發生命潛能，二、陶養生活知能，三、

促進生涯發展，四、涵育公民責任。前者三點是屬於個人精神的發展，而第四點是屬於共同精神的發展。

　　所謂個人精神的發展是指，自己的生命無論如何發展，都不會直接影響到別人利害關係，是屬於個人的責任，例如：自發的精神，一個人有沒有自主自動的精神並不會造成別人的傷害，那只是個人的責任而已；互動的精神，一個人想不想和別人互動，並不會造成別人的問題，當一個人想要自己好好過日子，想要清淨自在的過生活，並不會影響到別人的生活，那只是個人生命的選擇而已。因此，個人精神的發展，國家教育心靈應該給予自由自主的發展，而不是採取強迫干涉的方式，要求孩子一定要達到的精神內涵。一個人具有自發和互動的精神，固然是正向的生命能量，但沒有自發和互動的精神，也不會影響到整體國家生命的發展。畢竟，只要在人性化的精神世界發展，自發和互動會自然生成的，而不需要靠任何的權威與強迫的力量達成的。

　　所謂共同精神的發展是指，自己的生命內涵發展會直接影響到別人的利害關係，所以是屬於共同的責任，例如：信用的精神，信用是存在於人與人之間的精神，而不存在於個人的精神。當　個人在孤島的時候，並沒有信用的議題，因為沒有第二個人出現時，就不會有信用的問題。信用是必須每一個人都遵守彼此的承諾，共同精神的信用價值才會成立。現今的情感背叛普遍發生在社會中，那是因為在彼此共同經營的情感裡，有一個人沒有遵守情感的承諾。共同精神的發展，也就是共好的精神內涵。共好的精神的達成，必須建立在每一個成員都能共同投入其精神的內涵，否則，就無法真正完成共好的精神。在校園中，如果有一個人的動物性很強悍，目中無人，到處傷人，若無法在學校的成長歷程中，淨化其動物性的破壞性能量，那麼，一旦這個人出了社會之後，必定會有人被他傷害到，這樣子自然不可能會有共好的精神，只有他的慾望獲得解決而已，只有他好而已，而別人卻要受到他慾望的傷害。因此，國家教育心靈首要任務是建設共同精神的心理環境，也就是共好的精神，然而共好的精神和108課綱的課程架構並沒有什麼直接的關係，和知識系統也沒有什麼關係，而是和個人心靈的品質有關係。

　　108 課綱的三個核心理念和四大課程目標是屬於人性精神內涵的培養，而人性精神內涵的培養是必須透過「以心應心」的系統達成，而無法靠「以腦管腦」的系統完成。然而，108 課綱以一套系統性的課程架構，以知識的認知為核心，試圖用「以腦管腦」的方式，達到核心理念與課程目標的目的。我們只能說，這只是緣木求魚的方式，是肯定無法達到人文精神內涵的目的，猶如想在水底種玫瑰，想在沙漠養水草一樣的荒謬。從自然法則的定律來說，一切的生命存在都必須具有相對應的環境才得以成長與發展，在不對的環境下，自然也難以獲得良好的成長與發展。人性精神內涵的培養必須在於的「以心應心」心理環境之下，而非在「以腦管腦」的環境之下。

　　人文精神內涵的核心在於「心」，而不在於「腦」。心是必須依靠個人的修練，用心地體會與感受，堅持努力不懈地投入，才有可能獲得自發與互動的個人精神提升，而無法依靠「以腦管腦」的方式去達成的。心的品質和知識的多少，並沒有直接的關係，即使一個目不識丁的人，只要用心投入於個人心靈的提升，他的心靈品質仍然是可以達到最高的境界，禪宗六祖慧能就是最好的例子。

　　腦是心的一部分，而心的無窮浩瀚是腦所無法測度的。精神品質的提升，是必須在「以心應心」的系統下，協助個人去感受與體驗，慢慢自發性地升華個人的精神境地，而無法只依靠腦的理性認知所能提升的。

　　「以心應心」的系統就是人性和人性之間的互動，只有人性才有心，動物沒有心。當一個人的人性潛能尚未發展出來之前，是無法進入「以心應心」的系統環境的，例如：現在存在著許多被寵溺的小孩，說話極度沒有禮貌，要請人拿東西，都是一副別人都是他的奴僕一樣，「東西給我拿過來」，不只是語言很沒有禮貌，甚至態度都顯得非常傲慢，似乎別人聽他的命令是應該的。這樣子的態度不是理性上認知的不足，而是心靈品質仍處於粗糙的地步，對於別人的感覺感受是很缺乏的。所謂的「以心應心」就是深信孩子內心具有人性的潛能，用心的頻率去回應他的態度，「你的態度讓我很不舒服，你覺得你這樣子說話是好的嗎？你希望別人用這種方式對待你嗎？」108 課

綱的「素養」強調，一個人所應具備的不只是知識和能力，更還包括態度，而態度就是一種精神內涵，是一種「以心應心」才會存在的人性世界。

因此，108課綱的精神內涵和具體實踐之間，存在著幾點謬誤的地方：

一、**以腦管心**：從過去民國57年起所實施的九年國民教育的「課程標準」，歷經民國90年的九年一貫改的「課程綱要」，到現今的108課綱，同樣具備一套完整系統性的知識課程架構，而以課程架構為核心的具體實踐方式，並不能真正達成純粹人性化的彼此共好精神內涵。我們可以從社會上到處充滿著毒品、犯罪、詐騙和充斥的黑心商品，就可以清礎地知道，以腦管心的課程架構系統是無法真正達到人文世界的美好景致的。108課綱的精神內涵所強調的自發、互動和共好是屬於心的世界，而其具體實踐的課程架搆是屬於腦的的世界，企圖以腦的世界去培養心的世界，那是很荒謬的事。當心成為自己的主人時，在人性化的環境中成長，在「以心應心」的滋養下，個人的自發、互動和共好的精神，才有可能日益成長茁壯。除非國家教育心靈能夠真正地明白，個人精神的培養和知識並沒有直接的關係，過度性知識系統的灌輸與壓迫，只會壓抑個人的人性成長，只會讓動物性能量依然保持原始的狀態而已。如果國家教育心靈所追求的教育目的是身心健全的國民，而不是知識滿跑的國民，就必須徹底解開知識系統對於教育現場的枷鎖，而以練心系統為核心，才有可能真正建設一個以國民為主人的快樂與幸福國度。

二、**控制個人的精神發展**：個人精神的發展和個人的基本知識能力一樣，是屬於個人責任的部分，國家教育心靈給予全力的培養與支持，自然是值得讚許的。然而，108課綱有鑑於社會快速脈動，國際化腳步加速，卻希望每一個孩子都能達到自發、互動和共好的精神，以培養孩子足以面對未來種種的挑戰。社會在變，環境在變，時代在變，潮流也在變，每個人會有屬於自己面對變動世界的方式，這是屬於個人責任的部分。而國家教育心靈卻把個人的責任視為共同的

責任，強迫每個人都必須完成同樣自發、互動和共好的精神，這已經是用強權干涉與控制個人的精神發展了，難道不喜歡和他人互動不行嗎？一定要被強迫學習和他人互動嗎？一個人喜歡過獨立自在的生活，沒有影響別人，也沒有傷害任何人，為什麼要被強迫一定要和他人互動呢？

三、 **強迫個人必須自主**：為了達到 108 課綱的「自發」理念，強迫要求每一個學生必須提出個人的自主學習計畫。這樣子的具體實踐是非常荒謬的做法，既然是自主，自然是由內而發的動力。如果是由外而來的強權力量強迫而來的自主，那已經不是真正的自主精神了。台灣教育家賈馥茗在《人格教育學》指出：「所謂「自發」和「自制」，乃是由自己來主宰「動」或「不動」，關鍵在於「主宰作用」。說得更明白點，更是由自己來做決定「動」或「不動」，是自己對自己發號施令。正如孔子所說的：「譬如為山，未成一簣，止，吾止也；譬如平地，雖覆一簣，進，吾往也。」自己命令自己，和動物「聽命於人」，更全然不同了（賈馥茗，1999）。」當自己可以做決定時，才是真正的自主，而在教育現場孩子可以真正做決定的內容又有多少呢？當一個人沒有想法時，卻強迫他一定要有想法，那就是被迫了，而不是自主。很顯然地，國家教育心靈的精神內涵強調自主自發，然而具體實踐的課程架構卻用強權方式控制每一個人要自主自發，這樣子的做法不是很荒謬嗎？

四、 **適性揚才是個人發展**：雖然 108 課綱的願景是「成就每一個孩子一適性揚才、終身學習」，但事實上的具體實踐卻是要每一個孩子去成就 108 課綱的課程架構。在教育現場，課程架構仍然是核心的主人，而學生只是必須低頭成為知識系統的奴隸而已。真正的適性揚才是給予機會，而不是給予控制。課程架構應該是成為全體國民發展生涯的機會，而不應是限於孩子必須在學齡之內被迫完成的控制系統。當一個人覺得自己不需要知識系統就可以依靠技術去發展個

人生涯，那應該就是尊重個人生涯發展；當一個人覺得自己不喜歡唸書，只想靠做些簡單的勞動服務過簡單的人生，也應該予以尊重個人的生涯發展。所謂「天生我才必有用」，108 課綱的課程目標也強調要建立「尊嚴勞動」的觀念（總綱，頁 2），如果一個人的德性品質純淨，心地良善，不偷不搶不害人，快樂地從事勞動服務業，一心只想簡簡單單地過生活，為什麼要被迫去學習那麼多對他未來沒有用的知識呢？因此，108 課綱的精神內涵高唱著「成就每一個孩子」的曲調，事實上卻是要每一個孩子去成就課程架構的知識系統，而孩子真正的本性卻是被犧牲的。

五、 **人才是主體而非奴隸**：如果國家教育心靈能夠明白，人才是真正生命的主體，而不是知識的奴隸，就不會把知識系統的框架套用在每一個孩子的身上了。108 課綱的精神內涵口口聲聲說，學生是學習的主體，事實上具體實踐卻是「學生是學習的主體，教師的教學應關注學生的學習成效，重視學生是否學會，而非僅以完成進度為目標。」（總綱，頁 33）。意思就是課程內容一定要學得會，不能不會，那麼如果還是學不會怎麼辦呢？「對於學習落後學生，應調整教材教法與進行補救教學」（總綱，頁 33）也就是說，無論如何一定要把所有的課程內容學會就對了，108 課綱的具體實踐完全無法接受那麼無法學會課程內容的孩子，然而事實上就是一定會有人時間點還未到，還沒開竅，就是學不會，那怎麼辦呢？當然孩子的主體性就不見了，就是以知識為主體性，只能以低自尊的方式成為知識系統的奴隸，沒有尊嚴地掙扎地過著每一天。所以，108 課綱所謂的「學生是學習的主體」，其實真正的內涵是「學生是主要完成學會課程架構內容的人」，如此被迫要完成一定的課程內容，就只能成為知識的奴隸，而非真正生命的主人。如果一個人不是生命真正的主人，又如何期許能夠培養出一個自主自發精神的人呢？

六、 **終身學習精神的培養**：108 課綱的精神內涵以「終身學習」為願景，

期許每一個孩子在離開學校之後都能夠繼續保持學習的狀態，然而事實上，不用到離開學習，在學校期間已經有許許多多的孩子，已經完完全全地離開了學習軌道，早就每天上課發呆，下課打鬧，回家玩樂，對於學習這一回事早已經不感興趣了。筆者於 2010 年時做了一個有關於學生學習態度的研究＜當前國民教育學生學習態度現況調查研究＞（見附錄二），研究結果發現，一年級到九年級的學習態度分為四個時期：一到三年級為「熱情時期」、四年級為「轉變時期」、五和六年級為「冷淡時期」和七到九年級為「抗拒時期」。四年級學生是學習態度的轉變關鍵時期，學生各方面的學習態度，包括上學、課業學習、考試和喜歡老師的態度，都是逐年下滑的（陳騏龍，2010）。在教育現場可以很明顯地看到，學習動機與學習興趣是隨著年級增長，而逐年下降的。甚至有許多人，離開校園之後，就厭惡了知識的學習，完全把學校所學的知識拋到腦後，用自己的動物性本能在社會上過生活了，當然用動物性本能過生活，必定會造成別人傷害和痛苦。原本學習本身是生命中一件非常美好而喜悅的禮物，卻被學校的知識框架給連結成知識系統的學習，以致於造成許多人得到了知識厭食症，出社會之後就不再對知識的學習有任何興趣了。如果一個人在學習的路上充滿著快樂與喜悅，那麼終身學習是自然而然會發生的現象，因為人的本能就是渴望追求生命的快樂與喜悅。終身學習的願景並非 108 課綱才提出來的，而是在九年一貫課綱的基本理念就已經開始強調終身學習的重要性了（九年一貫總綱，頁 4）。既然是終身學習的願景與理念，為何一套具體實踐的課程架構可以在三年之內就把學生的學習味口破壞殆盡呢？因此，國家教育心靈必須深思，為何想要達成終身學習的精神，卻會在三年之內就把孩子的學習熱情給消滅了呢？終身學習是一種精神的培養，而不是一種必須被完成的任務。當學習成為一種生命的喜悅時，終身學習的精神自然會水到渠成；相反地，

當學習成為一種生命的重擔與苦差事，離開學校之後，就自然會放掉所有的重擔，也自然會逃離所有的生命苦差事了。因此，雖然108課綱的精神內涵是「終身學習」，然而事實上的具體實踐的課程架構卻是扼殺學習熱情的劊子手，這是很值得國家教育心靈深省的精神生命議題。

　　無論是九年一貫或是108課綱的精神內涵，肯定都是屬於人文世界的精神內涵，而國家教育心靈的智慧，絕對不會是為了支持或滋長個人動物性能量而建構的心理環境。人文世界的基本精神內涵就是「尊重」，對人的基本尊重。而基本的人性尊重就是屬於共同的精神內涵，在我們的重要教育法規中，《中華民國憲法》、《教育基本法》和《國民教育法》的共同精神內涵都提到，人與人彼此尊重的人文精神內涵：

　　《中華民國憲法》第158條：「教育文化，應發展國民之自治精神、國民道德。」

　　《教育基本法》第2條：「教育之目的以培養人民健全人格。」

　　《國民教育法》第1條：「五育均衡發展之健全國民為宗旨。」

　　國民道德、健全人格和健全國民，就是人與人之間的彼此尊重，也就是屬於共同精神與共同責任的培養，也是德性的培養，其最基本的人性水平線就是不會主動地傷害別人。因此，台灣教育家賈馥茗在《教育的本質》一書中，簡明扼要地提出教育本質的精神內涵：教育是以人為本，凡人便要學習「如何做人」。每個人都「無害」於別人，然後可以「各從所向」（賈馥茗，2005）。二千多年前，孔子同樣提到：「行有餘力，則以學文。」《論語·學而》孔子也強調，先學好做人，再來學習其他的知識和技能。在每一個人住一起的社會中，做人是最為基本且重要的，如果連做人都不懂，那麼他所學的一切知識，或許也只會成為傷害別人的工具而已，例如：詐騙集團就是如此，所學的知識就是編一套教戰手則，教導所有的集團成員，如何把別人的財產騙光、詐光。因為教育系統長久以來，一直以學文為核心，做人擺一

邊，社會上才會出現層出不窮的彼此傷害事件。

什麼是以人為本？什麼是適性揚才？什麼是學生是學習的主體？什麼是成就每一個孩子？如果缺乏人性的最基本尊重，想要培育人文精神的素養，那簡直是緣木求魚，沒有的事。說太多美好的理念和高掛太遙遠的願景，如果連最基本的人性尊重都沒有話，那麼想要培養彼此尊重的人性化社會是猶如想要在空中蓋高樓一樣，沒有地基的建設，怎麼會有巍峨壯麗的高樓呢？

什麼是最基本的尊重呢？對於個人意願的聆聽就是人性化的最基本尊重。當孩子已經明確表達，學不來，學不會，沒興趣，想放棄時，卻只能繼續被拖著走，不想往前走，也得被迫往下一步走。在如此被迫學習的心理環境之下，在如此不受尊重的環境之下，要孩子如何學習去尊重別人呢？

108 課綱以一套「腦」的系統，卻想要培養國民「心」的境界，那是很難發生的事，因為對應的條件是很難符合的。從民國 57 年實施以來的國民教育，其核心的思維典範就是以「知識系統」為主要核心，這是無庸爭辯的事實。即使 108 課綱提出非常具有人文精神的語詞「核心素養」，但其實際的具體實踐仍然是一套具有強制性的八大領域課程架構，這是非常沒有基本人文素養的做法。

當然在教育現場的認知與知識性的學習，也並非全部對於共同精神的德性培養沒有效果，仍然對於大部分的人是有幫助的，只是沒能達到普遍性與全面性的效果。所以，社會上就是一直會到處存在著造成別人傷害與痛苦的行為。只是教育現場長期以來的做法，是把課程架構擺在共同發展的位置，而將德性的培育放在個人的發展，也就是說，個人的德性好不好，那也只是純粹個人的事情，然而，知識程度水準沒有跟大家一起上來，就被列入扶助的對象。知識水準不能落後，然而德性水平落後，那也只是個人的事。如果國家教育心靈仍然是把國民道德、健全人格、公民責任和德性發展擺在第一位的話，那麼真正的做法應該是，把德性放在共同發展的位置，而知識系統擺在個人發展的位置，也就是說，未能達到人性水平線的孩子，國家教育心靈必須把時間和心力放在提升每一個孩子的人性水平線上，至於知識的水平，

就是「行有餘力，則以學文」，適性揚才，能學多少，願意學多少，看就個人的學習熱情與個人的生涯發展了。

　　到目前為止，108課綱的探討都是屬於人性的意識，而完全沒有觸及到神性的意識。我們可以很明確地說，國家教育心靈是很缺乏神性意識的精神層次，怎麼說呢？因為神性意識的心理境地是充滿深度寧靜的，無論環境如何地變，社會如何地變，潮流如何地變，世界如何地快速變動，其內心仍然是具有一股深度智慧的寧靜世界。然而，我們完全感受不到108課綱精神內涵所散發出來的寧靜感，相反地，我們卻可以深深地感受到，108課綱精神內涵所表現出來的浮動焦慮、競爭挑戰和隨世浮沈的不安心靈。如果一個國家教育心靈都無法保持一顆智慧寧靜的心境，那麼，所有的孩子與國民也只能隨著國家教育心靈的不斷變動，感到無所不在的焦慮不安而已。

　　108課綱的精神內涵所提到的「全球化與國際化所帶來的轉變，使得學校教育面臨諸多挑戰，必須因應社會需求與時代潮流而與時俱進。」、「盱衡社會變遷、全球化趨勢」、「具有社會適應力與應變力的終身學習者」（總綱，頁1）。這是屬於人性意識的分別動盪，人的一生都會面臨生命的種種變化與動盪，這是生命的實相，也是每一個人都必須面對的生命真相。環境在變，社會在變，時代潮流都一直在變，保持隨著跟著調整與變動，那是人性的基本能力，國家教育心靈不需要過度擔憂，例如：資訊科技在近二十年快速發展，許多老一輩的人，有的會一直跟上時代潮流變動，也是保持終身學習態度，學會用電腦與智慧型手機，這是老一輩的人在學校所沒有學過的事，但有需要用到的人，就自然會去學習，而那些覺得沒有用到的人，就不想要跟隨潮流，只想過自己簡單心靈的生活，有的會跟上潮流的變動，有的覺得沒有需要跟著變動，整體上都不會影響國家競爭力與生產力的發展。一定會有一群人充滿著生命的鬥志，保持接受生命任何變動的挑戰，這自然就是國家競爭力的來源；而也會有一群人只想好好做好自己眼前的工作，做好自己的責任，不想要接受太多的挑戰與變動，這自然會成為國家重要的生產力。

　　人頭腦的本質就是會去分別一切周遭的存在，因著分別一切，自然就會產生不同落差的動盪，所以頭腦的本質就是動盪不安的。因此，人文的世界自然會充滿著的比較選擇，充滿著競爭比較，充滿著相對性的條件。如果不具有神性意識的層次，心靈在相對性的條件之下，隨著浮沈動盪，那也是很自然的事。

　　神性意識就是超越相對性的現象世界，進入自性的世界，自性的世界就是不二的世界。自性的世界是實相的世界，是東方心靈科學最深度的智慧之眼所觀照看見的，就是直接看見，不證自明，就好像看見天上的太陽的光芒，就不需要再證明太陽的存在一樣的不證自明。所有一切的存在都是相對性的，都是有條件的存在，而那屬於超越的自性，是無法用相對性的物質世界去證明的。因為那些可以被證明的，都是相對性的存在，也只有相對性的存在，才能夠用自然科學的方式去證明，而自性的存在就是直接在眼前的一切，那屬於能生萬法萬象的自性，與萬法萬象同在，又不屬於萬法萬象，無論環境如何快速變動，社會如何快速變化，國際潮流如何急速轉變，而那最深度的自性依然保持清淨寧靜，完全不會受到任何的侵擾與影響，就是一股很深的寧靜感，這股深度的寧靜感就是國家教育心靈所沒有的，所以才很容易隨著世界潮流浮浮沈沈動盪不安，也自然引動所有孩子和國民的心靈動盪浮沈。

　　自性的世界就是不二的世界。不二是佛家用語，意思為無彼此之別，《佛學大辭典》闡釋：「一實之理，如如平等，而無彼此之別，謂之不二。」「不二」，就是指超越相對、差別，超越兩個極端，即「非此非彼又即此即彼」，沒有彼此的分別。《維摩詰經‧入不二法門品》對於不二有很深刻地闡釋：「於一切法，無言無說，無示無識，離諸問答，是為入不二法門。」就是指直接進入無所分別的絕對真理、離諸問答、不可言傳的法門。所以，「不二法門」就是指超越了一切是非、善惡等差別的相對境界，契入生命最深度的寧靜實相。

　　對於自性的體悟，六祖禪師慧能在東方心靈意識中，流傳著非常著名的開悟偈頌，「何期自性，本自清淨；何期自性，本不生滅；何期自性，本自

具足；何期自性，本無動搖；何期自性，能生萬法。」《六祖壇經》自性是清淨寧靜的，自性是超越相對性的生滅，自性是圓滿俱足的，自性是無動無遙的，一切的存在萬象萬法都是由自性而來的，自性永遠存在於一切的萬象萬法之中，一切存在的萬象萬法最終也都將回歸最深寧靜的自性。所以，自性並非在遙遠的彼方，而是在眼前的一切，即使我們可以旅行到最遙遠的宇宙邊陲，我們依然在自性裡面，我們離不開自性，自性也不會離開我們，無時無刻，無處不在地同時同在。所以，六祖禪師慧能說：「佛法在世間，不離世間覺，離世求菩提，猶如覓兔角」《六祖壇經》雖然所有的宗教經典，都深涵宗教的精神，然而教育的心靈所採擷的是屬於人類意識最深度的智慧。人類深度意識的智慧財產，並沒有宗教之別，也沒有國度、人種、階級和時代的差別。人的生態系統裡面就是具有深度的神性意識，只要深入自然可以深刻地體會到。因此，國家教育心靈不應該只是停留在無窮無盡的知識漩渦裡打轉，而必須提升更深更細微的心靈意識，也就是神性意識，契入自性的世界、不二的境地。而契入自性的世界，並不代表放棄了知識的追求和全球性的競爭，相反地，對於知識的追求和全球性的競爭更是與時俱進地全心全意投入。因為，神性意識同時包含著人性意識和動物性意識，就好像人性意識是包含動物性意識一樣。當我們處於人性意識時，我們仍然很清礎，不能隨意靠近兇猛的獅子和巨大的鱷魚，因為我們很清礎危險的動物對人類是具有威脅性的；相同地，具有神性意識仍然對於人文世界的運作是很清礎的，而且能夠有深度智慧地與周遭的天人物我，保持和諧美好的關係。神性意識是超越人性意識的存在，是歷經人性意識種種的考驗和鍛練，才能真正領受神性意識的美好與喜悅。人性意識是動物性意識和神性意識之間的必經之路，沒有人可以直接從動物性意識跳躍進入神性意識，那是不會發生的事，所以人性意識的「聞、思、修」，修身練心歷程是通往神性意識的必經生命旅程，沒有人可以例外。

神性意識的愛是無條件的愛，無條件的愛就是全然地接受與全然地給予，沒有任何的要求，也沒有任何的期待，就是純粹地同在與支持。黎巴嫩詩人

紀伯倫（Khalil Gibran）在《先知》一書中，對於＜愛＞有很深刻地描寫：「愛不給什麼，只給予他自己。他不取什麼，只取自他自己。愛不佔有，也不被佔有；因為在愛裡一切都是豐足。」無條件的愛就好像是太陽的光芒照耀萬物，滋養萬物，卻不需要有任何的回報與條件，就是很純粹地給予與支持。在人性的世界都是屬於相對性的愛，都是必然存在著條件式的愛，在人文的世界中，不會存在著所謂無條件的愛。國家教育心靈提供大量的人力與資源，給予國民應有的教育，自然就是會有所期待，就是有所條件的，就是希望能夠培養出人格健全的國民，而不希望製造出犯罪份子去傷害別人。

一切萬事萬物的存在都是需要的條件的，條件滿足了，任何萬事萬物就自然會生成了，就好像具足良好的土壤、陽光、空氣和水，適合的條件成熟了，植物自然可以生長的很好。而 108 課綱所期待的願景「成就每一個孩子一適性揚才、終身學習」和「自發」、「互動」及「共好」的理念，也必須擁有適合的條件才能獲得充份的生長，否則，放入黑暗盒子的玫瑰種子，怎麼能期待長得出美麗的玫瑰呢？

讓每一個孩子都能獲得充份地發展，讓每一個孩子都能盡其所能的開發個人的生命潛能，讓每一個孩子都能適性適才地找到屬於自己生命的快樂與幸福，自然是很美好的人性世界願景，然而，想得太遙遠，如果連孩子內在的動物性能量都無法去面對與解決的話，那麼，所有的願景與理念也都只是空中樓閣的幻想境地而已。

台灣教育家賈馥茗在《教育的本質》一書中提出，教育的四個基本而簡單的原則（賈馥茗，2005）：

一、堅持「學習」的「主動意向」。

二、培養「建立和諧關係」的能力。

三、為學習者創造人的價值生命。

四、由本至末。

「學習」的「主動意向」就是就是 108 課綱的「自發」精神，培養「建立和諧關係」的能力就是 108 課綱的「共好」的精神。在教育的四個基本而

簡單的原則中，完全沒有考量到知識的必然性，而是強調學習的主動必要性；英國教育哲學皮德思（R. S. Peters）也提出教育的三大規準：「價值性」、「認知性」、「自願性」。因此，精神的培養更勝於知識系統的訓練。一個人培養出真正主動的學習精神，領受到學習的美好與喜悅，終身學習自然是水到渠成的事；而共好的精神並非只靠理性認知的教導就可以達到的，而是必須依靠完整的練心系統，才能協助每一個孩子能夠保持人性的水平線，而非讓孩子的動物性能量任由發展，沒有完整的德性成長系統支持，卻只靠喊口號的方式，是難以達到共好的人文精神的。

人文世界的精神成長，就是必須在人性化的心理環境才能夠長出人性的基本同理心與尊重。如果國家教育心靈的精神內涵，真正期許 108 課綱的願景與理念能夠成就，那就是必須重新省視知識系統與課程架構，對於每一個孩子與所有國民的真正幫助是什麼，而不是一味統一性地強迫要求每一個孩子必須學會、學好、學滿才行，如此知識霸權的強加於每一個孩子身上，只會造成孩子內心的人性扭曲，內心的負面能量在長期的壓抑之下，只會引起更多更大的反彈情緒與暴力因子而已。如果人性精神都在長期的被扭曲之下，人文精神內涵的「自發」、「互動」及「共好」，怎麼有可能長得好，長得繁盛茂密呢？

因此，108 課綱的具體實踐方式就好像是普羅克拉斯蒂（Procrustes）的鐵床一樣，嚴重地扭曲了每一個孩子的本性，卻還高喊著「適性揚才」的口號，實在是令人感到哭笑不得。我們有必要好好深省，108 課綱所具體實踐的課程架構，究竟如何地影響教育現場孩子生命的精神發展！

四、普羅克拉斯蒂的鐵床

當鞋子合腳時，人生的路途自然可以走得遠；
當孩子樂於學習時，終身學習的理想自然成。

　　普羅克拉斯蒂（Procrustes）是希臘神話中海神波塞頓（Poseidon）的兒子。他在雅典到埃萊夫西納（Eleusis）的神聖之路（The Sacred Way）上開設一間黑店，向路過的旅人謊稱店內設有一張適合所有人的鐵床。旅客投宿時，普羅克拉斯蒂會將身高者截斷雙足，身矮者則強行拉長，使旅客的身長與床的長短相同，但從來沒有一個人的身長與鐵床的長度相同而免於凌遲。由於他這種特殊的殘暴方式，人們稱之為「鐵床匪」。後來，希臘著名英雄雅典國家奠基者鐵修斯（Theseus）在前往雅典尋父途中，遇上了鐵床匪，並擊敗了這個攔路殘暴大盜。鐵修斯以其人之道還治其人之身，強令身體魁梧的普羅克拉斯蒂躺在鐵床上，一刀砍掉鐵床匪伸出床外的下半肢，除掉了這一人間禍害。

　　現今的教育制度的 108 課綱的課程架構，就好像是都把孩子放到普羅克拉斯蒂的鐵床上，迫使孩子必須符合普羅克拉斯蒂的鐵床的尺寸，不合尺寸的孩子的就開始使用各種方式，拉長或斷頭、斷腳地，直到孩子可以符合普羅克拉斯蒂的鐵床為止。在台灣教育體制下長大的人，可以深刻地感受到被放置在普羅克拉斯蒂鐵床上的掙扎與痛苦。幸運的人，還是能夠依靠自己的力量，走出屬於自己的生命道路；而那些不幸的人，就只能被僵化的體制拖著走或斷天份，終生過著灰色沒活力的枯躁日子。當然並不是每一個人都會認命地被綁在鐵床上，在日本被封為「天才 IT 大臣」的唐鳳，就是在不斷掙扎之後，很快地跳出了鐵床束縛的人，而走向了不一樣的自學道路。

　　唐鳳是臺灣的自由軟體程式設計師，也曾經受苦普羅克拉斯蒂鐵床的折

磨。唐鳳於孩童的在學期間，一直無法適應學校的正規課程安排，也導致孩子教育問題，使得爸媽失和，甚至親子關係決裂。因此，普羅克拉斯蒂鐵床所造成的教育問題與親子衝突，唐鳳肯定不是單一個案，而是隱藏著許許多多辛酸痛苦的孩子與爸媽的親身遭遇。所以，唐鳳 14 歲起就離開了學校的知識系統教育，憑借著自己的天賦，以在家自學方式，走出了屬於自己的世界，開創出屬於自己的天空，因著曾擔任明基電通、蘋果公司等公司顧問，並長期參與開放原始碼社群協作、主導 vTaiwan 等平臺走向等豐富資訊長才經驗，而在 2016 年 8 月，時任行政院院長林全任命具有網路創業經驗的唐鳳擔任行政院政務委員，負責督導數位經濟與開放政府發展，並為國家政府奉獻一己之力。

唐鳳在成為公眾人物之後，為了應網友邀請而拍攝畢業影片，因此在 2020 年 6 月錄製「給畢業生的一段話」影片中說到：『讓每個學生自己決定要學什麼，學校跟老師只是從旁支持，希望做到「一生一課表」，讓大家都能找到自己的志向，成為「終身學習者」。』這也呼應了台灣教育家賈馥茗在《教育的本質》一書中所強調的教育本質是，在「無害」於人的基礎下，「各從所向」。各從所向就是學生可以決定自己要學什麼，自己可以決定自己想要的生命內容，而不是所有的生命內容被國家教育心靈所掌控與決定了。人生而自由，但國家教育心靈卻綑綁了孩子原本自由自在的靈魂，讓所有有孩子必須躺在普羅克拉斯蒂的鐵床上，為了確保 108 課綱的課程架構內容可以完全地灌輸到孩子的腦容量中，而採取了符合工業化的經濟效率，卻極度不符合人性的做法：每一個人的學習內容大同小異，每一個人的學習進度保持一致。

唐鳳因著個人的獨特性，而經常感到孤單，而且一直無法融入學校社群，隨著歲月年紀漸長，她才發現網際網路上有許多人同樣如此，她並注意到「與眾不同」才是常態。豐富性與多樣性就是生命的常態，每個人都是獨一無二的，沒有人可以取代任何一個人，因為每一個人都是與眾不同的，這是生命實際的現象，每一個都需要獨特性地被尊重與對待，而不是採用普羅克

拉斯蒂鐵床去強迫每一個人要具有相同的規格與內容。

　　或許，108課綱的精神內涵仍然會繼續強辯，「成就每一個孩子——適性揚才、終身學習」，就是強調以學習者為中心，將每一位學習者視為不同的個體，是素養導向教學的最大特色。新課綱也強調，回歸到以孩子為學習主體，要從過去「每個學校教的都一樣，每個學生都視為一樣來教」，轉為「每個學校都不一樣，每個學生要視程度及興趣不一樣來教」。在「以學習者為中心」的前提下，素養導向教學相當注重個別差異化的學習，以滿足每一位學習者的不同需求。新課綱同時已經賦予學校、教師和學生更寬廣多元的發展空間。所謂「成就每一個孩子」，也就是過去講的「一個都不能少」，但要幫助每個孩子適性揚才，就要考量他們不同的興趣和程度，提供多元探索、適性發展的機會。

　　「成就每一個孩子——適性揚才、終身學習」的願景非常美好，然而事實上具體實踐方式卻是「教師的教學應關注學生的學習成效，重視學生是否學會，而非僅以完成進度為目標」、「對於學習落後學生，應調整教材教法與進行補救教學；對於學習快速學生，應提供加速、加深、加廣的學習」（總綱，頁33）。換句話說，「成就每一個孩子」只是理想上的願景，就是猶如高掛在天邊的彩虹一樣，美麗而遙遠，但現實上的做法是要每一個孩子去成就108課綱所安排的課程架構所有內容。

　　在教育現場真正的具體做法是，每年都會實施篩選測驗和成長測驗，以確保每一個孩子必須學好、學會、學滿108課綱所安排的課程架構內容。每學年的下學期開始進行篩選測驗，沒有通過的學生就必須進入扶助系統，也就是過去所稱的補救教學。近年來把補救教學，替換了扶助學習，只是換了個比較人性化的名詞，但事實上的做法仍然是非常沒有人性的。所謂的沒有人性就是，所有的課程內容並非在孩子的意願下主動渴望去學習的，就是一直不想學、學不來、學不會，才會無法通過篩選測驗。當然無法通過篩選測驗的因素肯定很複雜，孩子本身的因素、老師的教學方式和家庭因素都有可能，即使是孩子本身的因素，孩子就是完全不想學，沒有意願學，完全無心

學，但仍然加以強迫必須趕緊補救趕上其他同學的學習進度，這樣子的做法和普羅克拉斯蒂的鐵床把人拉長有什麼不一樣呢？如果國家教育心靈連最基本的人性尊重都無法做到得話，那麼怎麼能期待在如此沒有人性化的對待下，可以自動長出人性最基本的尊重與同理心呢？

我們把 108 課綱的課程架構內容比喻成普羅克拉斯蒂的鐵床，並非是反智主義者的主張，更不是否定系統化的知識在教育現場的教學；我們並不是主張把普羅克拉斯蒂的鐵床丟棄，更不是反對人類的知識在教育現場的傳承。我們所反對的並非課程內容本身，而是具體實踐上的做法問題。

首先，我們必須肯定，人類珍貴知識的累積與寶貴智慧的傳遞，是非常值得珍視的無形資產與寶藏。我們應該讓這些人類珍貴的無形資產與寶藏，毫無保留地給予那些渴望擁有的人，而那些還不清楚其中的價值與珍貴的人，不想取用的人，對於人類的無形資產本身也毫無損失。所以，比較人性化的做法，應該是把系統化的知識內容變成國家教育心靈的一片沃土，而非是普羅克拉斯蒂的鐵床。

在一片沃土上，植物會自動吸收自己所需要的生命養份，只要條件充足，養份肥沃，植物自然就會長得很翠綠且漂亮。108 課綱所強調的三大理念「自發」、「互動」及「共好」，是一種人文的精神，而不是一種知識的內容。一個人在什麼樣子的情境下會產生出「自發」的行為呢？國家教育心靈所需要關注的不應該是一個人學了什麼樣的知識內容，而是一個人所培養出的精神內容。

自由意志是人類不同於動物的獨有特點之一，自發性就是人性很基本的心靈動力，古希臘哲學家亞里斯多德曾說：「求知是人性本能。」（All men by nature desire to know）人類所有偉人的創造發明與科技昌盛，都是在人的自由與自發性中實踐出來的。每個人都一定會有自發性的行為出現，因為人具有生命的自由意志，人可以決定自己的生命方向與行為。所有的性犯罪都是自發性的行為，因著渴望滿足性衝動，而不折手段去傷害別人，只為了滿足自己的慾望，這也是自發性的行為，只是不被法律所允許的行為。自

發性的力量來自於個人的內在精神，只要真正源自於個人內在精神的自發性行為動力，都是具有很強大的生命動力，例如：台灣知名漫畫家蔡志忠，在九歲時就已經下定決心要以漫畫家為志向，這股自發性的生命強大動力成就了一個非凡的人生故事。

每個人在世上都會有屬於自己生命中渴望的追求，是名、是利；是權、是錢；是學位、還是地位；是愛情、友情、還是親情；是快樂幸福、還是解脫自在；是知識、還是智慧；是純淨、還是多彩多姿。無論是什麼樣子的追求，每個人自然會有屬於自己的生命自發性動力，而只要是從自己內在產生的生命動力，那自然是很強大的。國家教育心靈應該專注於開發孩子的自發性生命動力，而不是深怕孩子沒能把知識學好而無法趕上時代潮流，無法面對全球競爭力，於是只是處心積慮地要把一大堆不知道究竟有沒有用的知識，直接強迫塞入孩子的腦袋之中。

國家教育心靈的重要法令，如《中華民國憲法》、《教育基本法》和《國民教育法》，都強調教育最重要的目的在於培養國民道德、健全人格和健全國民，而這些內容都是屬於人文的精神內涵，也是屬於共好的精神，而這些精神內涵和擁有知識的多少並沒有直接的關係。

「共好」就是人與人彼此尊重的人文精神內涵，也就是共同精神的培養。因此，我們必須先確定，108課綱所強調「自發」、「互動」及「共好」理念，是一種精神的培養，而不是一種知識的內容；108課綱所強調的「終身學習」，也是一種人文精神，而不是一種知識內容。一個人終身要學些什麼樣的東西，一個人終身渴望追求什麼樣的生命內容，一個人終身究竟會有什麼樣子的際遇和因緣，真的都必須靠自己去選擇、經歷與體驗。人的一生中，會遭遇許許多多的挫折與難關，沒有多少人在孩童時期就可以一路順遂地成就「適性揚才」的理想。這過程中，必定是起伏跌宕，不斷地重新反省與重新選擇。對於個人內心的理想，究竟是要永不放棄，還是要懂得適時調整，這當中所需要的不是知識的多少，而是智慧的深度。

從終身學習的精神來看，十二年國民教育的核心應該放在國民精神的培

養，而不是汲汲營營放在知識上的累積。國民精神的培養主要分成二個部分：個人精神的培養和共同精神的培養。「自發」與「互動」就是個人精神的培養，而「共好」就是屬於共同精神的培養。個人精神的培養就是「各從所向」、「適性揚才」，無論是往高等教育、技職教育或直接出社會工作後再回流教育，都是個人自發性的生命選擇，無論是走什麼樣的生命道路。最終，期許每個人都能夠培養出「我為人人，人人為我」的彼此服務精神，並且在服務的精神中，能夠繼續追求終身學習的喜悅，進而獲得個人生命中的快樂與幸福（圖1-4-1）。

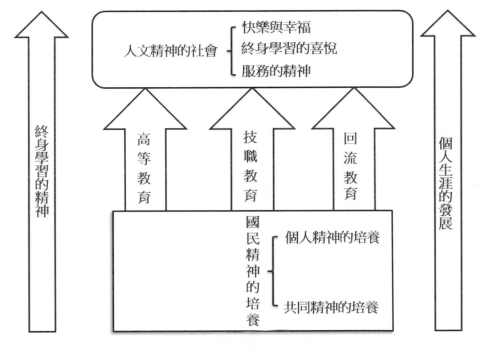

圖1 4-1 終身學習的精神圖

什麼是精神呢？對於西方的自然科學而言，精神是虛無不可觸摸、不可觀察、不可量化的空洞東西，所以早就被拋棄在心靈的黑洞之中了。然而，對於東方的心靈科學而言，精神是具體實存的生命內涵，是以「心」為展開

的無窮無盡世界，是真實不虛的世界，是每個人都具可以親身感受與領會的世界。

我們的國家教育心靈長期受到西方主流自然科學思維的影響，因此，108課綱的精神內涵雖然強調「核心素養」，但最終仍然還是執著於要如何才能「具體」呈現核心素養的內涵，也就是還是很強調如何才能表現得出來，要能夠看得見、測得到、可以拿得出績效，才算是有達到「核心素養」的要求。如果108課綱的「核心素養」，無法跳脫西方自然科學的思維，採取東方心靈科學的視域，那麼，「核心素養」也只是被物化而不具備人文精神的東西而已。

「素養」是一種人文的精神內涵，是必須用「心」感受，才能親自領受其中的真實與美好。

而精神究竟是什麼呢？精神是一種內在的力量，精神是一種無形的真實存在力量，精神是宇宙中無所不在的生命力量。

精神的內在力量可以分為三個層次：生命力、人性精神和本然精神（圖1-4-2）。

內在力量	精神三態	意識層次	力量來源	精神的顯現	精神的力量 ↑
本然精神	自性	神性意識	存在之光	存在本身與一切	
人性精神	自我	人性意識	夢想願景	言行舉止與文化	
生命力	本我	動物意識	生之慾望	生命活動與變化	

圖 1-4-2 精神的力量圖

精神存在於一切的生命之中，所有的生命都具有精神的力量。例如：清晨甦醒，陽光照耀在青草的露珠上，翠綠鮮活的草地呈現出欣欣向榮的精神：相反地，一朵玫瑰因著缺水而開始枯萎，精神就會慢慢衰弱。

在動物的世界中，只要有足夠的食物和水源，就能夠展現蓬勃的生命力，也就是飽滿旺盛的精神。人的精神最基礎層次就是動物的生命力，在精神三態中就是屬於本我，力量來源是生之慾望，而其精神的顯現就在於生命的活動與變化。人只要生病或衰老，就自然會顯得沒有精神，尤其在小孩子身上最為明顯，幼小的孩子如果呈現出沒有精神的樣子，那一定是生病了。小孩子的活動力是很強大的，內在的慾望是很奔放的，本我的生命力是很飽滿的。所以，沒有被束縛的孩子，必然是充滿自發活躍的生命精神。那些長期習得無助感的孩子，才會顯的精神萎靡。

人性的精神是國家教育心靈所要培養的主要精神，無論是國民道德、健全人格和健全國民，亦或是「自發」、「互動」及「共好」，都是屬於一種人性的精神，也可以說是一種人文的精神。在精神三態中，「自我」是人性精神的核心，自我的夢想和幻想是主要的精神力量來源，而其精神的顯現方式在於個人的言行舉止上，也在人類的文明與文化上。

本然的精神是宇宙本身最浩瀚無窮的內在力量，也就是自性本身的力量，是一種神性意識，其力量來源就是存在之光，也展現在一切存在本身之中。在人類的精神中，每一個人都可以親自感受到本然精神的無窮無盡與神奇奧祕，雖然我們或許不是很明白本然精神的力量為何，但我們一定可以深刻地感受到自身的有限性，在有限性的生命中，渴望擁有超越有限性的無限精神。很神奇的是，為何人的有限性身體裡面，卻蘊含著無限性的本然精神，這真是極為奧妙的現象。

所以，什麼是精神的培養呢？簡單地說，就是內在力量的培養。從國家教育心靈的角度來說，就是人性精神力量的培養。人性精神的培養就是歷經動物性意識的蛻變，純化人性意識的精神內涵。

人性精神力量又是如何培養出來的呢？當然不是靠喊口號，或者是靠知識宣導所能達到的，而是必須靠一套完整成熟的國家教育的練心系統。練心系統的建立當然不是空洞無物的練，而是需要有練心的材料與工具。

　　108 課綱的課程架構內容就是練心系統最好的材料與工具，因此，系統化的知識可以成為練心系統的最佳材料與工具，而不是成為綑綁孩子的鐵床。換句話說，知識的學習是工具，而不是目的。

　　那有什麼差別呢？目前 108 課綱的執行方式是以知識為目的，也就是必須學會、學好、學滿才行；而成為工具之後，有沒有學會不是重點，而重點在於精神的培養，例如：負責、守信用、接受挑戰、不輕易放棄、專注投入等精神。

　　以教育現場的實際情境來說，的有些孩子就是貪玩、不喜歡寫作業，經常對自己應該完成的作業都散漫而不負責。那麼，要如何培養一個經常不負責的孩子，慢慢習得負責的精神呢？當然是日積月累的功夫，這就是國家教育心靈必須關注的個人精神發展；有些孩子就是特別容易發脾氣，動不動一有不順心，就會發洩情緒傷害旁邊的人，如此地發隨意牌氣，怎麼能夠「共好」呢？就是需要花費很長的時間，慢慢地轉化內在動物性的本我，學習個人的表達與溝通，培養出人性的自我尊重。系統化的知識的學習功課就是可以調養一個人的心性，如何學會挑戰自己，鍛鍊心性，修養自己的言行舉止，培養出人性意識的精神。

　　如果把 108 課綱的課程架構內容視為練心的工具，而不是目的。那麼首先在具體實踐的部分：「教師的教學應關注學生的學習成效，重視學生是否學會，而非僅以完成進度為目標」、「對於學習落後學生，應調整教材教法與進行補救教學；對於學習快速學生，應提供加速、加深、加廣的學習」（總綱，頁 33）。就必須有所調整，不再把知識內容的學習視為國民教育必須完成的任務。

　　那麼，要如何調整才能將鐵床變成沃土呢？

一、　　以十二級取代十二年級：108 課綱已經把十二年的國民教育設定好，每一年應有的學習內容，這也是最沒有人性化的設定。為什麼注音符號一定要在小一入學後十週後學會呢？有些孩子可能在還沒入學就已經完全學會了，有的孩子可能學了一年還是無法學

會如何正確的拚出注音符號；英語的學習更是明顯，有的孩子上了國中一年級，甚至簡單的二十四個英文字母都還學不好，而有些孩子已經具備高中程度的英語能力了。然而，無論孩子的知識學到什麼程度，這都是屬於個人的發展，必須視個人的本性進行學習，而不應該把所有同年齡的孩子，放在同一個進度上的學習，這是非常沒有人性化的設計。如此沒有人性化的設計，在教育現場中，已經造成許許多多孩子脫離了應有的學習軌道，也甚至放棄了應有的學習精神。

二、　學習精神重於學習內容：對於十二個級數學習內容的安排，很明顯地並不是每一個國民都是需要的。例如：喜歡唱歌的孩子，渴望成為一位職歌手，為什麼要耗費那麼多以後用不到的知識內容呢？孩子可以隨著本性的發展，在學校的知識沃土上，吸取自己所需要的程度與內容。如果一個孩子想要成為醫師，當然他的生命方向就是往高等教育前進，學好、學會、精熟十二個級數的學習內容就成為基本的要求了。因此，孩子需要完成什麼樣的知識級數程度，就是「適性揚才」的精神了，並不是每一個孩子都需要學會所有十二個級數的知識內容的。國家教育心靈所需要關注的是孩子的學習精神，而不是學習內容。如果每一個孩子都具有很熱情的學習精神，國家的精神內容必然是多姿多彩且豐盛的。

三、　打破年齡的界限：為什麼十二個級數的學習內容一定要在十二年之中完成呢？對於天賦異秉的孩子，可能不需要六年就可以完成了；對於學習緩慢的孩子來說，可能需要花超過十二年才行。如果國教教育心靈所強調的是「終身教育」精神。為什麼十二個級數的學習內容，必須設定在六歲到十八歲完成呢？或許有些人就是比較慢開竅，或許有些人因為家庭環境的因素，為什麼不能在十五歲到二十歲去完成呢？例如：被譽為新加坡德蕾莎的許哲，因為家庭因素，27 歲才上小學，因著渴望學習，一生中都保持

著熱情認真的學習態度，47 歲學護理，69 歲學瑜珈，90 歲學佛，100 歲還更用功學中文，可以說是終身學習的最佳典範。所以，系統化的知識內容是提供國民生涯發展的機會，而不應該是成為國民必須完成的生命任務。

四、　可以隨時隨地獲取的知識：隨著資訊科技的發展，所有的系統性知識都可以放置到網路平台，提供所有的國民自由的學習。因此，國家教育心靈應該花費金錢與精神，建構高品質的學習影音平台，所有課程架構的內容單元，都可以隨時隨地從網路平台自由地獲取。為什麼要孩子在一定的時間和一定的空間，在完全沒有學習動機的精神動力下，耗費寶貴的時間與生命呢？因此，讓國民可以任何時間，任何地方，都可以自由取用自己所需要的知識內容。

五、　系統化的知識是練心的材料：資訊科技的工具平台可以提供個人的知識學習，卻無法培養一個人的內在精神。精神的培養就是必須在「以心應心」的系統下才能培養。例如：尊重的態度，如果沒有「以心應心」的系統，科技電腦和網路平台如何培養一個人的尊重。如果一個人不懂得尊重人，依靠任何的先進科技與知識灌輸，還是一樣不會尊重人。除非他能夠親身感受到不被尊重的難受與被尊重的美好。所以，精神的培養勝過於知識內容的學習，知識的學習成為練心系統的修心工具，而不是必要的生命內容。

　　每一個人在世上都有屬於自己的生命旅程，入學、求學、畢業、工作、結婚、生子、老死，這肯定不是人生唯一的路。從甲地到乙地，最近的路也未必是人生風景最美好的路途，生命中經驗的累積、學歷的累積、知識的累積、智慧的累積、財富的累積、名聲的累積和情感的累積等等，就是不斷地從甲地到乙地，在生命不知不覺的消逝過程中，我們究竟在生命中累積了些什麼？又失去了些什麼？我們是累積了生命的負擔，還是擴展了生命的豐富與色彩。生命的主人究竟是誰？是我們自己，還是別人主宰了我們的生命

呢？

　　長期以來，國家教育心靈一直主宰著每一個孩子的生命內容，孩子必須學些什麼，必須學會什麼，必須達到什麼，必須完成什麼，必須有什麼能力，必須有什麼素養，必須成為什麼樣的國民，許許多多的必須框架，強悍地框住每一個孩子原本活躍奔放的心靈。日復一日地被禁錮在國家教育心靈所嚴設的課程架構中，無論是早期的課程標準，或九年一貫課綱，到現今的108課綱，就是一套普羅克拉斯蒂的「鐵床」。除非國家教育心靈能夠從知識的權威中解放出來，否則，鐵床再怎麼換名字，還是個會殘害孩子本性的鐵床。

五、孩子生命歷程中的緊箍咒

緊箍咒讓孫悟空只能乖乖聽話，不敢造次；
教育的緊箍咒讓孩子只能乖乖的聽話唸書，
不敢做夢，不敢追尋屬於自己生命最美好的潛能。

緊箍咒是《西遊記》中的一個咒語，又名定心真言，由如來佛所發明，經觀音菩薩傳授給唐僧，用於對其弟子孫悟空的管教。當孫悟空不服管教，唐僧念動緊箍咒時，戴於孫悟空頭上的緊箍兒便會收緊，會使得孫悟空頭痛欲裂，而且越掙扎只會越痛苦。108 課綱的課程架構內容就好像套在孩子心靈的緊箍咒一樣，只能乖乖地聽話，按照進度一個單元接著一個單元地照單全收，即使學習動機已經全然消失，即使學習熱情已經全滅，但還是必須繼續拖著沈重的腳步，一步一步掙扎地往前進。

當然，108 課綱的課程架構內容並非不適合每一個人，有些善於唸書的孩子，不但可以輕鬆地獲得好成績與掌聲的成就感，還可以行有餘力地學習其他自己感到興趣的事情；有些孩子就真的是學不會，學不來，而感到沮喪、挫折萬分，卻無法獲得靈魂喘息的空間，只能受到一而再，再而三的逼迫趕緊跟上進度。然而，國家教育心靈所需要的考量的是「成就每一個孩子」，而不是成就少數具有天賦的孩子。要「成就每一個孩子」是一件非常偉大的心靈工程，因為，每一個孩子的天賦本性都不太一樣，每一個孩子都是與眾不同的，每一個孩子都必須受到「獨一無二」的尊重，唯有孩子感受到真正的人性化尊重，才有可能深刻地學會如何真正地尊重他人。

人性化的尊重意謂著願意聆聽孩子的主觀感受，無論是個人的學習動力，或是個人的精神培養，都必須源自於個人內在的主觀感受。所謂的「適性揚才」就是必須建立在孩子內在的本性，而孩子內在的本性就是個人內在主觀

生命的探索。如果大人願意聆聽，每一個孩子都可以很清礎地說出自己喜歡什麼，不喜歡什麼，這也是個人主觀世界的力量來源。

因為每一個孩子的本性都不太一樣，所以，每一個孩子喜歡的學習方式也會有所不同。就好像在一個不同動物的學校一樣，猴子善於爬樹，羚羊善於奔跑，海豚善於游泳，老鷹善於飛翔，樹懶動作本來就慢，獵豹本來就速度驚人，這就是本性；要求烏龜爬樹，強迫兔子游泳，鼓勵鱷魚吃素，都是違反本性，造成傷害天性的做法。

「適性揚才」就是在個人的生命發展中，找到適合個人的天性，一種與生俱來的本性，然後熱情專注地投入自己的天賦，才能發揚個人的潛在才能，這才是真正的「適性揚才」，例如：知名的國際時尚大師吳季剛，在二十七歲時為 2009 年歐巴馬夫人蜜雪兒設計總統就職典禮禮服而揚名世界。吳媽媽提到兒子的天性時說：「吳季剛小時候的觀察力、專注力和敏感度都非常的高。」吳季剛在五歲時就立志當服裝設計師，九歲赴加拿大讀書，十歲就在學校賣出自己做的娃娃和娃娃衣服，十三歲已學會打板、縫紉等基本功，十四歲就已經取得日本紙黏土教授資格，十六就開始為玩具公司設計玩偶的衣服，十七歲就拿到芭比娃娃設計雙料冠軍被知道玩具公司聘為收藏型娃娃的總監，十八歲 Joson Wu 限量版娃娃誕生。

吳季剛從小就喜歡玩芭比娃娃，他自己內心很明確瞭解自己就是喜歡服裝設計，他知道自己的運動不行、數學也糟透了。而在台灣教育體制強調五育均衡的理念下，數學無論如何討厭，無論如何抗拒，仍然得乖乖地按步就班地一個單元一個單元學下去，學不起來就是強迫進補救教學系統，就是要學會、學好、學滿才行，這種做法就是孩子生命歷程中的緊箍咒，真的是會讓人很頭痛。孩子頭痛，老師頭痛，家長也跟著很頭痛。

因此，吳媽媽看孩子在以課程架構為主的台灣教育傳統體制眼光期待下，深覺孩子在這樣的環境下過著很辛苦掙扎的靈魂，於是決定帶孩子出國唸書，找一個對孩子最友善而不受到異樣眼光看待的環境下生活。為了全心全力支持孩子想成為服裝設計師的熱情與夢想，吳媽媽特別聘請專業的老師個別教

他，從畫設計圖、分辨布料、學習裁縫，過程中還到日本拿到雕塑冠軍。吳媽媽提到小小的吳季剛在學習的歷程中，因為很辛苦而曾經想要放棄學習，老師就會提醒他：「你長大後想要做什麼呢？」吳季剛毫不猶豫地回答「設計師」，老師就會詢詢善誘地說：「不會基本的裁縫，怎麼做設計師呢？」。媽媽知道吳季剛開始有退縮的心態之後，也沒有指責斥罵說：「花了這麼多錢，還不好好學。」而是和孩子很深度的溝通：「如果你因為怕辛苦，而放棄學習之後，以後就不可以再希望媽媽支持你成為設計師了。」聽了老師和媽媽的話之後，吳季剛在強大夢想的推動之下，只好擦擦眼淚，堅持忍住學習過程的痛楚與辛酸。

在國外自由的教育風氣下，每個星期吳季剛最期待、最快樂的事就是，讓媽媽帶他去婚沙店去觀賞各種不同的服裝設計。吳媽媽真是一個很不一樣的媽媽，她真心地希望帶給自己的孩子生命中快樂的事，她就願意付出時間支持與陪伴。如果在台灣的傳統教育思維下，一定會給孩子潑冷水，就會無法克制自己地對孩子說：「書都讀不好了，看什麼看，有時間不會好好多讀一點書，去看新娘禮服，以後又不會有出息。」想當然而，孩子在被斥責下，一定不敢再多想，多做夢，只能畏縮在自己空虛的想像世界中遨翔，至於讀書嘛，在如此難受被斥責的心理環境之下，怎麼會有心情唸書呢？

所以，吳季剛的媽媽現在都說，不要輕忽小孩子的夢想，而是要認真地去支持他、培養他，堅持走一條屬於孩子夢想中的道路。先不論孩子以後的成功與否，至少孩子的內心會有一個沒有缺憾的人生旅程。

小時候的吳季剛曾經問爸爸說，為什麼會有那麼多7的超商，爸爸說那是連鎖店，就是有很多一樣的店家。當時吳季剛就直接開口說出：「以後我要在全世界開很多店」，而這句話聽在媽媽的耳裡，心想現在書都不好好唸，以後怎麼會有可能開什麼店呢？沒想到十幾年後，吳季剛的小時候夢想就真的實現了，目前在全世界上已經擁有上百家連鎖服裝設計店，這是任誰也沒有想到的，但在吳季剛的心中，他只是一直在自己的人生道路上，勇敢不懈地往前邁進，不斷地超越自己，不斷地擴展自己的生命境界。

吳季剛之所以享有今日的功成名就，不光靠天賦與家人支持而已，而是為了把握每一次展現自己舞台的機會，更是付出了雙倍的努力與心力，即使遇到再大的挫折與批評，仍然保有自己夢想地堅持不放棄地勇往前進。

　　吳媽媽的教育方式才是真正「適性揚才」的典範，真正地重視孩子內心的主觀感受，支持與陪伴孩子去追尋屬於自己的人生夢想。我們無法想像，如果當年吳季剛繼續留在台灣的教育體制內成長，還會有現在發光發熱的國際時尚大師吳季剛嗎？國家教育心靈必須深省的是，為什麼許許多多的家長總是覺得要送孩子出國，才能真正為孩子找到比較理想的教育環境，才能真正擺脫教育現場的知識緊箍咒呢？

　　在台灣的教育體制下，知識系統已經造就了一個每年有上百億的龐大商機產業。根據教育部委託高雄市教育局進行的統計，2018 年全台有 1 萬 7 千家補習班，比 20 年前多了 1 萬 4 千家。而在 1990 年時才 372 家，也就是說，近三十年以來的教育改革，補習班爆增了 45 倍，如此驚人的龐大產業就是由整個教育體制的變革中所推升出來的。

　　一個國小三年級的孩子就已經可以意識到問說：「我為什麼要學這些沒有用的知識，又對我沒有用？」或許大人總是覺得小孩子是無知的，只是不想學習而找了一堆藉口而已。事實上，對大多數的國民而言，108 課綱的課程內容絕大部是和現實的生活完全沒有任何關係的，例如：學了數學的涵數、背了化學的元素周期表，對於做小生意過生活的人們有什麼意義呢？對於那些許許多多的靠勞動服務過生活的人們有什麼意義呢？許多人在出社會之後，都會明白學校所學到的大量系統性知識，最後都會被拋到腦後，而那些知識真正的實用性就是可以用於升學，因為升學管道必須具備知識考試高分的能力。因此，從實用性的角度來看知識，我們可以把知識分成三個層次：生活實用、基本能力和專業需求（圖 1-5-1）。

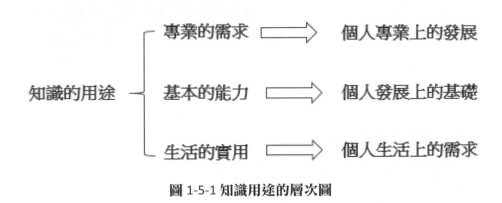

圖 1-5-1 知識用途的層次圖

　　以全體國民的角度來說，生活實用的知識才是真正有用的，例如：基本的識字和簡單的算數。而在科技資訊發達的社會中，只要個人在生活上有所需求，自然會渴望用心學好，只要有心想學好，肯定是可以學得好。就好像知名的台灣麵包師傅吳寶春，從小就一直搞不懂數學，連基本的加減乘除都學不好，他分享自己的生命故事說到：「數學對我來講是一個很可怕的東西，就好像當時我當學徒，我看不懂磅秤一樣，是很害怕很恐懼的。」即使感到很害怕恐懼，但為了學好做麵包，麵包材料的基本算數加加減減還是必須用到。因為在生活上有實際的用途，因此他仍就得好好學會基本的算數。因為希望學習做好麵包，只好努力從頭好好學習基本算數，這就是生活的實用性。對個人而言，只要生活上有實際的需求，自己就會有自發性的動機，想要努力用心學好，肯定是可以學得好，這就是屬於個人的生命責任。

　　雖然世界麵包冠軍師傅的頭銜已經讓吳寶春名揚台灣，但為了想看得懂財報，為了想要學習如何經營一家跨國企業，他的心中渴望唸 EMBA（Executive Master of Business Administration，高層管理人員工商管理碩士），但先前只有國中學歷的他，不符合唸 EMBA 要有大學學歷的基本能力要求，因此一再被台灣的所有大學拒絕。在台灣無路可走之下，吳寶春最後出走到新加坡，並且獲取亞洲排名第一的新加坡國立大學碩士專班的入學資格，三年之後 2016 年 7 月 13 日，吳寶春開心地頂著碩士帽，皇天不負苦心

人，在論文被退 35 次的辛苦下，越挫越勇的精神，讓他終於從 EMBA 碩士專班畢業了，還勇奪這一屆碩士論文的銅獎。

除了做麵包之外，吳寶春渴望學習如何經營一家跨國企業，進而努力去取得 EMBA 的專業智識。因此，吳寶春不但具有做麵包的專業技術，同時也具有了企業管理的專業知識。這就是個人生命自發性的力量，這股自發性的力量是 108 課綱給他的嗎？當然不是。難道是台灣的國民教育體系給他的嗎？當然也不是。這股力量是完完全全由個人內在的本性與精神所流露出來的，並非可以靠外來的力量所可以逼迫出來的。

在知識的用途上，無論是生活上的性實用，或是升學所要求的基本能力，甚至是個人所需要發展的專業知識，都是屬於個人的責任。只要個人擁有內在自發性的動力，自然會想盡辦法去獲取自己所需要的知識內容。

在 2011 年 6 月 17 日有一則新聞，「不識字陸配，背題庫考上廚師」。三十八歲大陸配偶蔡金姐只讀過兩年小學，不會寫字，然而一心想開店補貼家計，因此為取得中式餐點證照，請人教她看字認圖，死背一千道題庫，終於考得丙級證照，而實現自己創業的夢想，自製手工包子及饅頭為客人服務，並堅持傳統燒柴蒸饅頭，平均一天做三百顆，全部賣光，兼顧家庭又能補貼家用。

蔡金姐也去考駕照，她自嘲說：「教練還笑我不認識字怎麼有辦法考筆試」，但她憑著不認輸的精神，背下題庫的內容，「只考一次就通過筆試、路考，教練驚訝到說不出話。」蔡金姐很自豪自己的記性，「要考試，就把一千道題庫統統背起來」。「決定要考照，鞭策自己努力學習」，每天打工回家後，至少要花兩小時邊認字邊背，規定每天要記五十道是非題。她苦背了一個月，一點一滴慢慢學，甚至有个會的字，還要請自己的兒子當小老師。蔡金姐很開心地分享自己的生命故事說：「學習讓我開創了美好人生。」知識的獲取是屬於個人生命的責任，而不應該是由國家教育心靈全面性的干涉與管控。

國家教育心靈對於個人的責任，應該給予全力的幫助與支持，而不是給

予全面的控制。國家教育心靈所要全面控制的是,對於國民共同的責任,也就是對於國民心靈最基本品質的管理。品質控制就是品質管理,而目前國家教育心靈是針對國民的頭腦的全面控制,就是堅持國民一定要放進多少的容量的知識,從入學開始到國民教育結束,就是一路地控制追蹤,一個都不放過,只要沒有好好把規定的容量放進頭腦裡面,就會被列為低劣品質的頭腦,然後全面地想盡辦法提升其頭腦的容量,以求可以達到國家教育心靈所要求的知識腦容量水準。事實上證明,腦容量再強,沒有心靈的基本品質,也只會造成社會上更大的危害而已,所以我們的社會上可以看到上至總統、法官、縣市首長的貪污案件,到黑心商人、詐騙集團、情殺案件等層出不窮,這些人的知識腦容量都是超強的,但就是連最基本的人性水平線都沒有,就是非常容易做出傷人害己的犯罪事情。所以,這不是一個人有沒有知識的問題,而是有沒有生命智慧的問題。

因此,要解開孩子生命歷程中的緊箍咒,國家教育心靈就是要放掉對於知識的執著與霸權。讓學校成為孩子生命中,探求不盡的知識寶藏和智慧的泉源,而不是讓知識成為孩子生命中的重擔與芒刺,讓孩子可以成為自己生命的主人,讓孩子可以真正探求自己生命中的本性,讓孩子真正可以成為生命中最美好的自己。

六、人的生態系統

生命的存在是非常地深細、神奇與奧妙的。
人是生命生態系統中一朵奇異的花朵；
人啊！你可以感受到自己有多麼地神奇嗎？
不是你做了什麼而變得神奇，而是你的存在本身就是充滿著奧祕的神奇！

　　國家教育心靈必須對於人的本性與本質，具有全面性與深度性的瞭解，才能開展出真正以人為本，以孩子為主體，以國民的幸福為核心的教育體系。

　　人是一個充滿著美妙、神奇與奧祕的存在，人想要全面性、透徹性與深度性地瞭解自己，就已經是一個不可能的任務了。

　　早在二千五百年前，古希臘哲學家蘇格拉底（Socrates）說過一句非常有智慧的話：「我只知道一件事，就是我一無所知。」（All I know is that I know nothing）。為何自認為「一無所知」的蘇格拉底，卻被「德爾菲的阿波羅」（Appollon pythien）神諭說：「沒有誰比蘇格拉底更聰明」。蘇格拉底的智慧就在於，他完全可以感受到，他所知道的一切，比起無窮浩瀚的存在本身，實在是渺小地好像無知一般。即使到二十一世紀科技文明昌盛的時代，知識的豐沛程度在網路上彈指可得，知識的發展容量也早已超越人的一生所能夠承載的了。然而，對於無邊無際、廣袤浩翰的存在本身而言，人的知識依然是顯得如此渺小，人的無知部分依然高過已知部分太多太多。對於無限的存在本身而言，人仍然是「一無所知」。事實上，人對於自己的認識，人存在的神奇性與奧祕性，人對於自己的所知，永遠是短淺的。因此，德爾斐阿波羅神廟入口鐫刻著：「認識你自己。」（Know thyself）警醒世人，你所內含的無窮寶藏，肯定超過你所能想像的。

　　西方現代哲學的開創者尼采（Friedrich Wilhelm Nietzsche）在《道德的系譜》（Zur Genealogie der Moral）也說到：「我們無可避免跟自己保持陌生，我們不明白自己，我們搞不清楚自己，我們的永恆判詞是：『離每個人最遠的，就是他自己。』──對於我們自己，我們不是『知者』。」

　　中國智者老子也說：「知人者智，自知者明。」《道德經·第三十三章》

　　我們認識自己的部分，真是少得可憐。「自知者明」說得極好，知道自己愈多，自己的生命就會愈明亮。如果我們知道自己的身體狀況愈多，我們就可以愈減少生病的痛苦；如果我們知道自己的細胞運作的情形愈多，我們就可以活得愈舒暢；如果我們知道自己的動物本性為何，我們就不會只是受困於動物本性的驅力作用而經常受罪；如果我們知道自己人性的美好愈多，我們就愈能夠活出人性的美好與光輝；如果我們知道自己神性的奧妙愈深，我們就愈能感受存在本身的和諧喜悅。同樣地，國家的教育心靈如果能夠明瞭人性的本質與本性愈多，就愈能夠建構一個滋養於每一個孩子，利益於每一個國民的教育生態系統體系了。

　　宇宙是一個充滿奧祕的開放生態系統，人也是一樣。

　　從道家的觀點來看，人就是一個小宇宙，所以老子說：「道大，天大，地大，人亦大。域中有四大，而人居其一焉。人法地，地法天，天法道，道法自然。」《老子·第二十五章》道家的宇宙整體觀，充份體現「天人合一」、「天人相應」的思想。宇宙和人是相互對應的、彼此是相互融通的、彼此是一體的。因此，宇宙所有的內涵，在人身上也都具備。所以，儒家孟子也說：「萬物皆備於我矣。」《孟子·盡心上》

　　人本身的存在就是一個完整的小宇宙生態系統。

　　那麼，什麼是生態系統呢？「生態」（ecology）一詞源於古希臘語，原意是指「家」或者「環境」，現在是指一切生物的生存狀態，以及它們之間和它們與環境之間環環相扣的關係。

　　生態系統（ecosystem）一詞是英國植物群落學家坦斯利（A. G. Tansley）首先提出的。1935 年，他在 Ecosystem 上發表了題為〈植被概念與術語的使

用和濫用〉的文章中首先提出「生態系統」（ecosystem）的概念。「生態系統」一詞早期被用於生物學領域上，後來就被應用於不同領域上，如社會學。大陸學者葛魯嘉於 2009 年，在＜心理學研究的生態學方法論＞一文中發表，認為生態的核心含義是指共生。所謂的共生不僅是指共同生存或共同依賴的生存，而且是指共同發展或共同促進的發展。

　　因此，生態系統最主要的核心概念在於：互為共生的、互為關係的、互為一體的。人就是一個完整的小宇宙生態系統。人的身、心、靈是一體的，彼此互為關係的；人身體上的所有細胞都是一體的，彼此互為關係，彼此擁有一個共同生存的環境；人的肉體和靈魂是一體的，彼此沒有分別的，肉體就是看得見的靈魂，而靈魂就是看不見的身體。人本身就是一個完整和諧的生態系統體系，人和宇宙也是同屬於一個完整的生態系統體系。

　　從生態系統的角度來看個人的身心靈，我們可以應用太極圖說明其中的一體關係（圖 1-6-1）：身即是肉體；心即是心理、心靈或精神；靈即是靈性。

圖 1-6-1 個人身心靈的生態系統太極圖

在太極圖中，一條曲線將它分為兩半，形成一半白一半黑，白者向陽，黑者向陰，白中又有一個黑點，黑中又有一個白點，表示陽中有陰，陰中有陽。太極是一分為二的陰陽雙方彼此依存、制約、消長、轉化的整體動態展現。

因此，肉體和精神是一體的，整體彼此和諧的運行就是靈性的作用。

我們可以再進一步從個人存在的主客觀世界以太極圖（圖1-6-2），來說明身心靈之間的整體存在性。

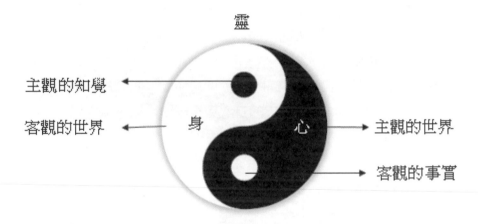

圖 1-6-2 個人身心靈的主客觀世界太極圖

肉體的存在是屬於客觀的世界，是屬於物質的世界，這個世界是西方自然科學所強調的客觀性，而這一切的客觀科學必須依靠主觀知覺的六根（眼、耳、鼻、舌、身、意），才得以開展客觀世界的自然科學；精神的存在是屬於主觀的世界，這個世界是東方心靈科學所強調的主觀世界，而這一切的主觀科學必須依靠客觀的事實為基礎，才會有主觀世界的心靈科學，而此一客觀的事實就是「人人皆有心」。「心」就是東方心靈科學最為核心的基石，如果沒有此一客觀事實的存在，那麼，東方以儒釋道為主流的心靈科學都將變得空洞而沒有任何意義。

所以，《中庸》第二十五章說到：「誠者，物之終始；不誠，無物。」

誠與不誠就在於「心」。如果沒有心，就不會有誠；如果沒有誠，就沒有所謂「仁義禮智信」的世界了。因為，「仁義禮智信」就是建立在「人心」的基礎上。在動物的世界中，沒有所謂的誠不誠，更沒有所謂「仁義禮智信」的存在性。

相同地，佛家的世界所謂的成佛即為覺者，而覺醒的人也在於「心」的覺醒，而不在是頭腦的知識多少；道家所追求的「天人合一」、「物我合一」，也是在於「心」的化境，也只有人心會追求合一的境界。在動物的世界裡，沒有覺醒和合一的追求與境界，因為除了人之外，動物中沒有「心」的存在。

因此，人和動物之間最大的差別就在於「心」。然而，雖然「人人皆有心」，但人心的品質與境界卻各有不同，因此才會有所謂「真俗凡聖」之別。所謂「一樣米，養百樣人」，人的神奇不僅在於，每個人的長相都不一樣，而且每個人的「心」也都不一樣。雙胞胎雖然長得很像，但還是不一樣；我們雖然可以把人分門別類，但究竟細分，沒有二個人的「心」是一樣的。人心不只是能夠做為一個人的心，而心的本質還能夠究竟生命的實相，這是更為奧妙的生命現象。西藏精神領袖達賴喇嘛於 2003 年在《開心》一書中，說到：「心在本質上有兩種層次。第一個層次是清明知曉的經驗，第二種層次同時也是心的終極本質，是了悟到心的實際上根本不存在時才能體驗得到。」所謂終極的本質，就是靈性合一的領域，萬事萬物，無分無別的一體存在，這亦是人心中最深最奧祕的神性層次。

因此，對於個人存在於宇宙天地萬物之間，我們必須有一個基本的認識：個人的存在不是封閉的系統，而是一個開放流動的生態系統。從個人存在的生態系統中，我們主要可以找出主要不同的六大層面（表 1-6-1）：物質性層面、細胞性層面、植物性層面、動物性層面、人性層面和神性層面。

表 1-6-1

個人存在生態系統的六大層面

物質性：肉體的元素現象
細胞性：肉體的生命基石
植物性：肉體的必然成長
動物性：內在的慾望驅力
人　性：內在的精神領域
神　性：內在的靈性領域

　　人的物質性是指肉體的各種不同物質元素，而構成人體的元素和構成地球的元素是一樣的；人的細胞性是指肉體的各種不同細胞，細胞也是所有生命的基石；人的植物性是指人的肉體和植物一樣，只要具有充份的陽光、空氣、水和食物，就會自然地成長與成熟。以上這三個層面是屬於有形的世界，是屬於具體的世界，是屬於自然科學的領域。

　　人的動物性是指人身上和動物具有一樣的慾望驅力，主要包括生存和繁殖的內在驅力，這也是孔子所言「飲食男女，人之大欲存焉。」《禮記》，以及告子所說的「食色性也」《孟子·告子上》。人和動物同樣具有強烈的內在慾望，這是人皆有之，與生俱來的動物性慾望；人的人性是指不同於動物世界的精神領域，是人所獨有，是其他動物所沒有的，這是身為人獨特的部分，如果缺少了人性的部分，那就真的和動物是沒有兩樣的，和一般動物之間是沒有分別的。因為有了人性，因此人就成了萬物之靈；人的神性指是人內在的靈性領域，是超越人性的奧祕層次，是超越人理智層面的領域，是「天地與我並生，萬物與我為一」《莊子》的不二領域。以上這三個層面是屬於無形的世界，是屬於內在的世界，是屬於心靈科學的領域。

　　人的物質性、細胞性、植物性、動物性、人性和神性等六大層面，同屬一個完整個人存在的生態系統。因此，整體性的健康是指身、心、靈全面性的健康，而不只是單單身體上或心理上的健康，而是需要每一個層面都獲得充份的滋養與和諧運作，才是真正整體性的健康。

一、人的物質性層面

自然科學可以很精確地分析出肉體上物質性的成份，卻無法具體明確地找到靈魂的存在。物質性的層面是個人生態系統中，最粗糙的層面。以粗糙的物質性層次思維，去探索細微層面的靈魂，自然會遇到無法跨越的障礙與限制。

有人從自然科學的角度說，人只是一堆碳水化合物的組成。當然，這種說法是非常粗淺表面的見解，用自然科學詳細的說法是，一般構成人體的基本元素約有 29 種，若連污染元素包括進去的話，人體內發現會有 70 種元素之多。人體最主要元素為：氧（O）、碳（C）、氫（H）、氮（N）等 4 種元素合計佔了 96％左右，其次是屬於常量礦物質元素的鈣（Ca）、鎂（Mg）、鉀（K）、鈉（Na）、磷（P）、氯（Cl）、硫（S）等其他元素約佔 4％（圖1-6-3）。

他其微量元素包括：鐵（Fe）、鋅（Zn）、銅（Cu）、錳（Mn）、鉻（Cr）、硒（Se）、鉬（Mo）、鈷（Co）、氟（F）等，凡是占人體總重量的萬分之一以下的元素稱為微量元素。微量元素在人體內的含量真是微乎其微，如鋅只占人體總重量的百萬分之三十三。鐵也只有百萬分之六十。

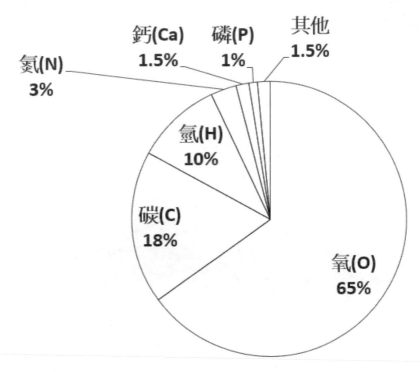

圖 1-6-3 人體的元素結構圖

資料來源：賴貞秀（譯）（2019）。**完全圖解 元素與週期表**（原著者：日本 Newton Press）。高雄市：人人出版。

　　日本 Newton Press 所編撰的《完全圖解元素與週期表》（2019）一書，對於人體的物質性層面有非常詳細深入的說明。你體重的大約 65％ 是由氧（O）所構成（圖 1-6-3），例如：體重 60 公斤的人，將近有 40 公斤是氧原子的重量，因為人體的 70％ 左右是水（H2O），而氧是水的構成要素。構成身體的蛋白質和核酸（DNA 等）也需用到氧。此外，肺所攝取的氧會溶於血液中，供應給全身的細胞。很神奇的是，人體所需要大量的氧，竟然在地球上可以取之不竭，用之不盡；更神奇的是，構成人體的元素，和構成地球的元素一樣，追本溯源，都是在宇宙空間或恆星裡面誕生的元素。

人的物質性層面和宇宙的物質性層面是相互呼應的，彼此形成一個交互流動的開放生態系統。人體所不足的任何元素，都可以從地球上獲取。因此，人體的生態系統是和地球、宇宙彼此互通交流的，而不是一個封閉自足的系統。

　　物質性的存在是一切生命形式的基礎，沒有物質元素的存在，就沒有生命形式的存在。因著人的物質性層面的存在，所以我們的身體具有不同結構層次的存在：從最小的夸克、原子、分子，到細胞、組織、系統，以至於形成完整的身體結構。

　　在學校對於人的身體構造與元素，都有很基本的知識教導。然而，對於人體的掌握，有再多的知識，有再透徹的瞭解，如果不懂得照顧自己的身體，愛惜自己的身體，好好感受身體的每一個重要的訊息，到頭來病痛一大堆，那麼，再多的知識和再透徹的瞭解，對於自己的生命又有何意義呢？許多身體上的病痛，並不是人類的知識不夠豐富，也不是人類的瞭解不夠清礎，而是智慧不足的緣故。

　　在人的生態系統中，物質層面是屬於最粗層次的存在，也是最為重要的基礎。如果身體系統出狀況，所有其他的層面也是難以正常地運作。因此，在人的生態系統中，所有的層面都是非常重要的，都是需要同等地被好好重視與照顧。

二、人的細胞性層面

　　人的身體真是神奇的不得了。人的身體竟然是由一個小小的卵子和一個精子的結合之後，從一個受精卵，經過五十兆次的裂變，而形成一個成年人擁有人體的全部細胞約為 500 至 600 萬億個，如果把它們全部排列成一條直線，其長度約為 40 億米，即 400 萬千米，這相當於地球到月球距離的 10 倍，這真是非常驚人的細胞數量。而且人體內每一個時刻都有許多細胞繁殖新生，也會有許多細胞同時衰老死亡，以維持機體的生長、發育、生殖、及損傷後的修補。細胞的繁殖是通過細胞的分裂而來的。正常的分裂細胞，我們的身

體才會健康，如果細胞本身產生了變異細胞，就會直接成為危害我們健康的所有病因。所以保護每一個細胞的健康就是預防疾病的最好辦法。

細胞是生命結構和功能的最基本單位，它是除了病毒之外所有具有完整生命力的生物的最小單位，因此也經常被稱為生命的積木。在人的身體系統中，每天細胞都很忙碌地不停歇地運作，所以有細胞各司其職，才能確保我們的日常生活是正常的。

人體的所有器官的組織和系統的運作，都是由細胞所構成和維持。人體細胞的生態系統以一種極為精密的方式，彼此合作完成主人每天所需要的工作與生活。然而，細胞的活動與運作並不是沒有條件的，所有的細胞都是需要營養素的滋養，才能夠維持日常的機能與運作。營養素是維持人體細胞正常成長、發育和新陳代謝，讓人的生態系統可以維持整體生命的存在，而人體細胞自身不能合成生命的營養素，是需要從外界攝取的物質。人體細胞基本必須的七大營養素包括：蛋白質、脂肪、碳水化合物、維生素、礦物質、水和纖維。

因此，要學習保護好自己的細胞，個人的生命才能夠擁有追求快樂與幸福的基礎。學習照顧自己的身體，就是學習保護好自己的細胞，那要怎麼要才能保護好自己的細胞呢？從營養學與細胞健康的角度來說，基本上有五個方向：

1. **營養的補充**：平日的飲食的最主要任務，就是要攝取七大營養素的均衡適量，以補充細胞的營養。如果平常沒有注意營養的均衡，經常吃一些有害身體的食物，如：毒品、煙酒過量、垃圾食物等，這樣細胞會被弄到不健康也是無可奈何的事。所謂「病從口入」，就是你吃什麼，你的身體就會成為什麼。細胞的生命需要依靠均衡的食物營養素過生活，因此要好好注意營養的補充，才能照顧好自己的身體細胞。

2. **適量的運動**：除了食物之外，運動是對身體細胞最為重要的保護條件。因為運動可以促進體內代謝的完成，提供充足的氧氣給予細胞

活力，並且可以提升身體的免疫力。

3. **充足的睡眠**：過度勞累容易造成細胞的負擔與損害。透過充足的睡眠，身體細胞才能獲得充份的調養，並獲得充沛的生命能量。現代人因為生活節奏快速與工作的忙碌因素，經常無法好好地保持充足的睡眠，而導致睡眠障礙的問題。一旦長期性的睡眠障礙問題無法解決，那麼身體的器官和細胞必定會集體抗議，最後必然會產生許許多多延伸性的疾病出現，讓整個人的生活陷入憂傷的病苦之中。因此，保持充足的睡眠對於保護身體的細胞是非常必要且重要的。

4. **心情的愉悅**：愉快的心情可以讓我們感受來自內心的快樂，身體細胞獲得興奮的傳導和刺激，有助於細胞的活力。相反地，長期的負向情緒，如：精神焦慮、擔心、嫉妒、抑鬱、憤怒、敵意、生氣等，會致使脾胃運化失調，肝氣不舒，時間久了就會導致氣滯血淤，而創造了給予癌症可以發生的條件。如果每天可以保持心情愉快，自然，就會促進人體血液循環，提高免疫力，免疫力提高了，人體細胞自然而然的能抵禦那些對身體有害的物質，包括抑制癌細胞的生長。根據自然科學研究發現了，心情影響罹癌機率佔 50％，其次才是飲食。而人在心情愉悅時，心臟會分泌一種叫縮胺酸的荷爾蒙，可以在二十四小時內殺死體內 95％的癌細胞。因此，在日常生活中，保持心情的愉悅對於保護身體細胞是很重要的心理環境。

5. **生活的習慣**：健康的生活方式，對於保護身體細胞是具有重要的影響力。據醫學研究得出的結論，癌症與生活習慣有很大的關係，如：每天大魚大肉、菸酒不離、久坐不愛運動、熬夜，以及情緒長期不舒暢等，這些因素會大大降低人體的免疫力，免疫力的降低就不能抑制身體裡面癌細胞的生長，最終發展成癌細胞腫瘤。

保養好自己的身體細胞，就是守護好自己靈魂的聖殿。當身體細胞獲得舒暢愉悅的生態系統生活環境，心靈才能夠自由地追尋屬於自己夢想的天地，

創造屬於自己的美好生活。因此，印度成道大師奧修（Osho）說到：「身體不但有慾望，它還有需要，這些需要必須得到滿足，它們越是得到滿足，就越不會打擾你（謙達那譯，1987）。」

三、人的植物性層面

人和植物一樣，都是屬於多細胞生物，都是由億萬個細胞所構造而成的生命體。人的身體和植物一樣，都是需要陽光、空氣、水和養份才能得以維持生命。

人的植物性層面是什麼意思呢？人的植物性層面是指，人的身體成長和植物的成長一樣，具有必然性，也就是植物只要有足夠的養份，自然就會成長，直到成熟。同樣地，人的身體也像植物一樣，只要有足夠的食物，自然就會成長，直到成熟，這就是所謂的人的植物性層面。

植物長的好不好，和養份的條件有關；而身體成長的好不好，同樣和營養的條件有絕對的關係。人的植物性成長是必然性的，這是本然的存在生命；而人的內在成長是非必然性的，這是自我的創造生命。

因此，人的植物性層面，讓我們可以知道人的生態系統中具有，「生命成長的必然性和生命成長的非必然性」之間的差別。

生命成長的必然性是指肉身的成長歷程，會像植物一樣地成長；而生命成長的非必然性是指個人內在的成長歷程，如果沒有透過個人的努力，透過個人的創造，是不會有個人內在成長的發生。

植物只要在陽光、空氣、水、土壤等生長條件充分的環境下，植物的成長會順著生命自然法則生長，植物的生命會歷經生、老、病、死的生命循環法則，這是生命成長的必然性；同樣地，人的肉身成長在陽光、空氣、水和食物等生長條件充分的環境下，也必然會順著生命自然法則生長，人的生命也會歷經生、老、病、死的生命循環法則，這就是個人生命的必然性。

人的植物性層面，就是指身體本然的成長，具有生命成長的必然性，也是本然存在的生命；相對於人的內在性成長，是屬於非必然性的，如：人性

的成長和神性的發展。

　　人的內在成長是非必然性的生命成長，是屬於自我創造生命的層面。如果一個人只是照顧身體的健康與成長，而沒有下功夫在個人內在的成長，那麼，他的生命就會像植物一樣，只會有身體必然性的成長，而不會有人性和神性的成長。聖經約伯紀有一段話是這樣說的：「年紀大不一定會增加人的智慧；歲數多也不一定會使人明辨是非。」我們經常可以看到膽小如鼠的老人、自私自利的老人、唯利是圖的老人和性情暴唳的老人，這就是長期缺乏內在性的成長，經常只活在身體層面需求層次，隨著年紀的增長，身體日益衰弱，然而內在性的智慧、性情和心靈品質卻依然沒有任何的成長，而導致生活中依然充滿著許許多多的爭執、衝突、焦慮與困苦。

　　人和植物一樣，具有本然的存在生命，肉體只要給予足夠的食物，自然就會成長，直到成熟為止。而人的內在性具有無限的潛能，此一無限的潛能就好像植物的種子一樣，需要透過個人的灌溉、澆水和施肥，內在的潛能種子才會開始發芽、成長，直到成熟，這個過程就是「自我的創造生命」。

　　自我的創造生命是完全屬於個人生命的價值與意義，每個人的潛能都不一樣，每個人的內在種子也都不一樣，成長後的結果更是不一樣。以人性的種子來說，我們可以很清楚地從人們的行為看到，有些人的人性發展的非常好，有些人的人性就幾乎仍然保持在種子的狀態，這樣子的人經常會被指責為「不是人」，也就是人性種子尚未開始發芽的人，幾乎看不到人性的影子。人性只是一種潛能，如果沒有透過個人的努力與開發，就有可能會完全沒有人性。所以，身體會有必然性的成長，然而人性就不一定會有必然性的發展。

　　人性的種子是與生俱來的，但人性的成長是需要學習的；

　　人性的成長是非必然性的，但人性的圓滿是可以期待的。

四、人的動物性層面

　　人就是動物。從生物學的角度來看，人是屬於靈長類的動物，人也只是動物的一支而已。是的，沒錯，人的許多需求和行為，都和動物一模一樣的，

是沒有什麼分別的。動物具有很強烈本能的生存、食物和性的慾望，人同樣具有和動物一樣的本能，對於個人的生存、食物的需求和性的慾望，人和動物是沒有差別的。

動物性的本能就動物來說，是好的，但就人的需要來說，動物性的本能不能滿足人的要求，人對自己的要求，已超越了動物性本能，而趨向於完美。既然人趨向完美，也就是「消滅獸性，發生神性」（建球編著，2004）。

人的動物性慾望是與生俱來的，如此的慾望是不用學習的；而人性的成長是個人創造生命上的成長，必須透過學習才得以成長而慢慢成熟的。

人的動物性是自然存在的，動物性也是人求生存的本能，所有的動物都具有求生存的本能，這是自然的，動物性本身並不帶有罪惡，動物性本身已經具有宇宙本然生命存在的義意與目的。

動物性是個人存在的基本核心。人一出生，就是具有動物性的強烈慾望，人本身就是一個慾望體，這是天生的，不需要學習的本能。所有的哺乳動物胎兒，一出生就自然會找乳頭喝奶，這就是天生的本能，很自然的生存本能。

人的動物性層面就是指，人和動物共同的部分，人就是動物的那一部分，也就是人內在本能的部分，同樣也就是孟子所觀察到的：「人之所以異於禽獸者幾希。」《孟子·離婁下》人和動物有許多相同的部分，我們可以從動物的身上，很清礎地看到人的動物性層面部分，最主要可以看到以下幾點：

1. **以感官為主**：所有的動物都是活在自己的感官世界裡面，只有能夠刺激到感官，行為才會有所反應。因此，心理學的行為學派在進行許多動物的實驗之後，提出了一個重要的核心理念：「刺激與反應」的連結。因此，在小學階段的孩子，使用行為主義的代幣制度「獎賞與懲罰」策略就是非常具有效果的，因為孩子在尚未開發出人性的潛能之前，本能的行為是非常強烈的。孩子就是活在感官世界的小動物一樣，我們經常可以看到二個幼兒搶玩具的情景，孩子只會顧慮到自己想要玩玩具的感官，而完全不會去感受到別人也想玩玩具的心情。因此，人性中彼此分享的美好是透過學習與體會，才能

夠感受到的。孟子提到分享的美好「獨樂樂不如眾樂樂」《 孟子‧
梁惠王下》，這不是人的本能，而是經歷過人性的深化與體會，才
能夠擁有智慧去選擇，人性彼此分享的美好。

2. **慾望為核心**：在動物的世界中，本能慾望的衝動是驅動行為主要的
力量來源，而且是以食物和性的需求為主要的核心動力。所以，在
人的動物性層面，滿足慾望是個人很主要的行為驅動力。所以，我
們可以在人類的社會中，經常看到為了錢和性而犯罪的人，這是很
強的動物性慾望驅力。因此孔子才會很感慨地說：「吾未見好德如
好色者也。」《倫語‧子罕》德行是人性的美好，而好色是動物性
本能的求樂衝動，追求滿足性衝動的快樂，會比追求人性美好的德
行多出許多，那也是很自然的情形。因為動物的本能不需要學習，
直接滿足慾望就可以獲得自己想要的感官上的愉悅，而美好的德行
是需要透過個人的努力，是需要花力氣才能夠體會到其中的美好與
快樂。慾望是與生俱來的，滿足個人的慾望並不是罪惡，然而因著
慾望的強烈衝動，而經常讓人無法自我控制地去犯罪，做出傷害別
人的事，這也是動物性本能需要依靠自己去克制的慾望。所以，孔
子提出：「克己復禮。」《論語‧顏淵》如果每一個都只想充份滿
足自己的慾望，而完全不顧慮他人，那麼整個社會也將會經常造成
彼此傷害的情形。

3. **強者吃弱者**：當達爾文（Charles Robert Darwin）在 1859 年出版
《物種起源》，把自己在加拉巴哥群島（Islas Galápagos）觀察
各種動物的心得，提出「物競天擇」、「弱肉強食」的演化論。以
自然科學的觀點來看，達爾文的演化論完全可以符合動物世界的以
大欺小，以強吃弱的自然法則。人的本性就是動物，如果一個人只
人的腦，卻沒有人的心，那麼他的動物性就會驅使他去做出以大欺
小，以強吃弱的行為，他自己的核心重點就是只要能滿足自己的慾
望和本能，沒有什麼事是做不出來的。因此，人與人之間的爾予我

詐，仗勢欺人，欺負弱小，都是動物世界強者吃弱者的自然法則現象而已。所謂都市叢林法則，就是以動物的本能在都市裡過生活，對於人性美好的體會是沒有的，只能靠動物的本能想辦法生存下去。因為在動物的世界裡，只要你沒有比別人強，你就很有可能被吃掉。

4. **沒有同理心**：我們可以清楚地感覺到，除了人類之外，我們無法看到動物世界具有同理心的行為。人和動物之間最大的分野之一就是「同理心」，如果人沒有了同理心，即使再有強大的頭腦，那麼他的行為只會比動物更可怕而已，他的行為將可以做出完全沒有所謂道德底線和良知良心的人性行為。在人類的世界中，我們可以經常看到沒有同理心的行為，例如：第二次世界大戰的南京大屠殺和德國納粹黨殺害六百萬猶太人，都是在在顯示出，人類在完全沒有同理心下的行為，極為殘暴血腥，可怕的程度絕對超過一般動物的行為。因為人具有動物沒有的具大野心和瘋狂的頭腦，一旦人陷入瘋狂野心的動物性狀態時，那就是完全沒有同理心的殺戮戰場了。印度桂冠詩人泰戈爾（Rabindranath Tagore）對此情形有很精準的描寫：「人比動物還惡劣，當他是個動物時。」（Man is worse than an animal when he is an animal.）《漂鳥集》動物沒有同理心，是動物的本質；而人沒有同理心，是人的悲劇。

5. **只活在當下**：動物沒有歷史，動物不會悲傷過去，動物也不會夢想未來，動物的世界就是完完全全地活在當下的生活。每一個天真無邪的孩子，都是很全然地活在當下，因為他們的動物性能量仍然很強烈。只活在當下，意謂著不會想到過去，也不會考慮到未來，所以動物的世界並不會顧慮行為本身所帶來的後果。小孩子經常只是活在當下，只是一味地滿足當下的慾望，全完不會顧慮行為本身所帶來的後果，這樣子的動物性只活在當下行為，經常會給身邊的人帶來煩惱與困擾。而人會想到過去的經驗，也會想到行為可能帶來的後果，會有理性去辨別好壞，避免自己陷入生命的悲劇之中，這

就是動物所沒有的生命智慧。

人的動物性層面是個人存在的基礎，也是人存在最核心的部分，每個人都無法逃避面對自己內在動物性能量的存在。印度成道大師奧修（Osho）說到：「人仍帶著很多動物本能－他的憤怒、他的恨、他的嫉妒、他的佔有、他的狡猾。所有那些在人裡面被譴責的東西似乎都屬於一個非常根深蒂固的無意識。整個靈性煉金術的工作就是如何去除這些動物的過去（謙達那譯，1992）。」在個人內在根深蒂固的動物性，只有自己能夠去面對轉化，沒有人可以代替處理，而昇華動物性能量的最根本目的就是，追求人生真正的快樂與幸福。當我們的生命智慧日漸增長之後，總有一天，自然會選擇生命更美好的路道。動物性的能量會帶給一個人很多的痛苦與問題，也會帶給別人很多的痛苦與問題，當人性的能量覺醒之後，動物性的能量就自然會被慢慢轉化昇華為更美好的人性。這是身為人最獨特的權利，可以超脫動物性能量的制約反應，可以追求更美好的人性和探尋更奧妙的神性。

五、人的人性層面

人性和動物性來自同樣的能量，人性和動物性同時存在於人的生態系統之中，在人的生物能量裡面，同時具有人性和動物性。人性和動物性在人的內在性裡面，卻又不是涇渭分明的方式存在，而是以一種光譜的方式存在（圖1-6-4），也是以一種同心圓漣漪擴展方式存在（圖1-6-5）。

光譜的方式存在意謂著，人性和動物性之間並無法找到一條明確的分界線，無法像切西瓜一樣，切一半之後，左右邊分明，沒有模糊空間。而人性和動物性之間，以一種極為模糊的方式並存著，就是無法把人性和動物性之間明確地劃分一清二礎。因此，什麼是人性？自千古以來就爭論不休。不過，我們必須先釐清，人性和動物性之間雖然沒有明顯清礎的界線，但是人性和動物性是二個完全截然不同的東西，人性就是人性，而動物性就是動物性。人性就是成為真正的人，不再只是動物的心靈品質；而動物性就是表示，人

和動物的狀態是一模一樣的，沒有什麼分別的。所以，人如果沒有人性的發展，那麼就和動物是沒有兩樣的。當然，人就是動物，這是自然的事實，並非是一種貶低或譴責。人的動物性會在人的一生中渡過，動物性本身並非是低級或必須被去除的能量。動物性在人的社會中所帶來的問題是，對人造成痛苦與傷害的東西。如果一個人能夠管理好自己的動物性能量，不會對別人造成傷害或困擾，那麼動物性的能量本身並非問題。

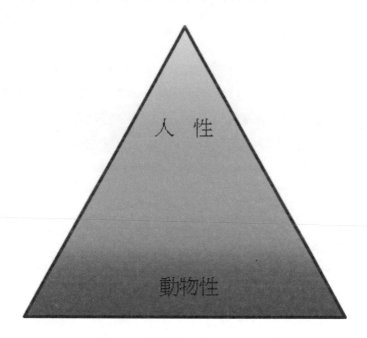

圖 1-6-4 人性和動物性的光譜圖

圖 1-6-5 人性和動物性的同心圓圖

　　有人說：「人性就是自私。」有人說：「厚黑學的最深刻根源就是自私自利。」有人說：「人不為己，天誅地滅。」這都是把人的動物性和人性混為一談，而沒有分辨清楚動物性和人性之間的差別。動物性就是動物性，人性就是人性，人有動物性，也有人性。因此，說人是自私，那是因為人的動物性使然，但卻不能說，人性是自私的。因為人性是自我的，而不是自私的。當人性的同理心發展出來之後，自然會顧慮到別人，一旦會顧慮到別人，就不會讓人感受到自私自利而已。因此，人性和動物性是一種光譜的形式同時存在於人的生態系統之中，雖然彼此之間的界線不容易劃分清楚，但我們仍然可以有智慧去分辨人性和動物性之間的差別。

　　同心圓的方式存在意謂著，動物性是人的存在核心，人一出生就是從動物性開始發展的。因此所有小孩的行為和動物一樣沒有同理心，不懂得尊重人，不懂的人性的內涵，這是非常自然的事。人的人性一開始只是個種子，種子尚未芽之前，就是不會有人性的行為表現。因此，人性是需要開發的，

人性是需要學習的，而不是必然會發生的，人必須透過不斷學習與不斷體驗，人性才會開始像漣漪方式，逐漸地向外擴展成長。為什麼我們可以知道人性是非必然性的成長？因為我們可以很清楚地看到，許多人一輩子都活在動物性的世界，一輩子都只活在自己的感官之中，完全對於別人沒有同理心，經常與人起衝突，經常帶給別人麻煩與痛苦，而自己卻也不以為意，就這樣子每天地過自己想要的生活。雖然自己在動物性的能量中過生活，也會經常有負向情緒，經常和別人相處不好，自己也會感受不好受，但沒有經過自我反省與努力練心，動物性能量就會很自然地一直根深蒂固在人的存在核心之中。

　　所以，人性不是自然而然就會長出來的，人性就是要人透過自己的覺醒與努力，才能慢慢發芽、成長到成熟。人性的培養就是國家教育心靈需要費心費力去投入建設的偉大心靈工程，而不是耗費大量的金錢、時間和心力投入頭腦知識的灌輸，到頭來，社會依然充滿詐欺、恐嚇、毒品、暴力、黑心商品和殺人等動物性行為的情景。如果人性世界的偉大心靈工程建造完成，那麼在土地上的每一個人，都可以自由追尋屬於自己的夢想，追求屬於自己的快樂與幸福，創造屬於自己美好人生的彩色天空，而不致於擔心害怕自己的世界被別人的動物性所毀壞。

　　人和動物之間究竟有什麼差別？孟子認為：「人之所以異於禽獸者幾希。」《孟子・離婁下》在孟子的眼裡，人和動物之間的差別很少，最主要的差別就在於「四端之心」。「無惻隱之心，非人也；無善惡之心，非人也；無辭讓之心，非人也；無是非之心，非人也。」《孟子・告子上》二千多年前，孟子就具有很清晰地見解，動物不是人，而人不只是動物。如果人沒有惻隱之心、善惡之心、辭讓之心、是非之心，就只是跟動物一樣，和動物沒有兩樣，就是個動物而已，不是一個真正的人。身為一個人，必須長出「四端之心」，才算是一個真正的人，這是孟子認為人和動物之間很少差別的所在。如果沒有長出「四端之心」，就不是人，就是動物。在那個時代，可以把人的動物性和人性，說得那麼清礎，也真的是非常不容易的事，真是具有很深度的智慧，才能很清礎地分辨動物性和人性之間是完全不同的心靈品質。

孟子進一步說：「惻隱之心，仁之端也；羞惡之心，義之端也；辭讓之心，禮之端也；是非之心，智之端也。人之有是四端也，猶其有四體也。」《孟子·公孫丑上》惻隱之心用現代的話來說就是同理心，也就是能夠感受別人的感覺，人突然看到小孩要掉到井裡去，都會同情的心理想去救他，這就是孟子說的「人皆有不忍人之心」。當然那些很殘忍的人，並非不備具同理心，而應該說同理心仍然處於種子的狀態，並未發芽而已；羞惡之心就是羞恥心，自己做了傷害別人的心，會感到不好意思，會覺得很抱歉。如果一個人的人性開發出來之後，對於自己的動物性行為傷害到別人，對於自己還處於低階的動物性能量中，自然會感到很抱歉。而羞恥心基礎也在於同理心，可以感覺到自己不如人，可以感覺到傷害到了別人，可以感覺到造成別人痛苦，感到內心的羞愧，這就是人性的感覺了；辭讓之心就是禮貌心，不會和別人爭先恐後，搶來搶去，會去留意別人的感覺感受，不會造成別人的不舒服。而禮貌心的基礎也是同理心，沒有同理心的人，其行為必定是非常不禮貌的，經常會造成別人痛苦，帶給別人麻煩的；是非之心就是分別心，可以分辨對錯好壞，知道什麼是可以做，什麼是不可以做的，也知道什麼是應該做，什麼是不應該做的。分別心就是人的理性，古希臘哲學家亞里士多德（Aristotle）說：「人是理性的動物」，他認為人和動物最大差別就在於理性。這點和孟子的看法具有一致性，人有理性，而動物是沒有理性的。所以，理性的發展也是人性開發中很重要的一環。

　　依據孟子的「四端之心」說法，人和動物之間的差別，主要可以整理成二個核心要點，就是「同理心」和「理性」。如果人和動物之間只有這二個差別，那麼人和動物之間的差別也真的是不多。然而，事實上從更深入的角度來看，人和動物之間的差別具有大地懸隔之大，二個不同世界之別，人和動物是二個完全差距極大的世界，人和動物之間具有一個難以想像巨大跳躍的鴻溝。除了人之外，沒有任何一種動物，可以透過努力而成為人的。人的內在有一個小宇宙，而動物的內在只有本能的慾望衝動。偉大的科學家愛因斯坦（Albert Einstein）感覺到人的不可思議的存在之一是，在人類的小腦

袋中，竟然可以思想整個無窮無盡的浩瀚宇宙，真的是一件非常不可思議的
事。所以，人和動物之間的差別，是非常非常的巨大，人性和動物性之間的
品質是完全不一樣的，而人除了有人性之外，還具有潛能進入另一個更為奧
妙、神聖、瑰麗、壯偉、神祕的神性世界。所以，身為人，肯定是一件神奇
的禮物，無論人可以活多久，都能擁有探索不完的奧妙與體驗不完的驚喜之
生命旅程。世界之寬大，宇宙之浩瀚，生命之奇妙，而國家教育心靈卻把孩
子關鎖在知識的牢籠之中，這也難怪坐在教室的孩子，沒有幾個能夠感受到
生命的美妙與快樂的。

　　人和動物之間的差別，肯定不只是孟子所認為的「人之所以異於禽獸者
幾希。」而已。根據美國心理學家蓋林（Gaylin）所作的研究報告，人與動
物的差別有三：第一是想像力，第二是自由，第三是最長的幼兒依賴期（傅
佩榮，2005）。想像力猶如是人類文明的羽翼，帶領人類飛向未知的世界，
使得人類發明出許許多多奇特的文化與科技；自由是動物性基本的需求，而
人類比較特別的是，會有自由意志的選擇權，人們會做價值判斷，會做對自
己比較好的選擇。動物沒有自由意志的選擇，動物的行為都是依靠本能的機
制，餓了就吃，性衝動來了就做。而人不是只有衝動，而會做價值性的選擇；
在所有的動物中，人類是幼兒依賴期最長的。所以，人類有比較長的時間，
慢慢培養個人的獨立發展。在這個時期也是塑造性最高的時期，如果在個人
獨立之前，都尚未發展出基本的人性能量，那麼動物性的能量就容易成為個
人一生的主要核心動力。

　　德國哲學家謝勒（Max Scheler）認為，人與禽獸最大的分別，就是人有
價值的體系與價值的觀念，用價值的觀念控制自己的舉止，而禽獸或動物只
有一種本性，牠這種本性是無法運用自己的自由，去選擇自己追求的東西，
也不能夠運用自由去逃避自己所不要的東西，可是人因為是自由的，而「自
由」的定義並不在於我要做什麼，就做什麼，而相反地，是我們要做什麼，
我偏偏不做什麼（鄔昆如，2004）。

　　因此，動物就是動物，而人不只是動物，人還有人性。身為一個人，不

一定會有人性的表現，但一定會有動物性行為。動物的行為是依靠本能去行動，而人具有自我的意識，能夠反觀看見自己的行為。因此，人的動物性核心可以稱做「本我」（圖 1-6-6）。每一個人都有本我，本我就是個人內在的本能、本性和動物性。動物的世界沒有學校，動物的生存都是依靠本能，而不需要學習太複雜的知識和技能。人也有動物的本能，餓了會想辦法找東西吃，渴了會想辦法找水喝，睏了會找安全的地方睡覺，這是不需要學習的。如果沒有價值的判斷和選擇，動物性的本能必定會傷害到別人，必定會給別人帶來麻煩和痛苦。例如：一個人肚子餓了，手上又沒有錢，就會想辦法用偷的方式，來填飽自己的肚子。偷盜的行為在人類的世界中從來沒有消失過，因為動物性的本我是人類內在最基本核心的驅力。如果社會上，沒有人性價值的體系運作，只有動物本能的行為，那麼每個人走在街上，就隨時有被侵害的可能性。這樣子的世界，人的心靈必定活在黑暗之中。

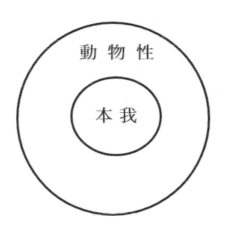

圖 1-6-6 動物性的核心圖

本我是無法被完全消除的，本我是個人存在的基礎，沒有了本我，人的本身存在也會出現危機。如果沒有了本我，餓了不知道要吃，睏了不知道要睡，身體出狀況了，也不知道要去就醫。那麼，身體很快就會垮了，身體垮

了，人的本身存在基礎也沒有了。所以，本我的本能反應對於個人的存在是非常重要的，身體本身存在著極為高度的智慧，身體本身的訊息並非不好的。人的所有慾望，也並非全部都是不好的，人會有慾望是很正常的自然現象。每個人都會有很多不同的慾望，而且慾望在人的一生，也會出現不同的樣貌。小時候想要吃糖，長大了想要錢，老了想要權，慾望會一直存在於人的一生，但慾望本身並不是問題。問題是沒有經過淨化過的慾望，就是容易造成自己的痛苦和別人的痛苦，例如：小孩子愛吃糖果，又討厭刷牙，結果蛀牙了，自己會嚐到蛀牙的痛苦，連帶也會造成爸媽的擔心和麻煩。有智慧的人也喜歡吃糖，但懂得要刷牙，隨時保護好自己的牙齒，這樣子可以滿足自己的慾望，也不會帶來痛苦，更不會造成別人的麻煩，這就是智慧的行為。

因此，動物性的慾望本身並不是問題。問題是動物性本身的慾望非常容易帶給自己痛苦，和造成別人的麻煩和痛苦。人的深度智慧，可以輕易地發現這個簡單的道理，因此會學習如何控制慾望，調節慾望和消除慾望，為了就是想要獲得生命真實的美好與快樂，因為有存在著更高一層的美好與快樂，所以有智慧的人，自然會願意淨化那些會造成痛苦的動物性慾望。

小孩子的慾望大都是屬於動物性的慾望，在人性尚未發展出來之前，小孩子受到動物性能量強烈慾望的驅使，也是非常自然的事。因此，國家教育心靈應該要有足夠的智慧去引導孩子，如何去淨化這些會造成自己未來痛苦，而且經常造成別人困擾的動物性慾望。如果一個國家教育心靈，沒有這些基本的認知，一味地只強調孩子的受教權，一味地只想要孩子快樂，一味地只是無知地保護孩子的動物性心靈，而讓孩子的動物性慾望狂野在校園裡奔流，毫無顧忌地在校園裡為所欲為，目中無人，只有自己的動物性慾望。說實在的，這樣也只會讓孩子的動物性慾望增強，而不會自然產生人性的能量。目前的整個教育體系就是這個樣子，所以為什麼我們會經常在新聞事件中，看到許許多多犯罪、車禍、甚至殺人的悲劇消息，這也是沒辦法的事。因為國家教育心靈實在沒有基本的人性知識，而讓孩子動物性的慾望四處奔流，從學校一直奔流到社會中，四處危害那些具有人性的善良人們。

那麼，人性究竟是什麼呢？人本主義大師羅傑斯（CarlRansomRogers）對人性有很深的感受，他說：「人性當中沒有動物性，人性之中只有人性。」羅傑斯已經非常深入人性的本質，直接指出，人性就只有人性，而動物性就是動物性，真正的人性是沒有動物性的雜質的。對於人性而言，動物性的慾望就是容易造成人性世界污染的雜質。宋代理學家程頤的提出「存天理，去人欲」，把人欲和天理視為不相容的二個東西，這樣的說法造成後人對於封建禮教的反彈態度。因為人的欲望非常多樣，把所有的人欲去掉，那麼當人還有樂趣可言嗎？況且，人的所有慾望並不是社會所有問題的主要根源，其根源是造成別人傷害的動物性慾望，才會造成社會問題。只要沒有造成別人傷害和困擾的慾望，那也不會是社會的問題。如果自己愛吃糖，蛀了牙，那也只是自己所需要面對的問題，和別人又有什麼關係呢？所以，不能把人所有的慾望，視為會造成所有問題的根源。因此，這裡的人慾，如果範圍縮小至「會主動傷害人的動物性慾望」，那麼在國家教育心靈的層面就比較容易被接受，因為沒有任何一個國家會認同傷害人的行為。只要是傷害人的行為，國家都會制定法律予以強烈制止。如果國家無法在孩童時代，正視孩子身上動物性慾望傷害他人的行為問題，導致最後演變殺人的行為，再來爭辯死刑該不該執行問題，就真的是為時已晚了，因為已經有人造成了終生無法彌補的遺憾了。所有會殺人的行為，絕對不是偶然的事件，遠因肯定和早已潛在的動物性能量有絕對的關係。所以，一個國家教育心靈，如果沒有正視孩子身上動物性能量所造成的問題，那麼，社會上的犯罪率肯定是會高居不下的。

　　所以，我們必須釐清，動物性是動物性，而人性是人性，動物性和人性是完全不同的心靈品質。動物性是無意識的本能行為，不會有自我的反省行為，一生都只會按照本能生活著，而動物性的本能核心就是「本我」。不同於動物性的人性心靈，是具有自我反省的行為。人和動物最大的差別之一，就是人可以從別人的身上看到自己，人可以從別人身上分別出自己和別人不一樣，於是就會開始有「自我」的東西出現。因此，人性的核心就是「自我」（圖1-6-7）。

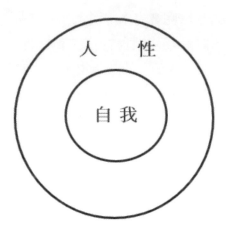

圖 1-6-7 人性的核心圖

　　自我和本我是二個不同的世界。本我是以本能做為行為的驅力核心，而自我具有「我」和「他人」的自我反觀意識，這樣子的意識，我們可以稱為「人性意識」。所以，人性意識會有三個不同層面的世界：腦的世界、心的世界和神的世界。

　　（一）腦的世界：腦的世界就是指理性的世界。孟子所謂的「是非之心」，亞里斯多德（Aristotle）的「人是理性的動物」和巴斯卡（B. Pascal）的「人是會思考的蘆葦」，都直指人性中不同於動物的理性世界。理性的世界是一個非常浩瀚無窮的世界，一切人類的知識都是屬於理性的世界，一切人們所有的想法、思維和價值體系，都是屬於理性世界。在社會上，有些人喜歡仗義言直，喜歡追求正義，對於不公不義的事就會忌惡如仇，這就是理性的世界。在理性的世界，才會有正義的存在空間，在動物的世界是沒有正義存在的空間，沒有任何一種動物可以談正義的，只有人類。

　　腦的世界是目前主流教育的核心，因著西方自然科學的興起，主導了人類世界的生活方式，培根（Francis Bacon, 1561-1626）的「知識就是力量」影響了西方世界至深至遠。知識確實在人類的世界佔有非常重要的地位，沒有知識的人，就容易被視為低一級的人，就會容易被取笑是無知的人。動物

不會去追求知識，只有人會去好奇地追求知識。莊子「生也有涯，知也無涯。」《莊子‧養生主》的智慧說明著，理性的世界是無窮無盡的，一輩子都探索不完的。

　　舉凡一切的哲學、經濟學、政治學、電機學、工程學、資訊科技和一切的技術知識，都是屬於理性的世界。然而，理性的世界並非是人性世界的核心，而是人性世界的工具。如果一個人具有強大的頭腦，卻沒有人的心，那麼他的理性只是成為動物性能量的工具而已，他仍然是以動物能量為核心的動物人。德國政治人物希特勒（Adolf Hitler）就是最好的例子，希特勒以極富情緒的語言，說服了當時大部分理性的政治人物，領導當時的納粹執政黨，以優生學名義殺害了六百萬猶太人的殘暴血腥歷史，成為人類史上無法被抹滅的心靈傷痕。當我們再度回顧此段歷史時，實在是難以想像，是什麼樣子的力量，竟然可以驅使幾十萬人的劊子手，一同毫無人性地去殺害完全毫無怨仇的善良人們，只因為當時被視為低級的人，就要被消滅。這不是人性，這是動物性的慾望；這不是真正的理性，這是利用強大的頭腦為動物性世界服務的殘暴行為。這樣子的行為，無所不在地在人類的社會中進行著。因此，理性是人性的一部分，但並不是純粹的人性本質。人最重要的核心是「心的世界」，而不是腦的世界。有腦無心，真的會出現很可怕的行為；而有心無腦，也容易造成生命的悲劇。因此，佛家強調「慈慧雙修」，人生在世，要學習慈悲的心，也要學習智慧的腦，這樣子才能夠真正擁有快樂與美好的人生。看看希特勒兇殘的一生，到最後卻飲彈自戕，無法獲得善終。在當時候希特勒大權在握，意氣風發，橫掃歐洲，有誰能夠和他談人性和正義嗎？在動物的世界就是弱肉強食，是比力量大小的，如果在第二次世界大戰，沒有以更強大的力量把希特勒打下來，不知道死亡的人數還會暴增多少？

　　當孩子處於動物性狀態時，光談理性是沒有用的，好好說，慢慢說是沒有太大效果的。當孩子感受到有更強大的力量襲擊而來時，他才會安靜下來，他才會識相地臣服於比他力量大的存在，這就是動物的世界。動物的世界是缺乏理性的智慧，是需要靠力量的大小，來決定誰才是老大的。

　　為什麼現今的校園，到處可以看到許多學生會要老大的心態，以為沒有人可以制得了他，他才是老大，沒有人敢動得了他，他是非常蠻橫無理地在校園裡製造問題，而完全不以為意。這樣子結果，是因為國家教育心靈缺乏人性的知識，對於動物性和人性之間的分野是不清不楚，對於人性的發展與建設，更是無知的狀態，才會導致校園會有許許多多一直要老大的行為，卻無法有人可以有效地制止這樣子蠻橫的行為。這樣子的行為，可以想見的是，未來必定會有人受害，只是誰會遇到，誰就比較倒楣而已。

　　如果國家教育心靈無法意識到當前教育系統，正在滋養校園孩子的動物性能量成長與茁壯，那麼未來的社會是可以想見，必定只會愈來愈亂，犯罪率只會愈來愈高而已。

　　（二）心的世界：動物性的所有作為都是以「本我」為出發點的，也就是說，動物性的生活核心是「為自己的感官而活」，而人性的生活核心是為「自我」而活。自我意謂著可以看見「他人」。沒有他人，就不會有自我的意識產生。

　　「心」是東方思想的核心，什麼是「心」？心和腦一樣，是另一個廣袤無邊的世界，是一個探索不完的世界。東方的主流思想「儒道佛」，都是以「心」為基礎來談論的。沒有心，就沒有儒道佛的世界。因此，我們可以把探索心的世界的所有知識，稱為「心靈科學」。相對於，西方以物質世界為基礎，所探索的知識，稱為「自然科學」。

　　心的旅程必定是從「自我」出發的，因此，人性的核心就是「自我」。自我的意識會開始感受到，自己和別人是不一樣的，而且也會感受到，別人和自己一樣是個人，會有「人同此心，心同此理」的感受，這就是同理心的開始，也是人性種子的源頭，也是孟子所說的「人皆有不忍人之心」。

　　孔子所提到的「己所不欲，勿施於人」，就是屬於人性萌芽的層次，也是同理心的開端。如果沒有同理心，就沒有真正人性美好的世界。有了同理心，才會開能夠開啟人性美好世界的大門，彼此尊重、仁愛、公平、正義、關懷、互相幫助、照顧弱勢、慈悲等，都是建築在同理心的基之上的人性世

界。

當然，人性因為會有自我存在的感覺，會渴望追求認同感、成就感和超越感，自然而然會產生個人的自尊心、面子、虛榮心和好勝心的心理問題，但我們必須確認一件很重要的事，就是人性究竟會不會有傷害人的行為？換句話說，人性的自我會不會去傷害到人，當然可以很確定的是，人性的能量也有可能會傷害到人，例如：一個人為了維護自己的自尊心，而對親人或朋友說謊，明明生活過得不好，卻謊稱自己生活得還很好，這是個人面子的問題，每一個人的自我都會想要面子，沒有人想要丟臉。然而，說謊的行為自然會傷害到別人，如果被親人或朋友拆穿謊的行為，應該會讓人感到很生氣。但重要的是，他並不是主動地想要傷害別人，他只是想要保護好自己的面子。

又如個人的虛榮心，就是自我想要比別人強，比別人好的行為。虛榮心的行為在互相比較之下，也會容易造成別人心理上的受傷感。但重要的是，虛榮心也不是主動要去傷害別人的。虛榮心只是想要讓別人知道，自己是比別人高一等的，這就是自我喜歡互相比較的心態而產生的。

自我的世界就是彼此分別的世界，因此自然而然會有比較的心態，而在比較之下，就會容易讓人的心理受傷。如果一個人有同理心，可以感受到別人會因為自我的過度膨脹而感到受傷，就會去調整自我會傷害別人的部分。

因此，我們可以確定，自我的世界也會有傷害到人的東西，但不會去主動傷害人，只是想保護自我或表現自我，而不知不覺會傷害到別人，這就是為什麼每個人需要修心的原故。如果沒有透過個人的努力修心，一個人的行為和話語會傷害到別人，那也不需要覺得奇怪。

那什麼是真正的人性呢？真正的人性發芽是起始於「同理心」，也就是能夠感受他人所感受的，也就是「人同此心，心同此理」的同理心。只要一個人具有同理心，就自然不會主動去傷害人。主動去傷害人，就是指個人具有意識地去做出，滿足自己慾望而去傷害別人的行為，我們可以稱為「有意傷害人」的行為。而「我不殺伯仁，伯仁卻因我而死」的行為是屬於「無意傷害人」的行為，卻也造成了別人的傷害。伯仁死了，王導感到後悔不已，

但為時已晚。當時，王導心存恨意，而放任自己的親哥哥殺了伯仁，這也造成了無意傷人，卻也傷了人。王導的人性讓自己處於悔恨之中，因此在同理心的人性世界中，傷了別人就是會傷了自己。如果王導當下能夠放下心中的仇恨，為自己的好友伯仁說句好話，也許伯仁和王導就有機會成為一生的知己好友了。所以，即使是「無意傷害人」，只要是由自己所造成的，自己就難免要去面對。要做到完全避免到「無意傷害人」是極為困難的事，例如：有人請你吃晚餐，而你覺得和對方不熟，又覺得好像對方有求於你，才會邀請吃晚餐。於是，你想了一想，最後還是拒絕了。這個拒絕的行為，就自然會引起對方的不愉快，甚至對方可能會產生「給你面子，竟然不給面子」的怒火上升。你雖然沒有想要傷害他人的意思，只想要好好休息一下，不想要去進行無謂的應酬，竟然也會得罪人。當然，這是屬於更為細微的人性層次，是需要靠智慧的修練，才能避免到「不為難自己，也不會得罪他人」。

　　無論是「有意傷害人」或「無意傷害人」，都會因為人性的部分對人所造成的傷害。「有意傷害人」的部分，只要是具有同理心，想要心存不要傷害人，就「一定」可以做到，這個就是人性的基礎。所以，孔子很確定的說：「仁遠乎哉？我欲仁，斯仁至矣。」《論語‧述而》只要我想要做到仁，一定是可以做得到的。而這個仁，就是避免「有意傷害人」的最基本同理心層次；而「無意傷害人」的部分，必須依靠長期的練心，才有可能做到，避免無意識地傷害到別人，這是需要很高度智慧才能做得到的。孔子也說「七十而從心所欲不逾矩」《論語‧為政》。連孔子一生都在修心，期許自我能夠達到仁的最高境界，期許自己所有的行為都能夠符合「禮」。到人生來到七十歲，孔子才有把握說出，自己心中可以隨心所欲，而不會去傷害到任何人，這真是一件非常不容易的事。而這麼難的事，為何要花一輩子去修練呢？當然其中必定有值得去追求的價值，如果沒有相對的價值，那麼誰會願意花一輩子去練習沒有用的東西呢？而那個價值必須放在人性的世界來看，才會顯得光彩奪目，價值非凡。如果放在動物的世界來看，那真是完全沒有用的東西，不需要花任何力氣去練習的，在動物的世界是要練拳頭的，而不是練心

的。而那個價值必須用人心去體會，才能深刻地感受到其中美好的價值所在。

　　人性的美好價值是什麼呢？如果沒有自己深刻去體會，說再多也是沒有用的。孔子非常確定，人性的價值是無限美好的，所以他才說：「德不孤，必有鄰。」《論語‧里仁》人生中，只要是追求美好的事物，必定會有志同道合的人，肯定是不會孤獨的。為什麼世人都喜歡追求名牌，名牌意謂著美好品質的保證，既然是美好的東西，會有誰不愛呢？

　　人性是美好的，人性美好的起始點就是「同理心」，而同理心的基本行為就是不會「有意傷害人」的行為。如果社會上，每一個人都具有人性的基本素養，那麼，就自然不會有人受騙、受害、受別人折磨了。

　　每一個人的自我，都會渴望追求快樂與幸福。我希望自己能求得生存與獲得幸福，我不希望別人傷害我，侵犯我。同樣地，人性的同理心會告訴我，不要去傷害別人，侵犯別人，讓別人也能求得生存與獲得幸福。這都是人性萌芽時期的「同理心」，能感受他人所感受的，甚至能感受萬物存在的感受。從人性發芽、成長，到成熟的過程中，必然會經歷「本我」、「自我」到「無我」的歷程。

　　所以，人性的世界很深、很廣、很美好，沒有依靠人本身自己的努力，是無法獲得人性美好世界的體驗。這是身為人獨有的權利，也是身為人獨有的禮物。因此，達賴喇嘛很明確地說到：「道德、慈悲心、正直和智慧是所有文明的基石，這些品性必須在孩提時期就培育，然後藉由系統的道德教育在良好的社會環境中加以維持，如此，就有可能造就較為人性的世界（翁仕杰譯，2008）。」

　　人性的世界不會在自然界中自然產生，而是必須靠人自己的努力修練，才能完成的世界。所以，人性的潛能需要培育，也需要維持，更需要保護。如果一個國家教育心靈，錯失了在孩童時期培育人性潛能的機會，那麼，在成人的社會世界中，充斥著動物性能量，彼此你爭我奪，爾予我詐，彼此傷害，彼此相殘，那也是放任自然讓動物性能量一直持續發展的結果而已。

　　（三）神的世界：人性是動物性與神性的通道，沒有人可以從動物性直

接跳到神性，那是沒有的事。就好像，冰塊融化到成為水蒸氣，一定會經過水的過程一樣，冰、水和水蒸氣是水的三態，同一個物質，卻會有三種可能的存在狀態。而人的精神也會有三態，就會動物性、人性和神性。動物性的脾氣就是很硬，很固著，很強悍，很難以改變，很難以轉化；而人性就相對地比較柔軟，會具有同理心和別人好好溝通，會願意聆聽別人的感受，會好好與人相處，脾氣自然就不會那麼強硬了；人的神性就更是細微了，人的世界會有很多的框架，而神性的世界沒有什麼框架，就自然接受一切自然的安排，沒有什麼是好的，也沒有什麼是壞的，沒有什麼是有價值的，也沒有什麼是沒有價值的。

　　神性的世界也是人的生態系統的一部分，也和動物性、人性同樣來自於同一個能量系統，沒有其他的能量系統，所有的能量都是屬於人的整體生態系統。所以，動物性、人性和神性是無所分別的。既然是無所分別的，那又為什麼要有所分別呢？那是因為人性世界的需求，人性的世界就是屬於分剖的世界，人性的世界就是需要靠分別才能存在，沒有了分別心，就沒有了人性的世界。而通往神性的世界，又必須經過人性的層次，所以身為人，就是必須要有分別心。如果沒有了分別心，不是動物，就是神了。動物的世界不會有分別心，而神的世界也不會有分別心，只有人性的世界需要分別心。分別心重要不要？在人性的世界，分別心是具有絕對的重要性，沒有分別心，就不會有人性化的世界了。

　　因為人必須先分出好人壞人、善人惡人、是非對錯，必須清清楚楚辨別是非善惡，才能建構出屬於一個美好的人性世界。而人性的世界是身為人本質上的需求，而不是動物世界的需求，沒有任何動物會期待人會有人性化的平等與正義。對於動物而言，人從來沒有公平地對待過牠們，為什麼人可以殺雞宰牛的，只因為人類比牠們還強，所以就可以吃掉牠們。牠們不會集結抗議人類，對待牠們的不公不義，為什麼弱小的動物就要被殺來吃呢？如果今天恐龍還存在的話，人類只能被吃的份而已，這就是動物的世界，以大吃小，以強宰弱，這是自然法則。在人類的法律世界中，也是完全允許的行為。

只有宗教世界，在以有情眾生同為一體的「無緣大慈，同體大悲」的深細同理心之下，才會覺得吃其他的動物也是殘忍的，才會鼓勵人們以吃素為主。

神的世界，是指人的生態系統中的神性世界，而不是會對人發怒，給予人獎懲的神，也不是會把人分好人壞人的神，更不是會控制人，對人有期許的神。因此，我們不是在爭論神的存在與否，也不是在證明有沒有神的問題。而是在強調一個自然的事實，就是人的裡面有「神性」。

所謂的神性，就是指超越於人本身存在的存在。以哲學的用語，就是指超越界；以宗教的用語，就是靈性；以儒家的用語就是指天；以道家的用語就是指道；以佛家的用語，就是空性。

什麼是自然的事實呢？就是人的肉體存在是有限的，人會死，沒有人可以永永遠遠活在地球上，時間到了，該走的時刻，人就是要走。不管你願不願意，不管你準備好了沒，時間到了，你就自然會離開這個人世間了。

我們看不出來，動物會不會思想自己的死亡，看起來動物好像就是依本能在過生活而已，不會去想到有一天自己會死亡的事情。而人的生態系統賜予了一個很奇妙的天賦，就是會思考死亡。人竟然可以知道，「有一天我一定會死」，這究竟是一項天賦禮物，還是一件殘忍的折磨呢？

中世紀拉丁語有一句警醒世人的名言「Memento mori」，意思為「記住你會死亡」。小孩子還在動物的狀態時，完全不會想到自己的死亡，也不會去想自己從何而來，死後從何而去的人生議題？只有人的理性，才會開始思想這些屬於人性世界的理性問題。

所以，「為什麼」是屬於人的理性世界，小孩子開始會說話，開始有自我的想法時，就會很好奇地問「為什麼」。「為什麼」是人性世界才會有的東西，動物不會問為什麼，動物才不會管為什麼，要吃就吃，要睡就睡，哪管那麼多為什麼。

當人開始問「為什麼我會死？死後去哪？」這樣子的探尋，就是通往神性之路的呼喚聲音了。如果這樣子的問題，一直糾結於頭腦的為什麼？那麼，永遠也難以獲得心靈平靜的答案。

　　人既然被賜予「見看死亡」的能力，如果沒有給予人們超越死亡的智慧，那麼，這樣子的賜予，可說真是殘忍至極。人世間最痛苦的事之一，就是只能等待死亡的到來，卻又充滿無助與無奈的折磨。所以，人的內在潛能就是具有可以看穿死亡的能力，許多宗教都能夠引導世人穿越死亡的幻象，指出人內在的超越性和永恆性。這是一件非常奧妙的事情，人的身體是有限的，但內在卻擁有無限的存在。怎麼會有可能，有限的東西可以包含無限的東西呢？這樣子的存在，是頭腦怎麼想也想不通的，頭腦必定會打結，甚至會想到發瘋。因為這一切都是超越頭腦所可以想像的。

　　頭腦的世界是人性的世界，心的世界也是人性的世界，而神性的世界也是屬於人的世界，卻不是屬於人性的世界。雖然神性的世界不屬於人性的世界，卻是可以包含人性的世界；就好像人性的世界不屬於動物的世界，卻可以包含動物的世界。也就是說，人可以很明白動物的行為，人也會有動物的慾望，但不會只活在動物的慾望之中，會有美好人性的渴望與追求。同樣地，神性的世界可以看得明白人性的世界，也能夠享有人性的美好，但不會只活在人性的美好之中。因此，人除了人性之外，還有神性。

　　人的一切思維、想法和理念，都是人性的東西，而不是神性的世界。唯有「心行滅，言語斷」之處，才是真正神性的世界。所以，老子很有智慧的說：「道可道，非常道。」人們口中所說出來的話，必定會經過頭腦，而頭腦所產生一切的東西都是屬於會幻滅的空性，不是會永存的。而那屬於永存的超越性，只存在於沒有頭腦的世界。神的世界不只有人性的美好而已，而更是神奇、奧妙、無法言語的世界。在人的裡面，就是存在著那麼神奇奧祕的東西，只有屬於人，才有潛能領受那超越世間一切的珍寶，沒有任何動物會去追求神性世界的奧祕。

六、人的神性層面

　　神性的層面並無法用語言被討論，或被說出來。然而，一個無法用語言說的世界，又要如何描述呢？

首先，我們可以先確認一件事情，就是在人的意識層面上，是存在許多不同的層次的，有粗的層次，也有細的層次。因此，人的意識層次是不證自明的存在現象，也好像太陽的存在和月亮的存在，是不證自明，不需要去討論證明的。人的意識品質層次有高、有低、有淺、有深、有聰明、有愚笨，這也是非常顯而易見的事實。美國超個人心理學家威爾伯（Ken Wilber）說到，意識層級架構的層數，因不同的長青哲學版本而異，也許兩層（物質與心靈），三層（物質、心智、心靈），或更多層級。層級數目的多少，並不如將意識展現為一種架構這事來得重要。威爾伯（Ken Wilber）的「超人格心理學」（Transpersonal Psychology）描述了存在的六個層級（周明辰、許士亮譯，2001）：

一、物理的：無生物/能量。

二、生物的：活的（有感覺的）物體/能量。

三、心理的：小我、邏輯、思考。

四、精妙的：原型、超越個人、直覺的。

五、因果的：無形的輻射、完美的超越。

六、終極的：純意識、所有其他層級的源頭與本性。

　　威爾伯進一步說明，整體來說，每一個層級超越卻又包含所有較低的層級。因為高層級超越低層級，所以高層級不能從低層級得來，也不能被低層級解釋。雖然高層級包含低層級的特性，但是它有明顯地與低層級不同的新面向，而這些面向不能視為從低層級而來。威爾伯所提及的「終極的」，一種純意識和一切層級的源頭，就是人的神性層面。

　　法國哲學家德日進（Pierre Teilhard de Chardin），在《人的現象》和《神的氛圍》這兩部書中，認為人性一方面有物性，另一方面有神性，人之所以為人當然他需要有物質的肉體，可是他應該有超物質的精神。就德日進看來，人性依然只是進化階段中的一個階段，人仍然需要發展，再進化，進化到神性的階段（鄔昆如，2004）。

　　台大哲學系教授傅佩榮也認為，完整的「人」除了有生理、情緒、理性三個層面之外，還有靈性層面（傅佩榮，2003）。

　　神性、靈性、自性、天、道、空性，人類的長青智慧，採用了不同的詞彙去描繪那超越的和終極的層面。神性的層面雖然無法用語言完整的表達，但仍然可以採取比喻的方式傳達「以手指月」的方向性。如果神性是月亮的話，那麼長青智慧的經典話語，就是那根手指。

　　印度成道大師奧修（Osho）說道：「沒錯，神性的證據確實存在：那是一種神聖的品質，在晨曦中、在星夜中、在飛鳥的美姿中、在花中、在草木中，在大海中。宇宙整體就是神性的（陳明堯譯，2008）。」奧修進一步說到：「說神性存在是不對的，因為所有存在的人或東西都是具有神性的，事實上，每一樣東西都可以說是存在的，只有神性不能說是存在的，存在本身就是神性的。說一個東西是具有神性的和說它是存在的，只是說法不同而已，其實是一樣的，所以存在的性質不能說是屬於神性的，存在的性質本身就是神性（謙達那譯，1987）。」

　　東方心靈的眼睛比較能夠看見「天地萬物皆有靈性」。是看見，而不是相信。神性不需要相信，而是需要看見。那要怎麼看見呢？因為眼前一切就是，神性從來不隱藏，也從不消失，就是在眼前的一切即是。東方的心靈可以非常清礎地看見，既然已經看見，又要證明給別人看，那是非常奇怪的事。就好像一個閉著眼睛站在太陽底下的人，問說「太陽在哪裡？」只要睜開眼睛就可以看得見，但他就是還一直閉著眼睛，問說「太陽究竟在哪裡？」這個眼睛就是智慧之眼，而不是肉眼。肉眼只能看見存在的物質世界，卻看不見神性的光輝，而一切的存在都是充滿著神性的光輝，比太陽的明亮還更閃耀。

　　所有一切存在的東西都是具有神性的，存在本身就是具有神性的，只要是存在就是具有神性的，無論是有形的或是無形的。外在的現象也是充滿著神性，內在的現象也是充滿著神性，其實對神性而言，也沒有外在和內在的分別。禪宗三祖僧璨在〈信心銘〉中說到「至道無難，唯嫌揀擇」，至道就

是那最終極的，只要沒有分別心，一切無所分別，就是神性本身了。唯一會分別的存在就是人的頭腦，只有人性的世界會有所分別，頭腦就是需要分別，才能活得下去。人性的世界就是需要分別，才得以存在。因此，只有人才需要分別，只有人性的世界，才需要分別。動物的世界和神性的世界，都是不會去分別高低好壞，是非對錯，但人就是需要，而且是非常重要。沒有了分別心，人性的世界也無法生存了。我們不能說，因為神性世界是沒有分別的，為了追求更高層次神性，就極力摧毀內在的分別心，然後讓自己無法在人性的世界生存，或在世人的眼光變得非常奇怪。

在意識的層次上，我們需要有一個基本的認識，就是高層次包含了所有的低層次，是包含，而不是去除。當我們發展出人性之後，動物性還是會在人的裡面，並不會消失，只是我們會有智慧去淨化動物性的品質，不會讓動物性的能量干擾我們的人性品質；同樣地，當我們進入了神性的世界之後，動物性和人性的層面依然都同時會存在人的裡面，並不會消失無影無蹤，而是依然會非常清晰地與我們同在，只是動物性和人性的能量，並不會影響神性的存在。因為神性是最高的層次，可以包含動物性和人性的運作方式，完全可以融入動物性和人性的世界，完全沒有什麼衝突和不相融的地方。因為一切即一，一即一切，天地萬物有其存在之道，而神性已在其中。

印度桂冠詩人泰戈爾（Rabindranath Tagore）以詩歌描繪那最終的神性：「死亡讓多成為一，而生命讓一變成了多；當上帝死亡，宗教就將合一。」（In death the many becomes one; in life the ones becomes many. Religion will be one when the God is dead. ）《漂鳥集》

神性的特點是什麼？禪宗六祖惠能大師開悟時說道：「何期自性，本自清淨；何期自性，本不生滅；何期自性，本自具足；何期自性，本無動搖；何期自性，能生萬法。」廣傳於華人生活世界的＜心經＞同樣有深刻的描繪：「不生不滅，不垢不淨，不增不減。」

所以，神性是眼前的一切生滅現象，同時又是不生不滅的存在；神性存在於一切的污穢之中，同時又是清淨無染；神性是一切存在的根源，同時也

是一切的復歸之所；神性就在生住易滅的現象世界之中，同時又是不曾變動的存在；神性就在時間的流轉之中，同時也是無時間性的存在。

當然，對於「神性」這樣子的說法，必定會讓頭腦的世界打結，感覺極為矛盾，實在難以理解。八宗之祖龍樹菩薩在《中論》也是這樣子說的：「一切實非實，亦實亦非實，非實非非實，是名諸佛法」、「諸法實相者，心行言語斷，無生亦無滅，寂滅如涅槃。」佛家就是在探尋超越一切現象界的實相世界，而實相的世界就是人的生態系統中的神性世界。一切的實相是實在的，同時也是不實在的；是不實在的，也不是不實在的。龍樹菩薩的智慧說得極為透徹，那無生無滅的世界，不是心想得出來的，也不是言語所能說得出來的。當心消失了，言語不再了，那神性的實相才得以在眼前顯現出來。神性並不隱藏，只是被欲望的肉眼所遮蔽了。

在人性世界想不通的事情，就必須從神性的層面探尋，才能獲得圓滿的解決。畢竟，最高的層次，才得以融通世間一切的分別與衝突。

為什麼我們的教育系統總是讓孩子受苦，讓所有的家長和老師也跟著受累？為什麼我們的教育系統經常會讓孩子和家長、老師起衝突，而仍然持續著，無所改善？為什麼教育系統出現了許許多多的問題，改來改去，仍然癥結點依舊無法獲得圓滿的改善？說穿了，那是因為，我們的國家教育心靈，不但缺乏了人性的基本知識，更完全沒有最高層次神性的智慧深度。神性是什麼？在我們的國家教育心靈核心中，是完全沒有影子的。因為我們的教育系統，完完全全地採納了西方自然科學的頭腦思維，而完完全全缺乏東方心靈科學的智慧。

為什麼我們可以大膽地說，我們的國家教育心靈缺乏人性的基本知識呢？因為你只要看現在的教育現場的情景，你就會完全認同這樣子的說法。是什麼樣子的情景呢？學生不僅敢公然嗆老師「你敢打我，我就告你」；不僅敢大聲嗆，還完全毫無顧忌地敢拍桌叫罵，甚至敢對老師大打出手。這不是不尊重而已，是完全沒有人性的素養可言，是完完全全地展現個人動物性的力量。為什麼學生敢公然地展現強大的動物性能量呢？當然背後肯定有力

量支持著他，這個力量就是現在的國家教育心靈支持著他，讓他敢如此大膽做為。

　　為什麼我們可以大膽地說，我們的國家教育心靈完全沒有最高層次的神性智慧深度呢？只要看歷年以來的課綱安排，把課表排得緊緊緊，把內容塞得滿滿滿，把學生的生命內容控制到完全只能照單全收，真的是把學生當成國家的財產，只是想辦法要讓學生成為未來國家有用的產值。在如此的權力控制之下，學生變得不快樂，學生變得人性扭曲，學生變的脾氣浮躁，卻也只能無奈地死拖活拖，拖過強迫教育的階段，然後就可以釋放地用動物性的本能去追求滿足屬於自己的快樂了。如果國家教育心靈具有神性的內涵，那麼學生必然會感受到國家所給予的自由與愛，必然會喜悅地成長自己的人性與神性，自然地會成為國家最有用的產值，而不是被期待、被控制要成為有用的國家產值。

　　國家教育心靈就是國家最高的教育智慧展現，而以現今的教育現況來說，有人會認同，我們的國家教育心靈已經具有深度與高度的智慧了嗎？答案應該是非常清礎的。從學生的學習態度中，從家長的抱怨聲中，從老師的哀聲嘆氣中，我們就可以很清楚地知道，我們的國家教育心靈仍然需要進修，仍然需要深化自身的智慧，仍然需要學習如何愛人，而不是去控制人。

　　為什麼當老師對面對學生的嗆聲、叫罵，甚至大打出手時，國家教育心靈卻依然視若無睹，還把所有的責任歸咎於老師。要老師承擔所有的責任，要老師好好輔導學生，要老師好好盡好本份，把學生帶好。

　　國家教育心靈從來無法好好反省，教育現場究竟發生了什麼事？為什麼學生敢如此公然地對老師嗆聲、叫罵，甚至還敢大打出手。這樣子的現象，如果無法獲得智慧的解決，那麼，這些嗆聲、叫罵和大打出手的行為，必定會出現在未來的社會之中。孩子的家中行為模式，必定會出現在學校；孩子的學校行為，也必定會出現在未來的社會之中。一個有家庭教養的孩子，平時在家溫和有禮，肯定不會在學校出現暴力打人的行為；相同地，一個在學校具有深度人性化素養的孩子，未來在社會上，也必然不會出現有意傷害人

的行為。

　　如果德行是國家教育心靈放在第一位的位置，如果人性化社會的建設是國家教育心靈所重視的，那麼，國家教育心靈就需要對於人的生態系統有更透徹與更深入的瞭解。才有辦法深刻地明白，現今的教育現場究竟出現了什麼樣子嚴重的問題了。

　　家庭、學校和社會最基本的單位就是個人。而個人的生態系統具有六個層次：物質性、細胞性、植物性、動物性、人性和神性（圖 1-6-8）。

　　西藏精神領袖達賴喇嘛認為，心智具有不同層次：粗的、細的與最細的－最細的是明光（靳文穎譯，1996）。所以，我們可以確定，一切的存在是有粗細之別的，有形的物質是屬於粗層次的存在，而無形的精神是屬於細微層次的存在。

　　在這六個層次中，物質性是存在的最粗層次，依序是細胞性、植物性、動物性、人性，和最深細的神性。這六個層次並不是分開分立的存在，而是統整合一的存在，彼此之間是相互關聯，彼此之間也是相互影響的。

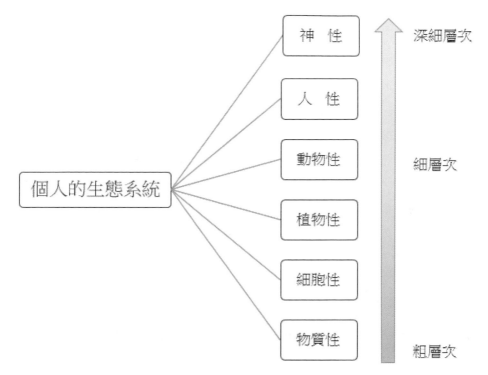

圖 1-6-8 個人的生態系統粗細層次圖

從個人的生態系統來看，粗層次是細層次的基礎，沒有粗層次，就不會有細層次的存在；相反來看，細層次是粗層次的價值所在，沒有細層次，就無法顯示粗層次的價值。從人類的意識來看，愈是細微的層次，就是愈高等；愈是粗糙的層次，就是愈低等。較低等的物質性存在品質比較強硬，比較不容易損壞；而較高等的人性存在品質比較脆弱，比較容易被損壞。

因此，印度成道大師奧修（Usho）說道：「這是生命基本的法則之一：任何較高的東西都非常脆弱；樹木的根非常強壯，但是花則不然。人類的意識也是如此，恨非常強，但是愛則不然。生命更高的價值必須受到保護，較低的價值本身就已經具有某種保護（謙達那譯，1992）。」

當夜雨狂風襲來，脆弱的花兒必然凋謝而下，只有粗壯的樹幹依然可以

站得直挺挺的。花是植物的細層次，而樹幹是植物的粗層次，花的價值就是比樹幹還要高。花需要受到保護，才能綻放得比較長久，而樹幹本身就比較可以抵擋得了風雨的洗禮，花就真的不行這樣接受風雨的摧殘了。

人性是一個人精神的花朵，而動物性是一個人精神的樹幹。人的動物性是很強悍的，具有很強的破壞力；而人的人性是很美麗且脆弱的，如果沒有好好保護，就很容易受到動物性的摧殘而毀壞。

從存在的不同層次來說，粗層次具有催毀細層次的力量，而細層次具有轉化粗層次的力量。因此，細層次的存在必須具有防護的機制，以免受到粗層次的破壞與催毀。粗層次轉化至細層次的過程中，需要耗費大量的時間與力心，而細層次若受到粗層次的破壞過程中，只是短暫瞬間的時間而已。舉例來說，萬丈高樓平地起，摧毀只要轉瞬間；一顆原子彈就足以摧毀所有一切層次的存在，最後只化為一堆灰燼的物質；一個獨裁暴力的希特勒，一夜之間就可以毀掉了人性的價值。

所以，粗層次具有催毀細層次的力量，也就是說，動物性具有摧毀人性的力量。人性需要受到保護，才不會輕易地讓動物性攻擊而毀壞。然而，現在的教育現場，反而是保護孩子內在的動物性，放任孩子的動物性在校園中，放膽肆虐地破壞人性的價值，老師的人性尊嚴完完全全地被學生破壞殆盡。學生有能力去破壞老師的人性，意謂著就具有潛能去破壞任何一個人的人性，這也是未來社會的隱憂。

人性是屬於細層次的價值，而細層次是具有轉化粗層次的力量。因為每一個人都具有人性的種子，當人性種子尚未發芽時，就是需要依靠人性的環境去灌溉滋養，才能夠讓孩子的動物性能量為核心，慢慢昇華為人性能量為核心。這個轉化的過程是需要非常漫長的生命旅程，肯定不是一朝一夕可以達成的。然而，動物性破壞的力量，一瞬間就立刻可以把人性給摧毀掉了。

從個人的生態系統整體圖來看（圖1-6-9），物質性的層次是人的最外殼，也是最粗糙，最強悍堅硬的部分，而神性的層次是人的最深的核心，也是最深細，最為柔軟的部分。從最粗，慢慢深入到最細，這是一個人深化生

命的成長歷程，而這整個歷程是充滿美妙與喜悅的。

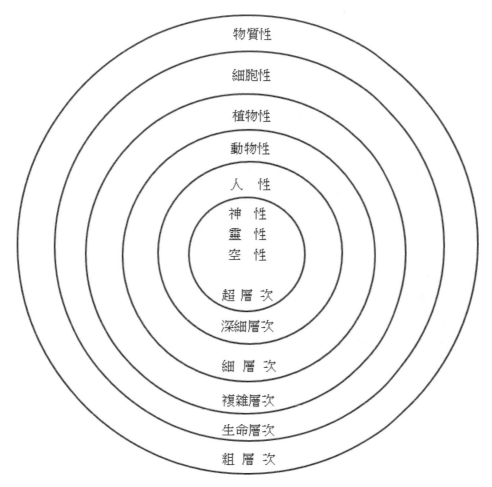

物質性

細胞性

植物性

動物性

人　性

神　性
靈　性
空　性

超　層　次

深細層次

細　層　次

複雜層次

生命層次

粗　層　次

圖 1-6-9 個人的生態系統整體圖

以國家教育心靈的視野來看，德育的重點就是把孩子以動物性為核心，轉化為人性為核心的歷程。因此，如何去面對孩子動物性能量的部分，是國家教育心靈必須深刻思維的首要議題。

如果國家教育心靈希望可以建構一個真正人性化的社會，那麼，首先必

定要建構一個人性化的校園。沒有人性化的校園,就不會有人性化的社會。現在的教育系統就不是很有人性化的系統,所以整個社會就不容易看到純淨的人性化的心理環境。

以目前的教育現場來說,想要建構一個人性化的校園,在消極上,要先做到抑制孩子動物性能量的漫延;在積極上,建構一個可以轉化動物性能量,滋養人性成長的心理環境。

如何做到抑制孩子動物性能量的漫延,基本上,動物就是以強制弱。對於動物性非常強悍的孩子而言,太多的說理是沒用的,就是讓他直接感受到,有一股力量比他強大,他必須好好反省自己的動物破壞性行為才行,不然就很難再生存下去了。當他感覺到這股強大的力量時,他就自然不敢再用動物性的能量,到處破壞屬於人性的環境了。

如何建構一個滋養人性成長的心理環境。教育現場必須以同理心去尊重孩子的主觀感覺感受,孩子才能夠慢慢懂得如何去以同理心去尊重別人。有了同理心的發芽與成長,人性化的校園自然就會慢慢成形了。

簡單來說,國家教育心靈必須真正懂得「愛」。當孩子在愛的環境中成長,自然能夠懂得學習如何愛人。

七、人性水平線

人人有人性，人性不害人；
尊重不傷人，是為基本功；
沒有基本功，沒有仁與愛；
深化基本功，浸享世間美。

人是很複雜多層面的存在，人有如宇宙般地深邃且浩瀚。無論人的存在是多麼地神奇，回到生活的層面來說，人本身行為的表現，才是人與人之間最為切身關係的事情。

一樣米養百樣人，從人的行為表現來看，明顯有好人和有壞人的分別；有善人和有惡人的差別；有無私的聖人和自私的罪人的天差地別。自古以來，就有人性本善？本惡？亦或是善惡混合？不同說法的爭論，人性的內涵究竟為何？我們可以客觀地從人的生態系統來解讀。

首先，我必須釐清「人」和「人性」的區別，從人的生態係統觀點來看，人是具有動物性、人性和神性不同層面的內在性，而人性就是身為人的特殊性，動物性和人性是完全二個不同的世界。動物的世界是弱肉強食，而人的世界具有同理心，不會主動地去傷害別人。所以，我們必須先確認，純淨的人性是不會主動傷害人的，因為人具有「人同此心，心同此理」的同理心，而一般的動物並沒有同理心的存在。所以我門必先瞭解，人的行為之所以會有自私、惡和罪，那只是因為人內在的動物性始然。人一出生的本性就是動物性，人的發展起步就是動物性。一開始，人和動物是沒有什麼不一樣的，我們完全可以從小孩子身上看得一清二礎，還沒有發展出人性的孩童行為，和動物的行為是沒有什麼不一樣的，就是完全活在自己的感官之中，完全對人不會有同理心的。這樣子的行為，經常會給旁邊的人帶來傷害和困擾，而

他們卻一點也不在意。動物的行為才不會在乎，自己的行為造成別人的傷害或痛苦。我們不會去指責動物的自私行為，也不會去批評動物行為的惡與罪。然而，人不只是動物，人還有人性。所以，對於人的認識，我們應該先純化人性的美好與價值。人的一切自私行為、惡與罪，都是源自於人內在的動物性，而非源自於人性。

在哲學的歷史中，人性經常是被探討的一個重要議題。人性是什麼？十八世紀英國哲學家休謨（David Hume）給出的答案是：「人性就是自私。」（丁遠峙，2001）俗諺也有云：「人不自私，天誅地滅。」從人的外在行為來看，這些話是具有實務觀察證據所顯示的結論，而不是信口開河地下結論而已。如果我們從這些結論來看人性的話，那麼我們難免會對人性失去信心，自然會對人性的美好價值難以相信。

在人性研究報告中，許多科學家都表示人類有潛能可以變成溫暖有愛心的人，也可以變成掠奪性的暴力份子，其間的差別關鍵就在訓練（朱衣譯，1999）。所以，人的行為明顯地就有溫暖和暴力的不同。如果我們可以先釐清「人」和「人性」之間的區別，就不會讓人性的美好價值被動物性的本能所污染、搞混。所以，我們可以說「人是自私的。」但不能說「人性是自私的。」而應該說「人性是自我的。」自私只會想到自己，完全不顧慮他人，而隨意地去傷害到別人是可以想見的；而自我也會想到自己，但會出現同理心地去顧慮到他人，不會主動輕易地去傷害到別人。

「同理心」是動物性的自私和人性的自我之間最大的差異點，因著人性的同理心，才會有尊重、誠實、信用和善良的美好人性價值的發展。「己所不欲，勿施於人。」就是同理心最基本的呈現。只要有同理心的存在，人的行為自然不會去主動做出傷害別人的行為。所以，我們可以找到一個動物性和人性之間最基本的差異點，就是人性不會主動有意識地去傷害別人，而動物性完全沒有同理心去顧慮別人的受傷與否。這個差異點，我們可以稱做為「人性水平線」（圖1-7-1）。

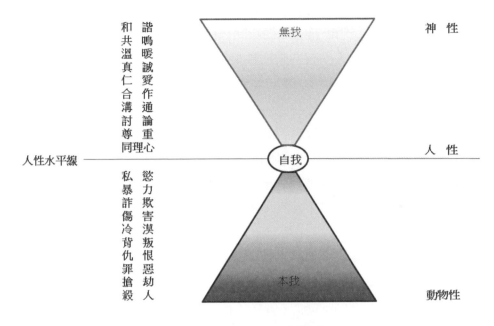

圖 1-7-1　人性水平線圖

　　「人性水平線」就是具有不傷人的同理心。當一個人開始發展出同理心時，開始不會有意識地去傷害別人，懂得尊重別人、懂得顧慮別人的感受、懂得為別人著想時，他就是成為一個真正具有人性的人了。人性的水平線並非人性發展的終點，而是起點。當一個人開始真正感受到人性的美好時，自然而然地就會渴望體會享有更豐盛的美好人性，如：尊重、溝通、合作、仁愛、真誠、溫暖、共鳴與和諧等美好心靈的交流。

　　當一個人內在的動物性本我還很強大時，個人的私慾會引發許多的暴力、詐欺、傷害、冷漠、背叛、仇恨、搶劫和殺人等非人性的行為，這些行為就是動物性的行為。當一個人的行為還會做出主動傷害別人的行為時，那麼表示他仍然處在動物性的本我當中，他還沒有來到人性的水平線。人性的水平線並不會自動隨著年齡的成長而自然發展達到的，而是必須靠個人的努力才能達到的。

我們可以很清楚地看到，在人類的歷史和社會中，動物性的行為是無所不在，無處不在的。我們經常可以從新聞事件中，看到又有人被害的消息了，又有人被殺的憾事了。人內在的動物性是很強大的，如果沒有依靠個人的努力去達到人性的水平線，許多人的一生都是在動物的狀態下過生活的。

因為人性的水平線是需要個人努力去達到的，而真正會去體到人性的美好，並且努力脫去動物性的傷害行為，並不是每一個人都願意這麼想的，即使可以這麼想，也不一定每一個會願意這麼努力去做的。所以，在社會上生活，我們要完全不被別人傷害到，是幾乎不可能的事。當有人傷害我時，我就很難相信，他是一個人了；當有人不尊重我時，我真的就很難再視他為一個人去尊重他了。

所謂「人性水平線」，就是成為一個真正的人，而不只是長得像人的動物而已。當一個人來到人性水平線，和同樣來到人性水平線的另外一個人，如此二個真正的人彼此互動交流，就是「仁」的世界了。

「仁」是孔子最重要的思想核心。在儒家經典《論語》中有 109 處提到「仁」字，其次是「君子」出現 107 次，「禮」 74 次。如果二個真正的人彼此互動，就是君子之交，自然是以禮相待。君子和禮的外在形象，都是源於個人內心人性水平線的基礎。

「仁」的基礎，就是二個真正的人。

《說文解字》說到：「仁，親也。從人二。」

孔子提出了「仁者人也。」《中庸》

孟子也說「仁也者，人也。」《孟子·盡心下》

因此，二個真正的人，就是「仁」的世界了。所謂仁者人也，這裡的「人」，自然是具備人性的人，是來到人性水平線的人。那麼，那些具有強大動物性的人，就不是人了嗎？當然這樣子的人，表面看起來是個人，但實際的行為是處於動物性的世界，並非人性的世界。所以，我們要分得很清礎，人和人性不一樣。每個人都具有人性的種子，無論一個人的動物性多麼強大，

我們仍然深信他內在的人性仍然存在著，只是人性種子被埋得很深，表面看到的行為都是屬於動物的行為，這樣子的人，只能稱做帶著人性種子的人，而非真正的人。這樣子的人，真正的形象是動物性的人，而動物性本身並不是問題，問題在於會傷害他人，不具有同理心的動物性行為。

因著人都具有人性的種子，也就是人都具備同理心的潛能，只要願意去感受與體會，不主動去傷害別人，並不是非常困難，而難以達到的事情。所以，孔子才說「仁遠乎哉。我欲仁，斯仁至矣。」《論語‧述而》

只要我們心存同理心，想著不去傷害別人，這時候的意念，就已經是人性化的人了，也就是來到人性的水平線，進入了「仁」的世界了，也就是人性的世界了。

當然，人性的水平線只是人性世界的開端與基礎，人性的品質有許多值得追求的美好與價值。如果沒有人性水平線的基礎做為人與人之間的共同價值，那麼所有人性的美好價值，如：愛、誠信、寬容、慈悲等，就會容易變得脆弱而易變質。就好像二個相知相愛的戀人一樣，因著動物性的吸引而結合，而在彼此的人性化脆弱基礎下，就非常容易產生背叛、欺騙和恐嚇的彼此傷害行為。

孔子所談「仁」的世界，就是人性的世界。人性的世界不會傷害人，不傷害人是需要靠努力的，而不是自然而然的。人的動物本性才會自然而然地傷害人，如果沒有學習克制自己，傷害人才是自然的事。所以，所有的小孩子行為會造成父母親的困擾，那是很自然的事。

在「仁」的世界中，最基本的條件就是「不傷害人」。所以，從這個角度來看，可以分為消極和積極二個層次。

一、消極的層次：不傷害人，只是人性水平線的開端。「己所不欲，勿施於人。」《論語‧顏淵》就是做到以同理心去對待別人，自己不想要的，就不會加諸在別人身上，這就是「仁」的最基本層次。

不傷害人，只要能夠進入人性的世界，要做到這點並不困難。雖然不是很困難，但也需要努力才能真正達到人性的水平線。所以，孔子才說：「克

己復禮為仁。」《論語‧顏淵》要努力學習，控制自己會隨時傷害到別人的動物性慾望。每個人都具有動物性本能的慾望，人性的同理心就會帶一個人脫離動物性所對別人造成可能的傷害。所以，孔子說：「苟志於仁矣，無惡也。」《論語‧里仁》只要稍具有人性化的同理心，自然不會做出惡事，而傷害到別人。

純人性化是一種心靈的品質。不傷害人，說容易也容易，說不容易也不容易。因此，即使努力已經達到了人性的水平線，但一不小心有可能又會落入動物性的慾望去傷害到人。所以，孔子以君子來形容純人性化的心靈品質，「君子無終食之間違仁，造次必於是，顛沛必於是。」《論語‧里仁》一個人要完全做到，在緊急的時候，在困頓的人生低潮時刻，仍然不會為了自己的利益，去傷害別人，還能持守不傷害別人的同理心。那麼，人性的水平線才是真正地堅實而穩固。

當然，人性世界的美好與價值，不只是彼此不傷害而已，而是具有更豐盛，更讓人心感到喜樂與享受的美好，這樣子的世界才是智慧者願意費心費力去追求的。

二、積極的層次：利益他人，這是深入人性世界的美好流動。「夫仁者，己欲立而立人，己欲達而達人。」《論語‧雍也》人性的世界就是以同理心為基石，自己想要的，也同樣希望可以幫助別人可以擁有他所想要的。

孔子回答其弟子樊遲，仁就是「愛人」《論語‧顏淵》

孟子也說：「仁者愛人」。《孟子‧離婁下》

「仁者以其所愛，及其所不愛」。《孟子‧盡心下》

「仁者無不愛也。」《孟子‧盡心上》

愛，就是人性世界最為精髓的核心，也是人性世界最為滋養靈魂的能量。

人一輩子，都需要愛。人的一輩子都需要去學習愛與被愛。

孟子把愛的學習分成三個層次：「親親而仁民，仁民而愛物。」《孟子‧盡心上》。第一個層次，就是要愛自己的親人；第二個層次，就是要學習愛別人；第三個層次，就是要愛護天地萬物。

孔子所嚮往人性化的世界，不單單只是個人的層次，而是希望世界上每一個都能享有人性世界的美好與快樂，這就是孔子所傳達給世人「大同世界」的美好與價值。

　　「大道之行也，天下為公，選賢與能，講信修睦，故人不獨親其親，不獨子其子，使老有所終，壯有所用，幼有所長，鰥寡孤獨廢疾者皆有所養；男有分，女有歸，貨惡其棄於地也不必藏於己，力惡其不出於身也不必為己，是故謀閉而不興，盜竊亂賊而不作，故外戶而不閉，是謂大同。」《禮記·禮運》

　　「大同世界」就是以人性水平線做為基礎，也是人性世界充份發展，人性心靈的成長與升華（圖 1-7-2）。

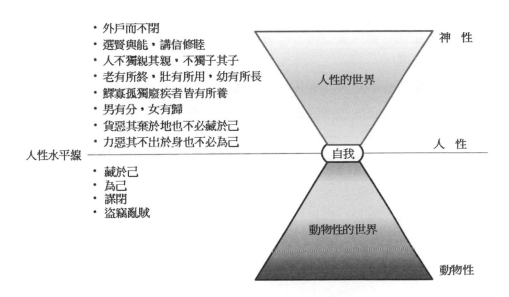

圖 1-7-2　大同世界的人性水平線圖

　　真正大同世界的開端並不在外面的世界，而是在個人的內心世界。期待

身旁的每一個人都能夠達到很穩固地人性水平線，這樣子的期待似乎很遙遠，而且不切實際。然而，要達到個人內心的大同世界是容易的，只要心存善念，善待他人，沒有傷害別人的意念，那麼，個人的內心世界就是大同世界了。猶如《維摩經》所說「心淨，則國土淨」，只要自己的內心是純淨的，那麼，個人所獨處的國土就是純淨的，也就是個人內心的世界大同。

因此，真正的大同世界源頭就是來自於個人內心之中，而不是在外面的世界。那麼，想要享有個人內心的大同世界，需要對於個人內在心靈品質的轉化與成長有所瞭解。其層次可以分成以下五點：

一、人性存於心：首先，要能感受到自己內心人性的發芽與成長。對人開始有同理心的感受，清礎明白地知道，成為一個真正的人，做一個不會傷害別人的人，是一件很美好的事。所以，不傷害人是人性的基本條件。如果基本條件都沒有的話，那麼就遑論大同世界了。所以，孔子說：「人而不仁，如禮何！人而不仁，如樂何！」《論語・八佾》所有的禮、樂，都必須以人性為基礎，才能夠顯得美好而有價值。如果連基本的人性都沒有話，那麼就沒有所謂的大同世界了。

二、常念於心：當人性的種子發芽後，人性的發展也是需要經常灌溉滋養的。要保持人性在內心中慢慢成長，就是要對人保持和善友好的態度，會不斷地反省自己的行為，對別人有沒有造成傷害性；會不斷地提醒自己，要保有人性的美好與享受人性的喜樂。因為享有一份美好的人性喜樂，因此會與別人保持和諧快樂的互動與交流，在這份的美好喜樂之中，滋養人性的美好日漸成長茁莊。當然，要有智慧去選擇具有人性共鳴的人交流互動，而避免讓動物性的人傷害到。所以，孔子才說：『里仁為美；擇不處仁，焉得知！』《論語・里仁》如果不懂得去選擇和真正的「仁」在一起，那怎麼能說有智慧呢？

三、練習調節慾望：不要去指責別人的動物性本能，要反思自己動物性的本我。動物性的慾望會跟我們一輩子，慾望本身並不是問題，問題在於動物性的慾望很容易破壞人性的美好。因此，孔子說：「克己復禮為仁。」

《論語‧顏淵》克己並非消滅或去除，而是控制好，用智慧的方式去尋求不會傷害別人的方式，練習面對自己動物性的需求與慾望。慾望是動物性獲得快樂與滿足的泉源，卻也是最容易帶來痛苦與煩惱的源頭。所以，要不斷地去學習與練習，調節和控制好自己內在的慾望，才能享有內心大同世界的美好。

四、學習愛己愛人：要學習愛惜自己的人性，懂得學習保護自己的人性，不被惡意的人所傷害。如果我們經常遭受別人惡意的傷害，我們就很難相信人性的美好，就很容易陷入動物性的掙扎與弱肉強食的世界之中。因此，在學習愛人之前，要懂得如何去辨識人的動物性行為，懂得先愛自己，保護自己的人性不受到傷害。學習愛，是一輩子的功課，因為愛是人性之中最美好的養份，就是值得一輩子的學習。

五、升華人性：在大同世界中，人性是生命中必經的旅程，然而人性並非生命中最為美好的景致，在人的奧祕世界中，除了人性，還有神性。當內心的人性發展到飽合圓滿的程度時，自然會渴望享有神性的超越與奧妙。人性是動物性和神性之間的橋樑，升華人性，更進一步領略生命的神奇與喜悅，是身為人獨有的天賦禮物。

動物性的慾望是無窮無盡的，而人性的世界也同樣是有無窮無盡的境界追求，神性更是浩瀚奇妙。人是很奇妙的存在，我們自己的一生都無法測度自己生命本身的存在是多麼奧妙與神奇。

如果國家教育心靈能夠透徹生命的本質，全心全意投入純淨人性化社會的建設，讓每一個國民都能渴望追求人性的美好與價值，那麼，大同世界並非是遙不可及的境地，而是自然而然會開放的人間美妙花朵。

八、生命的綻放只在當下

生命花朵的綻放，只有在當下，沒有過去，也沒有未來，當下即是；
生命真實的脈動，也只在當下，沒有過去，也沒有未來，當下即是；
生命鮮活的流動，也只在當下，沒有過去，也沒有未來，當下即是。

　　鳥兒在校園的樹上自由的唱著歌曲，雲朵在校園的天空自由地飄動，孩子卻無奈地被關在教室裡學習讓他失去當下生命活力的灰色知識。

　　當孩子問說：「我為什麼要學這些對我沒用的東西？」

　　大人總是會用未來的角度回答孩子：「你學了這些東西，對你的未來才會有用。你現在還小，你不懂，等你長大後，你就會明白了。」

　　孩子在問的是，當下的生命，而大人的思維總是活在未來不存在的世界。

　　孩子雖小，但孩子純真的心靈智慧，一眼就立刻可以看得出來，他當下所學的知識對他的真實生命是沒有用的。

　　國家教育心靈所設計的十二年國民教育的整體套知識中，對大部分的人而言，除了應付考試很有用之外，真的對於提升個人生命境界，豐富個人心靈內涵，改善個人生活品質，確實是沒有什麼實際的用處。對大部分的人而言，學好了知識，應付完了考試，然後就會自然地把所學的大量知識，慢慢給忘光了。為什麼會慢慢地給忘光了呢？因為在真實的生活上，真的是不會用到，所以自然而然地就會慢慢忘光了。

　　國家教育心靈已經把十二年國民教育的生命內容，填滿了各式各樣不同領域的知識，而這些知識卻是慢慢讓孩子們脫離了生命當下的活力與脈動，慢慢失去當下生命的活力與流動。孩子會一直被教導與灌輸，要好好投入為未來的升學做準備，為未來的生活做努力。因此，在整套知識的填充下，孩子自然而然地就會慢慢失去生命應有的熱情與活力，為了可以好好生存下來，

只能學著好好聽話，好好把自己的心靈填充填滿各種各樣的領域知識，以做好未來升學的準備，以做好未來生活的預備。因為人部分的孩子已經被大人說服，只要好好考好理想的大學，就會有好的工作，有了好的工作，以後就會有好的生活，至於當下生命的美好與奧妙，即使是犧牲掉了當下的生命也在所不惜。

國家教育心靈總是很常態性地認為，「每一個孩子都會長大」。國家教育心靈已經把「人都會長大」，視為理所當然了。然而，生命的實相是，生命是無常的，並不是每一個人都會長大。每一個國家，每一個地方，都會有無法看到孩子長大的事實發生。事實上，每個人在人世間的日子，都是不定數，常態性可以活七、八十歲，但生命總是會有例外。對於那些沒有機會長大的孩子來說，他們活在地球上的日子已經不算多了，卻又要被禁錮在灰色知識的囚牢裡，然而大人口中所說的未來，並不一定會來到。生命只在當下鮮活地流動著，而未來只存在人們腦海中的想像。當一個人脫離了當下生命的脈動，就是失去了最珍貴的生命當下芬芳。

很顯然地，我們的國家教育心靈總是充滿著未來的思維，只有想著全球競爭力，只有想著如何讓國民在十二年的教育中，把知識內容塞到最滿，塞到極致，塞到足以應付未來充滿各種迅速變化的時代潮流，塞到讓國家可以在未來的世界上佔有一席之地。而完全地忽視了生命已經在當下綻放了芬芳，孩子本身的存在，即是綻放著生命最奧妙的芬芳。孩子天生的純真智慧，很容易融入這股當下生命存在的流動，然而國家教育心靈看不見生命當下存在本身的閃耀，更體會不到這股生命當下的奧祕與美好。

當國家教育心靈無法深刻地體會到，生命只在當下的奧祕與美好時，就會不自覺地帶領著國民驅駛奔向準備好未來的種種變化與挑戰，而不自覺地失去生命當下豐富的體驗。

生命一直在變化著，從無始的億萬年以來，也從來沒有停止流動過。因此，生命唯一不變的，就是一直在變。生命一直活在變化的現象之中，佛陀以深度智慧的話語稱做「無常」。無常的現象世界指出物質不斷在生、住、

易、滅的變化當中，生命不斷在生、老、病、死的變化之中，沒有一刻是有停止變化的時刻，沒有一刻是失去生命活力的綻放，一直在綻放著，就在當下的生命之中，鮮活地綻放著。

從生命流動不斷變化的觀點來看，無常和流動就是異字同意，也就是說法雖然不一樣，但內涵著同樣的意思，無常就是不斷地流動，不斷地流動就是無常。生命就是在當下，不斷地流動著，生命就是在當下，無常地變化著。沒有人真正知道未來會發生什麼事，沒有人真正知道未來會不會到來，也沒有人真正知道自己會什麼時候離開這個人世間。

我們國家的教育心靈內容，主要是受到西方科學的深刻影響，科學的任務就是以理性的思維，要能夠觀察現象、解釋現象和預測未來會發生的現象。西方科學對於生命無法理解的奧祕，當下美好生命的體驗，總是予以排除在外，總是以未來的思維在過著當下的生活。因此，我們國家的教育心靈內容，總是在思維的未來，總是想盡辦法要培養出具有未來競爭力的優秀國民，至於什麼是當下生命的美好與體驗，一直不是國家教育心靈關注的焦點。

真實的生命流動只在當下，美好生命的綻放也只在當下。無論是東方或西方的智慧心靈，對於生命當下的流動，都有著相同很深刻的體悟。古代孔子的智慧，看著不停流動的河水就說：「 逝者如斯夫！不舍晝夜 。」《論語・子罕》孔子對於當下時光如流水，日夜不地流動，就有很深刻的體會。同樣在西方的古希臘哲學家赫拉克利圖斯（Heraclitus）看著河流，也看到生命實相的智慧：「人不能兩次踏進同一條河流。」近代的印度成道大師奧修（osho）也說：「生命存在於此時此地。」（Life is here and now.）

生命的流動只在當下，而國家的教育心靈卻總是活在未來。孩子的日常生活課表，總是被填的滿滿的；孩子的生命內容，總是被塞的滿滿的。孩子是國家很重要的生命資產，但孩子的生命與心靈卻不是屬於國家的，國家卻以權威的力量，強勢地佔據了孩子最純真的心靈。

黎巴嫩詩人紀伯倫在《先知》中，有一篇關於「孩子」很深度的描述：
你的孩子不是你的。

他們是「生命」的孩子，生於「生命」對自身的渴慕。
他們通過你而生，卻不是你所造生，
他們與你同在，卻不屬於你。
你可以給他們你的愛，卻不是你的想法，
因為他們會有自己的想法。

是的，孩子是國家很重要的生命資產，但卻不是國家的。孩子會有自己的想法，孩子會有自己的生命體會，孩子會有屬於自己綻放當下美好生命的方式。國家教育心靈總是視孩子為「無知」的個體，需要好好填充知識的個體，需要好好被訓練的個體。因此，學校經常成為知識的罐頭工廠，就是要把所謂最基本的知識，好好灌入孩子「無知」的心靈之中，強力塑造孩子成為未來德、智、體、群、美五育均衡的好國民。

是的，孩子當下的生命活力是淺薄的，是缺乏未來的深度。然而，國家的教育心靈連孩子淺薄的當下生命活力都沒有，有的只是無窮無盡的大量知識，有的只是知識的霸權，有的只是催逼孩子填滿知識的權威而已。

知識是屬於「腦」的，然而孩子的當下生命活力是屬於「心」的，唯有「心」才懂得體會當下生命的美好與奇妙。

當孩子問說：「我為什麼要學這些對我沒用的東西？」

活在當下生命的心靈不會用未來的頭腦來回答孩子，而是會用活生生的生命與孩子進行當下的連結回應孩子：「那你覺得學什麼東西對你才是有用的呢？」通常會問這樣問題的孩子，不會說「不知道」，因為「不知道」的孩子也不會問這樣的問題。所以，孩子內心必定隱藏著些什麼屬於他個人當下生命活泉的東西，如果孩子可以清礎地說得出來，那麼，那個東西就是可以綻放孩子當下生命花朵的泉源與力量。

知名漫畫家蔡志忠在四歲半的時候，就已經很清礎他這輩子要做什麼，他說：「四歲半的時候，我找到了我人生之路，就是繪畫，愛畫。我要畫一

輩子，到今天也一樣。」如今蔡志忠已逾古來稀之年，對畫畫的生命活力與熱情依然如此旺盛，至今依然進行大量的繪畫創作，對他而言，那不是在工作，而是在享受著生命的美好與感動。所以，他說：「我這輩子沒有工作過，我一直在享受著生命。」

生命的光輝，只在當下，沒有過去，沒有未來，當下即是。這樣的語言，對於目前的國家教育心靈而言，聽起來是會很焦慮不安的，因為那個不安會來自於對未來的焦慮：「那國家的未來怎麼辦呢？」

活在當下，並非即時享樂，無所適事，遊所好閒地耗費當下美好的生命時光。專注地活在當下，未來的生命自然會綻放出令人驚豔的奇異花朵。蔡志忠的生命故事就是最好的例子，他一直很如實地活在當下，全神貫注地投入滿心熱愛的漫畫，他的作品如今行銷超過四十五個國家，他的生命花朵是令人讚嘆與驚奇的，因為他一直活生生地活在當下，他的靈魂並沒有被禁錮在國家的知識囚牢裡，他的生命可以如此非凡光彩，正是因為他一直活在當下。所以，活在當下，並不是失去未來，相反地，會讓未來更顯得光彩奪目。

我們的國家教育心靈，很少費心在照顧孩子當下生命的心，而是花費大量的精神與時間在訓練孩子的腦。照顧孩子的心與訓練孩子的腦，是二條完全不同的生命路徑，而路徑的選擇並沒有對錯問題，而是生命方向抉擇的問題。如果訓練孩子的腦，是一條肯定錯誤的路，那麼，國家的教育心靈肯定不會昏庸到如此沒有半點知覺。

在人生的道路上，經常會面臨許許多多不同的選擇，而選擇本身就是智慧深淺的展現。同樣地，國家的教育心靈選擇照顧孩子的方式，也可以顯示出其心靈智慧的深淺。

我們可以從教室現場容易看到，孩子在學校的學習動機會隨著年紀而慢慢喪失的，孩子在學校的生命活力也會隨著年齡而逐漸消失，為什麼會有這樣的現象呢？那是因為我們的國家教育心靈缺乏活在當下的生命智慧深度，以導致於孩子天生俱來活在當下的能力，也一年一年地慢慢被剝奪殆盡，直到孩子喪失了活在當下的能力。

活在當下，並非喪失未來，而是會活出未來。在以「腦」為核心的國家教育心靈下，從小到大強迫被灌輸大量的知識到頭腦裡面。當我們在這樣的系統長大之後，我們可以好好問自己，如果生命中拿掉那些大量的知識，自己內在的東西還剩下什麼呢？如果答案是乏善可陳的話，那就代表從小到大一直是脫離活在當下的生命，因為活在當下的生命，並不會在拿掉知識後，而失去什麼。生命的根處就在當下，而知識的根處在頭腦裡面。從小到大，學校所給予孩子的東西，一直是知識的東西，一直是活在頭腦裡面的東西，所以長大後的我們，擁了有大量的知識，卻喪失了自己，喪失了活在當下的心靈，喪失了生命最原始的活力與脈動，脫離了生命最原始的根處，那我們的生命還剩下什麼呢？

　　如果國家的教育心靈，還沒有足夠的智慧深化孩子們活在當下的體悟，但至少可以不要破壞孩子們與生俱來活在當下的能力。除非國家的教育心靈能夠深刻地體悟活在當下的生命美妙與光輝，否則孩子們慢慢被帶離活在當下的生命脈動也是自然而然的事。

　　國家教育心靈如何才能體悟活在當下的生命奧妙呢？除非能夠放下一切的知識，回歸到如嬰孩般最純真透明的心靈，如此鮮活靈動充滿好奇的心，自然會與孩子活在當下的心，一起活生生地脈動。

　　當孩子問說：「我為什麼要學這些對我沒用的東西？」

　　活在當下的心會好奇地問：「那你想學什麼，是對你有用的東西呢？」

九、社會性神經的成長

美好的人性化社會，必定建立在充滿同理心的基礎之上；
同理心就是社會性神經成長的基礎；
鏡像神經元就是同理心的生理基礎。

　　什麼是社會性神經呢？簡單地來說，社會性神經就是人與人之間連結的神經。人與人之間所連結的神經是一種無形無線的感應神經，我們稱之為「同理心」。人與人之間，如果沒有社會性神經的連結，那麼就很容易發生暴力與殺戮的事件，因此對於別人的痛苦與傷害，完全沒有任何感覺，才有辦法做出暴力與殺戮的事情，例如：2021 年 3 月 16 日有一則綜合陸媒新聞，中國福建福州張姓乘客和網約車司機發生口角衝突，司機在盛怒之下倒車撞人，在一旁當場崩潰尖叫的女友看著張男被司機直接輾壓三次，導致張男因胸口塌陷、肋骨、肝臟、脾臟、睪丸全部碎裂，最後傷重不治身亡。事後，司機解釋，張男一直罵他，讓他一時氣不過。事件起因於，張男叫車時間已過凌晨 2 點，由於 App 綁定的是父親的門號，深怕吵醒熟睡的父親，因此特意備註「不要打電話」，但司機疑似漏了留言，抵達地點後於凌晨 2 點 40 分左右仍順手撥起電話，將張男父親吵醒。張男上車後因不滿怒罵司機，兩人起了口角爭執，司機氣到直接請他下車，而仍怒氣沖沖的張男，將手邊的綠茶罐，砸向計程車後車廂，這動作讓司機火大了，就直接開車掉頭撞飛他與女友。司機還盛氣難消來回反覆撞擊輾壓而導致張男當場死亡。事後司機主動聯絡警察和救護車，並向警方坦承自己衝撞張男三次，而肇事司機當場也被立即拘捕。司機的公司表示，該司機無犯罪紀錄，過往曾開計程車，駕齡十九年，從未有被任何客訴的紀錄。十九年沒有被客訴過又怎麼樣，一次的火山爆發就足以毀掉人的一生了。

一場人為悲劇導致張男、女友和司機三人的人生全變調了。在人類的世界裡，如此的人為悲劇並非單一事件，而是在社會的日常生活中，經常會發生的事情。人與人經常會有誤會與衝突，如果多一份同理心，就自然能夠避免許多不必要發生的人為悲劇。要避免人為悲劇的發生，所需要的是生命的深度智慧，而不是累積大量對生命沒有什麼用處的知識。如果張男有多一份同理心，即使情緒極度不滿，就不會以如此強烈地破壞性情緒全力攻擊司機，而導致司機情緒隨之爆炸。張男面對自己內心極度的不滿，可以採用比較有智慧的方式去表達自己的不滿情緒：方式一、直接客訴公司，表達自己的不滿；方式二、要求司機道歉，並予以彌補；方式三、取消交易，拒絕上車，改換司機。而司機方面，如果能夠多一份同理心，感受到因著自己有所疏失而造成客戶怒氣難消，相信只要誠心好好道歉，至少可以讓場面不至於情緒失控，再者更有誠意地予以車費折扣，以表達自己十足的歉意與彌補，相信就不至於走向具有毀滅性的悲劇場面。然而不幸地，因著張男的盛怒情緒，直接以破壞性情緒全面攻擊司機，也導致司機情緒全面失控，毫無同理心地全面反擊。最後的下場竟造成一人喪命，一人入獄，真是令人感到十分不值與萬分嘆息。

　　同理心是社會性神經發展的重要基石，沒有同理心就是沒有社會性神經。人性化的社會就是具有同理心的社會，每個人都能以「人同此心，心同此理」的同理心彼此對待，即使面對無法避免人與人之間的衝突與爭執，只要多一份同理心，自然就能少一份不必要的傷害與遺憾。

　　同理心的生理基礎就是鏡像神經元（Mirror neuron），也是發展社會性神經的最重要基礎。神經元（neuron），又稱為神經細胞（nerve cell），是神經系統的結構與功能單位之一。從細胞層次來看，神經元最主要的功能與任務是能夠感知四周環境變化，並且以快速且準確的傳送信號給其他細胞，藉由信號的傳輸，得以讓神經系統，能測知環境的變化，並且決定如何應付，指示身體做出適當的反應，短暫的訊息傳達來保護自己和生存。在身體的人腦中，神經細胞約有 860 億個，所有的神經細胞彼此互傳互通而構成整體的

神經系統。所有的動物身體就是藉由神經系統和內分泌系統的作用來應付環境的變化，才能夠保障自身的生存與發展。

從社會系統層次來說，個人就是社會系統的神經元，社會性神經系統就是經由每個人的同理心相互地感應與接收，才得以使整體社會的每個成員都能夠享有生命的快樂與美好。同理心的產生就是透過鏡像神經元的活化，才能夠讓社會性神經系統產生保護自己與生存的作用與功能。鏡像神經元於1992 年由義大利帕瑪大學里佐拉蒂（Rizzolatti）的研究團隊所發現，一些科學家認為這是近些年來神經科學領域中最重要的發現之一。當我們活化了一連串的鏡像神經元，這些神經元可以模擬一序列的動作：「就好像別人的意圖住進我的身體裡，我的跑到他的身體裡去一樣。」鏡像神經元幫助我們的大腦去知曉別人的意圖，讓我們瞭解別人的心智狀態（洪蘭譯，2009）。

當鏡像神經元有障礙時，可能會產生自閉症。2005 年初，美國加州大學聖地牙歌分校的拉瑪錢德朗（V. S. Ramachandran）和歐柏曼（Lindsay M. Oberman）發表自閉症患者觀察別人的手部動作時，其鏡像神經元系統的主要運動皮質不會活化。洛夏磯加大的一位臨床心理學家西格曼（Marian Sigman）是專門研究自閉者。自閉症的孩子在看和模仿他人臉上表情時，他們鏡像神經元的活化比正常孩子低了很多。他們發現鏡像神經元區的活化跟自閉症的嚴重性有顯著相關，自閉症越嚴重的，鏡像神經元的活化程度越低。所以這個研究支持了鏡像神經元的缺失是自閉症者社交缺陷的關鍵因素（洪蘭譯，2009）。因此，鏡像神經元與社交互動、情緒同理心有關。所以，自閉症的孩子，不能感受他人感覺，而會出現社交缺陷障礙。

鏡像神經元幫助加速自己和他人的親密關係，可能是同理心的第一步，而同理心是社會認知的基礎。同理心在社會生活中扮演非常基本的角色，它使我們可以跟別人分享情緒、經驗、需求和目標。透過模仿和模擬，我們能夠感受別人的感覺；因為能感受到別人的感覺，我們更能對他的情緒狀態做反應。因此，《天生愛學樣：發現鏡像神經元》一書作者馬可・亞科波尼（Marco Iacoboni）很有信心的說：「鏡像神經元是人類能夠融入社會生活、

社交情境的必要條件。」所以，鏡像神經元顯示我們怎樣能最深的跟別人連在一起而相互瞭解：因此，同理心會驅使我們去塑造我們的社會，使它變成更好的居住地方。（洪蘭譯，2009）

　　每一個人與生俱來就有鏡像神經元，然而不是每一個人與生俱來就有同理心。所謂與生俱來就是，「不取而有，不學而能」，例如：正常來說，嬰孩大約平均在一歲左右就會開始想要站起來走路，這就是與生俱來的；又如性衝動也是與生俱來的，每個人到了青春期時，性衝動的能量就會自然地甦醒，不取而有，不學而能，這才是真正的與生俱來的。然而，同理心並不是與生俱來的，因為從生活世界的事實角度來觀察，許多人一生中可以完全沒有同理心的過生活，造成別人的傷害與痛苦也不以為意。美國臨床精神病學專家瑪莎・史圖特（Martha Stout），經過多年研究與觀察，指出在我們的身邊，有 4%的人沒有良知，他們可以做出任何壞事，卻不會感到絲毫罪惡感，這些人都很瘋狂，都很嚇人，而且都真實存在。這些人被精神病學稱為反社會人格障礙（Antisocial personality disorder，ASPD），針對對付生活中的反社會人格者，瑪莎提出了十三條規則，第一條的最高首則是，必須承認有些人就是沒有良心。瑪莎進一步指出，4%是一個很嚇人的數字。根據統計，厭食症盛行率估計佔人口的 3.43%，就已經被視為一種流行病，而這個數字還比反社會人格的盛行率還要低，而精神分裂病患的發生率只佔人口的大約 1%，只有反社會人格發生率的四分之一（陳雅汝譯，2007）。

　　因此，在人的身上，同理心並非是與生俱來的，而是需要透過開發與學習而來的，就好像是騎單車和開轎車是學習而來的，騎單車並不難，但不學就是不會，沒有人出生下來，時間到了就自然會騎單車了，就是需要透過學習才會慢慢熟練騎單車。所以，人是具有騎單車和開轎車的潛能，潛能還被開發之前，就永遠只是潛能。與生俱來是一種「不取而有，不學而能」的能力，而潛能是一種「不取而有，不學不能」的種子狀態。所以，同理心是一種內在的潛能，而不是與生俱來的能力。如佛家所言，「人人皆有佛性，人人皆可成佛。」前者就是指出人內在與生俱來的潛能，而後者是指出，人需

要透過長期投入學習與練心才能達到成佛的境地。同樣地說，人人皆有鏡像神經元，人人皆可擁有同理心。但在現實的生活中，我們必須面對真實的殘酷真相，每一個人在歷經家庭教育、學校教育和社會教育之後，至少會有96%的人多多少少能夠擁有基本的同理心，然而卻依然會有4%的人完全無法擁有基本的同理心。4%完全沒有同理心的人，散佈於社會的各各角落，每年至少會有好幾萬人因此而受傷、受害，甚至喪命。而這好幾萬人裡面，有可能是你，也有可能是我，這是機率的問題，只要有4%完全沒有同理心者的存在，在我們所生活的這片土地上，就不能說是安全無虞的美好人性化社會。

所謂完全沒有同理心，就是只有同理心的潛能種子，沒有任何同理心的發芽跡象。為什麼在有些人的身上，可以做到完全沒有同理心的地步呢？我們可以從人的生態系統裡面深入加以探究，在人的裡面具有動物性意識、人性意識和神性意識，而在人的一生當中，與生俱來的核心動力是動物性的本能，而不是人性。人性只是一種潛能，而非與生俱來的，人的內在人性和神性都是需要透過學習與開發才能夠得以發芽、成長與茁壯。因此，從意識層次來看社會性神經基礎，可以分成動物性意識、人性意識和神性意識來述說（1-9-1）：

意識層次	社會性神經基礎	生命動力	心理世界	教育力量來源	
神性意識	道心	神靈無我	不二世界	自我教育	社會性神經的層次
人性意識	同理心	人性自我	相對世界	學校與社會教育	
動物性意識	自我中心	動物本能	絕對世界	家庭教育	

圖 1-9-1 社會性神經層次圖

一、動物性意識是以自我中心為生活核心，其生命動力就是依靠著本能在過生活，本能的生命動力就是與生俱來的，是不需要學習就自然擁有的行

為能力。台灣刑案統計將暴力犯罪區分成六種：故意殺人、強盜、搶奪、擄人勒贖、恐嚇取財、強姦。這六種暴力犯罪就所依靠的生命動力，就是動物性的本能，是不需要透過學習就能夠做得出來的行為。只要沒有任何同理心，只是完全依靠動物性本能就會做出令人痛心髮指的行為。

　　動物性本能的內在心理世界是絕對的世界，換句話說，絕對的心理世界就是只依靠內在的動物性本能在過生活，內在本能動力是什麼就是什麼，並不會因為外在的不同因素條件而有所調整或改變，例如：鱷魚是肉食性動物，任何掉入鱷魚潭的動物，都必定會被成群鱷魚蜂擁而上，啃食精光。鱷魚並不會因著人是萬物之靈，而給予最高的崇敬，敬而不食。只要是人掉入鱷魚潭，當然是照樣像一般動物一樣，吃得一乾二淨，這就是本能的動物性。所謂絕對的心理世界，就是內在的動物本能一旦爆發之後，在沒有任何基本同理心的基礎下，就是以滿足內在的本能慾望為主要目的，無論是殺人、強盜、搶奪、擄人勒贖、恐嚇取財、強姦等行為，都是不管法律規範，世俗眼光和人性道德，而只是靠著動物的絕對本能，沒有任何基本智慧地去侵害他人來滿足自己而已，例如：2020 年 10 月 28 日驚動台灣和馬來西亞的長榮女大學生鍾筱玲命案，加害人梁育誌就是為了滿足自己的動物性慾望，而完全沒有同理心地姦殺了無辜的鍾筱玲。如此沒有良心的行為後果，無可挽回地害死一人，不但毀了一個家庭原有的希望與快樂，也毀了自己未來的自由生命。根據新聞報導，梁育誌國中時就是一位非行少年了，也就是說，早在學生時期，梁育誌就已經有出現沒有同理心的偏差行為跡象了。因此，美國臨床精神病學專家瑪莎・史圖特（Martha Stout）指出，沒有良心的反社會人格或社會病態人格，特徵是具有高度的衝動性和攻擊性，對貽害社會的行為缺乏罪惡感或無所悔恨，不能吸取教訓。這種從青少年發展起來的人格缺陷多數會延續到成年（陳雅汝譯，2007）。

　　人人皆有鏡像神經元，人人皆可擁有同理心。同理心就是人性的基石，也是社會性神經成長的基礎。從教育力量的來源來看，家庭教育是培養一個人同理心與人性最初的場所。因著每一個人與生俱來就是以動物性本能為生

命動力來源，所以每一個爸媽一開始必然需要忍受孩子同理心尚未發芽的動物狀態階段，動物狀態階段的行為就是完全不會顧慮別人，只活在自己內在的絕對心理本能慾望之中，直到同理心種子慢慢發芽開始，才得以讓爸媽覺得那麼辛苦養一個孩子是值得的。社會中會有 4%的人，完全沒有任何的同理心，也意謂著會有超過 4%的家庭教育是無法培養出同理心的孩子，而這超過超過 4%沒有任何同理心的孩子在經過學校教育和社會教育也沒能有機會讓同理心發芽與成長，那麼，這 4%沒有同理心的人最後就是進入大家一起生活的社會之中，而究竟會有誰受傷，會有誰受害，會有誰被殺，只能說是無常的機率而已。

根據「美國精神醫學會」（American Psychiatric Association）所發布的《精神疾病診斷與統計手冊第五版》（Diagnostic and Statistical Manual of Mental Disorders5，DSM-5），如果一個人從十五歲開始，廣泛的「漠視及侵犯他人權益」的思考或行為模式，以下七項診斷準則中至少三項特徵（或以上），這個人在臨床上，就足以讓許多精神病學家懷疑他有「反社會人格疾患」：

（一）不能符合社會一般規範對守法的要求，表現於一再作出侵犯法律或社會規範的違法行為。

（二）狡詐虛偽：表現於一再說謊、使用化名、為自己的利益或娛樂而詐欺、欺騙、哄騙、愚弄他人。

（三）做事衝動或不能事先計畫。

（四）易怒且好攻擊：表現於一再打架或攻擊他人身體（所有一切以傷害他人為目的的動作或想法）。

（五）行事魯莽，不在意自己及他人安危。

（六）經久的無責任感，表現於一再無法維持經久的工作或信守財務上的義務。

（七）缺乏悔恨，羞恥和內疚感，表現於無動於衷或合理化對他人的傷害、虐待或偷竊。

以上七項十八歲才能進行診斷。成人之後的以上七項行為就是不需要經過學習的動物本能行為所致，沒有同理心地去傷害他人卻不會有任何的悔恨和內疚感。如果將以上七項行為相反來看，就會變成為具有同理心的人性化行為：

（一）能夠遵守社會規範。

（二）誠信無欺，尊重他人。

（三）不會衝動，事先有計畫。

（四）不輕易發怒，不具攻擊性。

（五）做事三思而後行，會顧慮自己或其他人安危。

（六）對人對事負責任，能夠維持信用。

（七）傷害到他人之後會感到悔恨和內疚感。

以上七項就是需要經由學習與練習，才能慢慢發展出來的人性行為，也就是具有同理心的人性行為，社會性神經就是透過同理心的人性行為慢慢發展出來的。人與人之間具有社會性神經的存在，每一個人才能受到基本的人性尊重與安心自在地生活。因此，動物性是與生俱來的，不需要透過學習就具有的本能行為；而人性的行為不是與生俱來的，人性的潛能才是與生俱來的，沒的經過啟發與發展的人性潛能，就只能依靠動物性的本能活動。同理心是人性的行為，是需要透過家庭教育、學校教育和社會教育，慢慢啟迪才得以慢慢成長發展的。

二、人性意識是以自我為生活的核心，人性的生命動力是超越動物本能的慾望。人性是人性，動物性是動物性，人性和動物性是完全不同的心靈品質。人性具有人心、同理心和羞恥心，而動物性慾望的絕對世界沒有人心、同理心和羞恥心。人性自我的心理世界是相對性的世界，也就是說，人心可以洞知與感受到他人平等性的存在，人心可以感同身受地體會到，他人也有「人同此心，心同此理」的自我，每一個人都有一個內在的自我。所以，孔子提倡人性化的社會說：「己所不欲，勿施於人」《論語·衛靈公》、「己欲立而立人，己欲達而達人」《論語·雍也》這就是從自我的人心出發，會

以同理心平等地對待他人。在消極上，自我所不想要的，也不會這樣對待他人；在積極上，自我所渴望擁有的，也會幫助他人達到內心所渴望擁有的。人心就是相對性的世界，「愛人者，人恆愛之。敬人者，人恆敬之。」《孟子‧離婁下》對於人性尚未開啟的人，只一味地以內在動物性本能在生活，對人不懂得尊重，經常會傷害他人的人，那麼，擁有人性的人必須擁有智慧保護自己內在的美好人性，以避免陷入動物性的能量漩渦之中，造成人性上的傷害，而失去美好人性的生活。

　　人是動物，而人不只是動物；人除了有動物性，人還有人性和神性。首先，我們必須很明白地釐清，人生於動物性，活在動物性，人的一生都會在動物性的意識能量之中，人性意識是慢慢發展出來的，而人性意識品質完全不同於動物性意識品質。動物性猶如意識污泥，而人性猶如意識蓮花，蓮花出污泥而不染，人性和動物性源自於同樣的人內在系統能量池，但卻擁有完全不一樣的心靈品質。所以，人本主義心理學家卡爾‧羅傑斯（Carl R. Rogers）說：「人性當中沒有動物性，人性之中只有人性。」羅傑斯在《成為一個人》（On becoming a person）一書中說到：生命是一直在形成（becoming）的過程之中。人的生命，在最好的狀況下，乃是個流動，變化的過程，其中沒有什麼是固著不變的。人最想要達成的目標，以及人自覺地或不自覺地追求的終點，乃是要變成他自己（宋文里譯，1999）。因此，人出生一開始是動物的狀態，而不是真正一個人，要成為一個真正的人，需要深入自己內在的本性，勇敢地面對自己，從自己的裡面長出美好的人性本質。羅傑斯認為，「過美好人生乃意指讓自己下水，航入生命之流。而關於人性，最令人欣喜的莫過於一個人在獲得內在的自由時，他總是會選擇這種變化的過程為他的美好人生。美好的人生是一個過程，而不是一個存在的狀態。它是一個方向，而不是個終點。成為一個功能發揮的人就是持續在邁向這個過程，在這過程中，我們會體會到豐實、欣喜、充滿回饋，也會體會充滿挑戰（宋文里譯，1999）。」美好的人生就是開始於真誠地面對自己內在的真實生命體驗，在於開放、活在當下和相信自己內在真實的體驗。真誠一致、無

條件的積極關懷和同理心是羅傑斯很重要的人性發現，只有成為一個真正的人，才能真實地感受到內在人性世界的真誠、關懷與同理心。同理心就是鏡像神經元的活化，透過鏡像神經元，我們可以瞭解別人的動機，因此可以預測他們未來的行為。自我和他人之間的互動塑造人們的社會互動，而實質的互動變成經驗的分享，使人們深深的聯結在一起（洪蘭譯，2009）。

　　人是社會性的動物。動物和動物在一起生活，彼此經常會產生衝突與爭鬥是很自然的事，而人還有人性，人擁有一般動物所沒有的人性智慧，人能夠運用智慧找出大家在一起生活，對彼此最好的方式。因此，人的世界會透過家庭教育、學校教育和社會教育，培養彼此尊重與互助的人性精神。然而，現實上的社會，並非每一個人都能夠成功地培養出人性的同理心與人性的智慧，因此，在人類的社會中會有一套穩定與和諧彼此的力量。維護社會秩序穩定與和諧的主要力量來源有三個層面：一、法律規範；二、習俗文化；三、內在良心。內在良心是源於個人人性的發展，是主動遵守人性的美好價值，自動自律地追求美好的人性價值；習俗文化是源於集體意識的價值，能夠約束個人動物性的衝動與脫序行為；法律規範是根植於人性道德的最低底限，主要在於制裁人的傷害他人犯罪行為。因此，法國社會學家涂爾幹（E. Durkheim）認為人是社會之動物，強調精神及感情而非物質的。每個均基於社會感情，而壓抑自己的個人意識趨向於整體社會之團結。如果每個人能約束其自我並受制於社會之集體意識，然後社會才能真正的安定、自由與幸福（楊士隆、蔡德輝，2004）。

　　三、神性意識是以道心為生活核心。神性意識就是指圓滿整體性的意識，道心就是指宇宙之心、自然之心、和諧圓滿之心。道心出於《尚書·大禹謨》一書：「人心惟危，道心惟微，惟精惟一，允執厥中。」道心是人心的升華，人性是通往神性的必經路徑，沒有人可以從動物性直接跳躍進入神性意識，那是不會發生的事，就好像是水的三態一樣，動物性是固態，人性是液態，而神性是氣態，從固態到氣態，必定會經歷過液態一樣。因此，道心包含了所有的人心的品質與內涵，就如同人心也包含了所有動物性的本能與慾望。

當人心慢慢成長擴大，並不意謂著動物性的消失，而是動物性能量慢慢式微而已；道心也是如此，當道心成長擴大，人心仍然不會消失，只是會隨著道心的增長而顯得愈來愈小而已。

道心的生命動力是神靈無我，如老子所說：「為道日損，損之又損，以至於無為。無為而無不為。」《道德經》道心的層次已融通了動物性本能和人性的自我，因此道心豁然自在，內心坦然於一切存在的自然之道，瞭解動物性的絕對本能，也明白人性的相對自我，清澈虛靜自處於不二世界的自性圓滿之中。道心並非活在遙不可以及的天邊，也非活在不食人間煙火的祕境，而是活生生地活在實實在在的世俗人間。所以，禪宗六祖惠能大師說：「佛法在世間，不離世間覺；離世覓菩提，恰如求兔角。」《六祖壇經》

神性意識潛能的開發源自於自我教育的力量，除了自己，沒有人可以深入到自己內心最高最深的生命潛能，唯有靠自己全心全意投入，才有可能開發神性意識。神性意識的奇異花朵必然經過自我繭化的歷程，必定是從內在的蛻變與轉化而產生，而無法透過壓迫與灌輸而獲得而來的。國家教育心靈所倡導的是終身教育的願景，最終的力量就是源自於自我教育的泉源不絕生命動力，而非依靠外在力量的壓迫與推動。

人的本能核心是是根植於動物性，因此，如果一個人完全沒有人性同理心的啟發與成長，那麼在日常活動和言行舉止上，就和動物沒有兩樣了。佛家對於完全沒有人性同理心的人，有一個特別的名稱叫做「一闡提」。從佛家的語言來說，一闡提是指沒有善根的人，也就是沒有任何同理心的人。《涅槃經》說：「一闡提者，斷滅一切諸善根本，心不攀緣一切善法。」、「一闡提者，不信因果，無有慚愧；不信業報，不見現在及未來世；不親善友，不隨諸佛所說教誡。如是之人，名一闡提。」雖然一闡提，是五逆十惡，斷善根的人，但是佛陀說這樣的人也可成佛，因為「一切眾生皆有佛性」《涅槃經》。因此，人性和神性的潛能永遠存在於人的內在系統裡面，只是差別有沒有獲得開發與成長而已。所以，佛家才說：「佛是已覺悟的眾生，眾

生是未覺悟的佛」，眾生和佛的內在潛能本來就沒有什麼區別，而主要的差別在於有沒有開發內在潛能的程度而已。

　　人性是開發出來的，同理心是培養而來的。一個人的同理心是美好的人性花朵，社會共同的同理心是具有極強力量的人性能量圈。中國俗諺所謂：「眾口鑠金」、「十目所視，十手所指」就是在形容人性能量圈的展現。當弱者於光天之下在大街上被強者欺負時，十個人眼睛看著他，十個手指指著他，沒有同理心的強者必然會感受到四周人性能量圈的強大力量，而自知力量不敵眾人自然不敢造次趕緊逃跑。這就是動物性的本質，比力量大小，比勢力強弱。當人性能量圈形成強大的力量時，那麼社會上所有的人，就能夠獲得人性能量圈應有的保護與支持。

　　人性能量圈的形成就是源自於每一個人的社會性神經的成長，也就是每個人內在人性同理心的開發與成長。學校和班級場域就是最佳開發與培養社會性神經的最佳場所，因為學校和班級就是一個典型的小型社會，孩子在成長的過程中，必然因著內在動物性能量的作用，而彼此之間的衝突與爭執是無法避免的。如果國家教育心靈是以德性為教育系統的核心，那麼，在孩子的成長過程中，啟發孩子的人性同理心與開發孩子的社會性神經，遠比各項領域的知識累積與技能訓練，實在重要太多了。

　　因此，我們所生活的社會是屬於動物性的叢林生存法則，還是人性化的同理心社會，其關鍵就是取決於國家教育心靈的一念之間。

十、成熟是另一個不成熟的起點

受精卵是精子與卵子因緣成熟的相遇，也是蘊釀生命的起點；

生命的誕生是受精卵的成熟，也是生命發展的起點；

死亡是生命因緣成熟的結果，也是回歸精子與卵子未相遇的起點。

生命的輪迴就在成熟與不成熟之中不停地流動轉換著，沒有止息地流動著，直到超越生命的輪迴，不再輪迴。印度成道大師奧修說：「每個片刻都死，好讓每個片刻都能夠有新的成長。」（Die each monent so that you grow anew each monent.）從身體的新陳代謝來看，每天都會有許多細胞凋零死亡，也同時會有許多細胞同時新生成長；在地球上也同時會有新陳代謝的生命輪迴，每天都會有許多人死亡離世，也同時會有許多人出生降世。新生和死亡只是鮮活生命無窮無盡周而復始的輪迴，沒有什麼東西是舊的，也沒有什麼東西是新的，存在的一切都是無時不刻在舞跳律動著。源自於古埃及神祕智慧之書《凱巴萊恩》（The Kybalion）說：「沒有什麼事物是靜止的；所有事物都在律動；一切事物都在振動。」（Nothing rests; everything moves; everything vibrates.）無論是從有形的物理科學原子理論或是從無形心理學的意識之流，都在在證顯示著一切的存在事物，都是一直在律動著，振動著，流動著，從未止息過。佛家用二個字來形容這樣子的現象：無常；無常就是空，空不是虛無沒有，而是具足一切的「常樂我淨」。因此，人的一生都在「常樂我淨」的空性之中，參與天地萬物的變化與流轉，在不斷地變化與流轉之中，展現著無窮無盡的生命活力與生命光輝。對於個人而言，出生是生命的起點，而死亡是生命的終點；然而，對於存在本身而言，個人的出生和死亡並沒有差別，出生和死亡都一直同時在「常樂

我淨」的空性之中，個人生命的每一個時刻，都是圓滿成熟的，因為一切存在本身都是圓滿成熟的。

　　人的眼睛可以清礎地看見新生和死亡的現象，成熟和不成熟的差別，而人的內在生命智慧可以看見，新生和死亡是同時存在一個點上，成熟和不成熟也是同時存在一個點上，這樣子奇妙的生命現象，我們可以稱之為「二極同在性」。二極同在性就是不同的二個層面，卻同時存在於同一個時空之中，例如：光是黑暗的不在，黑暗是光的不在，而光和黑暗卻是同時存在同一個時空之中，光進來了，黑暗似乎就消失了，但事實上，黑暗並非真正消失不見，而只是隱藏在光的裡面，只是眼睛看到了光，就自然看不到了黑暗，但黑暗從未消失過；又如在人的身上，同時存在著有限和無限，頭腦可以知道，人的身體是有限的，但在有限的身體裡面卻內含著無限的層次，這是頭腦所無法理解的，怎麼可能「有限」可以內含著「無限」呢？但事實上，有限與無限確實同時存在於人的身上，這是非常奧妙的生命現象。

　　從二極同在性的角度來看，人從出生到死亡，在整個人生的成長過程中，新生與死亡、成熟與不成熟、完美與不完美，都一直同時存在於個人的每一個生命的片刻之中。因此，佛陀深度的智慧觀照了生命的實相說：「智者見空與不空、常與無常、苦與樂、我與無我。」、「智者了達其性無二，無二之性即是實性。」《涅槃經》所謂其性無二，就是彼此無所分別，二極無所分別地同時存在於實性之中，空與不空無分別、常與無常無分別、苦與樂無分別、我與無我無分別。雖然從眼睛觀察是二極不同層面的存在，但從深度生命智慧觀照，一切的存在現象都是無所分別，都同時存在於圓滿的實性之中。

　　「二極同在性」的現象對於國家教育心靈的深層意義是什麼呢？孩子本身就是圓滿的，即使孩子在知識上看起來是無知的，在智慧上表現起來也是不成熟的，但孩子本身就是圓滿成熟的。大人總是覺得孩子是無知且不成熟的，但卻看不見自己本身的無知與不成熟；國家教育心靈只看見孩子是無知且不成熟的，是需要被教育的，但卻看不見自己本身的不足與不成熟。從表

面來說，沒有人可以是真正的完美與成熟，然而從深處來說，事實上人的存在本身就已經具足真正的完美與成熟。完美與成熟是同時顯輝於每一個孩子身上的，也是同時存在於每一個人的身上，每一個人同時擁有了新生與死亡、成熟與不成熟、完美與不完美的性質。因此，用不同的角度去看孩子，就會有不同的看見，當你覺得孩子還不成熟，那麼孩子會顯示出不成熟一面；當你覺得孩子是成熟的，那麼孩子就會顯示出成熟的一面。不僅僅是孩子如此，青少年、成人和老人也都是如此。人的每一個生命時刻，都是同時具有了成熟與不同成熟的生命狀態。不成熟的自己，就會容易看見不成熟的別人；而成熟的自己，就自然會看見成熟的別人。如果國家教育心靈就只能看見孩子的不成熟，那麼意謂著國家教育心靈本身就是不成熟的。

因此，圓滿的教育心靈才能真正看見孩子本身的圓滿成熟，而自然會放下任何企圖強加於孩子身上的霸權知識與非人性的規範。孩子所需要的只是生命的關懷與愛，而不是大量的知識與複雜的技能；孩子所需要的只是生命之光的引導，而不是大量的生命內容填塞。每一個孩子會有屬於自己所渴望的生命內容與生命方向，當孩子享受在動物性能量的活躍與奔放時，當下美好生命的喜樂感受就是孩子的豐盛生命內容；當下每一個時刻的生命綻放，就是孩子的生命方向所在。適性揚才就是按照孩子內在最真實的本性成長，才是達到適性揚才的最佳動力來源，而最能清礎瞭解孩子內在最真實本性的人就是孩子自己。瞭解自己是每個人一生的生命課題，沒有人可以完全地瞭解自己，人最多只能瞭解自己有限的存在，而那最深最奧祕的生命無限潛能，沒有人可以真正地瞭解。因此，每個孩子在探索自我的生命路上，就會像剝洋蔥一樣，從最外層面的自己開始往內，一層又一層次去貼近自我最獨特又最真實的一面。當孩子真正馳騁於內在最貼近自己的生命潛能時，內在自然會有一股泉源不止的生命強大動力，渴望學習的生命動力自然是永流不止，而國家教育心靈所給予的就是應有的支持與協助，適性揚才不應該只是被框架在 108 新課綱的美麗口號，而需要在教育現場中真正地支持與鼓勵孩子，成為最美好與最真實的自己。成為最美好與最真實的自己，就是要讓孩子真

實地貼近自己，而世界上最貼近自己的人就是自己。或許，最瞭解自己的人不一定是自己，但最貼近自己的人肯定是自己。唯有讓孩子真實地貼近自己，才能真正開啟適性揚才的生命動力。

圓滿意謂著沒有多的，也沒有少的，不需要增加的，也不需要減少的，一切的存在本身已經完美無缺，沒有需要再做任何的改變，也沒有需要再追求任何的進步，當下已經享有了一切的滿足與喜悅。圓滿的心靈就是寧靜與安樂於當下的心靈，沒有目的，沒有方向，沒有任何的渴望與追求，當下生命的美好與奇妙即是圓滿的一切。存在本身的一切即是圓滿，圓滿並非死寂，圓滿並非沒有活力，圓滿並非停止成長，相反地，圓滿是充滿著生機盎然的生命活力，充滿著支持一切無窮無盡的能量泉源。因此，寧靜與活力是同在的、無欲無求和生命動力是同在的、當下即是和夢想飛翔是同在的、成熟完美與成長進步是同在的，國家教育心靈可以是寧靜、無欲無求、當下即是和成熟完美，而孩子的心靈依然可以是充滿活力、充滿動力、夢想飛翔和成長進步，國家教育心靈的圓滿和孩子存在本身的圓滿是可以同在的，彼此互涵互攝，彼此相輔相成，彼此相互成就。

圓滿寧靜、無欲無求、當下即是和成熟完美是勝義諦，又稱作第一義諦，而充滿活力、充滿動力、夢想飛翔和成長進步是世俗諦。勝義諦與世俗諦是佛家在闡釋不二世界和相對世界的用語，佛家常用一個具體的比喻，世俗諦就像波浪一樣，勝義諦就像水一樣，波浪是充滿各式各樣的活躍飛舞世界，而水的本質是寧靜不變的，無論波浪如何掀起濤天巨浪，水依然是水，水的本質並不會因為波浪的變化而有任何的改變。人所在的世界就是流動變化的世俗諦，萬事萬物是世俗諦，動物的世界是世俗諦，人文的世界是世俗諦，神靈的世界也是世俗諦，凡是由人所說，由人所想，都是屬於具有無常性質的世俗諦。所以，佛陀才說：「凡有言說，名世俗諦。」《般若經》「諦」的梵語是 satya，根據莫尼爾‧威廉斯（M. Monier-Williams）《梵英辭典》的解釋：satya 有「真的」（true）、「實在的」（real）、「實際的」（actual）等意思。因此，「諦」就是具有真理、實在的意義。所以說，勝

義諦是真實的，世俗諦也是真實的，二者是二極同在性的現象存在著。因此，被譽為「佛陀第二」的龍樹菩薩說：「若不依俗諦，不得第一義，不得第一義，則不得涅槃。」《中論》以中道實相的觀點來看，勝義諦與世俗諦並不是二個不同的世界，而是無分無別的不二世界。因此，龍樹菩薩在《中論》說到：「若人不能知，分別於二諦；則於深佛法，不知真實義。」也就是說，勝義諦即是世俗諦，世俗諦即是勝義諦，彼此無分別，小異不可得。

　　成長中的孩子心靈肯定是處在世俗諦的變動流轉之中，無知孩子的生命智慧尚未開啟之前，並不會知道自己在勝義諦之中，卻一定可以清礎地感受到自己在世俗諦的變化成長之中。很明顯地，我們的國家教育心靈是站在世俗諦在看待孩子心靈的生命成長。所以，以世俗諦的視域來看待孩子，孩子就是不成熟的個體，需要給予生命內容與生命方向的教育，對孩子必然會有相對性的要求，給予孩子的教育是具有強烈目的性的，而不是純粹的愛與關懷，不是純粹適孩子的性，揚孩子的才。一旦國家教育心靈站在世俗諦來看孩子的生命成長，那麼國家教育心靈和孩子的心靈之間，必然會出現無法避免的衝突與紛爭，因為孩子必定會有自己不一樣的想法，必定會自己獨特性的夢想，孩子一生的生命道路需要靠自己走，因此，孩子的個人成長就是需要依靠自己的終身學習精神。如果國家教育心靈能夠站在勝義諦來看孩子的生命成長，那麼，孩子本身就是圓滿成熟的，孩子的生命活力就是國家未來的生命活力，孩子的夢想就是國未來的珍貴寶藏。國家教育心靈會以一顆寧靜圓滿的心，欣賞每一個孩子的獨特性與圓滿性，給予每一個孩子無有分別的愛與關懷。無有分別愛與關懷的基礎就是在教育現場建立人性化的成長環境，也就是沒有人可以傷害任何人，每一個人都是寶貴的，每一個人都需要被充份尊重的。然而，孩子動物性的能量是強悍且衝動的，必定會有人會做出彼此傷害的事，彼此互爭、互鬥、互相傷害是動物性的本能，是必然會出現在人類的生活世界中，因為人的核心本能就動物性的能量。國家教育心靈就是需要維護每一個人的圓滿德性和人性水平線，以確保每一個人都是被尊重的，被珍視的和不被傷害的。因此，國家教育心靈的愛與關懷是站在勝義

諦的位置，表現在二個層面：一、確保每一個孩子都「無害」於他人；二、支持每一個孩子「各從所向」，以終身學習的精神去追求生命中最豐盛與最美好的自己。

人文的世界就是世俗諦的世界，也就是相對性的世界。相對性的世界就是有條件的世界，以法定年齡來說，六足歲開始入學，十八歲為民法成人。從法律的觀點來看，六歲已經成熟可以學校開始學習知識與技能了，到了十八歲已經成熟可以為自己的言語與行為負責任了。然而，從心理學的觀點來看，每一個六歲孩子的心智年齡真的都已經成熟到可以好好學習了嗎？或許有的更早，有的還沒開竅；每一個十八歲青少年的心智年齡真的都已經成熟到可以好好為自己的言行舉止負責了嗎？或許有的早已更成熟，有的還尚未成熟。從世俗諦的觀點來看，成熟與不成熟是一種存在的條件，條件具足了就是成熟了，條件尚未具足就是不成熟。以結婚的成熟條件來說，法定年齡十八歲就可以自主結婚了，然而每一個人選擇結婚的對象，並不是以十八歲為主要條件。結婚的目的是為了追求自己生命的快樂與幸福，那麼究竟是要具備什麼樣條件的對象，才能夠讓自己擁有快樂與幸福的感覺呢？外貌、個性、興趣、財力、工作、才能才華、身體狀況、家庭背景、信仰與價值觀等，每個人所想要的條件各有不同，每個人獲得生命的快樂與幸福條件是非常不一樣的。如果你愛上了一個人，對方開出十大條件，才願意和你結婚，因著愛的衝動與熱情，不要說十大條件，即使是百大條件，你依然會滿懷希望地拚命去達成對方所期待的條件。

大學入學的條件就像是選自己想要的對象一樣，每一個大學科系所的選才條件都是很不一樣的，有的偏向學術，有的偏向技術，但有大學會偏向德性圓滿的嗎？具備什麼樣的成熟條件，才能夠進入大學的科系所，是由大學本身所決定的，而渴望獲得青睞的莘莘學子，就是要努力拚命去累積自己的條件，讓自己的條件可以達成大學科系所所期待的成熟條件。大學存在的目的是為了培養國家的高等條件人才，而學生入大學的目的是為了累積自己未來生存發展的條件。因此，大學是負責開條件，而學生是負責滿足條件。學

生渴望走什麼樣的生命方向，就需要由自己負責滿足所需要的生命內容，所以，學生的生命方向和生命內容是個人成長的事，而不是共同成長的事。

共同成長的事只有國家教育心靈有條件滿足，也就是說，圓滿德性和人性的水平線只有國家教育心靈具備成就人性化社會的能力條件。如果國家教育心靈無法專注投入孩子圓滿德性和人性的水平線的培養，那麼，在我們的社會生活中，就必然經常看見動物性的本能行為，脫序行為和犯罪行為必然四處橫流，必然會有人受害，必然會有人受傷，甚至會有人被害命。擁有三十六個博士的胡適有句名言：「要怎麼收穫，就要怎麼栽。」如果國家教育心靈專注在頭腦上的知識，怎麼有可能期待收穫人性化的社會呢？人的頭腦是複雜且狡滑的，唯有人性的心靈才是單純且美好的。

大學的選才條件是屬於內在的條件，而不在於外在的條件。年齡肯定不是應該被限定的條件，一個人的心智年齡條件和基本學歷能力條件，是由個人的成熟去度努力累積而滿足的。人性的自我渴望追求更好的自己，更有價值的自己，更能夠證明自己能力與本事的內在條件。一個人什麼時候能夠達到成熟的條件，從起點條件的不成熟，到終點條件的成熟，就是需要靠個人努力的生命成長歷程。宇宙無窮地瀚浩，生命無限地寬廣，生活充滿著細數不盡地挑戰與關卡，每一個人會擁有屬於自己獨一無二的生命道路，國家教育心靈所能夠給予孩子的就是支持與關懷。孩子的生命羽翼是從自己內心的夢想中生長出來的，當孩子的夢想羽翼結實成熟時，自然會有能力飛向自己內心所嚮往的美麗境地。然而，國家教育心靈允許孩子擁有做夢的時間與空間嗎？國家教育心靈有足夠的耐心去等待孩子慢慢長出豐厚的生命羽翼嗎？

成熟與不成熟是同時存在的，完美與不完美是同時存在的，完整和不完整也是同時存在的。在人類日常生活中，最能夠體現「二極同在性」精神的就是日本的「侘寂」（日語羅馬音：Wabi-sabi）精神。侘寂（Wabi-sabi）精神源自於佛家的三法印：諸行無常、諸法無我和涅槃寂靜。侘（Wabi）是指「簡陋樸素的優雅之美」，寂（sabi）是指「時間易逝和萬物無常」。侘寂的精神是承認受接受生活是複雜的，但卻崇尚簡單，並承認三個簡單的事

實：沒有什麼能長存，沒有什麼是完成的，沒有什麼是完美的。內心深處全然地接受了三樣事實後，並且能夠心滿意足地靜享於成熟的快樂。長期研究日文文化的李奧納多・科仁（Leonard Koren）在《侘寂：給設計者、生活家的日式美學基礎》（Wabi-Sabi: for Artists, Designers, Poets & Philosophers）一書中，介紹「侘寂」的精神：「去除掉不必要的東西，去追求事物的本質，但不要抽離它的詩性；保持純淨，但不要剝奪事物的生命力。」因此，完美不一定是真正的完美，成熟也不一定是真正成熟；相反地，不完美也許也是一種完美，不成熟或許也是一種成熟。因此，科仁（Leonard Koren）說到：「任何東西的裂縫，就是光進來的地方。」（There is a crack in everything. That's how the light gets in.）或許，孩子不如爸媽和老師的期待，可以學會學好學滿 108 新課綱所安排的所有課程內容；也許，孩子的想法和行為還不是很成熟，總是讓人失望，讓人生氣。然而，孩子心中會有屬於自己的生命夢想，孩子未來會有屬於自己的生命道路，孩子本身才是自己生命真正的主人。

生命本身存在著無法被穿透理解的奧祕，生命本身已經充滿了一切的圓滿與成熟。活生生的當下就是最圓滿美好的生命饗宴。

十、成熟是另一個不成熟的起點

貳、制度篇

一、以德性為核心的教育系統

仁，二個人；德，二人一心。
一心是為同理心，沒有同理心，就沒有仁，也不會有德。
德性的生活就是心安理得、精神愉悅、和諧圓融的生活。

仁，就是二個人開始互動交流才會有仁的世界；德，是二人一心，就是指二個人開始的世界，也才會有德的存在，而一心就是二個人都同時要有「人同此心，心同此理」的同理心。在二個人當中，只要有一個人沒有同理心，就不會有仁與德的存在空間。同理心是仁與德存在的基石，有同理心的存在，才會有仁與德的世界。仁是外在行為的表現，而德是內在心靈的品質，仁和德彼此是一體的，彼此互含互攝。仁的行為來自於德的心靈，德的心靈始能成就仁的世界。

動物的世界不會有仁與德的存在空間，因為動物裡面沒有開發同理心的潛能，唯有人具有同理心的潛能。如果一個人沒有同理心，就經常會感受到活在動物世界中的情景，你爭我奪，爾予我詐和彼此傷害的心理世界之中。人可以只是動物，也可以不只是動物；而動物永遠只能是動物。

德，在《說文解字》的說明是：「德，升也。」也就是說，德就是指個人內在心靈品質的提升。一個人從動物性轉化到人性，是一種提升；從人性昇華到神性，是一種提升；從小人轉變到君子，是一種提升；從壞人改變成好人，是一種提升；從無知精進為智慧，是一種提升。德，就是一種不斷地提升個人心靈品質的生命旅程。

德性是一直是東方世界千年以來，受到高度重視的心靈品質。無論是從個人、家庭、學校、社會到國家，德性的心靈品質從來沒有受到遺棄，只是在科技昌盛的潮流中，受到嚴重的忽略而已。在只注重經濟發展與商業利益

的國家，德性的心靈品質經常成為風中無家歸宿的流浪漢，沒有人會在意對自己沒有實質利益的流浪漢。然而，德性並非屬於經濟與商業的價值，而是屬於美好人性世界中最基本的價值。德性在西方自然科學中是完全沒有立椎之地，完全沒有存在的價值；而在東方心靈科學中，德性具有人性世界中全面性的普遍價值，沒有基本的德性，就不會有美好的人性世界。

在我們的生活語言中，德性常見的相關詞彙包括：品德、品格、人格、人品、品性、公德、私德，無論是採用哪一個語詞，最主要的是指一個人的內在心靈品質。在西方古希臘哲學家亞里斯多德（Aristotle）的用語是美德（virtue）。亞里斯多德認為，美德是獲得幸福最重要的基礎。

亞里斯多德認為，美德可以分為兩種：一種是智慧的美德；另一種是行為的美德。前者是從學習中得來的，後者是從實踐中得來的。因此，亞里斯多德在闡述人性世界的倫理學思想中，主要有三個中心概念：美德（virtue）、實踐智慧（practical wisdom）和幸福（eudaimonia）。

根據亞里斯多德的看法，真正的美德不可沒有實用的智慧，而實用的智慧也不可沒有美德。學習智慧，在行為中過美德的生活是獲得幸福（eudaimonia）的必要條件。這種幸福（eudaimonia）的美好感受，是專屬於人的幸福生活，是一般動物世界所無法體驗到的美好與喜悅。

動物世界獲取快樂的來源，主要是以感官為核心，有好東西吃和性衝動滿足，動物的本能就會覺得很快樂了。然而，在人類的動物性身上，感官的快樂有其極限，即使每天大魚大肉、山珍海味、盡享美食，吃久了也會膩；每天都能夠充份地滿足性衝動，做久了心靈也會隨之感到空虛不已，短暫的快樂就慢慢會消失，取而代之的就是乏味、無趣、迷網。在心理學上有一個名詞叫「感覺閾限」（sensory threshold），是指能夠引起人的感覺的刺激範圍。也就是說，人的五官感覺都是有其極限的，感官刺激到某種程度，就會沒有感覺了，例如：在山中剛聞到花香，覺得很舒服，如果沒有更強烈的花香，很快就會沒有感覺了，這就是感覺的限度。如果追求感官的快樂沒有其極限，那麼人性世界和神性世界的快樂，就不會那麼吸引具有智慧的人們

去追求了。

　　為什麼古時候的智者亞里斯多德（Aristotle）和孔子，都會教導人們提升個人的德性，以追求更美好的幸福呢？因為幸福是有層次的（圖 2-1-1）。

	快樂的來源	獲得難易	時間性	高峰經驗	
神性世界	精神融合的美妙	全神投入	無窮無盡	靈高潮	幸福的層次
人性世界	心靈交流的喜悅	需要努力	長長久久	心高潮	
動物性世界	感官刺激的愉悅	比較容易	稍縱即逝	性高潮	

圖 2-1-1 幸福的層次圖

　　一、動物性世界的快樂來源，主要是追求感官刺激的愉悅，例如：夏日吹著涼風、冬天吃麻辣火鍋、享受美食、坐雲霄飛車的刺激、欣賞美麗的風景、聆聽一首美妙的音樂等，都是透過五官的慾望獲得快樂的。動物性的快樂比較容易獲得，相對地，快樂的時間也比較容易稍縱即逝。性高潮是動物性本能慾望的求樂衝動性，因其高峰經驗的快樂，會讓許多人只求一時滿足性衝動的快樂，甚而不惜犯罪。所以，老子才說：「五色令人目盲；五音令人耳聾；五味令人口爽。馳騁畋獵，令人心發狂；難得之貨，令人行妨。」《道德經》老子的智慧看出感官的快樂是比較低層次的快樂，容易造成一個人的心神狂亂，而衝動地做出違法的行為，最後會弄得自己心理不安，傷人又傷己，甚而導致身敗名裂。在現今的社會，充斥著刺激感官的商業消費活動，因此廣告、媒體、流行、網購、傳單等一直不斷催促我們的感官，不斷引發動物性的追求快樂，以達到消費行為的目的。如果自己沒有深思細想，就很容易被誘導一直活在追求感官的快樂之中。

　　因為低層次的快樂比較容易獲得，比較不需要耗費太大的力氣，所以絕大部分的人，都會樂此不疲地一直追求感官刺激的愉悅感。孩童的時期就是

屬於這個階段，只要能獲得感官的快樂，沒有太深的智慧去避免因追求感官快樂而引起的痛苦。因此，小孩子經常會為了追求稍縱即逝的快樂，而造成別人的麻煩和痛苦，自己卻也不是那麼在意別人的感受，只是一味地想要獲得感官的快樂與享受而已。相信許多家長和老師經常要受孩子這樣子的氣，如果孩子在成長的過程中，沒有花心思和力氣去培養體驗人性的美好與快樂，就有可能一輩子都陷於追求短暫的感官快樂為主要目標。

當然，追求感官的快樂並不是罪惡。單純地享受感官的愉悅，不需要花太多的力氣，就可以享受美好的生命時光，也是非常美好的事。只是身而為人，只一味地活在感官世界的愉悅，是非常可惜的事。因為人的生命內涵無窮無盡，還有更高層次人性世界和神性世界的快樂。雖然追求感官的快樂並不是罪惡，但沒有智慧的結果，經常會帶來罪惡的後果，自己自然會嚐到罪惡所帶來的痛苦。

二、人性的快樂來源，主要是透過人與人之間心靈交流的喜悅，例如：當你和親朋好友一起歡樂歌唱時，「獨樂樂不如眾樂樂」就是說明音樂的美好透過彼此的分享，會感覺到更快樂，更美好；當你受傷時，有朋友過來關心，內心就會有一股溫暖的感覺；和親朋好友聚會，彼此分享自己的生活和感受，愉快的交流會讓彼此都享有美好的人性世界；男歡女愛的甜蜜快樂，盡在人性彼此的尊重與關懷中享有；當你需要幫助時，有人伸出援手幫你渡過難關，心中自然會有一股美好的暖流。

人性的快樂來自於人與人之間美好的交流，其最根本的基礎就是彼此都能相互尊重。即使是一家人，如果沒有同理心和尊重，那麼，都是會有可能從家人演變成仇人的。仇人會相互傷害，而家人需要懂得學習相互尊重與關心。

只要有基本的同理心，人性不會主動有意識地去傷害別人，這就是人性世界的基本人性水平線。只要人與人之間，彼此都能保持在人性水平線之上，彼此不互相傷害，那麼，人性世界所獲得的美好與快樂，是會長長久久的。然而，人性的美好並不是從天上掉下來的，並不是自然可以獲得的，而是需

要透過個人的努力，才能獲得人與人之間心靈交流的美好感受的。我們無法控制別人去昇華個人的心靈品質，但我們有權利去選擇自己的朋友，當你遇到一個會傷害你的人，你就必須要能覺察到對方必定還在動物性的狀態。如果他無法淨化個人傷害別人的動物性能量，那麼，自己就要懂得保護好自己的人性世界，不要讓任何動物性的能量破壞了心中美好的人性世界。

　　三、神性的快樂來源，主要源自於自己內在精神世界，體會到忘我融合境地的美妙，例如：莊子的「天地與我並生，萬物與我為一」，完全地達到忘我的境地，心靈感受到無比的美妙；知名漫畫家蔡志忠分享自己的生命故事，有一次自己完全投入漫畫創作，曾經四十八個小時未曾離開過椅子。他感覺到，選擇自己最喜歡的事，把它做到極致，是人生最大的快樂。

　　神性世界的所能領受的快樂是無窮無盡的，但絕不是花一些時間和心力就可以達到的，而是必須全心全力地投入才能領受那內在神性世界的靈性高潮美妙。世界著名鋼琴家朗朗分享自己的生命經驗：「我腦子裡除了跳躍的音符，從沒有任何雜念。一心只求琴彈得準確無誤。每一天、每一小時、每一分鐘都是數著過，直到上場演奏的那一刻（郎朗，2008）。」全神地投入，完全地忘記時間的存在，只有一股美好的生命流動在內在靈魂之中。朗朗的父親告訴他說：「你一定得像活不過明天那樣地練琴。你必須練到每個人都能看到，沒有人有理由拒絕你，你是第一名，永遠會是第一名。」

　　人是很奇妙的存在，人生在世，可以具有無窮無盡的追求，只要自己願意全心全意地投入屬於自己生命的熱情，必然有一天可以領受到，那份生命所蘊含無語倫比的靈性美妙感受。

　　德性的美好與快樂，是屬於人性世界的美好與快樂，是可以長長久久的，只要心中具有德性之美，自然隨時隨地可以感受到身旁的人，所給予人性美好的回應。德性的美好與快樂，就是人與人之間，彼此給予人性美好的滋養與共鳴。所以，孔子說：「為政以德，譬如北辰，居其所而眾星共之。」《論語・為政》只要是以美好的德性對待別人，別人自然就會喜歡和你互動

交流。

　純淨美好的德性是美好人性世界的基礎（圖 2-1-2），也是孔子「仁」的最重要基石。沒有純淨美好的德性，就很難有「仁」的世界。

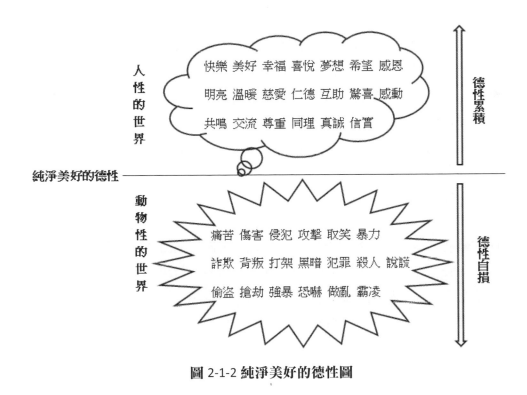

人性的世界

快樂　美好　幸福　喜悅　夢想　希望　感恩
明亮　溫暖　慈愛　仁德　互助　驚喜　感動
共鳴　交流　尊重　同理　真誠　信實

德性累積

純淨美好的德性

動物性的世界

痛苦　傷害　侵犯　攻擊　取笑　暴力
詐欺　背叛　打架　黑暗　犯罪　殺人　說謊
偷盜　搶劫　強暴　恐嚇　做亂　霸凌

德性自損

圖 2-1-2 純淨美好的德性圖

　孔子以為德行最基本的有三項，就是智仁勇，這三點可以表現在求學、力行及自我的要求上，因此這三點，也成了儒家的三達德（黎建球編著，2004）。德性的累積與成長，必須透過智慧不斷地學習，在行為上學習尊重別人，對別人有同理心，自己傷害到了別人，會有勇氣去面對自己內心的動物性能量，好好去淨化容易傷害到自己和別人的動物性暴力因子。

　保持純淨美好的德性會很難嗎？對有些人來說，天生自然地不需要花大太力氣，就可以保持純淨美好德性；而對整些人來說，內在動物性能量過於

強悍，動不動就會無意識宣洩動物能量去傷害別人，這樣子的人要保持純淨美好的德性，就真的需要花費很大的勇氣去面對自己，才有辦法保持純淨美好的德性。雖然對有些人來說是需要花費很大的力氣，但只要自己願意去保持，「一定」可以保持個人的純淨美好德性。

德性是個人內在的心靈品質，而「仁」是個人外在行為的表現。「仁」，就是以同理心去對待別人，尊重別人，不有意地去傷害別人，這樣子就是仁和德的最基本表現了。孔子很確定地說：「仁遠乎哉？我欲仁，斯仁至矣。」《倫語·述而》仁一點都不難，只要我想要保有仁的美好，那一定是可以做得到的。當然，做得到不主動傷害別人，並不意謂著已經完全達到仁的最高境界了。因為仁的行為表現是有層次性的。仁的層次最主要可以分為以下的三個層次：

一、初階層次

初階層次的仁，最主要在於「願不願意」。只要願意，「一定」可以達到仁的最初階層次的基本水準。所以，孔子很確定的說：「我欲仁，斯仁至矣。」《倫語·述而》孔子進一步說到：「有能一日用其力於仁矣乎？我未見力不足者。」《倫語·里仁》孔子很明確地說明，只要有心花力氣在仁的行為，沒有人是做不到的。也就是說，只要有意願，只要有心，「一定」可以做得到，沒有什麼做不到的，只是自己願不願意去做而已。所以，孟子也說：「不為也，非不能也。」《孟子·梁惠王上》只要想要有仁的行為，就好像折枝之易，完全存乎一念之間，只要想去做，必定是可以做得到。

那是要做到什呢？初階層次的仁，就是只要做到「己所不欲，勿施於人」《倫語·顏淵》。就是以同理心去對待別人，不要主動有意識地去傷害他人。嘴巴、手和腳都長在自己身上，只要用同理心，想著不要去傷害他人，自己就可以管好自己的嘴巴、手和腳，不去傷害他人。所以，孔子說：「苟志於仁矣，無惡也。」《論語·里仁》，只要自己想要維持仁的初階層次，就自然不會去做壞事害人。而誰能管好自己的嘴巴、手和腳呢？當然是自己。所以，孔子說：「為仁由己，而由人乎哉？」《倫語·顏淵》達成仁的基本水

準，當然是要靠自己，而是無法靠別人的。如果還要靠別人來約束自己，那就不是仁的行為了。所以，仁的初階層次，就是由自發和自制達到的，只要自己有意願，一定可以達到自制的行為。「沒有力不足者」，人人皆能行仁，行仁不難。

所謂「自發」和「自制」，乃是由自己來主宰「動」或「不動」，關鍵在於「主宰作用」。說得更明白點，更是由自己來做決定「動」或「不動」，是自己對自己發號施令。正如孔子所說的：「譬如為山，未成一簣，止，吾止也。譬如平地，雖覆一簣，往，吾前也。」自己命令自己，和動物「聽命於人」，更全然不同了（賈馥茗，1999）。

二、進階層次

進階層次的仁，最主要在於「知不知道」。知不知道包含二個層面：認知的層面和情意的層。認知是指理性上的知不知道，而情意是指經驗上的知不知道，也就是有沒有真正的生命體驗。仁的世界最珍貴的不在於認知上的層面，而是生命體驗的層面。例如：互助，我們在認知上，知道人與人間彼此互相幫助，但是如果沒有生活上實際的體驗，那麼認知的知道，也只是死的知識，而不是活生生的仁的生命力。如果我們真心去幫助需要幫助的人，在我們需要幫助的時候，也感受到別人熱心的幫助，我們就可以活生生地感受到人性的美好感受。如此的生命體驗，我們才能夠真正深入仁的生命世界，是活生生的仁，而不只是死的知識而已。

（一）在認知的層面：孔子說：「未知，焉得仁？」《倫語·公冶長》如果我們只停留在，不去傷害別人的初階仁，那麼我們是無法真實地感受到人性活生生的內涵與美好的。所以孔子認為，在認知上要去瞭解，人性的世界有哪些的美好是值得追求的，如果不知道仁的內涵，又如何能夠真正地領受到人性真正美好之內容呢？所以，在進階的層次上，需要深入去學習仁的世界是什麼樣子的世界，才能夠真正獲得仁的真實義。

（二）情意的層面：孔子說：「唯仁者能好人，能惡人。」《倫語·里仁》又說「仁者不憂。」《倫語·憲問》人都是有情感的，也有好惡的。孔

子認為，仁者能夠喜歡良善的人，也能夠厭惡那些做出傷天害理的壞人。雖然仁者同樣會有好惡之心，但仁者不會有所煩憂。仁者的心地是清明無憂的，仁者會享受與美好的人性交流，而不會去和那些小人互動交往。仁者不會去討好那些小人，完全沒有人性的原則，明明看來是動物性的自私自利，還一味地討好對方，孔子就說了很重的話：「鄉愿，德之賊也。」《論語·陽貨》如果要和那些小人同流合污的話，那就和殺死仁德的盜賊沒有兩樣了。所以，在進階的層次上，除了要有認知的辨別人的動物性和人性是完全不一樣的二個世界，而且也要有情意上的感受，要能夠活生生地感受到人性的美好與愉悅，才能深植仁心於個人的血液之中。在校園中，那些動物性強悍的孩子，明明已經極力破壞了人性的美好世界，如果還用人權、受教權、人格權等名義，誤用保護傘支持孩子在校園滋長動物性能量，那麼就真的和仁德的盜賊沒有什麼兩樣了。

　　人性的世界，是以心應心的世界，具有人的心，才能夠感應人性的世界。彼此以真誠相待，講求信用，無所欺瞞。至於，面對那些還沒有長出人性，只一味地活在動物性慾的人，我們在認知上要能夠清楚地辨別出來，在情意上要能夠清清地地劃清界線，如此才能保有美好的人性純淨度。

三、高階層次

　　高階層次的仁，主要在於「做不做到」。仁與德是實踐出來的，而不是想出來的。能不能做得到，就是亞里斯多德所謂的實踐智慧（practical wisdom）。要做到深度的仁，是非常困難的，要達到最高層次的仁，必須完全做到，無論是主動的或被動的，都不會傷害到別人。不要主動有意識地去傷害別人，是初級層次的仁，是非常容易做到的，但不要被動而無意識地去傷害到別人，是高階層次的仁，是非常困難的，連孔子用心努力修心，到了七十歲才有把握，自己能做到「從心所欲不逾矩。」，也就是仁的最高層次了，達到心靈完全的自由自在，想說什麼就說什麼，想做什麼就做什麼，卻一點也不會去傷害到任何人。

　　有一次，司馬牛問仁。孔子說：「仁者其言也訒。」司馬牛疑問：「其

言也訒，斯謂之仁已乎？」孔子回應：「為之難，言之得無訒乎？」《論語‧雍也》司馬牛個性言多而躁，常常不經思考就會說出失禮的話，所以，孔子告訴司馬牛「仁者說話會很謹慎」。司馬牛還很懷疑的問「連說話謹慎，都叫做仁哦！」孔子才說「沒錯，做起來非常難，所以，說話能不小心嗎？」在我們的生活中，經常可以看到隨意不經大腦的說話而得罪人的，這就是不想要傷害而傷害到人的情形。這種情形是非常普遍的事，例如：隨意開玩笑「你怎麼那麼笨」，雖然沒有要傷人的意思，但聽者必然是感受不舒服的。在生活上，只要我們的智慧不夠圓熟，就難免會和周遭的人、事、物產生不和諧的狀態，甚至容易造成傷害性衝突，因此要達到很圓融的智慧是非常的困難的。在圓融的智慧之下，言行舉止才有可能達到仁的最高境地。

所以，一個人的言行舉止要做到，無論在主動或被動，都不會傷害到別人是非常不容易的事。當然，高層次的仁不僅止於在避免對人的傷害性，而是孔子所指出更進一步層次「己欲立而立人，己欲達而達人。」《論語‧雍也》、「仁者愛人」《論語‧顏淵》、「君子無終食之間違仁，造次必於是，顛沛必於是。」《論語‧里仁》。無論在任何情況下，即使自己的的生存受到威脅了，都不會出賣自己的良心，而做出傷害別人的事。在消極上，自己能力不足時，能夠照顧好自己的需求，而不會為了自己的慾望去害到別人；在積極上，當自己有能力時，除了愛自己之外，還願意去愛人，去幫助需要幫助的人。所以，孔子說：「無求生以害仁，有殺身以成仁。」《論語‧衛靈公》、「三軍可奪帥也，匹夫不可奪志也。」《論語‧子罕》。如果有機會為大眾服務，能夠做到「博施於民而能濟眾」《論語‧雍也》，都是仁的高階層次。

所以，仁和德是有層次性的，而不只是很膚淺的的談理說教而已。追求仁和德的境界，必定是需要耗費大量的時間和心力，而不會從天上掉下來的，而且是沒有人可以代勞，更無法在商店或網路購買得到的，必須是靠自己用心學習與努力實踐，才能領受到仁與德的美好利益的。所以，孔子才說：「仁者先難而後獲，可謂仁矣。」《語語‧雍也》一開始肯定是不容易的，

但只要自己有心，必定是可以達到仁和德的最高境地的。

　　在我們的生活上，修德行仁並不是為了達到古人的要求與期待，而是為了自己真實生命的快樂與幸福。古人的智慧只是給予我們心靈上的指引，最終是否能獲得自己所想要感受的生命快樂與幸福，當然需要由自己去經歷與體驗。

　　德與仁是人性內在的潛能，每一個人都擁有這股潛能，而人的心靈品質決定在於人的行為本身，而不在於潛能。什麼是壞人？有做過壞的行為，才會被叫壞人；什麼是好人？在行為上，不會去傷害任何人的人，才會被稱為好人。

　　當一個人在睡覺狀態的時候，是沒有所謂好與壞的問題，也就是說，沒有行為或沒有行動，就沒有所謂的好壞優劣。當一個人開始有行為發生時，行為背後所隱含的動力來源，就是決定其心靈品質的結果。

　　因此，德性的心靈品質也同樣可以分為三個層次：言行舉止、態度禮貌和起心動念（圖 2-1-3）。

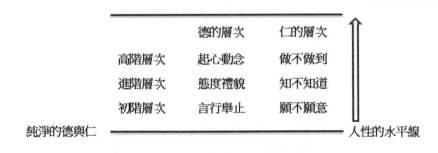

	德的層次	仁的層次
高階層次	起心動念	做不做到
進階層次	態度禮貌	知不知道
初階層次	言行舉止	願不願意

純淨的德與仁 ——————————————— 人性的水平線

圖 2-1-3 德與仁的層次圖

　　（一）言行舉止是德性表現的最初階層次。動物的行為只有生命本能的活動，而人的行為會有心靈活動的潛能，也就是具有人性的潛能。如果人的心靈沒有進行開發人性的潛，那麼他的行為就和動物性的本能活動沒有兩樣的。所以，我最常在小孩子身上看到動物性本能的行為活動，而不是人性的

行為舉止。

在兒童的身上，人的理性尚未發展前，他的行為大都屬於動物性的本能活動，只是以個人內在的慾望為核心，在此時是無法談論太多的德性心靈品質。當兒童產生偏差行為時，如以暴力打人，必須以具體的行為和他談論，他的行為是無法被接受的，是不好的。所以，在德性發展的初階層次，必須以具體的行為舉止去談論。

相對於仁的初階層次，要先做到不會主動傷害別人，只要在個人願意的想法之下，言行舉止必然是可以做得到的。

（二）態度禮貌是德性的進階層次，態度禮貌是一種人性世界的知覺感受，是屬於教育學中的三大教學目標（知識、技能和情意）之一。情意的層面在教育現場中最容易受到忽視，因為在以智育為主流的教育現場中，孩子的情意通常是隨個人自由發展的，家長和老師都已經把大量的時間和心力都投入在知識的學習上了。所以，我們可以在社會中，看到態度惡劣和缺乏禮貌行為的情景是非常普遍的。因為在家庭教育無法做到人性的態度培養，在學校的成長過程中，又無法予以導正，發開人性的態度品質，那這股很粗暴的動物性能量，就很自然地奔流到社會之中了。

態度禮貌的培養必須從日常生活中，以心應心的方式培養是最好的方式。相對於仁的進階層次，就是在情意上的知不知道，能不能感受得到。如果只是認知上的知道，情意上無所感受，那也很難真正做到態度禮貌的良好品質。

（三）起心動念是德育的高階層次。言行舉止是一個人行為的最外層，而起心動念是一個人行為的最內層。所有的行為都和內在的能量品質有直接絕對的關係，動物性的能量就是容易產生粗暴的言行舉止，而人性的能量比較會具有智慧的言行舉止，最高的神性能量就自然能夠表現出圓融和諧的言行舉止。

只要人性的能量開始覺醒，探求自己行為的起心動念來源並不難，最難的是起心動念的的純淨化，也就是說，不僅止於在言行舉止上不會去傷害他人，甚而連最深處的起心動念都不會升起任何不好的念頭。所以，佛家說

「菩薩畏因，凡夫畏果」，具有修心深度的菩薩而言，只要起心動念一發動，就會很小心面對自己的意念，是不是會造成不好的結果；而一般人都不會注意自己的起心動念，甚至任由起心動念亂流，隨慾望亂為，最後導致行為所帶來的苦果，例如：當一個人表白被喜歡的拒絕時，內心感到受傷而難過，有練心的人就是反求自己，既然對方沒有意思，就不會再任由自己的欲念亂流，會想辦法平息自己的起心動念，以免造成自己繼續受傷，又可能會做出傷害對方的事情來；而沒有練心的人，就是容易任由心中的受傷感，產生報復的可怕行為。一旦報復的起心動念發動，又不知後果的可怕，當報復的行為發生之後，自己必然會嚐到可怕行為所帶來的苦果，最後不但傷害了別人，也會傷害了自己，這樣子的行為當然是很愚痴的結果。

德與仁是美好人性社會的基礎。我們的國家教育心靈也認為德育是教育中最為重要的，因此《國民教育法》（105 年 6 月 1 日）第 1 條規定「國民教育依中華民國憲法第一百五十八條之規定，以養成德、智、體、群、美五育均衡發展之健全國民為宗旨。」德育是五育之首，是一切教育最為根本的所在。

國內知名教育家賈馥茗一直強調教育的核心在於「教人成人是教育的最高目的，也是教育的不變性。」賈馥茗一生奉獻於教育，很確定教育必須以心靈品質為核心，她說：『真正的教育目的是教人和人生。教人旨在教「人」學習「成人」，須先培養人的「品質」，使人確切的超乎動物之上，名副其實的成為萬物之靈，表現其卓越之處。教人生即是教人生活得有意義，使人知道自己所選擇的生活方式，「不負此生」（賈馥茗，1999）。』

為何明明所有的知名教育家都很肯定確認德育比智育重要，國教教育心靈也明文指出，德育是五育之首。那麼為何在教育現場是以智育為主流呢？為何家長和老師所注重的是智育，而不是德育呢？那是因為在國家教育心靈的制度設計中，智育才會決定一個人生存與發展的關鍵，而德育完全是沒有什麼關係的。一般人的想法就是，德性又不能當飯吃，而智育不好，分數不

夠，學位不好，是無法找到好工作的。所以，在我們的社會中，決定一個人的生存與發展的關鍵角色是智育，而不是德育，甚而德育完全沒有和生存發展扯上任何關係。所以，德性的發展自然成為個人的事，完全不是大家共同所注重的事。

如果要改變整體社會對德性的想法：「德性又不能當飯吃」，就必須在國家教育心靈的制度上設計讓一般大眾感受到：「德性是不能當飯吃，但沒有德性是沒飯吃」的教育體制。

那要怎麼做，才能讓一般大眾感受到「德性是不能當飯吃，但沒有德性是沒飯吃」呢？就是必須把德育和個人的生存和發展完全地掛勾，完全地把德育和個人的生存和發展連結起來，才有可能讓所有的人重視到德性的關鍵重要性，也就是要以個人的「德性」成為教育現場的最重要基石（圖 2-1-4）。

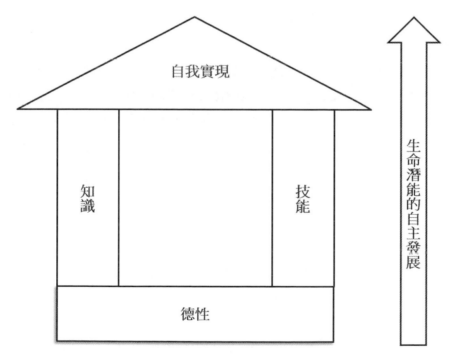

圖 2-1-4 以德性為核心的教育系統圖

「生命會找到自己的出路（Life will find its way out.）。」這是電影《侏羅紀公園》最有名的一句台詞。的確，每個人都會想辦法讓自己生存下來，然後再想辦法讓自己的生活過得好，進而讓自己的生命活得精彩，這是生命的自然法則。即使沒有教育系統的存在，每個人還是會有辦法讓自己生存下來，當然能力不足的人，就會在「弱肉強食」的動物法則世界中被「物競天擇」所淘汰。在人類的社會中，動物的法則從來沒有消失過，也是一直存在許多社會角落中的進行式。

國家教育系統存在很重要的一個目的就是，建設一個人性化的社會，淨化動物性的能量，開發人性的能量，讓每一個人都能夠在自由自主的心理境之中，充份地發展屬於自己的生命天賦與潛能。而人性化的社會就是以德性為基石的社會，沒有德性的社會，就是動物性能量的你爭我奪、充滿罪惡的社會。所以，以德性為教育系統的基石，才能真正建立一個純淨的人性化社會環境。

要以德性為教育系統的基石，必須把德性放在教育現場系統、升學系統和公務人員選才系統之中，也就是把德性擺在個人生存與發展的關鍵位置，才能使德性成為整個社會發展的最核心關鍵角色，整個國家與社會才會充滿人性的能量與芬芳。所以，首先國家教育心靈必先分份地反省自己，是否真正抉擇要改變以德育為教育系統的核心，而不是繼續延用目前以智育為主流的教育系統。如果要進行典範式的轉換，就必須很清礎明確地放掉對知識的堅持，而改換成對德育的堅持。國家教育心靈的堅持，對於人民心靈的轉換，具有絕對性的影響力。因為目前國家心靈一直堅持知識是最重要的，因此人民自然會以知識，視為個人生存與發展的最重要因素。

因此，國家教育心靈必先確認，在教育系統中，德育是首位核心要素，亦或智育是最重要的要素。個人的生命是有限的，國家教育孩子的時間也是有限的，過了黃金教育期，每一個人就自然會用自己的方式去發展自己了，是用人性的方式，或是會用動物性的方式？我們可以從現今社會很清楚地看

見，有許許多多的人是採用本能的動物性能量在追求個人的極大發展，即使把別人害死了，也不折手段，例如：黑心商品、詐騙集團、槍枝毒品販賣等。這就是現今以智育為主流核心的教育系統所呈現的社會心靈品質。

　　德性的培養最主要的核心目的，不是在於追求全球的競爭力、經濟高度發展、地位名聲，而是在於個人的快樂與幸福。競爭力強不一定會帶給一個人幸福，經濟高度發展不一定會帶給一個人快樂，地位名聲不一定會帶給一個人美好的生命。而德性的智慧必定可以帶給一個人心靈的自由、快樂、幸福與美好的生命感受。當然，發展德性的系統，不意謂著要放棄全球競爭力、經濟發展和地位名聲，這彼此之間並沒有衝突之處。當德性的智慧開發之後，每個人自然會追求自己最大的生命潛能，國家的全球競爭力、經濟發展和地位名聲，都是在個人的生命潛能高度開發之後的附加價值而已，而每個人對自己生命的欣喜與幸福的洋溢，才是國家教育心靈所應該關注的核心焦點。

　　如果國家教育心靈真心關注每一個人生命的快樂與幸福，就應該在教育現場中深刻細心地去建構一套「德性的成長系統」。

二、德性的成長系統

生命本身就是完美的，人出生下來的德性就是完美的。

人的身上都擁有屬於自己生命的業力，只有自己才能面對自己的業力。

德性，自己完成的，沒有人取得走；自己損毀的，沒有人可代替修復。

我們可以從德性成長系統的基礎、德性成長系統的建構和德性成長系統的應用等三個方面，來建構國家教育心靈的整個德性系統。

一、德性成長系統的基礎

國家教育心靈的德性成長系統，其主要核心需要建構在「德性本身的純淨美好，人人皆已俱足此德性」（圖 2-2-1）的基礎上。

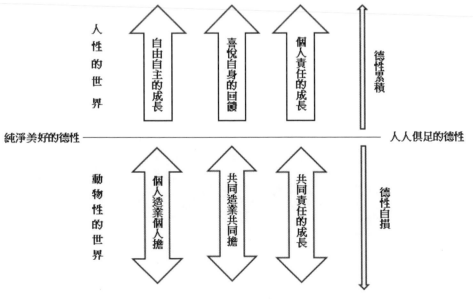

圖 2-2-1 德性的成長系統圖

嬰孩的雙眸看起來總是清澈明亮的，沒有一個嬰孩的眼睛看起來是邪惡的。人的邪惡行為都是源自於內在動物性的能量，動物性的慾望缺乏人性的同理心，因此經常會帶給別人痛苦與悲劇。國家教育心靈就是需要耗費心力去關注於這股破壞人性的動物性能量。

　　人性世界的美好與喜悅是充滿無窮無盡的追求，而個人渴望於人性美好的追求，起源於追求人性的美好，喜悅自然會充滿於內在的生命之中，這樣的追尋是屬於個人責任的成長，國家教育心靈無需有任何的干涉與干擾。在人性世界中美好的任何追求，國家教育心靈給予完全地自由，就是給予孩子完全的愛。在美好的人性世界中，孩子所需要的是，給予支持與關愛，而不是控制與干涉。國家教育心靈所需要控制與干涉的基礎在於，維護好人性的水平線，也就讓鼓勵每一個孩子要維護好屬於自己內在的純淨美好德性。因為每一個孩子內在的純淨美好德性的生命能量，就是美好人性社會的最重要基礎，而這份美好純淨的德性，每一個孩子都是需要花費心力與時間去保守與珍視的。

　　「德性本身的純淨美好，人人皆已俱足此德性」的基礎，並非是一種假設的前提，而是一種實相的存在現象，這是由東方心靈之眼的智慧所看見的。佛陀在分享生命的深刻體驗時，說到：「一切諸法無自性、無生無滅、本來寂靜、自性涅槃。」《解深密經》（玄奘大師，2019）佛陀的深度智慧，其旨義在說明「存在本身即是圓滿。」自性在我們之中，我們在自性之中，彼此並沒有分別，我們的存在本身即是圓滿的。

　　禪宗六祖慧能大師也有此深刻地體會：「自性本自清淨。」一切都是清淨圓滿的，沒有什麼東西是污穢的，因著人的言語與行為的產生，而有了一切的分別與淨染之分。

　　印度成道大師奧修也說：「存在是完美的，根本不需要做什麼。」、「每一樣東西按照它本然的樣子存在就已經很完美、很絕對、很狂喜，不可

能再增加什麼，沒有辦法再改善（謙達那譯，2000）。」

生命本身就是完美的，生命本身就是圓滿的，生命本身就是充滿著無限的美好。西方的自然科學利用理性的頭腦，看到「沒有人是完美的」，所以人需要不斷地追求進步，以求達到完美的境界。因著頭腦的分別，所以人就有了凡聖之別，完美與不完美之分，優點與缺點之差；而東方的心靈科學運用智慧的心眼，看見「存在本身即是完美的」，無需再改善些什麼，無需再增減些什麼，只要歌頌生命的美好，只要慶祝生命的美妙。

德性在東方的世界有著很深刻的意涵，有德性，才會有美好的人性世界；沒有德性，就不會有美好的人性世界。因此，在東方世界的教育中，德性一直沒有被遺棄過，只是在知識的頭腦中，被忽視很久很久了。東方的心靈世界非常明白，在神性的世界中，才能開始真正看見「存在本身即是完美的」；在人性的世界中，會有完美與不完美的分別，會有好與不好的差別，所以人會不斷地追尋生命的好與修正生命的不好；在動物的世界中，也沒有什麼完美與不完美的問題，就是為了生存，為了充份地滿足慾望，沒有什麼是做不出來的。

二、德性成長系統的建構

「德性本身的純淨美好」意謂著，每個人的言語與行為，還沒造作之前，德性都是完美無缺的。用教育現場的分數表示，就是 100 分。

「人人皆已俱足此德性」意謂著，人一開始沒有才智、身份、地位、善惡、對錯、貧富、尊卑、種族、階級、派別、宗教的分別，每個人一開始都是 100 分，沒有人的分數會莫名其妙地被扣分，在沒有任何言語、沒有任何行為和沒有任何地造作之前，就是保有最純淨的 100 分。

在目前的教育現場，所有的分數來源都是從 0 分開始的，有了好的表現，有了努力的學習，才會開始往上加分。每個人都是從 0 分開始的，如果表現極差，沒有學到任何課程內容，就是 0 分。這樣子的觀念起自於英國哲學家洛克（John Locke），他認為人心中沒有天賦觀念，「人心就如一塊白板」，

人生下來是不帶有任何記憶和思想的，一切知識和觀念都起源於經驗。人們必須透過經驗外界事物，並對所觀察的事物加以反省，才能獲得知識。所以，一開始每個人都是無知的，沒有任何的知識和觀念，也就是每個人一開始都是 0 分的。沒有任何學習的狀態，就是 0 分的狀態，這也是目前教育現場主要五育成績的計算方式。學 1 分，才有 1 分；學 10 分，才有 10 分；學得很完整，才有可能獲得 100 分。

知識的學習確實是這樣子的，沒有知識 就是無知；學了知識，才會知道。目前教育現場的德性成績，也是這樣子的計算方式，表現良好，才有加分，表現不好，就給扣分。因為沒有人是可以表現完美的，所以極少人會在德育的分數上獲得 100 分的滿分。

如果從「德性本身的純淨美好」的基礎來看，每個人的開始都是 100 分，而 100 分就是人性的水平線，也是國家教育心靈必須耗費時間與心力去維護的美好人性的共同心理環境（圖 2-2-2）。

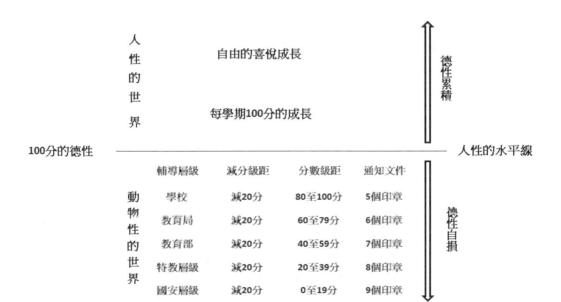

圖 2-2-2 100 分的德性圖

（一）德性的累積

從圖 2-2-2 來說，德性的累積意謂著，每一位國民從滿六歲入學起，就開始進入國家教育系統的德性成長系統，每個人每學期都會有 100 分的德性積分。因此，國小階段六年總計會有 1200 分，國中三年會有 600 分，高中三年也會有 600 分，以十二年計算總共會有 2400 分。2400 分也將近是，十二年在學校的日子約經歷過二千多個日子。

依據〈國民教育法施行細則〉第 8 條規定，「學齡兒童入學年齡之計算，以入學當年度九月一日滿六歲者。」因為六足歲以下的幼兒教育並非強迫教育，因此國家的德性成長系統，也只能從六歲開始計算。或許會有人認為，要六歲孩童開始學習為自己的言行舉止負責，會不會太早了呢？我們只能說，其實已經太晚了。一個人開始要學習為自己負責，從出生一開始就必須是如此了。剛出生的嬰兒會為自己找奶喝；剛學走路的嬰孩，會努力學著站起來；剛學說話的小孩，就會很快速地明白大人說話的意思。生命從一開始就在一直學著為自己的生命負責。六歲之前的家庭教育和幼兒教育，如果無法引導孩子開始淨化動物性能量的行為問題，那麼，六歲入學之後，國家教育心靈就需要正式接手引導孩子去淨化個人內在的動物性行為問題了。一般來說，家庭教育良好的孩子，開發人性能量是比較容易的，而長期被放任或被寵溺的孩子，因著內在動物性本能依然強悍，因此就需要耗費極大的心力與時間，才能引導孩子去面對自己內在動物本能的破壞性行為問題。

如果一個人可以保有「德性本身的純淨美好」的人性基礎，那麼，他就能夠享有個人自由自在的喜悅成長，而不會受到國家教育心靈的太多干涉與介入。如果一個人可以保持每學期以 100 分的德性分數慢慢累積，那麼，他就能夠在美好的人性化社會中，充份地發展個人生命的潛能，自由自在地追尋屬於自己的夢想，創造屬於自己的豐富生命與彩色天空。

德性系統的建構是國家層次的系統，因此，德性的累積是一輩子的，而不是在學階段而已，從國小、國中、高中，到大學、研究所，進入社會之後，

一樣可以繼續累積個人的德性。個人的德性履歷會跟著自己一輩子，就好像身份證號碼一樣，會跟自己一輩子。

（二）德性的自損

一個人的德性之所以會有所減損，「一定」是由自己所造成的，沒有人會因為別人的原因而造成德性的減損。

「德性本身的純淨美好」是在人的存在本身的美好。當一個人靜靜地坐著，沒有言語、沒有行為、沒有造作，就是純然地存在的美好。當一個人開始有言語、有了行為、有了造作，就開始會有「業」的力量。

業力的梵語叫做 Karma，原意為作之力或行為的力量。在印度教和佛教中，都有業力的觀念，這是東方心靈科學所發現的一個很重要的生命自然法則。業力說明著，每個人都必須為自己生命負責，沒有人可以逃避自己的生命責任。

西藏精神領袖達賴喇嘛說：「業力是活動的力量，代表你的未來就在你手中。」

當一個人的言行舉止開始有動作時，也就是業力開始轉動時。當一個人開始意識到，他任何的言行舉止，都有可能會減損自己的德性，而他的德性會完完全全地影響到個人未來的生存與發展時，自然就會開始謹言慎行了，而這個時候就是人性能量開始發展的階段了。

只有自己的言行舉止才會影響自己的德性，會不會讀書，喜不喜歡讀書和個人的德性完全沒有任何關係。個人的德性會有所減損，必定是由個人的言行舉止所造成的，也就是所謂的「個人造業，個人擔」。

孩童剛入學階段，內心還是朦朦懂懂的狀態，還不是很清礎，自己的言行舉止會對自己的未來影響為何。所以，必然會有孩童因著個人內在動物性強烈的能量，導致自己的德性開始被扣分。每一次的德性減分，就是一次正式的文件給予本人和監護人通知，讓本人和家人都清礎明白地收到，因為個人言行舉止的因素，德性已經被減分了。

以人性的發展而言，絕大部分的孩子，都能夠輕易地保有 100 分的德性

水準，而對於有些孩子而言，要保有 100 分的德性水準真是非常困難的事。國家教育心靈就是要聚焦在這些有困難的孩子身上；國家教育心靈需要耗費時間與心力，在這些有困難孩子的心靈上，而不是在他們的頭腦上。因為社會上所有的犯罪行為和傷害性的行為，都是由孩童時期就開始發展起來的。

德性會有所減損，最主要的因素就是「有意地傷害」他人。有些孩子天生就具有很強悍的動物性能量，而難以控制自己，經常地去傷害他人。每當孩子的言行舉止又傷害到他人時，就會收到一次的德性減損正式通知文件。這份文件有一個非常重要的功能，就是要孩子好好去面對個人的業力，通知他說「大家已經看見，在他的內在裡面，存在著一股會傷害別人的能量，他必須自己好好去正視。」

一個人要好好面對自己內心會傷害他人的動物性能量，是一件很不容易的事。因為目前的教育系統是以智育為主要核心，所以沒有一個有力量的系統足以讓孩子願意去面對自己的行為問題，現在的許多孩子存在著很普遍的不服管教問題，自己的行為已經明顯地傷害了他人，卻仍然以動物性的強悍能量，加以抗拒與反擊，以證明自己力量的強大。

德性之所以會有所減損，其主要來源必定是個人內在無知的動物性能量，這股具有強烈破壞性的能量，就是國家教育心靈所需要謹慎面對的。

對於內在存在著強悍的動物性能量孩子來說，他的外顯行為，在六歲入學之後，不需要半年就可以看得很清礎了。如果國家教育心靈沒有及早介入，而放任他的動物性能量持續成長壯大，那麼未來只是受害的人愈來愈多而已。個人的人性能量在什麼時候才會覺醒，每個人都是不一樣的，或許有些人一輩子都難以覺醒。覺醒的歷程需要依靠個人智慧與努力，這是需要依靠個人的力量，因為內在能量的品質轉化，必須從內而外的，是難以從外而內的。

人生而不同，為什麼有些天生柔和，而有些人天生強悍，這就是個人的業力。每個需要面對自己生命的業力，「個人造業，個人擔」。國家教育心靈必須在孩子求學階段，一直不斷地給予孩子回饋，讓他明白自己內在的業力為何。什麼時候孩子願意面對自己的生命業力，那真的只能看個人的生命

造化。

業力主要可以分成三種：身、口、意。身就是行為，口就是說話，意的外在表現就是態度禮貌，意的內在源頭就是起心動念。

因此，在德性成長的系統中，自損德性的來源就是身、口、意三業。在轉化動物性能量的過程中，必定是從言行舉止開始，再歷經態度禮貌，最後才是深入到個人的起心動念。國小的中低年級，就是先聚焦在言行舉止上；到了高年級和國中階段，就可以開始聚焦在態度禮貌上；進入國中後期和高中階段，就可以深入到個人的起心動念了。

（三）德性減分的依據

德性減分的依據，一定是從個人的言行舉止開始的。

德性的減分並不是功過獎懲的概念，而是圓滿德性的修心概念。因此，德性的減分不需要懲罰，不需要爭鬥，不是記過，而是一種回饋系統。透過德性的回饋系統，不斷地告訴孩子，他的哪些言行舉止是無法被國家教育心靈所接受的，他自己必須去面對這股在他裡面產生這些行為的破壞性能量。

德性減分的依據不是針對偏差行為，而是針對傷害人的行為，例如：說謊是偏差行為，但如果沒有因為說謊而傷害到任何人，就不應該成為德性減分的依據。如果孩子調皮愛搗蛋，上課無聊喜歡抓弄同學，同學被弄得很煩而打了回去，這一打激起了調皮孩子的動物性本能，而以暴力出手回擊，造成了同學的受傷。這個行為就是很明顯地，「有意地傷害」他人的行為，就可以成為德性減分的依據。

當然，德性減分的依據是來自於客觀的言行舉止，而其中的判斷是來自於主觀的心靈。因為德性的存在是「以心應心」的主觀世界，個人的主觀感受是很重要的依據。

如果德性會影響一個人未來的生存與發展機會，那麼，德性被減分就自然會引起抗拒，必定會要求其客觀的依據。其客觀的依據會有二個部分，一是言行舉止本身的具體事實，二是學校五人小組（三位老師、主任和校長）的共同認定。

在德性減分的依據上，因為具有主觀心靈的認定成份，因此必然會發生爭議與糾紛的事情。而這個部分就是需要透過國家教育心靈，長期有耐心地建立發生的參考案例。

當德性成長系統運作地比較成熟之後，德性減分的判準就慢慢會成為老師專業的一部分了。這個部分需要依靠長期的智慧深化，才能達到很精準的判斷，以幫助孩子可以好好面對自己的本能傷害性行為。

（四）德性的輔導層級

德性的成長系統可以分成五個層級，學校是為最直接面對孩子的單位，是為最基本的層級。當孩子發生需要德性減分的言行舉止時，導師本人協同另外二位老師，形成三人小組，討論是否達到減分依據。若達到共識，再進一步，請主任和校長認定。一旦經過五人確認無誤之後，就發出德性減分的通知正式文件，給予當事人和家長。

以每一事件可減 1 至 3 分來說，學校層級權限可減 20 分。減 20 分之後，每一事件都應通報教育局層級；再減 20 之後，每一事件應通報教育部層級。如果單一學期的德性分數開始低於 40 分之後，該生就應該視為特教生管理；如果單一學期的德性分數再低於 20 分，該生就應該進入國安系統的處遇介入了。

以上五個層級的設計，是較為嚴謹與複雜的設計。如果為了實行上的簡單設計，亦可全權交由學校層級的五人小組，進行德行分數的專業判斷。

（五）德性的通知文件

當孩子的言行舉止出現確認需要減分的標準，在德性減分的文件通知書上，會有五人小組的印章，表示此份通知書並非個人的情緒化所為，而是經過理性謹慎思維的人性化動作。

如果德性系統的減分審核有五個層級的設計，那麼每往上的一個層級的通知文件，就會多一個印章，以示國家教育心靈對其德性的重視程度。

（六）德性的復原系統

當孩子發生德性減分的事件，一旦進入正式文件的通知之後，就是由孩

子當事人「主動」提出德性復原的彌補申請。

德性的減分並非為了懲罰孩子，而是為了讓孩子正視自己內在具有破壞行為的動物性能量。在第一現場的教育人員和家長，可以採取詢詢善誘的方式，引導孩子進行德性復原的申請。當孩子產生抗拒或不服管教時，那麼就只能耐心地等待孩子內在人性能量覺醒的一天。

德性復原系統的設計，其主要目的是確保讓每一個國民在一輩子之中，只要自己有意願，「一定」可以回復到 100 分的圓滿德性水準。所以，德性復原系統的設計，肯定不是簡簡單單說聲「對不起」，就可以回復的，而是需要透過個人付出努力的代價，才得以回復。當然，也絕對不是給予難以承受的挑戰，讓孩子放棄回復德性的意願。只要孩子有意願主動申請回復圓滿德性水平，師長們必定可以協助孩子回復到純淨美好的德性。

（七）德性的生命履歷

每一個孩子在學校的成長，都是在師長的眼皮底下長大的。如果國家教育心靈能夠建立一套具有公信力的德性成長系統。那麼，每一個國民就會有屬於自己的德性生命履歷。德性生命履歷就是一個人內在人性化的心靈證書，此分證書也記載著每一個人在校期間的心靈品質狀態。

當一個人的德性分數沒有處於純淨圓滿的狀態時，那就由個人面對自己的德性生命履歷。或許有一天，個人為了自己的生存與發展，感覺有必須回頭去進行彌補的動作。那麼，只要活在世上的一天，都有機會讓自己的德性回復到圓滿的狀態。

三、德性成長系統的應用

目前教育現場的五育成績也會有德育的成績表現，但事實上，並沒有太多人在意，因為那個分數完全沒有什麼特別的意義，所以自然德性就難以受到整體社會的重視。

如果國家教育心靈可以建立一套具有公信力的德性成長系統，那麼，此套系統就可以普遍應用在五個地方：升學系統、公務人員系統、選舉制度系

統、私人機構系統和私人往來部分。

（一）**升學系統**：無論是升高中或升大學，德性成長系統的分數，可以列入報考資格的基本項目，例如：參加報考者，應附上個人近三年或六年，甚至十二年的圓滿德性水準，需要多少年的圓滿德性水準，可以由各校決定。因此，只要德性上有被減分的人，就是必須回頭去面對自己過去的業力。當一個人一直覺得德性被減分，而感到不痛不癢時，直到為了個人的升學，必須提出圓滿德性水準的時候，他自然必須回頭去面對過去傷害到他人的過錯，這是一趟不容易的生命之旅。只要能夠勇於面對，一定可以回復到圓滿德性的水準。

如果德性成長的圓滿履歷，成為升學系統中最為基本的報考資格條件時，那麼，整體的社會必然會完全地重視德性的重要性。一如孔子所言：「行有餘力，則以學文。」《論語・學而》想要追求個人的生存與發展的機會，就必須先把自己的圓滿德性照顧好才行。

（二）**公務人員系統**：公務人員是國家機構透過選拔所招募的人才。如果可以把德性成長的圓滿生命履歷，放入公務人員報考時的基本資格條件。那麼，社會上對於公務人員自然有會一個良好的印象，因為所有的公務人員都是具有基本圓滿德性，才得以報考的。當然，過去的德性表現，不代表未來的德性水準。但是圓滿德性一旦被整體社會獲得重視之後，所有的公務人員必然會以自己的圓滿德性為榮，也必然會加以珍惜自己所擁有的一切。

（三）**選舉制度系統**：目前的選舉制度，所選出來的民意代表或政府官員，經常會爆出貪腐事件，這是因為國家並沒有一套德性的成長系統，也沒有人可以看得出來，確保一個人的德性如何。一個人會不會貪腐和能力、學歷與經歷並沒有太大的直接關係，而是和一個人的德性有絕對的關係。因此，如果在選舉制度中，把圓滿德性的水準放入任何選舉制度的參選基本資格。那麼，人民至少可以確保，參選人過去的德性水準是圓滿的，我們也願意相信，未來服務選民的過程中，也會繼續維護個人的圓滿的德性水準。這麼一來，必然可以大幅降低民意代表或政府官員的貪污案件發生。

（四）私人機構系統：許多私人機構在無法確保個人的德性水準之下，在不知不覺中，聘用了一個沒有德性的人，而造成公司或企業形象的嚴重損毀，也造成了無法估計的損失，例如：2020 年 11 月 24 日有一則新聞，玉山銀理專挪用客戶資金 1.4 億款項，受害者達 17 位客戶。在這之前，金管會對理專弊案，感到深惡痛絕，為了改善理專弊案頻傳情形，於 2019 年訂出「理專十誡」，但「千防難防、人心難防」，即使有再嚴密的措施，一個人的起心動念不純正，也難保不會再發生理專挪用客戶金錢案件。因此，監守自盜的問題，一直在銀行界發生，不是一件二件，而是在無法預料之下，又會來一件，所以真是防不勝防。而此一問題絕對和個人的德性有百分之百的關係。因此，為了杜絕此一問題的發生，銀行可以在選才的過程中，要求個人提出自己的圓滿德性生命履歷，以降低監守自盜的可能性發生。

又如 2005 年 6 月 21 日有一則新聞，高雄市驚傳運鈔車遭竊，集寶衛豐保全公司負責押運的 3550 萬元郵局營業周轉金，卻遭司機吳柏霆監守自盜。當時候押車的有四人，而吳柏霆就趁其他三人同時進入郵局時，獨自一人直接快速地把車子開走。這是個人德性起心動念的問題，什麼時候會發生，真的是難以預防的。

因此，如果國家教育心靈有一套具有公信力的德性成長系統，此類的私人公司需要檢視個人過去的德性生命履歷，可以要求求職的當事人提出個人的德性履歷。甚至私人公司可以要求個人完全純淨無瑕的德性履歷，就是指過去個人的生命歷程中，沒有進入過德性回復系統，是完完全全純然地圓滿德性。雖然過去的德性履歷，不能代表未來的德性表現，但一份純淨無瑕的圓滿德性，比較能確保一個人不太可能會突然做出非德性的事件來。當然，德性的履歷是會變動，會不會突然有所改變，沒有人可以知道，但過去的德性表現水準，必然會有其基本的參考價值。

（五）私人往來部分：當我們與陌生人交往時，說真的是「知人知面不知心」，我們無法從一個人的面相中得知一個人的德性水準如何。如果國家教育心靈有一套具有參考性的德性成長系統，那麼，個人在從事私人的商業

行為或婚友交往行為時，就可以請對方提出個人的德性圓滿水平證書。因為在面對一個陌生人時，我們不一定有太多的時間去瞭解一個人的德性水準如何。如果有一套可供參考性的圓滿德性保證書，也可以在彼此交易或交往的過程中，避免個人受到不必要的損失或傷害。

總言而之，如果國家教育心靈能夠建立一套具有公信力的德性成長系統，而且能普遍應用於社會之中，那麼，所有的國民自然會極為重視圓滿德性的重要性。而且在生活中，也能夠深刻地體會到「德性是不能當飯吃，但沒有德性就會沒有飯吃」的德性真正價值所在。

如果德性能夠受到社會普遍性的重視，那麼，淨化動物性能量，轉化為人性的生命能量，就自然會成為社會上，大家所共同努力的基本修心要件。如果社會上能夠少一份動物性能量的破壞性，自然能夠多一份人性光輝的美好與喜悅。

三、德性的彌補系統

有傷害，有彌補，德性自然圓滿；
有傷害，不彌補，德性當然自損；
無傷害，心純淨，德性本然無瑕。

　　小偷並不是每天都在偷東西，才叫做小偷，一個人只要偷了一次東西，就是小偷了；壞人並不是每天都在做壞事，才叫做壞人，一個人只要傷害別人一次，就成了壞人；殺人犯只要殺害了一個人的性命，就成了殺人犯了。所以，在動物性慾望的驅使下，只要沒有任何的自我控管的意志與能力，成為壞人是非常容易的，而做一個好人，是需要具有人性的意識，付出努力的代價，才能夠維護自身人性的美好與價值的。因此，維護的德性圓滿是不容易的，必須開發出人性的意識，才能夠輕易地維護好人性的美好與價值的。

　　好人必須一直保持不做壞事，沒有傷害過任何人，才稱得上好人。一個人一旦做了壞事那一刻起，好人就會變成了壞人。而壞人也有機會變成好人。只要傷害能獲得充份的彌補，讓傷害得以復原，自然就可以從壞人變為好人，例如：周處除三害的故事就是最好的例子。周處是西晉時期的人，從小沒爹沒娘，沒人管教，自以為有豪俠氣度，但常仗著一身蠻力在鄉里打架鬧事，無惡不作，義興村裡的人，見了他就像碰到毒蛇猛獸一般，總是躲得遠遠的。後來從一位老人口中得知，南山猛虎、長橋惡蛟、惡霸周處三者為義興帶來了極大的災害，當地人合稱「三害」，其中更以周處為甚。周處聽聞之後感到非常慚愧，很內疚。想不到自己竟與猛虎惡蛟並列「三害」。於是，他立志要改過彌補，拾起弓劍，怒殺猛虎與惡蛟。然後更拜陸機和陸雲當時兩位很有名望的老師，刻苦讀書、修養品格，最後更成為一代忠臣，為百姓做了

很多善事，百姓皆為稱頌的大英雄，因而流傳千古。

德性彌補系統的最主要功能就是，讓每個人都能維持人性水平線的人性基礎每個人保持在人性水平線的基礎，也就是人性化社會的基礎。

德性彌補系統並非是獎懲概念，而是人性能量與動物性能量的消長概念。目前教育現場無論學校層級或班級層級，大部會有獎懲方式，有好的表現，就會有獎勵，而對於不好的表現，就予以懲處。在國家教育心靈的層級上，德性成長系統本身並不給予獎勵，也不給予懲罰，而是給予德性生命水準的回饋，也給予人性能量上的引導，並明確地給予個人動物性能量的拒絕，明確地直指學生動物性能量對人的傷害性，並明確地告知國家和社會都無法接受這股會傷害人的動物性能量，個人必須自己深入去反省面對。只要個人願意去反省面對，只要個人想要回復個人的人性水平線，德性彌補系統就「一定」可以協助生學回復到人性的水平線。

德性彌補系統在德性成長系統中是具有非常重要的功能。因為在孩童時代，動物性能量仍然強大，人性能量尚未開發出來之前，必定會出現許許多多傷害性的行為表現，例如：暴力傷人行為、情緒失控行為和為所欲為行為等。當學生的行為確認進行德性減分，並給予正式文件通知之後，接下來就是由個人去面對自己內在的動物性能量了。人性能量與動物性能量的消長過程，並沒有一套科學的「標準作業流程」（SOP），因為這是心靈科學的歷程，而不是自然科學的過程。當一個人需要面對個人動物性能量時，什麼時候願意進入德性彌補系統，完全必須看個人的人性能量什麼時候能夠覺醒。

一個人有沒有可能從六歲入開始，到十二年級的時候，每年的德性都會被減分，而自己一點都不在意，反正也沒有太大的感覺，也沒有任何想要進行任何的彌補意願，這是有可能的。如果這種情形發生，國家教育心靈就是需要把時間與心力聚焦在這些學生動物性能量上，因為這股能量就是未來社會的傷害性與破壞性因子，如果沒有花費時間與心力去面對，那麼就是未來有人必須付出代價，必定會有人因此而受傷、受害。

人性能量和動物性能量是彼此消長與戰爭的歷程（圖 2-3-1）。首先，

我們必須對人的內在生態系統有一個基本的認識，那就是動物性能量是人的基本核心能量，而且會跟隨人的一輩子，動物性能量是不會消失在人的生態系統中的，動物性能量隨時隨地都有可能重新被激發出來。因此，孔子說：「君子無終食之間違仁，造次必於是，顛沛必於是。」《論語·里仁》一個人處在人生的低潮，四處碰壁，事事不如意，還能維護人性的基本水平線，那是相當難能可貴的德性。

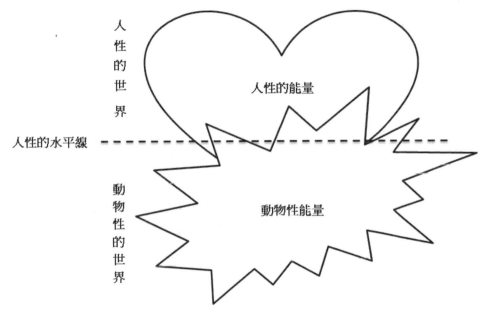

圖 2-3-1 人性能量與動物性的戰爭圖

當一個人面臨生存威脅或利益誘惑時，動物性的能量隨時隨地都有可能打敗人性的能量，這樣子的現象也經常顯現在人類的社會之中，所以，為什麼許多民意代表、政府高官，甚至各行各業的白領階級，表面看來，似乎是已經發展出很高階的人性層次了，但在面對利益誘惑時，還是會經常出現動物性的私慾打敗人性的水平線。因此，我們在社會中，常會在新聞看到，貪

污、官商勾結、走後門和私相授受的違法現象。

人性能量和動物性能量的戰爭，可以分為二個層面，一是個人內心的戰爭，二是人與人之間的戰爭。

一、個人內心的戰爭就是，人性能量和動物性能量同時在人的內心之中活動，內心經常會面臨矛盾和掙扎的情形，例如：曾經列名十大槍擊要犯的劉煥榮，綽號「冷面殺手」，犯下多起槍擊殺人案件，後來遭到日本警方逮捕，回台後被判處死刑，於 1993 年 3 月 23 日被執行槍決，並將器官捐出。劉煥榮在臨刑前高喊「中華民國萬歲！我對不起國家！」這是人性覺醒的語言，只是如劉煥榮在牢裡常寫的一句話「一失足成千古恨，再回首已百年身。」

在劉煥榮的內心之中，人性能量和動物性能量一生都處在戰爭的狀態裡。劉煥榮一生背負十四條人命，在他的自白中，唯一感到後悔的一個案件就是台商陳南光一家滅門案，因為他覺得，江湖恩怨打打殺殺是常有的事，但對無冤無仇的一家人而害死他們，心中覺得非常後悔。在動物性能量的世界中，自然比的是拳頭，所以，當劉煥榮處於動物性世界中，他感覺到打打殺殺是常態，沒有什麼好後悔的，但面對人性世界的陳南光一家人而言，他感覺到不應該用動物性世界的方式去傷害他們，所以可以聽到內心人性聲音的呼喚。

在劉煥榮被法院以殺人罪判處死刑時，有許多社會團體和律師聯名向法院請求從輕處理，因為他們看見了劉煥榮內心的人性光輝，如在他逃亡的過程中發生了海山煤礦事件，他將自己身上的逃命錢數百萬捐出；在臺中縣霧峰鄉附近，看到一間破爛的孤兒院，搶劫賭場後把錢丟在孤兒院要讓院長重建；他在監獄中發起募捐，以「無名氏」名義捐給窮人；獄中學畫有成，作畫所得捐給了婦女救援基金會義賣救援雛妓；在逃亡多年後，被警方帶回家中見到媽媽立刻跪下痛哭流涕，並跪母懺悔「對不起媽媽，來生做牛做馬再報答妳，也不會再走上這條絕路，一輩子都要好好孝順妳。」。雖然劉煥榮的動物性能量極為強悍，然而他的人性能量也很豐富。在獄中時，他感謝那些為他請命的人，並許諾只要能活下來，必定洗新革命，重新做人。然而事

與願違，在看守所被執行槍斃前，劉煥榮留下最後具有人性的遺言：「感謝獄所給我教育，讓我成長、懂事。」在劉煥榮的一生中，有一個非常關鍵的轉捩點，就是他的父親是職業軍人，從小就立志要像父親一樣從軍報效國家。然而，因為有前科在身而被拒絕加入軍校。因著沒有進入軍校，也成為劉煥榮轉入動物性能量世界的關鍵點。

如果國家教育心靈具有一套完整成熟的德性彌補系統，即使劉煥榮在學期間，德性損分很多。然而，只要進入軍校的報考資格，必須維持德性圓滿水準，相信劉煥榮的強烈想進入軍校的欲求，必定會驅使他回頭重新進入德性彌補系統，自願地花費時間與心力，去重新彌補自己的德性水準。

劉煥榮的一生，內在心理都處在人性能量和動物性能量的戰爭之中，渴望擁有人性的美好與價值，但卻又無奈再一陷入動物性能量的泥淖裡面，有許多像劉煥榮情形的人，內心同時存在著很強大的人性能量和動物性能量。如果國家教育心靈沒有一套機制協助學生轉化動物性能量，發展人性能量的系統，而任由學生隨命運飄搖，一旦人性能量被壓抑下去之後，那麼強大的動物性能量流入社會之中，就必定是有人受害受傷的情形發生，社會的悲劇將輪迴般地反覆重演。

二、人與人之間的戰爭，人性能量和動物性能量同時在人與人之間活動，人彼此在互動的過程中，人性能量和動物性能量就會經常發生衝突與爭執的情形。例如：老師在管教學生的過程中，經常遭遇學生非理性的反抗和嗆聲，師生爭執與衝突經常在校園中上演，就是人性能量和動物性能量的戰爭。沒有任何老師會故意傷害學生，所有的老師都希望學生能夠做一個真正像樣的人，一旦遇到學生的表現出動物性的傷害行為，故意玩弄同學，老師站在人性的立場，自然會出面制止如此沒有人性的行為，然而遇到不服管教的學生就會展現動物性的強悍能量，完全進入動物性的比拳頭大小的權力之爭。目前的整體校園心理環境非常不利於老師培育學生的人性能量，反倒有利於學生動物性能量的成長與茁壯，這樣子的現象，非常不利於未來人性化社會的發展。

人性是屬於比較細微的能量存在，而動物性是屬於比較粗獷的能量存在；人性是理性的價值世界，而動物性是非理性的本能世界。當人性能量和動物性能量的發生衝突與戰爭，人性的智慧需要懂的保持自己，儘可能避免被動物性能量帶入動物世界的你爭我奪、彼此傷害的情境之中。

　　德性的彌補系統就是使用人性的智慧，協助學生淨化自身的動物性能量，將學生帶入體驗人性的美好與價值，這個過程不是一天、二天可以成就的，而是三年、五年的心靈工程。

　　德性彌補系統主要的原則有三不三要：不會自動消失、不能用錢消除、不能別人代勞；要有意願彌補、要有代價付出、要有能力符合。

　　德性彌補系統是依據「個人造業，個人擔」的生命法則，因此，由個人的動物性能量所造成的業，就必須由個人去面對處理，而不能由任何人代勞處理。而且一旦德性自損之後，自己沒有主動提出彌補的意願，德性的缺損就會一直存在，不會突然消失，更無法用錢買回。

　　德性彌補系統主要的目的是為了維護個人的圓滿德性的人性水平，而不是為了懲處一個人的過錯。所以，只要個人有意願提出彌補申請，只要付出個人可以承擔的價值，符合個人的能力，一定可以重新回到圓滿德性的人性水平線。

　　在現今科技發展的時代，國家教育心靈要建構一套完善的德性成長系統並不難，而且可以透過科技的大數據應用，完全可以管理每個人的德性發展水準，也可以瞭解整體的人性化社會達到什麼樣的水準。

四、以心應心的練心系統建立

以心印心，是心與心之間的契合與共鳴；
以心應心，是心與心之間的互動與交流。
心即一切，一切即心；心生則法生，心滅則法滅。
教育心在於人心，有了人心，才會有絕美的人性花朵。

「以心應心」的靈感來自於禪宗的「以心印心」。禪宗的傳承就是「以心傳心、以心印心」的方式傳遞微妙甚深法門。「以心印心」的世界，就是人的內在主觀世界，也就是「心」的主觀世界。禪宗五祖弘忍常說：「心是十二部之根本。」又說：「諸佛只是以心傳心，達者印可。」印是印可，心是本心，以心印心即是印可本心。所以，心的世界是具有極為深細微妙的感覺感受，而不是客觀的物質世界所能測度的。禪宗是人類史上達到極為稀有的意識高度層次，其傳承的方式「不立文字，教外別傳，明心見性，見性成佛」也是極為特別。其法脈源流可追溯於佛陀在靈山會上拈花示眾，當下所有眾人天不解其意，唯獨摩訶迦葉，心領神會佛陀的深意，破顏微笑。佛陀即「以心印心」方式說：「吾有正法眼藏，涅槃妙心，實相無相，微妙法門，不立文字，教外別傳，總持任持，凡夫成佛，第一義諦，今方付囑摩訶迦葉。」所謂「教外別傳」的「教」是指佛陀的開示，以文字寫下來的部分，而「教外」是沒用文字寫下的部分。那些無法用語言表達，無法用文字寫下的部分，就是「心」最為深細微妙的層次，只能意會，而無法言傳。因此，「以心印心」的禪宗法脈從摩訶迦葉為西天初祖，一直傳至廿八祖達摩祖師，而達摩祖師遠到中國弘揚直指人心，見性成佛之禪宗心法。

達摩祖師「以心印心」傳法給予二祖慧可，三祖僧璨接法於慧可，僧璨傳法給四祖道信，道信傳法於五祖弘忍，弘忍傳法於六祖慧能。六祖慧能之

後，弘揚「明心見性，見性成佛」的頓悟法門，並普傳於世，門下以荷澤神會、南陽慧忠、永嘉玄覺、青原行思和南嶽懷讓等最為著名，即所謂「一花五葉」而成為禪宗主流，盛傳於人世。

當然，教育不同於宗教，然而教育和宗教都同樣地深植於人心的世界，沒有人心的世界也就沒有教育存在的必要，也不會有通往宗教的路徑。所以，當我們在探討宗教的精神內涵時，最主要是為了採擷適用於教育領域的人心世界內涵。

禪宗的「以心印心」方式，可以給予教育的啟發是，人心的世界是主觀的世界，教育要引出孩子的「自發」、「互動」與「共好」的人文精神，就是需要透過「以心應心」的方式，以人心去觸動孩子內心的人文精神。

禪宗的「以心印心」是需要透過師父的心，去印可徒弟的心，是否已經具有契入自性的實相世界。因此，如果徒弟的心已經悟道，契入生命實相，就能夠與師父的心產生契合與共鳴的深度精神。然而，在學校的教育現場，並不同於禪宗的「以心印心」，而是需要透過「以心應心」的方式，以達到引出孩子內心的人文精神內涵。所謂「以心應心」，就是指人心與人心之間的互動與交流，也就是說，當二個人同時都具有人心的精神時，才會有可能進入「以心應心」的人文世界（圖 2-4-1）。

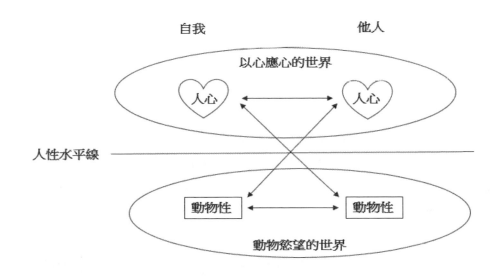

圖 2-4-1 以心應心的世界圖

　　人與人之間的互動與交流，並不一定都是人心與人心的交流，而有可能是動物慾望的互動與交流而已。

　　人的本能就是動物的慾望，人的內在動物性就是和一般動物是沒有什麼不一樣的部分，也就是說，當人處在動物性狀態的時候，用自我的人心去與他人的動物性互動時，必然會很容易受到傷害，因為動物性沒有同理心，也不會去理會對方的任何感受，就只會追求自己欲望的滿足而已。

　　人心並不是天生下來就已經長出來的。正確地說應該是，人人具有人心的種子，但當人心的種子尚未發芽成長時，人就是動物。人生下來一定具有動物性，但不一定具有人性。

　　人心的發芽與成長，是必須在人性的世界中，才會發生的。如果一個人一直處在動物慾望的世界中，而沒有任何的人性精神互動，那麼人心就無法獲得正常的發芽與成長。最直接的例子就是從被動物扶養長大的孩子身上，完全可以證明「人心不是天生會成長的，而只是潛能的存在」。

　　在現實生活的過去真實案例中，印度有一名被狼群扶養的人類小孩薩尼

查（Dina Sanichar），他於 1872 年時被一群到北方邦狩獵的獵人發現，當時他用四肢行肢與狼群同住。獵人們趁著薩尼查與狼群在洞穴中休息時，放火逼出牠們，然後殺死了薩尼查當時的家人們，並將薩尼查帶走。後來，薩尼查被送到了一處孤兒院，當時的年齡估計約是六歲，薩尼查這個名字就是到孩兒院後取的，名稱在烏爾都語中意指「星期六」，因為他到達孤兒院時就是星期六。而薩尼查被認為智商非常低，雖然孤兒院不斷地教導薩尼查人類的行為，不過薩尼查其實相當抗拒，他一開始不願意吃熟食，在孤兒院期間也從來沒有想辦法讓自己學會說、讀、寫人類語文，所以他一直維持過去與狼群生活的習慣，發出動物的聲音來進行交流，並使用四肢趴地行走。後來，薩尼查終於學會了用雙腳走路，但他對於穿衣服仍然相當反感，寧願自己赤身裸體。薩尼查大約在二十九歲時離開人世，薩尼查一生中，最接近人類行為習慣之一就是學會了抽菸，但也疑似因此而罹患了肺結核。因此，已經習慣於動物狀態生活的薩尼查，就很難真正開發出人心的潛能。

　　另一個真實的案例是，1983 年出生於烏克蘭的小村莊的歐珊娜（Oksana Malaya），三歲被丟棄，被野狗扶養了五年，1991 年被找到時已經八歲左右了。當歐珊娜被發現時，她會學狗叫、學狗爬、學狗吃生肉，所有的行為都和狗學習而來的，而完全不會說人類的話，也沒有出現任何人類的言行舉止，她的身心表現完全處在動物的狀態之中。在經過長期的治療與教導之後，在 2013 年已經三十歲的她，接受國家烏克蘭電視台（national Ukrainian TV）訪問，在節目中她表達自己希望能夠像「人」一樣被對待，當別人叫她「犬女」（dog-girl）時，她內心會感到很被羞辱，她的夢想是「希望能夠找到自己的親生母親」。歐珊娜的人性羞恥心、願望和夢想，都是在被人教導之後才慢慢出現的。如果歐珊娜沒有被帶入人性社會的治療與教導，她的人心潛能就永遠只是潛能，而不會有任何人性的言行舉止。

　　所以，人心只是潛能的存在，如果沒有人性能量的引出與滋養，人就容易陷在動物性的狀態之中。對正常的人類而言，一個人會說母語，會用雙腳走路，會用人類的方式生活，似乎都是理所當然的。但事實上，這一切都是

學習而來的，都是在人類的社會中，透過互動與交流而慢慢培養出來的。

雖然被動物所扶養的孩子案例並不多見，但生活在動物性能量的孩子就非常普遍的例子了。在社會中，舉目所見的家暴、受虐兒和被忽視小孩，經常像是充滿驚恐害怕受傷的小動物一樣，是完全看不到人心存在的影子，而只是像一般動物的無感和冷漠而已。

家庭是人心潛能引導與開發的第一重要關鍵。如果一個孩子生活在充斥動物性能量很強大的家庭，也就是失去開發人心潛能功能的家庭，那麼學校就成為第二重要關鍵的地方了，如果學校再失去開發人心潛能的功能，那這個孩子自然就會帶著內心本能的強大動物性能量進入社會之中，而這股動物性能量就是必定會造成有人受傷和受害，只是是誰會受到這股能量的傷害呢？沒有人知道會是誰，只是機率的問題，就是一定會有人必須付出代價，這也就是所謂社會的代價。

那麼，人心究竟是怎麼被引出與開發出來的呢？簡單地說，就是「以心應心」的方式被引出與開發出來的。因此，在教育現場最珍貴的資源，不是硬體的建設，也不是老師頭腦裡的專業知識系統，而是老師一顆充滿人性能量的「心」。教育第一現場老師的「心」，才是引導與開發孩子內在人性能量的最重要沃土。唯有老師用人性能量的「心」，去觸動與啟發孩子內在的人性能量，才能夠真正達到「以心應心」的練心系統功能。

「以心應心」練心系統的建立，最主要是配合「德性成長系統」與「德性彌補系統」的運作。因此，練心系統的核心精神就是圓滿德性的培養，讓每一個孩子都能夠具有最為基本的「人性水平線」。所以，「以心應心」的練心系統，在消極的層次上，就是在於抑制動物性能量的滋長；在積極的層次上，就是在於滋養人性能量的成長（圖 2-4-2）。

積極的層次	人性能量	強弱度	行為	言語	心念	和諧的狀態
		極強	正義	我會罩你	人要合一	
		強	助人	我來幫你	人要互助	
		弱	乖巧	你還好嗎	傷人不好	

人性的水平線 ——————————

消極的層次	動物性能量	強弱度	行為	言語	心念	衝突的狀態
		弱	做亂	你走著瞧	我有靠山	
		強	暴力	你完蛋了	我是老大	
		極強	為所欲為	你死定了	目中無人	

圖 2-4-2 練心系統的積極與消極層次圖

人性的水平線之上就是指在「以心應心」的人心與人心的互動與交流世界中,而不是處在動物性能量的本能活動之中。動物性能量的世界就是自然充滿著衝突的狀態,而人性能量的世界就是以心應心的世界,雖然人性的自我仍然也會充滿紛爭與衝突,但在透過人性同理心的表達與溝通,就比較能夠獲得美好人性的和諧狀態。

一、在消極的層次方面:在圓滿德性培養的過程中,國家教育心靈所需要面對的第一要務就是孩子內在的動物性能量。個人內在的動物性能量就是社會上一切犯罪的根源,一個人之所以會犯罪都起源於渴望滿足內在動物性的本能慾望,而毫不顧慮到他人的傷害與損失。因此,如何在孩童時期,在練心的系統中,抑制動物性能量的滋長,並進入轉化動物性能量成為人性的能量,就是教育現場「以心應心」的最基本任務。

「以心應心」的人心,必定是可以清晰地感受到孩子內在動物性的強弱度,在行為上,為所欲為就是極強的程度,暴力的行為是強度,而喜歡做亂的行為只是屬於動物性能量的弱度;在語言上,極強的程度會說出「你死定了」,強度會說出「你完蛋了」,弱度就只是會示威地說「你走著瞧」;在

心念方面，極強的動物性能量只有完全地本我，內心呈現出完全目中無人的心念，而我是老大的心態就是屬於強度，我有靠山就是屬於弱度。

　　無論是在行為、言語或心念的哪一個層面上，動物性能量就是人與人之間衝突與傷害的最主要根源，而個人內在的動物性能量根源，只有自己能夠去面對與改變，任何人都無法伸手進去改變。因為，練心系統的存在就是要每一個人去面對自己內在的心靈世界品質。

　　二、在積極的層次方面：練心系統最終的目的就是支持與幫助孩子去實現自我的夢想，去充份開發個人內在的生命潛能，去追求屬於個人生命的快樂與幸福。因此，在積極的層次上，就是在強化「共好」的人性世界，讓每一個國民都能夠追求屬於自己的夢想與幸福，而不會為了滿足自己的慾望，去傷害他人。從人性的共好精神來說，在行為上，正義就是屬於人性的極強能量，助人是人性的強度能量，而乖巧是人性的溫和能量；在言語上所表達出來的方式，極強的人性能量會說「我會罩你」，強度的人性會說「我來幫你」，而較弱的人性會安慰地說「你還好嗎」；在心念的層次上，極強的人性能量，會擁有「人是合一」的信念，只要是人，沒有彼此的分別，就是彼此相幫相助，你幫我，我幫你，彼此共好共享生命的美好，而強度的人性能量是相對性的，人要彼此互助，而沒有幫我的人，我也沒有必要幫他，自然會有彼此的分別，人性較弱的心念只是明白，傷人不好的基本態度。

　　因此，國家教育心靈在消極上主要是在於抑制動物性能量的滋長，而在積極的層人上，是需要進一步強化人性能量的內涵與強度。

　　從國家教育心靈的角度來看，練心的系統可以分成三個不同層次：病理層次、成長層次和合一層次（圖2-4-3）。

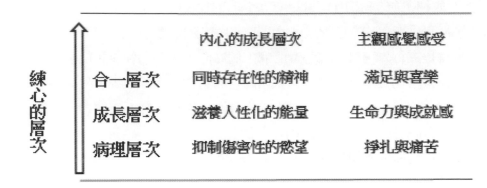

圖 2-4-3 練心系統的進階層次圖

一、病理層次： 生病的感覺輕則是不舒服，重則甚至是病苦難受的。正常的情況下，沒有人會想要生病的，健康是一切無形財富的基礎，沒有了健康，就只能忍受，而無法真正地享受生命的美好與奇妙。所以，從病理的層次來看，個人的身心都有可能會生病，同樣地，人際關係之間也會生病，社會組織也是會生病，只要是生病，就是一定會有人感受到難受與痛苦的感覺。

當我們看到隨機殺人的事件一而再，再而三的發生時，就會有人感慨地嘆氣「社會病了」。我們對於個人的生病感受比較直接，而對於群體的生病感受比較沒有那麼直接。所謂社會生病了，就是指有人被害了，被害人陷入了掙扎與病苦的主觀感覺感受之中，沒有缺乏同理心的人，對被害人就不太有什麼樣的感覺。就好像一個人生病了，並不是每一個地方都出問題了，而是必定有某個地方出狀況了，例如：一個人的手指，不小心切菜時，被刀子割到流血了，這時候整個人就會有病的感覺，全部的精神就會立刻進入救援程序，趕緊止血、抹藥膏、貼 ok 蹦。整個社會就好像是一個巨人，而每一個人就是社會巨人的小細胞，有人被害了，有人感到被害的痛苦了，就是社會巨人的某個地方生病了，社會巨人就是需要立即進入救援程序，讓被害人獲得應有的支持與照護。個人癌症的發生是從自身的細胞所病變而來的，同樣地，社會癌症的發生也是從內部的病變所造成的。

在學校所發生的種種霸凌，大欺小等行為，都是未來社會潛在的病理因子，而這些病理因子就是源自於個人內在的動物性能量。因此，國家教育心靈在最消極的層次上，就是必須抑制個人的動物性能量，所可能造成別人傷害性的本我慾望。如果孩子在學校的成長過程，沒能有效地處理動物性慾望傷害他人的問題，那麼，這股能量就自然會成為社會的病理因子。

所以，孔子才強調：「行有餘力，則以學文」。如果一個人的內心具有傷害他人的因子，學愈多的東西，只有可能造成別人的危害愈大而已。同樣地，台灣教育家賈馥茗也一樣強調：教育是以人為本，凡人便要學習「如何做人」；每個人都「無害」於別人，然後可以「各從所向」（賈馥茗，2005）。無害於別人，就是具有人性的水平線之上，也就是圓滿德性的人性內涵。

「無害」於別人，就是社會巨人的健康狀態，沒有人會因為別人的攻擊與侵犯而受到傷害與痛苦。「無害」於別人，在外在的言行舉止不會主動去傷害他人；在內在的起心動念，也不會有加害於他人企圖與想法。

如果社會巨人的所有細胞，都活的健健康康的，彼此之間都共同共好地生活在共有的社會生態系統中，那才是一個真正健健康康的社會。

二、成長層次：凡是生命都會有成長的歷程，成長的歷程是生命很奇妙的現象。在浩瀚的宇宙中，人類眼界所及，只有地球有生命的現象，這是極為奇妙的存在現象。人更是生命現象中，奇妙中的奇妙，奧祕中的奧祕，一種不可思議的存在現象。人的成長不只有身體會成長，心理也會成長，精神會成長，思想會成長，靈性會成長，社會會成長，文明也會成長。

從人的成長層次來看，人的身心靈都會成長。身體是必然性的成長，只要有足夠的食物和營養，身體就必然會成長。每一個人的身體，都必然會歷經生、老、病、死的生命歷程，沒有人會有例外；心靈的成長和靈性的長是非必然性的成長，也就是說，心靈的成長和靈性的成長需要具有個人的自主性投入，才會有成長的現象發生。

人類是唯一會設立學校來教育下一代的動物，所有的動物都是靠著本能

在過生活，而人類的成長現象極為複雜，沒有透過學校的設立，就難以把人類所累積下來的大量知識、豐富經驗和深度智慧，完整有系統性地傳承給予下一代。以學校的方式教育下一代，主要目的就是希望下一代能夠生活的快樂與幸福，也期許整體的社會與國家能夠朝向昌盛繁榮的方向發展。

　　所以，從教育角度來看成長的層次，學校的目的主要任務是在照顧下一代身心靈的「心靈」層面成長。孩子身體的成長主要是由家庭負責照顧，而靈性的成長主要是屬於個人需求的層面，因此是由未來自我的需求程度去追求成長。心靈的成長是極為複雜且漫長的生命旅程，肯定不是一天、二天或一年、二年所能成就的。所以，台灣教育家賈馥茗說：『教育對一個人的效果，就要在二十年後，才能有一個「初步」的結論（賈馥茗，2005）。』一個人真正努力投入自我生命的成長，二十年後才能夠明顯地看見初步的成果，而個人的生命成長是永無止境的，所以 108 新課綱才會將「終身學習」放入核心的教育願景之中。因為，學校可以給予孩子的東西是有限的，而心靈的成長是無限的，所以生命的成長最終仍然需要依靠孩子去走自己生命成長的道路。

　　從主要的教學目標來看學校的心靈成長，主要在於三個層面：認知層面（Cognitive Domain）、情意或態度層面（Affective Domain）和技能層面（Psychomotor Domain）（圖 2-4-4）。

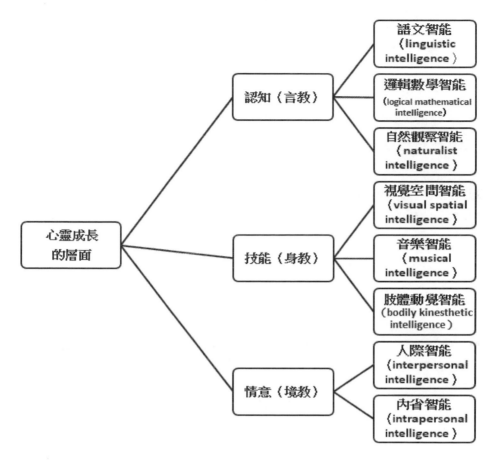

圖 2-4-4 心靈成長與多元智慧的關係圖

　　認知層面的成長主要需要透過言教來達成，技能層面對成長主要需要透過身教來達成，而情意的層面主要需要透過境教來達成。

　　再進而細分學校的心靈成長，可以從多元智慧理論來看個人的心靈成長。多元智慧理論（theoryof Multiple Intelligences，MI）是由美國發展心理學家加德納（Howard Earl Gardner）於 1983 年所提出，多元智慧理論主要包含著八個面向：語文（Verbal/Linguistic）、邏輯數學（Logical/Mathematical）、視覺空間（Visual/Spatial）、肢體動覺

（Bodily/Kinesthetic）、音樂（Musical/Rhythmic）、人際（Inter-personal/Social）、內省（Intra-personal/Introspective）、自然觀覺（Naturalist，加德納在 1999 年補充）。

　　從多元智慧理論的角度來說，認知的成長包含：語文、邏輯數學、自然觀察；技能的成長包含：視覺空間、音樂、肢體動覺；而情意的成長包含：人際和內省。

　　從主要的教學目標來看 108 課綱的課程架構八大領域，給予學校孩子的心靈成長內容核心安排包括：語文領域、數學領域、自然科學領域、社會領域、科技領域、藝術領域、健康與體育領域和綜合活動領域（圖 2-4-5）。

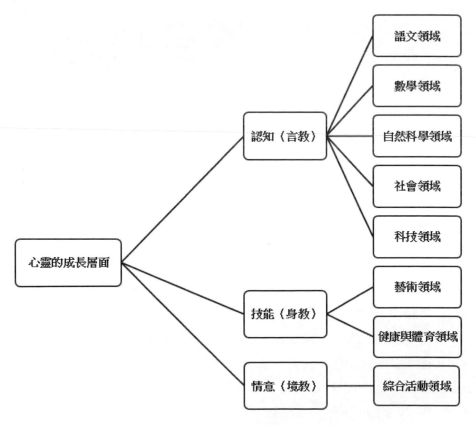

圖 2-4-5 心靈成長與八大領域的關係圖

從 108 課綱課程架構八人領域的內容來看，顯而易見的，認知層面的成長是孩子在學校主要需要投入的時間與心力。再從 108 課綱課程架構的總節數規劃來看，也是顯而易見的，認知層面的成長是佔去孩子生命時間與內容的主要部份，以國民中學的最低總節數 32 節為例，語文領域（包含國文和英文）佔 8 節，數學領域佔 4 節，自然科學領域佔 3 節，社會領域佔 3 節，科技領域佔 2 節，所以認知層面的成長共佔 20 節，比例為 62.5％；藝術領域佔 3 節，健康與體育領域佔 3 節，所以技能層面的成長共佔 6 節，比例為 18.75％；而綜合活動領域佔 3 節，所以情意層面的成長只佔 3 節，比例為 9.375％；另外，校訂課程的彈性學習也佔 3 節，比例為 9.375％（表 2-4-1）。

所以，從 108 課綱課程架構的八大領域內容和課程總節數規劃來看，國家教育心靈擘劃給予孩子的生命道路，是屬於「練腦系統」，而不是「練心系統」。因此，108 課綱教育精神內涵的願景為「成就每一個孩子─適性揚才、終身學習」，從 108 課綱的具體實踐課程來看，如果教育願景改為「成就每一個孩子，都能具有強大頭腦的競爭力」，可能會比較貼近教育現場的實際狀況。

當然，國家教育心靈的思維方式，並不是在 108 課綱才是以認知成長領域為核心，而是早在國民教育開始的民國 57 年開始一直就是如此了。然而，早期的課程架構內容還有「生活與倫理」和「公民與道德」的共好德性精神教育，如今 108 課綱看來也僅剩「綜合活動領域」課程勉強和情意層面的成長有一點關係。所以，許多人就以很嘲諷的方式指說，108 課綱是「無德教育」，究竟德性的精神培養被融入到哪裡，有誰知道呢？又有多少人關心呢？又有多少人會在乎呢？

四、以心應心的練心系統建立

表 2-4-1
108 課綱國民小學及國民中學課程規劃表　　　　　　單位：每週節數

教育階段			國民小學			國民中學
階段 年級 領域/科目			第一學習階段 一　二	第二學習階段 三　四	第三學習階段 五　六	第四學習階段 七　八　九
部定課程	領域學習課程	語文	國語文(6)	國語文(5)	國語文(5)	國語文(5)
			本土語文/新住民語文(1)	本土語文/新住民語文(1)	本土語文/新住民語文(1)	
				英語文(1)	英語文(2)	英語文(3)
		數學	數學(4)	數學(4)	數學(4)	數學(4)
		社會	生活課程(6)	社會(3)	社會(3)	社會(3)（歷史、地理、公民與社會）
		自然科學		自然科學(3)	自然科學(3)	自然科學(3)（理化、生物、地球科學）
		藝術		藝術(3)	藝術(3)	藝術(3)（音樂、視覺藝術、表演藝術）
		綜合活動		綜合活動(2)	綜合活動(2)	綜合活動(3)（家政、童軍、輔導）
		科技				科技(2)（資訊科技、生活科技）
		健康與體育	健康與體育(3)	健康與體育(3)	健康與體育(3)	健康與體育(3)（健康教育、體育）
		領域學習節數	20 節	25 節	26 節	29 節
校訂課程	彈性學習課程	統整性主題/專題/議題探究課程	2-4 節	3-6 節	4-7 節	3-6 節
		社團活動與技藝課程				
		特殊需求領域課程				
		其他類課程				
學習總節數			22-24 節	28-31 節	30-33 節	32-35 節

資料來源：教育部，103 年 11 月，十二年國民基本教育課程綱要總綱，頁 10。

練腦和練心是不一樣的生命成長道路。練腦是一種心靈的成長，練心也是一種心靈的成長，但是完全屬於不同層面的心靈成長。那究竟練腦和練心之間的不同是什麼呢？智者老子所說的：「為學日益，為道日損。」《道德經》是為練腦和練心最佳分辨的闡釋。練腦就是為學日益，練腦就是增加知識的腦容量，108課綱課程架構內容的十二年級數，就是在強調每年都要不斷增加強大孩子的腦容量，這就是屬於認知層面的心靈成長；而練心就是為道日損，損就是減少、去除的意思，練心就是要減少自己內心強悍傷人的動物性能量部分，就是要去除自己容易傷害破壞性情緒和脾氣，而練心成長的主要核心就是要不斷去除完全以本能的自我中心，慢慢地融入於天地萬物之中，慢慢地和諧於天人物我之中。所以，練腦是為了強化自我的競爭，而練心是為了深化自我的和諧。108課綱所強調的「共好」精神，就是需要透過練心，才有可能達成，而練腦只會造成彼此更強的競爭。試問，在強大練腦的競爭環境之下，有可能培養出「共好」的精神嗎？

「共好」精神的培養，最主要需要在「以心應心」的練心系統下，才有可能培養得出來。當然，練心的過程也是需要認知層面的「聞思修」，所以禪宗祖師達摩提出入道方式很多，簡要而言之，不出二種：一是理入、二是行入。理入就是認知的層面，從理性的道理中去體會與了悟，而行入就是需要從生活當中去實踐出來，才是真的練心。同樣地，宋明儒學王陽明也強調「知行合一」的修道精神，對於練心的生命道路而言，知道只是一部分，知道只是練心開始的起點而已，比知道更為重要的是在於言行舉止中真正地做到，那才是真正屬於練心的核心精神。

所以，當許多人在質疑108課綱是無德的教育，大家所得到的官方答案是，德育的議題已融入了各個領域之中了。的確，在108課綱的「實施要點」規定，課程設計應適切融入性別平等、人權、環境、海洋、品德、生命、法治、科技、資訊、能源、安全、防災、家庭教育、生涯規劃、多元文化、閱讀素養、戶外教育、國際教育、原住民族教育等議題。因此，品德教育議題確實明列在「八大領域課程」的十九項融入議題之一，也就是說，十九項融

入議題是受到國家教育心靈的重視，但肯定不是放在主學習領域，而是屬於副學習的角色，德性的品德教育更只是副學習角色的十九分之一而已。可見，國家教育心靈所謂的品德題融入教育，真的是不知道融入到什麼位置去了。因此，清礎而顯見的是，108 課綱的品德議題融入，最多也僅止於認知的知道，至於能不能做到，有沒有做到，那又有什麼關係呢？那又有誰會在乎呢？

在實際生活的教育現場中，認知層面的心靈成長，具有教育系統主學習領域和大學入學制度的支持；技能層面的心靈成長，具有教育系統的社團活動和校內外各種大大小小比賽的支持；然而，情意（德性）層面的心靈成長，除了十九分之一的融入議題支持之外，還有什麼能夠支持與滋養德性的成長呢？

人的心靈成長是生命非常奇妙且深奧的現象，人的心靈成長不像身體的成長是屬於必然性的，心靈的成長是屬於非必然性的。也就是說，一個人如果沒有在人的世界中獲得應有的支持與滋養，是不會有人性的心靈成長。

人的心靈成長是需要以垂直方式成長，而不是以水平方式移動。所謂「把牛牽到北京還是牛」，就是水平方式移動，或如每天只是吃喝拉撒睡過日子，也只是水平方式移動，並不會自然地獲得的心靈成長。而垂直的方式就是像階梯一樣，一階一階地往上，就自然會產生不一樣的程度與境界，例如：認識的字愈多，國語的認知層次就會愈高了。108 課綱就是以十二個年級為基礎，安排十二個階層的心靈成長階梯。

從人的內在精神視域來看，人的心靈成長可以分為：個人內心的心靈成長和共同精神的心靈成長。以學校的教育目標來說，認知層面和技能層面是屬於個人內心的心靈成長，而情意（德性）層面是屬於共同精神的心靈成長（圖 2-4-6）。

一、個人內心的心靈成長：所謂「個人內心的心靈成長」就是指，心靈的成長責任在於個人，當個人真正投入心靈成長的階梯時，才會真正獲得個人內心的心靈成長。當個人自發性熱切地投入追求心靈成長的過程中，我們

可以稱為「自我繭化」的生命歷程。

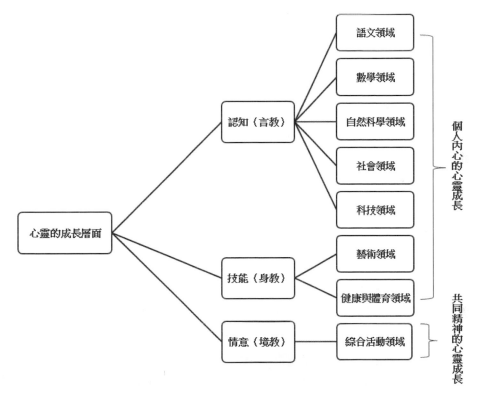

圖 2-4-6 個人心靈成長與共同心靈成長圖

　　個人心靈的巨大轉化與成長，都是需要歷經自我繭化的歷程，沒有人會有例外。個人心靈成長就歷程肯定不是一、二天或一、二年所可以成就的，而是需要一段需要非常有耐心且具有毅力的生命歷程。以 108 課綱的十二個階梯來說，能夠全心投入且完成的孩子，就是非常值得讚賞與佩服的生命歷程，這當然是一段漫長且充滿艱辛的生命歷程。

　　「自我繭化」的生命歷程，是猶如毛毛蟲自我繭化而蛻變成蝴蝶的奇妙歷程。當毛毛蟲吐絲做繭把自己包覆起來的時候，沒有人知道裡面究竟發生了什麼事，但毛毛蟲必定可以很細微地感受到自己的變化，如此奧妙的生命

蛻變，真是非地地不可思議。當毛毛蟲破繭而出時，幻化成完全不同於毛毛蟲的美麗蝴蝶，實在令人感到無限讚嘆，生命的神奇與美妙，

　　人的身體成長不會產生像毛毛蟲變蝴蝶般地形體變態，但人的心靈成長，就是具有如毛毛蟲幻化成蝴蝶般地奇妙，例如：「流氓教授」林建隆，曾因殺人未遂被處 5 年有期徒刑，之後改過自新，經過「自我繭化」的生命歷程，努力奮發求學，最終取得博士學位後擔任大學教授。如此的生命蛻變是很奇妙的過程，沒有人會知道林建隆的內心裡面究竟發生了什麼事，但林建隆一直可以感覺到自己已經慢慢地蛻變成了一個完全不一樣的靈魂了。

　　每個人在世都能夠出生二次，第一次是由父母所生下的「身體」，第二次就是由自己所生下的獨特「靈魂」。那麼，自己怎麼生下自己呢？就是透過「自我繭化」的生命歷程。自我繭化的歷程必須是從內在的自願性開始的，而且必須經歷長時間的自我忍受其中的孤寂與受苦歷程，才能夠真正蛻變成一個與眾不同的靈魂。美國十六任總統林肯（Abraham Lincoln）說過：「人要為自己四十歲以後的長相負責任。」（Every man over forty is responsible for his face.）所以，一個人四十歲以前的長相是父母決定的，而四十歲以後的長相是自己塑造出來的。如果一個人過著動物般地水平式生活，每天只有活動、勞動和運動，沒有垂直式的內在心靈成長，那麼就不會生出屬於個人獨特性的「靈魂」。

　　「自我繭化」的生命歷程並不是指把自己閉關起來，更不是指與世隔絕地入深山修行，而是指專注在自己內心的心靈成長。在人類歷史上，任何具有偉大成就的人，必定都需要歷經生命的自我繭化，例如：日本建築大師安藤忠雄，出身貧窮的他，當時只有高中學歷。十六歲之前，他一直都是靠職業拳擊討生活。安藤忠雄並沒有經過正統訓練下，而成為專業的建築師。

　　安藤忠雄為了追求自己建築師夢想，規定自己每天少吃一餐，存錢買高價的建築書籍，他花光了所有通過拳擊比賽贏得的獎金，把世界各地獨特的建築全都觀察學習了一遍。他每日由一早不眠不休苦讀到凌晨三點，自學趕上東京大學建築系四年的課程。之後安藤覺得僅由書上得到知識是不夠的，

他又有了新的目標，希望能出國觀察西方建築之美。自此安藤忠雄人生大轉彎，立志成為拳擊手，原因很單純，因為獲得冠軍後可出國比賽，達成他直接感受西方文化衝擊的心願。下定決心後，他將所有建築書籍束之高閣，從早到晚努力苦練，一年後，拿下日本拳擊冠軍，如願出國看建築。為了達成夢想，他不顧一切，用著自己的方式，一步一步慢慢接近。在1995年，五十三歲的安藤忠雄獲得建築界最高榮譽普利茲克獎。他的偉大成就並不是來自於爸媽的給予，而是源自於「自我繭化」的生命果實。

安藤忠雄年輕時的拳擊經驗，讓他培養出忍受一切孤寂、決一死戰的性格，而成就了個人非凡的生命境界。七十六歲的安藤忠雄依然充滿生命活力地說：「沒有奮鬥過的人生，感動是不會產生的。」因此，人因夢想而偉大因堅持而卓越。所以，古羅馬新斯多噶派哲學家愛比克泰德（Epictetus）說：「沒有任何偉大的事是突然產生的。」（No great thing is created suddenly.）

自我繭化就是自我練心的歷程，有練心才會有生命的境界。練心是屬於人性精神世界的生命蛻變成長歷程，練心的出發點是意願，接下來是靠意志，最後才會進入意境。意願、意志和意境，就是「自我繭化」的生命旅程。

人的心靈（精神）是具有靈魂質性變化的潛能，是具有毛毛蟲蛻變成蝴蝶的奇妙現象，就像是毛毛蟲在自己所做的繭中，生出完全變態的美麗蝴蝶，也就是說，人的精神同樣是具有質性變化的奧妙潛能。德國哲學家尼采（Friedrich Wilhelm Nietzsche）在著名的《查拉圖斯特拉如是說》一書中，也提出超人（Overman）哲學，亦即是所謂的「精神三變」：駱駝、獅子和孩子。依據尼采闡釋，駱駝代表的是背負傳統道德的束縛，只是屈服順從於外界權威，被動地接受命令去做而已。如果一個人只知一味地服從，沒有發展出自己獨立的思想，終其一生永遠只能是駱駝的精神而已；獅子代表勇於打破傳統權威規範的精神，化被動為主動，對自己的生命負責。在自由的生命意志下，自己做選擇，也願意去承擔選擇的後果與責任，也就是自我超越的精神。所以，尼采說：「人生是一個自我征戰的過程，今日之我向昨日之我

挑戰，明日向今日挑戰，從而不斷在超越中獲得新生。」；孩子的精神代表在打破權威後，創造自我生命的新價值力量，實現真正的自我，開創自我生命的無限可能。孩子的境界脫離了舊有價值觀的束縛，心靈就像一張白紙一樣，重新回到了具有無限可能性的生命潛能，不但可以包容過去的一切，對於未來也充滿了無限可能。尼采認為，超人是人類世界的最高精神價值目標，「精神三變」就是精神生命的發展過程。

尼采的「精神三變」和中國武學的「守破離」具有異曲同工之妙，駱駝的精神就是心靈生命成長歷程中的「守」，「守」就是遵守一切的教導與教條，專心學習並反復地練習基本功夫直到精熟，有了扎實的基本功，才會有步步高升的基礎；獅子的精神就是「破」的功夫。當遵守一切的基本功練習後，開始會出現自我思想的反省，慢慢開始領悟知識是死的，而生命是活的，就會試著去打破一些規範限制，以求可以因地制宜靈活運用，讓自己的心靈可以感受到生命更為提升與超越的精神；孩子的精神就是「離」的境界，內在心靈可以超越所有規範的限制，達到自由超脫的心靈境界，永遠保有生命無限潛能的鮮活創造能力。

無論是尼采的「精神三變」，或是中國武學的「守破離」功夫，都是必需走過「自我繭化」的生命旅程。沒有「自我繭化」的生命歷程，就不會有個人獨特超凡的生命芬芳，而「自我繭化」的生命起點就是「自發」。108課綱的核心理念「自發、互動、共好」，就是在強調一個人心靈生命成長的起點就是從「自發」開始，所有被動被迫的個人，是不可能培養出終身學習的精神，唯有培養出「自發」的精神，生命的成長道路才能走得遠，走得久；唯有培養出「自主」的精神，生命的奇妙蛻變才會自然而然地發生，才能開拓生命的無限潛能。

然而，108課綱以法令的位階，將所有充滿無限可能的孩子，困鎖在十二個年級的課程架構內容，強迫每一個孩子必須「守」住所有的課程內容，要求每一個孩子要像駱駝一樣，要用十二年的時間，背完十二年的所有課程內容。許許多多教育現場的孩子，守不到三年就不想守了，背不到三年就不

想背了，那麼，在完全沒有意願，也沒有任何動機，更不可能會有自發精神的學習狀態之下，在學校的漫長歲月中，就只是在虛耗寶貴的生命歲月，「自我繭化」的生命現象不會發生，生活只是日復一日地水平式的活動，而無法進入垂直式的個人心靈成長生命歷程。

為什麼許許多多孩子在學校的時候，就開始陷入水平式的生活活動呢？我們可以很肯定地直指「108課綱十二年的強迫性課程內容架構」，就是消滅孩子原本樂於學習的元兇。我們必須強調的是，所有系統性知識與技能的內容，無論是多是少，並不是問題。所以，問題不在於「內容」本身，真正的問題是在於「做法」，強迫「每一個」孩子都要學會學好學滿，這才是真正問題的所在。因為強迫「每一個」孩子都要學會學好學滿，就是和108課綱的核心理念「自發」完全背道而馳。

「自發」精神生命動力培養源自於個人主觀的內心世界，每一個人都是獨一無二的，每一個人對於世界的主觀感受是不一樣的，每一個人內心所觸動的生命內容也是完全不一樣的。一個人內心主觀的理想、夢想、慾望、期待、希望，才是生命自動自發的無窮無盡生命動力泉源。當一個人想要成為醫師、律師或老師時，那麼，「108課綱十二年課程內容」就是必須要守要背的最基本功了。所以，夢想要走醫師、律師或老師生命道路的人，自然會產生「自發」的精神，去克服完成十二級的課程階梯；如果一個人想要成為職業籃球選手、棒球選手或是職業表演者，那麼，這些孩子需要守住的是技能的基本功，需要耗費大量的時間與心力去不斷練習精進技能的基本功。夢想成為職業籃球選手的孩子，自然會自動自發地去練習籃球，就像NBA著名球星柯瑞（Stephen Curry）學生時代瘋狂地練習三分球投射，而成為NBA偉人球員都驚呼不可能的神射手；又如苦練二十年扯鈴的趙志翰，十二歲就已經練習超過1萬小時，最終換來多次的世界冠軍，以及站上世界知名太陽馬戲團的舞台。不斷地苦練就是「自我繭化」的生命歷程，生命過程的成長痛也是必經的路程，沒有源自於個人內在的強大自發性力量，是難以克服一路上的挫折與瓶頸，到達個人生命高峰經驗。

　　個人生命的潛能是不可知的，而人文世界的生命道路是無限寬廣的，「108 課綱十二年課程內容」應該成為孩子發展生命潛能的機會之一，有能力唸書的好好唸，沒興趣唸書的，也會有許多的生命方向可以走。尤其，「108 課綱十二年課程內容」不應該成為技能心靈成長層面的障礙牆與絆腳石，而可以當做是個人精神成長的工具與材料。

　　因此，從國家教育心靈的視野來看，認知的心靈成長層面和技能的心靈成長層面，都是屬於個人內心的心靈成長。也就是說，每個人的心靈成長速度和程度肯定會不同，每個人可以按照自己的生命方向，自發性地去追求屬於自己所需要的心靈內容的成長速度與程度。正如台灣教育家賈馥茗所一直強調的教育本質精髓在於：每個人都「無害」於別人，然後可以「各從所向」（賈馥茗，2005）。「各從所向」就是 108 課綱教育精神內涵的願景「成就每一個孩子—適性揚才、終身學習」，怎麼樣才能夠真正成就每一個孩子，就是要以無限寬廣的生命態度，去給予孩子自由自發地去跟隨屬於自己內在的生命熱情，唯有孩子找到屬於個人獨有的生命熱情，才能真正達到適性揚才的教育願景，也才有可能建立一個終身學習型社會，才有可能讓所有的國民都樂在心靈成長的終身學習道路上。

　　「各從所向」沒有那麼難，只要國家教育心靈肯放掉知識的霸權，每一個孩子自然就會各從所向了，各從所向本來就是完全符合生命的自然規律。相反地，要求每一個孩子要按照一樣的速度，要求每一個孩子學習同樣的生命內容，就是完全扭曲人性，扭曲孩子本性的作法，這樣子的做法就是「讓每一個孩子去成就 108 課綱，而非真正的成就每一個孩子」。所以，對於國家教育心靈而言，真正的挑戰不在於成就每一個孩子的各從所向，而在於每個人都「無害」於別人。賈馥茗很清礎地指出，先求「無害」於別人，再談「各從所向」。

　　「無害」於別人才是國教育心靈最難且最偉大的心靈教育工程。如果一個社會每一個人都能做到「無害」於別人，那麼不正是二千年前孔子所揭櫫的大同世界所說的「謀閉而不興，盜竊亂賊而不作」嗎？現今的社會為何會

充斥著詐騙橫行、隨機殺人、婚外情與種種害人的犯罪事件呢？就是因為教育現場無法真正做到培養出每一個人都可以做到「無害」於別人的國民。

　　為何說「無害」於別人是教育中最難且最偉大的心靈工程呢？因為「無害」於別人是屬於共同的事，而不只是個人的事。也就是說，「無害」於別人就是108課綱所強調的「共好」精神，也是人與人之間共同精神的培養。就因為是共同的事，必須由每一個人共同負責，才能共同達成「共好」的精神，因此會變得異常地困難。以最簡單的例子來說，散步在綠樹林蔭，鳥語花香的公園裡，眼前突然看到一個垃圾袋，沒有人理會地一直躺在草地上。究竟是誰丟的呢？當然不會有人知道。有很多人丟垃圾嗎？也沒有，只要有一個人丟垃圾，所有的「共好」環境精神就沒有了。而一個人丟垃圾的動作和知識有關係嗎？和技能有關係嗎？當然完全都沒有，只是和一個人的態度有關係。當有一個人不具備「共好」的精神時，那麼大家就很難享有「共好」的美好環境了。所以，「共好」的精神是教育難以達到的共同心靈偉大工程。如果國家願意耗費大量的時間與心力在「共好」的精神上，努力去做還不一定做得到，何況當今的教育完全把德性精神內涵擺一邊，也不想費時費力在共同精神的培養。

　　個人內心的心靈成長是透過「自我繭化」的生命歷程達到的，而共同精神的心靈成長是需要透過「以心應心」的生命歷程才能達到的。

　　二、共同精神的心靈成長：所謂「共同精神的心靈成長」就是指，二個人以上所共同形成的精神世界，共同精神心靈成長的責任在於每一個人，並透過「以心應心」的生命歷程提升彼此的生命層次，例如：彼此的信用精神必須二人共同遵守責任，只要有一人不守信用，那麼信用就無法成立。如果有一個人經常不守信用爽約，而你卻還一直每次都照約定時間和地點赴約，因為你覺得信用很重要，但對方卻不以為意。在這種情況之下，你會覺得自己像個傻瓜一樣，你會開始懷疑自己為何要傻傻地遵守彼此的約定。人文的世界就是相對性的世界，人與人之間是相對性的存在，人與人之間的互動與交流也是相對性的經驗累積。信用的堅實程度，是必須長期在「以心應心」

的交流互動下，慢慢累積彼此的信用程度，因此，信用的精神不是與生俱來的，而是必須依靠個人在「以心應心」的社會系統中，慢慢累積出來的。在你的生活中，你身旁的親朋友好友，誰有信用，誰沒信用，你的心中自然會有一個底。

所以，共同精神心靈成長的基礎在於個人的德性品質。如果自己的德性基礎很低弱，想要渴望建立美好的共同精神心靈世界，也是不會有的事。例如：如果自己經常不守信用，經常信口開河，經常逃避責任開天窗，那麼想要獲得別人對自己完全的信任，那也是不會有的事。因此，為什麼儒家思想會非常強調「自天子以至於庶人，壹是皆以修身為本。」《禮記‧大學》因為每一個都必須做到，才有可能完成共同精神的美好世界。當然，共同精神的母群體愈大，其中的挑戰自然也就愈大。所以，從個人到全世界，儒家的《大學》以系統性地的方式，具體地闡述了「修齊治平」的深度思想，「修齊治平」劃分為八個層次：格物、致知、誠意、正心、修身、齊家、治國、平天下，被稱為「八條目」。由「平天下」溯至「格物」，由「格物」推延到「平天下」，每一層都有內在聯繫，密切關聯。「八條目」中，格物、致知、誠意、正心、修身是在於個人的修身層次，也就是「明德」；齊家、治國是在於人與人之間的「以心應心」互動與交流，也就是「親民」；而平天下在於整體的母群體都能達到共同精神心靈成長的高度境地，也就是「止於至善」。所以，「明德」、「親民」、「止於至善」，被後世儒家稱為《大學》的「三綱領」。《大學》的「三綱領」明確指出，共同精神心靈成長的最重要核心基在於個人的「明德」，也就是個人的德性品質，一個人的內在心靈品質。沒有個人的心靈品質基礎，就不會有共同心靈品質的境地。

為什麼共同精神的培養比個人精神的培養還要困難許多呢？因為個人精神的培養責任完全在於自己，只要我想要做到，就完全靠自己努力就可以了，不需要牽就於別人，而共同精神的培養就是需要牽就別人，當別人不在乎，不在意，不想要時，那麼就難以達成共同精神的培養了。以二人愛情的世界來說，如果你找一個不是愛你的人，也不是很在乎你的人，卻一直渴望與對

方經營一段美好的愛情，那麼其結果是可想而知的，你一定會經常感到失落與挫敗，因為只要靠單方努力投入是沒有用的，愛情的甜美是需要彼此都願意投入經營，才會有可能滋養彼此的靈魂。愛情的世界就是共同精神心靈成長的世界，必須二人共同投入用心經營，才有可能開出美好的愛情花朵。同樣地，在共同精神世界中，如果有人不在乎，不在意，不想做，那麼共同精神世界就會難以達成，共同精神的心靈品質就會難以有所成長。

從國家教育心靈的角度來說，共同精神的心靈成長會有二個層次需要克服的巨大挑戰：個人的層次和共同的層次。

（一）**個人的層次**：因為個人與生具來的核心是動物性，而不是人性。所以，本我的動物性慾望才是個人最強大的能量來源，而人性的能量是透過教育的過程中才能被引導出來的。因此，在個人的層次上，如果只是單純地以認知層面的教導，是必定不可能達到提升每一個人內在的人性精神素養。如果希望每一個孩子都能達到最基本的人性水平線，那必定需要有制度上的配合與支持，就好像希望每一個國民都要遵守紅綠燈的交通基本規則，必定是要有制度的維持與支持，如果紅綠燈的交通規則，沒有任何制度的法律罰則，只利用認知層面的教導與勸說，有可能每一個國民都會乖乖地遵守紅綠燈規則嗎？答案是很可以百分百地肯定，根本是異想天開，不可能會發生的事。因為人是以本我核心，而本我的核心如果沒有更強大的力量加以管控，是不會自動導向更高層次的人性人潛能。

因此，為什麼國家教育心靈需要建立「德性成長系統」與「德性彌補系統」，以提升個人的人性養與心靈品質。所以，個人的德性成長不只是個人的責任而已，而是屬於共同責任的培養，例如：長期在暴力家庭長大的黑皮，原本只是在晨間打掃中和同學玩鬧，黑皮拿著鐵畚斗和同學拿著竹掃帚，二人快樂地打鬥玩鬧，同學只是不小心把竹掃帚刺到他的臉，沒想到，黑皮被觸發內心強大的暴怒潛能，直接冷不防地把鐵畚斗打到同學的頭上，瞬間鮮血從同學的頭上流到臉上。在一旁的同學嚇的趕緊告訴老師，學校當然就立即啟動緊急救程序。結果被打的同學頭上縫了五針，而黑皮也只是被訓了一

頓，這已經不是黑皮第一次傷人了。很明顯地，在黑皮的內心之中，潛藏著來自於家庭的暴力因子，而此暴力因子並不會因為學校的品德認知教導就會消失。如果沒有一套完整可行的人性提升系統，而任由動物性能量在校園中滋長，那麼黑皮內在的暴力因子必然還會再度讓下一個人受害，只是下一個受害者是誰呢？

因此，從國家教育心靈的角度來看，個人的層次的德性素質培養，真正的困難在於，讓每一個孩子都能具有基本的人性水平線。

（二）共同的層次：個人的層次就是自己在「德性成長系統」與「德性彌補系統」中，為自己的言行舉止完全負責，自己所做所為，所言所說，都是必須要學習為自己負責。而共同的層次就是在「以心應心」的系統中，慢慢培養出共同的精神層次。

從教育現場的實際生活來說，所謂的「以心應心」系統，就是學校的生活教育。每一個學校就是一個小型的社會，每一個班級也是一個小型的社會，孩子在求學的過程中，大部分的生命時間都是在學校中生活渡過的。孩子在學校的一言一行，一舉一動，都會在彼此的同學與所有的師長眼皮下長大。在人類的世界中，只要有人的地方，必定就會出現許許多多處理不完的糾紛與問題。同樣地，在學校和班級中，孩子所會出現的糾紛與問題是層出不窮的。例如：一群人下課在樹下打躲避球，原本只是很單純的下課自由活動，誰會料到，黑皮被隔壁班同學很用力K到身體，黑皮和對方原本就有心結，因此黑皮就認定對方是借此報仇，於是就立刻奔回教室拿美工刀到現場，立即找對方嗆聲，有本事就來單挑。當然，其他同學見狀有異，就立刻請老師到場處理了。黑皮一直是學校頭痛學生，以目前的教育系統就是無能為力去轉化黑皮內在強大的動物能量問題。誰又會想到想到，黑皮上國中之後，最後竟然和老師起衝突，就直接動手打老師了。

黑皮的問題根源就是起源於家庭，家庭已經嚴重喪失功能，家庭是完全缺乏人性溫暖的地方。如果在學校又無法支持與開發人性的潛能，那麼像黑皮這樣子的孩子一旦出社會之後，只是誰遇到就是誰倒楣而已，只是不知道

是誰又會被他所傷害而已，這也是共同精神最難以達到人性純化的議題，只要有一個人不具有人性水平線的基本水準，整體的社會就不是純粹的人性化。以黑皮的例子來說，如果學校具有「以心應心」的人性化系統功能，那麼早在黑皮六歲入學一年之內，許許多多傷害他人的行為就已經開始出現了。同學和老師必然可以「以心應心」感受到黑皮的本我核心與缺乏人心的動物性能量。當老師明確清地感受到孩子內心強大破壞性的動物性能量時，學校的各種資源與心力，就應該及早協助孩子去面對自己的動物性能量，這肯定是一場很漫長的共同生命的心靈成長之旅。不是孩子需要成長而已，班級的同學和老師，學校的學生和所有教職員，都需要共同投入時間與心力，追求共同精神的心靈成長。並非「我沒錯，就沒有我的事」，而是從別人的過錯中，反省自己在人我之間的位置，如孔子所言：「見賢思齊焉，見不賢而內自省也。」《論語・里仁》

　　共同精神的心靈成長在於透過彼此的通溝而「連結彼此」，因此，國民教育系統的可以透過「德性成長系統」連結人與人之間的人性能量。當每一個人都能達到人性的水平線時，透過共同精神心靈成長的「以心應心」環境，連結彼此內在美好的人性能量。當人性與人性的能量一一被連結起來時，就自然會形成一股強大的「人性能量圈」。「人性能量圈」就會保護每一個人內在的人性潛能持續朝向更高層次與更美好的方向前進，就好像地球的豐富生命系統是靠著「大氣層」所保護著，才能所有的生命在地球上欣欣向榮一樣。

　　「人性能量圈」就是指在人類社會中，對於個人內在人性的保護力量，而這股力量就是由人心與人心，所彼此連結而形成的龐大力量，所謂的正義感、互助精神和人溺己溺精神等就是「人性能量圈」的具體行為表現。現今的社會所呈現出來的「人性能量圈」是極為薄弱的，例如：不小心看了惡少一眼，被嗆聲之後，就立刻被一群惡少圍毆，在一旁的路人完全沒有人敢出面相救，以免惹禍上身。相反地，惡勢力的「動物性能量團」反而比較容易匯集力量，完全把「人性能量圈」破壞殆盡。在動物的世界就是比拳頭的大

小，看誰力量大，誰就是老大，就是要看老大的心情與臉色。如果在我們的社會中，「動物性能量團」經常大過「人性能量圈」，那麼，我們就不禁要問「國家教育心靈究竟是在塑造什麼樣子的社會？」

「人性能量圈」就是 108 課綱所強調的「共好」基本精神一環，然而在教育現場，並沒有具體的共同精神的心靈成長培養，而只是高高掛著「共好」的招牌，社會就自然會出現人人共好的「人性能量圈」嗎？當然那是不可能的事，因為「人性能量圈」需要透過「以心應心」的長期彼此連結，才有可能慢慢形成的，而不會自然形成的，畢竟「人性能量圈」是屬於人文世界的精神，而不是屬於自然界的自然現象，也就是說，沒有人心的努力，也就不會有「人性能量圈」的存在。

為什麼在現實的社會中，「人性能量圈」總是很薄弱的呢？那就是缺乏共同責任的精神培養。對國家社會而言，唯一具有培養完整性「人性能量圈」的力量機構就是國民教育系統。如果國民學校無法投入大量的時間與心力去建設「人性能量圈」的心靈工程，那麼，就沒有什麼機構或力量可以為國家社會做到「人性能量圈」的心靈工程了。

共同責任的精神培養就是需要讓每一個人都願意接受自己在群體中的責任分擔，而不是因著責任的分散，就逃避自己的責任分擔，涼快在一邊，任由傻子去承擔就好。正如所謂的「一個和尚挑水喝，兩個和尚抬水喝，三個和尚沒水喝」，「三個和尚沒水喝」的最主要核心原因，問題就是出在責任的分散，一旦責任被分散之後，就容易出現責任互相推來推去的問題，甲推給乙，乙推給丙，丙又推給甲，推來推去就是沒有人願意去負責，最後就會變成，沒有半個人願出面負責，而最後也會導致沒有半個人可以受益，甚至大家一起受害。

所以，共同責任的精神培養是需要在教育現場中，透過「以心應心」、「德性成長系統」和「德性彌補系統」，採取系統性與制度性的人文世界力量，才有可能在大家一起共同努力之下，建設對所有國民的心理與靈魂都具有滋養性的「人性能量圈」世界。

在現實的生活中，「人性能量圈」是對於每一個國民的生存與生活具有極大的利益，例如：當有善良的人受到欺負與迫害時，在一旁所有看到的人，都願意出面保護被害的良善者，讓良善者深刻地感受到自己受到很強大的「人性能量圈」所保護著。同樣地，當有一天自己受害時，或需要幫助時，隨時有人願意出面給予協助與幫忙，例如：不小心車子拋錨在路邊，當有人靠近關心與幫忙時，內心的溫暖與感動就會油然而生，也更願意相信自己生活在強大可靠的「人性能量圈」社會中。每一個人在世上，必定會有需要他人幫忙的時候，只是在最緊急的時刻，在最需要援手的時刻，卻沒有人願意出面幫忙，周遭的人都冷漠以對，那麼自己也只能在社會中自立自強了，例如：曾經有一位經歷喪子之痛的父親，哀傷地控訴社會的冷漠無情，因為他的孩子在晚上回家的路途中，騎機車不小心跌入水溝之中，隔天被發現送醫時，就宣告已經溺斃身亡。他不相信，在那麼大條的馬路上，來來往往的車輛也不算少，竟然都沒有人即早發現願意幫忙報警處理。他總是感嘆地說，如果有人早點幫忙報警處理，他的孩子肯定不會溺斃在又淺又小的水溝中了。

因此，從國家教育心靈的角度來看，共同的層次的心靈成長培養，真正的困難在於，讓每一個孩子都願意成為人性能量圈的一份子。每一個人都願意接受共同精神的責任分擔，而不至於讓共同精神到消散無形於責任分散之中。

五、人性的破口

人性化花朵的美好社會源於學校的淨水之池。
動物性之流在孩子的身上滾動，欲望奔流在校園肆虐。
動物性之惡蘊育於家庭，成長於學校，發展茁壯於社會。
當學校的人性破口無法獲得充份彌補，罪惡流竄國家之中也是自然的。

如果人性化的美好社會是國家教育心靈所響往追求的，那麼，國家教育心靈就必須正視，當前在校園的人性破口。只要校園存在著人性破口，人性化的社會就無法在國家的土地上誕生。

目前在地球上有將近二百個國家中，極少會有真正純淨的人性化社會，那是因為大部分國家的教育系統所專注的核心主要在於頭腦知識的訓練，而不在於內心品質的培養。當一個人的頭腦被訓練的愈加精明之後，如果他內在的動物性依然極為強大時，他為了個人的私慾，可以不折手段，完全不顧慮會傷害到多少人，就直接先滿足自己的私慾為主了。很多販毒走私的首腦人物和許多貪贓枉法的官員，不都是依靠著自己強大強頭腦的聰明才智，知法玩法，完全自信自己所做所為不會被別人發現，至於他的行為如何傷害到別人，究竟傷害到多少人，那真的完全沒有在他內心的考量範圍之內。他內心所在意的只是自己的慾望有沒有獲得充份的滿足，自己的好處有沒有獲得最大的利益。至於別人嘛！那真的和他完全沒有關係，對於別人的傷害是完全無感的。當社會這樣的人愈多時，那麼每個人受害受傷的機率也就隨之愈高了。

社會上所有的犯罪行為，都是源自於個人的私慾，而此一私慾的源頭就是人本身內在的動物性。動物性就是人的本性，就好像獅子在草原上獵殺羚

羊一樣，那是牠的本性；就好像鱷魚張開血盆大口吃掉過河的水牛一樣，那也只是牠的本性。人一出生就具有動物的本性，為了個人的生存，為了滿足個人的慾望，就只是很專注地在自己的感官活動上，完全沒有任何顧慮地全然活在自己的本性之中，這就是很純然地動物本性。

如果拋開人性的價值系統，完全不思想人性世界的需求，讓每個人以動物性的方式在地球上生活著，那麼，人和動物真的是一樣的，就會是完全如達爾文（Charles Robert Darwin）所看見的世界一樣，「弱肉強食」、「適者生存，不適者淘汰」。肌肉愈強大和頭腦愈發達的人，就愈容易獲得個人的滿足，而那些生來柔弱和頭腦不靈光的人，就只能成為別人的咀上肉、刀下魂了。如果你以人性的角度去看待，認為如此殘忍和沒有人性的事情，怎麼能夠在人類的世界發生呢？真的不要懷疑，「弱肉強食」的動物世界一直在人類的社會中進行著，從來沒有停止過，只是我們都有人性，我們都會有基本的智慧去辨認，以動物性的方式在人類的世界中活動，是非常沒有智慧的生活方式。那些已經發展出基本人性的人，會有智慧去選擇對自己和對別人，比較好的生活方式，而不會選擇只以動物性的方式去滿足自己的慾望。

有人經常感嘆於這是一個物質昌盛，物慾橫流，金錢至上的時代。然而，物慾橫流和追求金錢本身並不是問題，每個人都會有慾望，而真正的問題是在於人性低落。如果人性具有高度發展的社會，每個人用人性化的方式去滿足自己的慾望，也就是無論自己的慾望多麼強烈，在自己的意識之內，仍然不會去傷害到別人，那麼個人的物慾再如何橫流，追求金錢多麼渴望，對人性化的社會而言，也不是什麼問題。

為何在社會上，我們會看到那麼多層出不窮的暴力問題事件呢？這些暴力事件，絕不是無中生有的，而是從家庭就開始生根了。暴力因子在家庭生根之後，進入學校又無法獲得有效的轉化，就自然而然會進入國家和社會的人群之中了。最後的結果就是，一定會有人受害，這是機率的問題，只是誰的運氣比較不好而已，只是誰比較倒楣而已。

人性化的社會不會自然而然產生了，而是需要靠人的努力去達成的，就

好像個人內在的人性是需要靠個人的努力去培養與維護的，而不會自然而然發生的。所以，如果國家的教育心靈希望創造一個人性化社會的氛圍，讓每一個國民都能對人性充滿著信心與光明的感受，那麼，學校是唯一能夠全面性濾淨動物性的地方。如果學校都無能為力的話，就沒有純淨人性化社會的可能。

目前整體的教育心理環境系統，非常不利於人性化社會的培養，反而是非常有利於個人動物性的滋長。我們可以從以下幾點，看得出來，為何目前是有利於動物性滋長的。

一、暴力在孩子裡面

由於時代的演變，現在少子化的各種問題，正衝擊著社會的各各層面，其中學校正受著極大的挑戰。少子化的問題，每個孩子更是被父母親寶貝地寵愛著，所以被寵溺的孩子愈來愈多、過動的孩子、情緒障礙的孩子和自我中心極強的孩子也隨之愈來愈多。暴力因子在孩子的裡面，這是國家教育心靈必須正視的議題。暴力因子主要是源自於個人的動物性能量，在一個人的人性能量還沒發展出來之前，動物性能量是極具破壞性的強烈衝動力量，這股動物性的強烈衝動力量，經常會演變成暴力的行為。

兒福聯盟在 2004 年曾針對國小兒童校園霸凌現象的調查報告顯示：臺灣約有六成左右的國小學童曾經被霸凌過，平均每兩個孩子就有一人有被霸凌的經驗；其中，約一成左右的孩子經常、甚至每天都會被同學欺負（兒童福利聯盟文教基金會，2004）。經過十年，兒福聯盟在 2014 年再做一份「2014 年臺灣校園霸凌狀況調查報告」，結果發現逾四分之一（26.4%）的兒少表示從幼稚園至今曾經有被欺負的經驗，其中仍身處霸凌陰影的比例，即「在過去一年內」曾被欺負過的比例為 15.2%，長期霸凌有 3.5%「過去一年內每個月被欺負 2～3 次以上」，推估下來至少四萬名以上的兒少過去一年仍深受霸凌傷害中。其中兒少被欺負、霸凌的類型，以「言語嘲笑」（73.1%）、「關係排擠」（63.5%）之比例最高。從性別角度進行分析，男生曾被肢體欺凌的比例為 25%，是女生（10%）的 2.5 倍。另外高達 68.4%的女生曾被言語嘲笑，

是男生（46.3%）的 1.5 倍；有 62.1%曾被關係排擠，是男生（36.7%）的 1.7 倍（兒童福利聯盟文教基金會，2014）。

在國中階段的孩子，洪福源、黃德祥（2002）研究針對國中生調查，發現國中校園內霸凌行為的種類計有：嘲笑（49.6%）、亂取綽號（48.2%）、戲弄（47.2%）、以髒話辱罵（40.6%）、推打（38.4%）、惡作劇（32.3%）、推擠（25.8%）、打小報告（17.9%）、散播謠言受到中傷（17.9%）、排擠（17.8%）、踢打（14.5%）、威脅（7.2%）、小號時被拉開（4.9%）、毆打（4.3%）、阿魯巴（3.8%）、拉女生的肩帶（3.3%）、圍毆（3.1%）、矇臉痛毆（2.2%）、關廁所（2.4%）、摸女生的胸部（1.9%）。

不但國中小的暴力因素很普遍存在，到了高中之後，不但沒有改善，甚至會有變本加厲的結果。陳明珠（2010）研究高中職學生的霸凌經驗指出，霸凌經驗包括：恐嚇、威脅、毆打、踢打、侮辱、陷害、騷擾、欺騙、嘲笑別人、諷刺、找麻煩、挑釁、頂撞別人、惡作劇、亂取綽號、射橡皮筋、戲弄、以髒話辱罵別人；高中職學生有霸凌經驗者約佔70.24%；有受害經驗者約佔70.13%；有霸凌兼受害經驗者佔60.28%；高中職學生霸凌經驗以惡作劇性霸凌最多，次之為言語性霸凌，以傷害性霸凌最少，以「亂取綽號」比例最高；霸凌受害經驗以惡作劇性受害最多，次之為心理性受害，暴力性受害最少，其中以「被別人亂取綽號」比例最高。

當然暴力因子在孩子裡面，並不是國內的問題而已。根據研究調查，在國外平均每七分鐘就有一個孩子被欺負；在美國，每四個孩子就有一人被霸凌，其中有 8％的學生因為害怕被霸凌而一個月缺課一天；而紐西蘭的經驗則是約有 75％的學生一年內被霸凌至少一次；在英國，則是約有 21-27％的學生是經常被霸凌的出氣筒（柯采伶，2010）。

多項研究顯示，校園霸凌事件對被害人負向心理的影響：1. 不敢上學；2. 經歷的身心困擾問題較多；3. 產生低自我期許的悲觀心理；4. 成年後，罹患抑鬱症或精神分裂症等心理疾病之風險提高。校園霸凌事件對加害人產生負向心理的影響：1. 伴隨蹺課、逃學、輟學行為增加；2. 霸凌行為是有效預測

其未來淪入嚴重暴行、重大犯罪的關鍵性指標；3. 早期 8 歲的霸凌行為，是有效預測其 30 歲以後之嚴重暴行的關鍵因子；4. 伴隨反社會行為增加，如毀損公物、鬥毆、竊盜、逃學等負面經歷增加，嚴重阻礙其未來之發展。（Dulmus, et al., 2004; Baldry & Farrington, 2004; van der Wal, de Wit, & Hirasing, 2003; Eisenberg, et al., 2003; Reiff, 2003; Nansel, et al., 2001; Limber&Nation, 1998）。

　　因此，孩子的生命核心就是動物性能量，這也是人的生態系統的主要生存的核心所在。如果國家教育心靈無法好好深刻思維，孩子裡面動物性的淨化問題，那麼社會的犯罪與暴力，必然也會層出不窮的。

二、友善校園的口號

　　友善校園的口號起於 2010 年 12 月 22 日的桃源八德國中霸凌新聞事件。當時候八德國中傳出的一連串霸凌事件，包括有女學生遭同學強拍裸照，老師取締學生嚼檳榔反被罵，學生帶西瓜刀到學校，更誇張的是竟有學生公開嗆聲要開槍射殺老師，甚至有高年級學生組成霸凌集團，專門破壞撕毀同學的制服。整個校園幾乎已經完全被學生的動物性能量所佔據。而在現今的教育制度與法令之下，學生的動物性能量能夠完全肆無忌旦地四處奔流，動物性的能量發洩到了極點。沒有老師敢動學生，連學校也不敢動學生，完全毫無做為，最後才會導致進一步發生校內六十四名教師，集體連署要求校長下台。由於事件愈演愈烈，於是鬧上了全國社會新聞頭版頭條，才迫使教育局和教育部介入調查。

　　諷刺的是，八德國中接連拿到「國中卓越學校獎」和「品格桃花源認證」。時任立委羅淑蕾則質疑，八德國中獲教育部表揚為「推動品德教育績優學校」，校長獲「傑出首長獎」，這個就是現今教育現場講求表面績效和現實生活之間所產生的距大落差。人性都是愛面子的，既然要比較誰好，既然要求所謂的績效，當然會極力爭取最好的成績，然而實際的教育現場真的如表面績效一樣地好嗎？當然我們不能因為一連串霸凌事件，就完全否定了校長與老師們在學校所付出的辛勞與心血。

當時八德國中部份老師向記者強調說：「我們學校真的生病了！」因為該校氣燄囂張的學生多達十幾名，校方卻一直不肯積極遏止。是什麼原因，讓很多學生能夠無法無天地氣燄囂張在校園中橫行，卻沒有人敢出面制止。這絕對不是八德國中單一學校的問題而已，而是整個台灣的教育問題。八德國中只是冰山之一角，表面的問題可以被短暫壓抑下來，但真正的根本問題並沒有被解決。因為核心的根本問題並不是出在校長、老師或家長身上，當然也不是一味地怪罪學生的非行行為，而真正能夠解決根本問題的，只有國家的教育心靈。如果國家教育心靈還無法面對本身制度上產生的嚴重問題，那麼，人性社會的美好景致，真的只能是烏托邦的想像世界而已。

因為整個事件引起社會很大的震撼，教育部才開始要求學校於每個學期開學第一週全校性地宣導「反黑、反毒、反霸凌」的友善校園口號。

口號已經喊了十年了，根本的問題有解決了嗎？

根據兒福聯盟在 2020 年進行台灣學生網路霸凌現況調查，研究發現，近半數（47.0%）兒少曾經涉入網路霸凌事件，遠高於 2016 年兒盟調查的22.2%。網路霸凌行為，近三分之一兒少曾網路霸凌別人。兒少常見網路霸凌行為，以批評、辱罵、嘲笑居多。調查顯示有 36.3%的兒少曾被網路霸凌，等於平均每三個兒少就有至少一個曾被網路霸凌（兒福聯盟，2020 年 12 月14 日）。

2020 年 07 月 04 日一則新聞報導，東部某高中一位王姓女學生，因不滿另班吳姓女學生說她壞話，午休時間直接闖入教室將吳女抓起來痛扁一頓，導致吳女頭部鈍傷及瘀傷、頸部挫傷及擦傷、前胸壁挫傷及擦傷等多處創傷。王女也為此，被台東地院依傷害罪判處拘役 30 日，得易科罰金。

2020 年 07 月 15 日一則新聞報導，台南市某所高工，傳出有一名學生在教室內遭猛毆，多位同學圍觀並未制止。校方雖啟動校安通報，但家長仍怒提告。

2020 年 11 月 13 日一則新聞報導，高雄某國中十四歲謝姓男生因身材瘦小，在學校和補習班常被楊姓同學欺侮。楊姓同學打架時動用橡皮筋，又抓

著謝姓同學的頭髮以膝蓋撞擊，甚至還抓他的頭去掄牆。謝生在父母協助下報警，少家法院審理時，法官裁定應給楊姓少年予以訓誡及參加假日生活輔導；謝姓少男和爸母另提民事求償，法官判楊和他的父母要賠 5 萬元。

暴力因子在孩子裡面，不是靠幾句口號喊喊就會消失的。那股暴力因子是極為強悍根生蒂固的動物性本能，沒有耗費極大的時間和心力，是不可能靠喊一喊，嚇一嚇，孩子的暴力因子就被嚇跑了。如今孩子的暴力因子沒有被嚇跑，反而老師的管教權都被嚇跑了，而那股天生強烈的動物性能量，就自然地在校園到處亂跑了。

三、我要告你

在 2006 年 12 月 12 日立法院三讀通過「教育基本法第八條及第十五條條文修正案」，明定國家應保障學生學習權、受教育權、身體自主權及人格發展權，並使學生「不受任何體罰」，造成身心之侵害。從此校園全面禁止任何形式的體罰，這條法令已經成為全台灣最基本的常識了。

2020 年 11 月 23 日有一南投議員爆料，說有國中生在學務處，當同學的面拍桌嗆老師，老師不能體罰。老師和校方束手無策，因此，只好報警請員警到校，協助處理學生的不良行為。

現在國高中學生不僅僅動不動就敢直接嗆老師「你敢打我，我就告你」。甚而，學生敢公然直接出手打老師，已經不是新聞了。但老師還敢打學生的，就立刻會變成新聞了，當然沒有老師不知道校園已經全面禁止體罰，如果連這一點法律常識的沒有話，就真的會把自己推入火坑，例如：2020 年 06 月 29 日一則新聞報導，台中市某國中，一名在學校已服務 15 年教師，長期涉嫌霸凌學生，不但賞學生巴掌，還公開叫單親弱勢學生領有污漬、泛黃的貼身衣物甚至拆封過的生理用品等「物資」，學生備感自尊遭踐踏，長期壓力下不敢上學，甚至情緒不穩。

老師管教方式失當，當然有必要被檢討。然而，學生的偏差行為問題，引起師生的衝突時，經常在第一時間學生就會被保護起來，而老師似乎立刻會成為眾矢之地。如此的新聞看在老師眼裡，自然會有寒蟬效應。在校園中，

能不管就儘量不要管，以免惹禍上身。所以，這也說明了，為什麼 2010 年桃園八德國中事件，校園多名學生氣焰囂張，卻沒有師長敢出面制止。

現在連國小二年級的學童，連日不寫做業，老師指責比較嚴厲一些，就會立刻被嗆「你敢打我，我就告你」。連國小二年級的學童都有「老師不能打人」的基本常識，更何況是較為年長的高年級生和國高中生。「你敢打我，我就告你」似乎成為偏差行為學生的尚方寶劍了。

雖然在零體罰入法之後，也有「教師輔導與管教學生辦法注意事項」鼓勵老師儘量以正向管教方式面對學生的偏差行為。然而，對於那些動物性能量強悍的學生而言，平常在學校表現囂張、狂妄、乖戾的老大心態，小小的處罰對他們而言，是完全不痛不癢的。而正向管教的諄諄善誘，更只是耳邊風一般地完全沒有什麼作用。對於尚未具有任何人性能量，滿是動物性的強悍學生而言，除非有一股力量讓他感覺到很強大，他才有可能會靜下來想想自己的行為問題，才會有開發人性的可能性。對於一個老大心態習慣的學生，動物性的強硬外殼，是極度不容易從內破殼而出的。一個人如果有沒深切地反省自己，動物性能量是無法自動地轉化成人性能量的。

比動物性能量還強的，當然不是指「以暴制暴」的力量，而是人性智慧的力量。國家教育心靈必須建構一個具有智慧的保護人性機制，避免校園的人性能量受到動物性能量的摧殘。

那要怎麼做才能讓人性能量獲的充份的保護呢？「個人造業，個人擔」的系統可以讓學生學習面對自己所造的業。現今校園的暴力問題叢生，就是學生對於自己的偏差行為沒有任何感到羞愧的地方，反倒覺得自己像英雄一樣，具有強大的力量，校園沒有人可以管得了他，因為他深知他手卜握有「我要告你」的尚方寶劍。所以，他才敢如此氣焰囂張地在校園胡作非為。

「自己的生命，自己負責。」所有的生命都必須為自己負責，這是自然的生命法則。人也必須學習為自己的生命和行為負責，為自己負責是從一出生就開始了，而不是到成年之後才要學習的。

所有的暴力和偏差行為，都必須讓學生自己學習去面對。怎麼樣學生才

會認真去面對自己的所有行為呢？就是需要建構一個「個人造業，個人擔」的系統。「個人造業，個人擔」的力量源自於「因果法則」，而因果法則是宇宙生命的自然法則。沒有人可以跳脫宇宙生命的自然法則，因此，國家教育心靈應該要有智慧運用宇宙生命的自然法則，讓學生可以認真面對自己的行為，心悅臣服地願意淨化個人內在的動物性能量，進而昇華人性的生命能量。

當然理論說起來很簡單，但整體系統運作起來必定會有許許多多的衝突和爭議需要去面對的。

四、動物性的漫延

現在的教育現場不但充斥著動物性能量的非行行為，更四處漫延到校園外的社會中。而所有的動物性能量，都不是突然發生的，而是從校園中就慢慢滋長了，只是一直沒有被淨化，最後漫延到社會之中，必定會有人受害。

2018 年 10 月 3 日，有一則社會新聞報導，一名桃園十五歲林姓少年遭霸凌慘死。林姓少年從小雙親不知去向，一直靠著親友接濟的日子。國中時，為了養活自己，就在人力仲介介紹下開始違法打工，因而認識了十九歲的劉姓同事。沒想到對方看他無依無靠好欺負，經常藉故對林姓少年霸凌、毆打，就在 2018 年 4 月時，劉姓同事以偷錢為由，找了友人助陣，把林姓少年拉到一座土地公廟施暴，最後將林姓少年打到顱內出血、外傷性軸索損傷休克死亡。

林姓少年的出生背景已經是夠弱勢了，他不但沒有獲得人性的溫暖支持，反而受到他人動物性的兇殘對待。這就是我們目前現實社會生活中，一個動物性世界以大欺小，以強吃弱的血淋淋例子。這不只是一個新聞事件，而是一個青春年少的寶貴生命，如此寶貴的生命就這樣子在不夠人性化的社會中，遭遇到生命中最悲慘的結果。

這肯定不是單一事件，因為校園中有多少小霸王，以後社會上就自然會有多少人受害。根據兒福聯盟於 2018 的調查研究發現，近七成（66.4%）兒少曾有接觸校園霸凌的經驗，這些接觸霸凌的兒少中，多數為旁觀者佔六成

五（64.7%），曾被霸凌佔 17.1%，霸凌他人者佔 9.2%，曾霸凌人也被霸凌者佔 9.0%（兒福聯盟，2020 年 12 月 10 日）。近七成兒少曾有接觸校園霸凌的經驗，這樣子的數據顯示出，校園的確充斥著暴力的影子。如此動物性的漫延程度也說明著，「反毒、反霸凌」的友善校園口號，對於動物性強大的學生是不具什麼效果的。口號或許對於美好的人性有效，但無奈的是，應該聽的學生聽不進去，而不需聽一學生，卻被迫一直聽。

我們只能很務實的說，喊喊口號只是自我安慰而已，或許會有一些遏止的效果，但也只是治標不治本。真正的根本出在國家教育心靈的態度和制度本身設計的問題，如果國家教育心靈無法深切地去反省，現今教育現場為何會有充斥著暴力的影子，還一直很不負責地要求老師要負全責，那麼，大家只求能保護好自己，以免那天受到突如其來的動物性襲擊。

五、無能為力的老師

現在的校園現場非常不利於老師管教學生，面對學生的暴力動物性能量，只能無能為力地眼睜睜看著有人受害。為何會這樣子呢？因為目前學生的動物性能量已經全面地受到國家教育心靈的全面支持與保護，反而人性是被壓迫的一方。國家教育心靈應該不會是有意識地的支持暴力的發生，而是無意識地支持暴力的發生。或許國家教育心靈絕對會全力否認，本身的系統是支持暴力發生在校園的，然而因著國家教育心靈對於人性基本知識的缺乏，而導致「我不想害學生，學生卻因我而受傷」的亂象一再發生。

2020 年 9 月 17 日一則新聞報導，桃園市議員黃敬平開記者會控訴，桃園區一間國中一名徐姓男學生疑情緒管控問題不佳，會使用暴力攻擊同學，甚至會拿椅子砸傷老師，已經陸續打跑了三位老師，同班師生都心生害怕。學生家長無法接受，自己的孩子受到委屈，而校方卻無法有所做為，於是佯裝是巡迴輔導老師混入學校，與徐姓男學生衝突被咬傷後，竟拿出預藏的電擊棒攻擊徐生，雙方掛彩受傷互告。最後，校方與教育局擺爛並無積極處理，導致問題一再衍生。於是，議員黃敬平在記者會上寫著看板「教育局公權力不彰，逼迫民眾私刑正義」。這就是血淋淋的暴力教育現場，我們必須問的

是，為何會有學生敢如此以暴力對待同學和老師，卻一點毫無顧忌，一點也沒有人性的反省態度。這就是強悍動物性能量，完全靠著本能的情緒衝動，四處暴發，到處傷人，人性的美好也被破壞殆盡。

校方和教育局都是屬於具有公權力的公家機關，為何在學生受到暴力的迫害時，沒有人敢出面制止？又為何暴力學生敢如此一而再，再而三地耍老大心態？當一個學生的動物性能量澎脹強大之後，內在只剩下本我，只會靠本能的動物能量做為行為的核心動力。這時候的他不會去反觀反省自己的行為，因為他的人性尚未發芽，完完全全只是動物性的能量狀態。這種情況之下，面對完全動物性能量的學生，只能展現比他更強大的力量，才能夠讓他安靜下來。當他感受到一股比他強大的力量襲來時，他才能夠靜下來面對自己。

要讓一個具有強大動物性能量的學生，願意去面對自己低品質行為，是非常不容易的事。那不是靠老師個人的力量所能辦到的，除非國家教育心靈懂得如何面對動物性能量與轉化動物性能量的智慧。

在教育界常會說到，對學生需要恩威並濟，恩就是為了啟發學生的人性，而威就是為了抑制學生的動物性。如今的教育現場，老師的威嚴已經被國家教育心靈給打殘了。因此，面對學生的動物性暴力行為，老師真的感到非常地無奈感與無力感。

六、殺一警百效應

現今的教育現場，老師的威嚴不僅被國家教育心靈給打殘了。近年來，國家教育心靈更大刀闊斧地處理不適任教師的問題，教育部聲稱為了回應社會強烈的要求，卻對全國教師全面性地予以設下地雷，不僅在教學不利、行政不適上大動作警示教師，更是全面性地從上下課準時、班級經營、親師通溝、管教失當、學生身心受創和補習行為，幾乎把大刀直接擺在老師的脖子上，只要有任何的閃失，大刀直接落下，人頭就直接落地了。

以目前國家教育心靈對老師如此全面性地設下多重地雷，簡直可以說是完全讓老師活在動輒得咎的心理陰影當中。國家教育心靈讓老師的工作權受

到如此嚴酷的心理威脅，甚至成為所有公家機關中最不受保障的工作，把一般人對老師工作是鐵飯碗的印象，完完全全給打破了。現在老師的工作非常地肯定不再是鐵飯碗了，只要一不小心，得罪同事、校長、家長和學生，可能都會面臨飯碗不保的危機。如此對老師極度不友善的國家教育心靈，真是給予老師在管教與引導孩子的路途上設下許許多多的障礙與顧忌。

當老師面臨工作權都得小心翼翼時，那麼可想而知，老師會如何面對自己的工作，校園那些動物性強大的能量會是如何地更放肆、更狂妄，未來的社會所要面對的就是這些更強大的動物性能量侵害與襲擊。

如果國家教育心靈對此全面性嚴重深遠的影響性都沒有知覺的話，那麼，社會未來所要面對的是什麼樣的人民心靈品質，實在令人不敢期待啊！

如果國家教育心靈依然還把「德育」放在第一位的話，那麼，如今面對教育現場的人性破口愈來愈大的情形，還不知如何想辦法彌補的話。德性，是為何物？有誰在乎呢？能當飯吃嗎？最終不僅會成為最被忽視的東西，更甚而會讓所有的人民，連想都不敢再想了。

六、反省是純淨美好人性的基礎

反省是人性意識進步的動力，覺察是人性意識的智慧高峰。
反省是脫離動物性意識的開端，反省的進化就是覺察的智慧。
反省是把本我帶往人性的自我，覺察是把自我帶向無我神性。

古希臘哲學家蘇格拉底（Socrates）在柏拉圖對話錄《申辯篇》裡，有一句名言：「沒有反省的人生，是不配做人的。」（The unexamined life is not worthy of a human being）動物的世界是依靠本能過生活，動物沒有反省的能力，唯有人具有反省的理性能力。人的意識品質具有三種狀態：動物性意識、人性意識和神性意識（圖 2-6-1）。

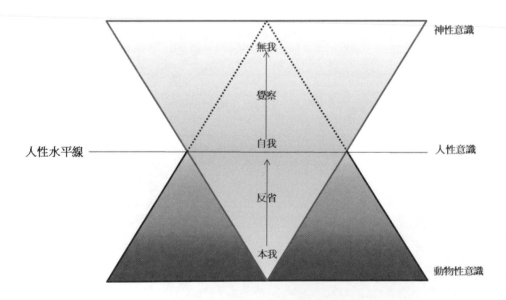

圖 2-6-1 人的三種意識品質圖

蘇格拉底認為，反省是轉化動物性意識成為人性意識很重要的內在機制，所以才會說「沒有反省的人生，是不配做人的」。我們可以更明確地說「沒有反省的人生，是無法做人的」。

反省就是往內看見自己，唯有往內真正看見自己的動物性意識和人性意識的品質差異，才能夠真正透過反省，追求更高更美好的生命品質。人的一開始和動物是一樣的，人具有動物性意識，也就是本能的反應。動物性意識最核心的二大動力就是求生存和性衝動，也就是食與性的本能動力。人必須往內看見自己的動物性意識很容易造成人與人之間的破壞性，才會努力淨化內在的動物性能量，進而追求讓自己感到自由與喜悅的人性意識。

在人的內在生態系統中，動物性意識就是本我，本我具有很強大的活動力。人的意識品質發展，一開始是以動物性意識為出發的，所以行為主義的「刺激與反應」的理論最適用於小孩子，因為小孩子的意識狀態，大部分的時候是屬於動物性意識的，是還沒有發展出反省意識的存在空間。

動物性意識是以本我為核心，是沒有同理心的狀態，因此是極具破壞力的能量。如果你把一間佈置整整齊齊的玩具室，交給一群動物性意識的小孩子玩耍，在沒有任何的控制之下，不一會兒時間，必定會呈現出混亂不堪，壞的壞，破的破，喧鬧聲，還有吵架和打鬥的場面也是無法避免的，一定會讓人大開眼界，這就是很自然的動物性意識。以本我求樂衝動的本能，為所欲為，就好像狗狗趁主人不在家時，把沙發完全撕碎咬爛一樣。

孩童在小學階段，大部分的時間是動物性意識的狀態。所以，孩童的本我能量極強大，在沒有任何控制下，經常性會造成無法預料的破壞，例如：學校的羽毛球拍，下課孩子可以自行取用，在沒有任何的管理之下，無論有多少支羽球拍，不用半年都會被破壞到連一支都不剩。無論學校怎麼宣導，教育孩子要懂得愛惜公物，但孩子在尚未發展出人性的意識之前，動物性意識是不會符合人性意識的期待的。

動物性意識和人性意識是彼此消長的存在，動物性意識一開始是很強大

的，當人性意識慢慢培養出來，慢慢轉強之後，動物性意識自然就會慢慢轉弱。從動物性意識轉化到人性意識，反省是很重要的內在轉化機制（圖2-6-1）。動物性意識的本我，心中只有自己，沒有別人，而且對於別人的生氣與痛苦，並沒有太多的感受。所以，為什麼孩童惹家長和老師的習性大致會一直持續著，那是因為孩童的動物性意識極強，如果沒有透過不斷反省自己，轉化動物性意識成為人性意識，在同理心還沒開發出來之前，家長和老師只能一直持續忍受著孩童的動物性意識，這是一段很辛苦的生命歷程。沒有人願意忍受動物性意識的非理性折磨，如果不是因著一份責任感與希望感，真的面對動物性意識的本我，是一件非常耗費心力與精神的苦差事。

孔子在教育子弟時，也非常重視反省的功夫。所以，孔子說：「見賢思齊焉，見不賢而內自省也。」《論語・里仁》看到好的行為，我們要去學習；看到不好的行為，我們也要反省自己，自己是不是也會犯同樣的錯誤。

曾子受到孔子的教導，他就很認真地每天做反省的功夫：「吾日三省吾身：為人謀而不忠乎？與朋友交而不信乎？傳不習乎？」曾子每天多次反省自己，為別人辦事是不是盡心竭力了呢？同朋友交往是不是做到誠實可信了呢？老師傳授給我的學業是不是複習了呢？

孟子也同樣重視反省的重要性：「行有不得者，皆反求諸己。」《孟子・離婁上》一個人凡是遇到不如意的狀況，就是從自己本身找出原因，自我反省。孔子也說：「君子求諸己，小人求諸人。」《論語・衛靈公》君子都會反省自己，而小人都會怪別人，而比較不會反省自己。

反省就是面對自我內在的意識，例如：2009年11月27日時，美國高爾夫球名將老虎伍茲（Tiger Woods）的婚外情被曝光，全美國各大媒體都對這件事情做了大肆報導。最後，高爾夫球天王老虎伍茲終於露面公開道歉，並且以即時的實況轉播開記者會。在記者會中，他為自己的荒唐行為，向妻子、親友跟社會大眾道歉。他懺悔地說道：「我讓家人失望了，我為自己的過錯感到後悔。我未能忠於我的價值觀和行為準則，對不起我的家人。我並非無

過，遠非完美。」（I have let my family down and I regret those transgressions with all of my heart. I have not been true to my values and the behavior my family deserves. I am not without faults and I am far short of perfect.）

老虎伍茲真心悔過的面對自己的動物性意識，表現出誠意地說：

「我對我不負責任和自私的行為，我深感抱歉。」

「我錯了，我很愚蠢，我帶給自己羞辱，」

「我接連不負責任的行為，我不忠，我有婚外情，我所做的事是不被接受的，我是唯一該受責備的人，我從未考慮到我所傷害到的人，而我想到的只是我自己。」

「我的個人行為讓人很失望，我知道我讓大家很失望。」、

「我傷害了我的太太、我的小孩們、我的母親、我太太的家人、我的朋友、我的基金會，所有在世界各地仰慕我的年輕人。」

「這真的很難承認，我需要幫助，但是我真的需要。」

老虎伍茲覺知到自己不負責任和自私的行為，已經傷害到了許多人。羞恥心是人性的呼喚，羞恥心讓人感受到自己的低劣心靈品質，羞恥心讓人產生一股渴望升華的內在動力，羞恥心會喚醒人性意識的潛能。人性意識的覺醒就是在歷經深刻地反省，決定淨化動物性能量，不再讓自己的動物性能量，傷害到任何人，尤其是自己身旁所深愛的家人。所以，老虎伍茲下定決心地公開表示，要重新做一個像樣的人，不再陷入動物性能量的慾望而已。他深切地反省之後表達：

「現在由我來修補，不再重蹈我犯過的錯誤，現在我要開始過正直、真誠生活。」

「高爾夫球的成就只是一部分，品格和正直才是真正重要的。」

「當我重返球場，我會讓我的行為，在賽場上更讓人尊敬。」

品格和正直是人性意識的心靈品質，在動物的慾望世界中，是沒有什麼品格和正直的精神內涵的，唯有人性意識的心靈，才能領受人性世界的心靈

價值與美好。品格和正直是老虎伍茲從小就聽過的東西，但從來沒有真正融入過他的內心，直到動物性的強大慾望給他帶來羞辱與家人的嚴重傷害，他才真正覺醒，他才真正體會到品格與正直的人性價值與美好，他才願意誠心接受人性真正的美好與價值，也決心不再讓動物性的強大慾望高過人性的美好與價值。所以，老虎伍茲渴望重新獲得尊重，這也是人性的基本需求。想要獲得別人的尊重，當然需要做出一個像人的基本行為。

當年，2009 年 12 月的時代雜誌評選出，人類歷史上最著名的十大道歉事件，第一名就是老虎伍茲為緋聞道歉，美國總統歐巴馬的道歉排第二，應召女郎阿什麗的道歉排第三，而古希臘哲學家蘇格拉底在被毒死前的經典道歉排在第四。

在 2009 年受到婚外情緋聞的名聲重挫之後，伍茲事後在個人網站上發表聲明，稱自己將「無限期離開高爾夫球」，以「集中精力做一個好丈夫，好父親以及一個好人」。此後，伍茲的世界排名不斷下滑，至 2015 年 10 月，伍茲的世界排名已落至第 310 名，2016 年 7 月下跌至 605。2017 年 12 月伍茲再度復出，2018 年 8 月世界排名上升至 26 位。2019 年 4 月 15 日，在睽違 11 年的首座 4 大賽冠軍之後，43 歲的老虎伍茲（Tiger Woods）再度擁抱名人賽生涯第 5 度摘冠。他摘冠後激動不已，觀眾瘋狂大喊「老虎！老虎！」伍茲隨後靜靜擁抱身邊每個人，球評以「重返榮耀」總結一切。

老虎伍茲以言語難形容的運動家毅力與鬥志的精神，戰勝了自己的動物性意識，再度向世人展現他的人性光輝與榮耀。這個過程不僅僅是簡簡單單的反省而已，而是透過很強烈意志用心努力去戰勝自己的動物性意識，這真是一件很不容易的事。所以，意識品質的淨化與轉化過程，肯定不是透過幾句話，幾天的時間，就可以輕地地完成的，而是一段很辛苦的內在生命旅程。在這個艱辛的生命旅程中，家長和老師，以及身旁的好友，都是很重要的催化與鼓勵的支持力量。因此，如果國家教育心靈沒有建立一套成熟可行的德性成長系統，只是想要用教科書的幾個文字和老師的幾句話，就期待能淨化眾多孩子的動物性能量，那只能說是異想天開，社會之所以充斥著違規、暴

力與罪惡，那也是很自然的事。

雖然轉化生命的心靈品質是艱辛的過程，然而反省所帶來生命成長的喜悅，是無窮無盡的。印度成道大師奧修說：「自省是所有喜悅的基礎（Bhakti 譯，2010）。」沒有反省的人生，生命的心靈品質是難以獲的跳躍性的成長，沒有反省，就很容易一直活在動物性的求樂衝動性之中，也會經常給自己和別人帶來煩惱與痛苦而已。

隨著科技文明的快速進步，現代化的社會，各種娛樂都佔去了大部分空閒時間，人的反省以及自我意識的機會越來越少，人格的養成，以及德性的培養，因之也就越來越困難（鄔昆如，1989）。因此，國家教育心靈如果重視國民的德性成長，就必須在教育現場引導孩子隨時隨地反省自己的言行舉止，而不只是允許自己的動物性能量在校園中亂竄亂流而已。

國內教育家賈馥茗認為，反省就是在求「改善自己」。「改善」自己，要以發現自己的「缺點」為首要的任務。反省作用的發生，大致上可分為兩類：一類是「出自內心」的，自發性的反省；一類是由「外在引發」的反省（賈馥茗，1999）。目前教育現場存在著許許多多光怪陸離的言行舉止，有許多目中無人的學生，也有許多動物性意識極強的老大心態學生，是完全沒有什麼自發性的反省，連外在引發的反省都很難，老師說個幾句，就立刻會受到嗆聲回擊。而這些具有強大破壞性的動物性能量，必定會進入我們的社會之中，最後就是「一定」會有人受傷受害，只是誰的運氣比較不好而已。

目前的教育現場，因著過度聚焦於智育的發展，而忽視德性的成長。因此，沒有什麼整體的反省教育系統，既然沒有反省系統，更遑論覺察了。覺察是反省的進化，更深化的內在能力。反省只是在事過境遷之後的檢視與檢討，而覺察是立即當下的看見，例如：一個老師被學生偏差行為激怒，而動手打了學生一巴掌，事後後悔不已，反省自己怎麼會那麼衝動而讓自己陷入困境之中，透過反省或許可以避免同樣的悲劇再度發生，然而彼此的傷害卻已經造成了；而覺察的能力在於，當老師被學生激怒時，立刻可以覺察到自己內心升起了一股強大的怒氣，而這股怒氣可能會造成學生受傷，也同時也

會給自己帶來自己很大的麻煩。於是就可以採取比較智慧的方法，把學生帶到辦公室，請校方行政人員協助處理。

反省和覺察之間最大的差別，在於前者是事後重新面對自己，而後者的能力就可以當下清礎地看見自己。反省的能力可以把動物性的本我帶往人性的自我，而更深具智慧的覺察，可以把人性的自我升華帶向更美妙的無我神性（圖2-6-1）。老虎伍茲雖然在婚外情緋聞爆發之後，做了深刻的檢討與反省，然而對家人所造成的嚴重傷害是難以彌補的，因此，隔年他所深愛的妻子艾琳・諾德格林（Elin Nordegren）就選擇與他離婚了。反省可以帶來生命的提升，而覺察的智慧不僅可以避免生命中不必要的傷害，更能夠展現生命自身的美好的光輝。

曾子說「吾日三省吾身」，這只是非常初級階段的轉化心靈品質能力，畢竟曾子當時候說這句話時，仍然只是個孔子弟子身份，因此按照孔子的教導而言，曾子已經是一位非常認真提升自己心靈品質的優秀弟子了。自我反省雖然只是練心系統的初級階段，但要做到每日反省自己的生命內容，已經是一件非常不容易的事。然而，現在教育現場連反省的基本功夫都沒有，那更不用說更深化的覺察智慧了。

為什麼教育現場的學生缺乏反省自己的能力呢？因為國家教育心靈的制度設計，主流核心過度於強調知識的重要性，而嚴重忽視了德性生命的成長。如果國家教育心靈本身都不重視德性生命的成長，又怎麼能期待學生能夠隨時隨地好好地反省自己的言行舉止，更進而深化個人的覺察智慧呢？

為什麼要重視德性生命的成長？為什麼要重視反省的功夫？為什麼要更深化個人的覺察智慧？其核心的目的，就是要追求個人最高最深的生命幸福與喜樂。如果國家教育心靈所關心的是國民的心，而不是國民的腦，就自然會更深刻地去反省，教育的整體制度是不是出現了什麼需要調整的核心問題了？

七、多元入學的苦與痛

過去的傳統聯招讓人壓力很大，而現在的多元入學讓人痛苦無比。
讓人壓力很大和痛苦無比都意謂著，國家的教育心靈智慧仍有待深化。

在亞洲國家，如：韓國、日本、中國、新加坡和台灣等，升學競爭的壓力一直存在著。從個人的生存與發展角度來看，每個人想要追求未來比較好的工作機會，追求比較好的待遇條件，追求比較好的生活品質，為了個人未來較好的發展，渴望擠入頂尖的大學，夢想就讀具有前途的科系，就成為莘莘學子共同努力的最佳途徑。在僧多粥少的情境下，為了搶得個人未來生涯較好的發展機會，彼此搶破頭的競爭壓力就自然無法避免了。

為了建立大學入學的公平機制，各國都會設立具有公平的測驗機構，如：美國 ETS、ACT，日本「大學入試中心」，大陸的「國家教委考試中心」等。臺灣從 1954 年開始實施大學聯考，到 2002 年廢除聯招，改採大學多元入學方案，總共長達四十八年的聯招制度。然而在風起雲湧的教改浪潮之下，大學聯考制度自然成為不得不面對的改革項目。

從 2002 年廢除大學聯考、實施多元入學方案以來，改革至今的大學入學制度，遭人詬病的缺點與爭議真的是罄竹難書。原本為了減少升學的壓力，結果卻帶來更大的壓力與痛苦。

多元入學方案最讓學者專家經常批評的大致可以整理出以下幾點：

一、公平性問題：在「繁星推薦」的入學管道中，每個老師的評分標準本來就不會一樣，然而採計學校學科測驗分數做為校排的依據，沒有一個共通的測驗標準和平台，難以取得學生和家長的完全信任；在「個人申請」的入學管道中，以學生學習歷程檔案項目做為入學的審核依據，然而課程學習成果、多元表現、學習檔案等，缺乏客觀性的標準依據，實在讓人難以信服

審核標準的公平性何在。因為學生所提供的資料，誰能保證所有的資料都是個人努力的成果，而沒有「非個人」因素的介入。因此，顯然地「個人申請」的管道對於弱勢家庭孩子，是極為不公平的設計；在「考試分發」的入學管道中，資優生只要考一次學測，被錄取後就不用再考第二次了，而學業弱勢學生，無法在繁星推薦和個人申請管道中獲得錄取者，卻還需要考第二次指定考試，為何同樣是大學入學考試，有的人只需要考一次，有的人卻需要考二次，這樣對於考二次試的學業弱勢生公平嗎？國家最重要的升學入學管道，連最基本的公平性都受到強烈的質疑，那是人民對國家教育體制信任感一種很嚴重的傷害。孔子說：「民無信不立」《論語・顏淵》因此，如果人民無法信任國家的教育體制時，那麼，教育就自然會失去立國的根本基礎了。

　　二、補習班暴增：根據教育部委託調查統計，截至 2017 年 1 月止，全國的補習班有 18,492 間，不僅比 15 年前成長 3 倍，更是目前全國超商總數量的 1.8 倍。其中以國中小及高中為招生對象的占大部分；而各年齡層中，光以國小學生為招生對象的就占了總數的 4 成 5。對此統計數字的公布，媒體下的標題是「教改推動 20 年，補習班反而增加 3 倍？」為什麼家長會猛力地把孩子往補習班送，因為教改的亂象叢生，導致家長內心慌亂，不知如何去幫孩子考上好的大學，花錢送補習班就成了家長就直接了當的選擇了。補習班暴增的現象，說明了想要擺脫長久以來的升學主義、分數主義至上的教育風氣，所費盡心力改革下的多元入學方案，最終的結果，竟然適得其反，升學主義更強大了，分數更重要了，智育掛帥的教育體制更明顯了。

　　三、錢多機會大：多元入學方案為了跳脫以智育為核心的考試制度，設計出「多元表現」的學習歷程檔案任務，難道多元表現的種種項目中，憑學生一己之力就可以獨立完成嗎？當然，對於社經水準高的家庭是相對有利的，而對於經濟弱勢的家庭就相對不利的。「多元表現」需要有強力後台的支持，「個人申請」入學管道也需要支付龐大金額的報名費、交通費和膳宿費，學科補習也都需要金錢的支持，整個多元入學方案的設計，就是給予錢多的家庭較有利的機會條件，而出生弱勢家庭的學生，更難以透過教育的管道，翻

轉自己未來的人生了。

四、還是要考試：傳統的聯考制度，一試定終生的方式，引導了整個教育風氣以考試為導向。因此，多元入學方案的設計，除了「考試分發」之外，又多了「繁星推薦」和「個人申請」的不同管道，然而不管走哪一種管道入學，都要先通過學科能力測驗。所以，還是要考試，只是增加了不同的比序方式進來而已。很顯然地，傳統的聯考制度，只要好好努力專注準備一次的重大考試即可，而現在的多元入學方案，對於在學校的每一次考試，都不得大意，只能隨時繃緊神經，以免連「繁星推薦」的管道都喪失機會。

五、不利弱勢生：多元入學方案明顯地對於家庭經濟弱勢生極度不利。因為補習要錢、報名費要錢、交通費要錢、準備多元表現資料要錢，在錢多機會大的多元入學方案設計下，經濟弱勢家庭的孩子就成為被忽視與被犧牲的一群。過去在傳統的聯考制度，以唯一考試為公平的機制下，弱勢生只要努力唸書，就會有機會翻身，就有機會唸頂尖的大學，未來就有機會找到好的工作。如今讓弱勢生重要翻身的教育管道，竟然被需要靠錢多才有機會的多元入學管道給完全堵住了。因此，入學管道必須重新找回讓所有的國民同樣具有公平的發展機會，讓任何人都可以透過教育找到自己人生的立基點，讓弱勢生可以重新站在公平、公正、公開的機會上獲得個人生涯發展的機會。

六、缺乏鑑別度：109 年度學測成績公布，沒有鑑別度的問題又再度被抨擊！尤其是數學滿級分超多，達到 14489 人，比率是其他科的 2、3 倍，這樣的結果使得大考中心的主任辭職負責。多元入學方案原意也只是希望考生和家長們不要分分計較，所以刻意讓原始分數模糊化，而設計出級分制度的排序方式。然而，級分的設計是統計學上比較入門的用法，而一般民眾難以立刻一目了然，無法清礎級分的換算方式。把原本簡單易懂且具備清礎明確鑑別度的原始分數比序方式，改成深澀難懂且失去鑑別度的級分比序方式，其主要目的只是希望學生和家長不要分分計較，事實上，級分比序方式不但達不到原本設計的用意，反而造成缺乏鑑別度，嚴重失去學科能力測驗原本的鑑別目的。因此，許多專家學者都公開呼籲，希望能改回簡單易懂具有鑑

別度的原始分數比序方式，而不要再設計一些只有自己看得懂的方式，又失去原本測驗鑑別度的目的。

七、壓力更巨大：在過去傳統的聯考制度下，莘莘學子都承受著巨大的壓力，沒日沒夜地面對著一試定終身的挑戰。因此，為了解決莘莘學子所承受的巨大壓力，理想性地要給予所有的學生回到正常的生活，可以正常的上課，因而誕生了今天的多元入學方案系統。然而，經過幾年多元入學方案的實施，事實上，現在莘莘學子面對多元入學方案，除了需要學測的考試之外，對於學校的每次考試都要蹦緊神經，也還要花費更多的時間與心力，準備個人的「學習歷程檔案」。「學習歷程檔案」所包含的項目內容，還真是要花費許多的時間、心力與心思，務必想辦法要弄到最漂亮、最亮眼、最吸睛的資料。為了達到多元學習表現的目的，讓「學習歷程檔案」亮到極點，誰知道資料背後的手段是如何達成的，誰知道學生們承受了多少的痛苦與壓力，去面對多元入學方案種種的多元要求。我們必須深省多元入學方案所帶來的更巨大壓力與痛苦的問題，我們不得不問：為何要解決壓力的方案，卻帶來更大的壓力呢？

八、一步一步改：多元入學方案年年變來變去，東調整西調整，愈變愈複雜，愈調整愈讓人難適應，變到讓學生、老師和長家心慌慌，心不安，心急亂，最後讓人感受到的整個多元入學改革過程就是一個「亂」字。多元入學方案以改一步算一步方式前進，缺乏宏觀整體性的長遠規畫，缺乏深度智慧的圓融做法，只會造成學生、老師和家長看不到盡頭的困擾與痛苦而已。

九、弱勢考更難：在三大升學管道中，在校學業成績較優者，只要考學科能力測驗，可透過「繁星推薦」，接受錄取者就可以解脫了，就不用再參加指定考了。同樣地，「個人申請」也是只要參加學科能力測驗，接受錄取者也不需要再考指定考式了。然而無法獲得「繁星推薦」和「個人申請」者，或放棄者，都需要再重新考更難的指定考試。因此，李家同教授在〈別再折磨年輕人，改回聯招吧！〉一文中，指出多元入學方案設計的荒謬性：「要注意的是，指定考試的內容比學力測驗要難，如果你程度不好，學力測驗的

結果不理想，你就只有參加指定考試，所以我們國家有一個奇怪的現象，功課好的人考比較容易的考試，功課不好的人要考比較難的考試。」學業弱勢者，除了要接受二次考試折磨之外，竟然還得挑戰更高難度的指定考試，這真是非常匪夷所思的制度設計。

十、過度複雜化：統傳的聯考制度，簡單易懂，以原始計分並排序，一目了然，沒有人搞不懂，也沒有人會覺得有不公平的地方。然而，為了解決聯考制度的一試定終身巨大壓力問題，於是設計出多元入學管道方案，設計團隊以很輕鬆地角度說：現已簡化至「只有」二種方式，甄選入學及考試分發入學，前者又可分為「繁星推薦甄選」及「個人申請入學」兩種管道，後者又可分為基本核心能力的「學科能力測驗」和關鍵學科能力的「分科能力測驗」。光是「個人申請入學」管道就複雜到要搞死人了，再加上「學科能力測驗」以 15 級分方式計分排序，設計團隊是說明得很清礎，然而對於一般民眾卻是聽到一頭霧水。一位國小教師身為家長，為了幫孩子順入申請到理想的學校，花了一年的時間想要努力弄懂多元入學方案，上網爬了許多文，到處找了很多有經驗的人尋問，到頭來無奈的感嘆：「真的好複雜」。對一般無法理解，也沒有心力去理解的家長而言，最簡單也最方便的方式，就是花錢請補習班幫忙。因此，過度複雜化的多元入學方案，不自覺地造就了私校和補習班的產業更為發達，更為繁榮了。

因為多元入學方案的種種問題與弊病，不但無法徹底解決傳統聯考制度所帶來的壓力與問題，更適得其反地，延伸出更多更複雜更巨大的痛苦與壓力。因此，李家同教授在 2015 年時公開直言呼籲：「別再折磨年輕人，改回聯招吧！」李家同教授提到他一位朋友的兒子，參與多元入學管道，竟然被搞到受不了，說出自己的心聲：「我不會再生孩子，因為我不要看到他在我們的國家遭受如此大的折磨」。李教授提到，充滿變數的招生錄取因素，內含著「賭賭看！」的成份，讓莘莘學子在申請入學的過程中，心理充滿著不安與許許多多的不確定性因素，內心自然會經歷著難受與折磨的心理歷程。

這並不是單一個案的痛苦，而是莘莘學子普遍的感受，不是只有考試的壓力，更承受著心裡極大的折磨與痛苦。當年的傳統聯考制度被稱為怪獸級的制度，參與聯考制度的過程中，甚至更有莘莘學子承受不起如此巨大壓力而輕生者，屢屢悲見於社會新聞版面，不時會有發生學生受不了壓力的折磨而輕生的憾事。然而，為了解決消滅的傳統聯考制度怪獸，如今卻創造出一個讓人感到更可怕，更讓人感到更痛苦不甚的多元入學方案哥斯拉。真是趕走了狼，迎來的虎，不僅沒有更好，卻反而更不好；沒有更輕鬆，只有更痛苦；沒有解決原本問題，反而產生更多不必要的問題。所以，社會關心入學改革的家長與學者，開始大聲呼籲，別再折磨人了，就改回聯招吧！

傳統聯考制度的優點在於：公平、公正、公開、簡單、透明，而且符合經濟效益。實施四十幾年以來的聯考制度，從來沒有人會質疑聯考制度的公平性，但對於現在的多元入學方案所讓人質疑的地方，一直無法提出足以說服人的公平性所在。然而傳統聯考制度最大的缺點，也是壓力最大的來源就在於：一試定終身。其他的缺點，如：考試至上、智育掛帥、補習盛行，導至層出不窮的心理壓力等種種問題，而這些種種的問題，現在的多元入學方案也從來沒有減少過。既然如此，我們為什麼還要堅持讓人感到痛苦與焦慮的多元入學方案呢？

「財團法人大學入學考試中心」自 1989 年 7 月成立，1992 年大考中心開始提出多元入學方案，於 1993 年 3 月改制為「財團法人大學入學考試中心基金會」，成立的目的是，研究改進大學入學制度與技術並辦理大學入學考試，成立迄今已逾三十年。

目前的大學入學管道，除了「繁星推薦」、「個人申請」和「考試分發」三個主要的管道外，另外還有各校的「特殊選才／單獨招生」管道（如清華大學的「拾穗計畫」及臺灣大學的「希望入學」等）。自 2015 學年起又鼓勵大學增加「特殊選才／單獨招生」，大學的招生單位訴說，現在總共需要面對近十個招生管道，實不勝其擾！高中教師、家長與學生都苦不堪言。

2019 年時，《通識再現》主筆群在〈大學多元入學方案歷經滄桑，見證「教改」的荒唐〉一文針對當前多元入學下了結論：大學入學考試中心於 1992 年 5 月提出的《大學多元入學方案》二十多年來，先受到推崇，繼遭受蹂躪，然後為別案襲名以欺世，歷盡滄桑乃至面目全非。回顧《方案》過往的遭遇，如何能不令人「聞教改而興嘆」？

　　為何會興嘆呢？因為多元入學方案改革到此，已經讓大多數的學者、專家、老師、學生和家長，都搖頭嘆氣了。無奈的是，在國家最高的教育心靈之下生活，為了求取個人較好的發展，也只能苦撐、硬撐、死撐地好好地過著每一天，雖然無法認同，也難以接受，如此問題一大堆的多元入學方案，卻也得低頭照做，還是得比較，還是得競爭，還是得跟大家一起搶，方式變了，遊戲規則改了，那就跟著變，跟著改吧！心中極度的無奈，卻也得順著改革的大浪潮，浮沈隨浪，上上下下，忐忑不安，一步一步地跟著走著。只能期待自己能儘快走過這個讓人感到痛苦不堪的青春歲月。

　　在多元入學方案的三大主要入學管道：「繁星推薦」、「個人申請」和「考試分發」中，「個人申請」管道已經成為主要的入學管道，近幾年以來都佔了大學入學人數的一半以上：104 學年度佔 52.49%、105 學年度佔 54.45%、106 學年度佔 55.20%、107 學年度佔 51.41%、108 學年度佔 51.73%。

　　無奈的是，在三大入學管道中，「個人申請」的管道卻是最為複雜，最為花錢，也最為不公平的管道。

　　「個人申請」的入學管道，主要分為二個階段：第一階段是，學測檢定及篩選；第二階段是，綜合學習表現（至少須占 50%），綜合學習表現又包括了「備審資料」和「校系自訂甄試項目」。「備審資料」就是「學生學習歷程檔案」（如表 2-7-1），「學生學習歷程檔案」所需要準備的資料主要包括：基本資料、修課紀錄、課程學習成果和多元表現。以入學的公平性而言，修課紀錄、課程學習成果和多元表現，沒有一項是具有完全客觀平台的公平性可言。

學習歷程檔案資料內容繁多（如表 2-7-2），光是「多元表現」就有九個項目，包括：競賽成果(或特殊表現)證明、社團參與證明、學生幹部證明、大學入學考試中心高中英語聽力測驗證明、英語能力檢定證明、證照證明、社會服務證明、數理能力檢定證明、學習心得。

表 2-7-1

學生學習歷程檔案蒐集項目

學習歷程學校平臺		學習歷程中央資料庫	
項目	內容	項目	內容
基本資料	學生學籍資料（含校級、班級及社團幹部紀錄）	基本資料	同學習歷程學校平臺之資料 ●學校每學年提交
修課紀錄	學校報經各該主管機關備查之課程計畫所開設、有採計學分之科目/課程學業成績及課程諮詢紀錄	修課紀錄	同學習歷程學校平臺之資料； 不包括課程諮詢紀錄 ●學校每學期提交
課程學習成果	（需任課教師認證） 前款科目/課程產出之作業、作品及其他學習成果 ●每學期學生上傳時間及件數由學校自訂	課程學習成果	同學習歷程學校平臺之資料 ●學生自一學年上傳至學校平臺之課程學習成果，勾選至多 6 件，由學校每學年提交
多元表現	彈性學習時間、團體活動時間及其他表現 ●學生上傳時間及件數由學校自訂	多元表現	同學習歷程學校平臺之資料 ●學生自一學年上傳至學校平臺之多元表現，勾選至多 10 件，由學校每學年提交

資料來源：111 學年大學多元入學方案

「學生學習歷程檔案」設計成為入學管道方案的重要項目，主要是要修正傳統聯考制度單一考試為主的入學方式，其中包含了幾個目的：

一、 打破只重考試結果，而忽略了學習歷程，因此特別強調學生的學習歷程，而不只是一味地看重結果而已。

二、 為了打破傳統以智育掛帥的升學主義，只求考試，不求其他表現，只要考試好，什麼都沒關係。所以打破了單一的考試入學標準，而採取多元學習表現的審查資料，因此特別強調多元表現，而不只是注重智育的考試成績而已。

三、 打破了單一設定入學項目，也讓各大學選材上訂定出自己需求的「校系自訂甄試項目」，因此特別強調學生主動選擇自己想要的校系，而校系也可以主動選擇自己所需要的學生。

國家教育心靈在進行重要的大學入學改革方式，必然是歷經深思熟慮，用心良苦，嘗試各種可能的方案，以儘可能地解決傳統聯考制度所留下的弊病和問題，因此主要的精神是要打破過去單一的價值，朝向多元的價值思考。然而，學生、家長和老師所感受到的就是最直接的改革後結果，而無法好好去體會配合國家教育心靈設計者的理想和用心。

理想上，透過「個人申請」的二個階段：「學測檢定及篩選」和「綜合學習表現」，就可以打破傳統聯考的只重結果，忽視歷程；只重智育，忽視其他；只重統一分發，忽視各別校系。然而，事實上，這只是國家教育心靈獨自關在象牙塔所想像出來的理想世界，希望透過多元的設計，引導國民走向更美好且健康的生活，不要再落入單一價值的考試捆綁，希望國民的心靈可以走向多元的視野，讓學生可以適性發展朝向多元的學習表現，一切在理想性的引導之下，國民可以解脫過去聯考的陰影與痛苦。

表 2-7-2

學習歷程檔案資料內容

學習歷程檔案資料項目		現行個人申請備審資料項目	
1	基本資料	A	個人資料表
2	修課紀錄	B	高中(職)在校成績證明
3	課程學習成果	C	成果作品
		D	小論文(短文)
4	多元表現	E	競賽成果(或特殊表現)證明
		F	社團參與證明
		G	學生幹部證明
		H	大學入學考試中心高中英語聽力測驗證明
		I	英語能力檢定證明
		J	證照證明
		K	社會服務證明
		L	數理能力檢定證明
		M	學習心得
5	自傳（得包括學習計畫）	N	自傳(學生自述)
		O	讀書計畫(含申請動機)
6	其他與學生學習歷程有關之資料	P	學習檔案
		Q	其他(限 10 字)

資料來源：111 學年大學多元入學方案

　　我們只能說，這些理想都只是國家教育心靈的設計者自己想出來的，事實的結果並非如想像中的美好，現實的殘酷與人性的考驗，都不得不讓國家教育心靈的改革者重新深思，人性是什麼？現實是什麼？為什麼那麼理想的方案，卻無法獲得美好而理想的結果呢？為什麼費盡那麼大的心思與精神，

卻受到如此大的批評與責難呢？為什麼已經有了理想的多元入學方案，還要喊著回去傳統的聯考制度呢？

　　人生總是充滿著無數難以理解的為什麼，當國家教育心靈堅持著屬於自己的理想，相信一定可以走向自己所設計出來的理想世界時。這個時候，所有的學生、家長和老師同時也不斷問著為什麼，為什麼多元入學方案造成大家那麼大的痛苦和折磨，為什麼不乾脆回去公平的聯考制度呢？為什麼多元入學方案問題那麼多，爭議那麼大，還要這樣硬著頭皮一直堅持下去呢？為什麼上面的人，都感受不到下面的人心裡所面對的壓力與慌亂呢？

　　真的，多元入學方案的理想世界，是設計者自己想出來的。

　　以「個人申請」的「綜合學習表現」來說，真的是立意良好，但現實上的結果，卻無形中會延伸出許多問題，其中會引發的缺失如下：

一、**使學生平庸化**：在多元學習的理念之下，除了跑不掉的學科能力測驗之外，還要分神耗費許多時間和心力去準備「多元表現」的項目。大考中心說明，在多元表現的九個項目中，學生可從中擇要提供與大學校系審查，無需樣樣均備。學系將以學生所提供之多元表現情形，據以綜合評量，並非以單一項目做為錄取標準。雖然已經說得很清礎，無需樣樣均備，然而，並不是每一個高中生，一入學就非常清礎自己未來發展的志向，如果還不清礎自己未來努力的校系目標，那麼，多元表現所列舉的項目，有哪一個項目可以輕忽的呢？因為當對手把每個一項目都準備的很齊全時，自己能相信無需樣樣均備嗎？人生的時間是有限的，當時間被分散時，當精神分散時，那麼，人生還有機會達到生命極致嗎？知名漫畫家蔡志忠分享自己成功的經驗說：「一個人要及早選擇他最拿手、最喜歡的事，然後做到極致。無論做什麼，沒有不成功的。」因為非常清楚自己的生命就是要全心全力投入職業漫畫的領域，因此，唸完國民教育的十五歲之後，就不再耗費任何時間和精神在學校的學科學習上了。因為全神貫注的精神，才能讓蔡志忠成為當今漫畫界首屈一指大師級

的人物。然而如今的「綜合學習表現」設計，只會造成學生的學習表現平庸化，學術無法專精學術，比賽無法專注比賽，為了樣樣都要顧及，到頭來只能樣樣通，樣樣鬆的平庸表現而已。

二、 **興趣變成任務**：原本參與社團是學生個人興趣的發展，如今「多元表現」正式列為審查的項目之中，那麼不參加社團好像就會輸人一截了。原本參與社會是一種輕鬆自在的休閒活動，如今卻變成了必要好好表現的任務了。當興趣變成了任務之後，那麼興趣必然會變了調，參與社團的動機不再只是單純的興趣，而是更包含了個人未來考取理想大學的必要任務了。

三、 **重覆測驗檢定**：在第一階段是的學測檢定中，已經必須歷經國英數自社的測驗，而在多元表現中，還要去花費時間和心力去考取「英語能力檢定證明」和「數理能力檢定證明」，就是要想辦法證明自己有更高的英語能力和數理能力。如果可以證明自己擁有比學測更高的學科能力，那麼為什麼還要去重覆參加基本學科能力測驗呢？為什麼同一個學科，還需要提出不一樣的表現證明呢？

四、 **競賽費時費力**：多元表現的其中一個項目「競賽成果（或特殊表現）證明」。一個項目只是一句話，然而設計者能夠想像競賽前的準備功夫和準備時所耗費的時間與心力需要多少嗎？參加競賽想獲得突出優異的表現，沒有耗費大量的時間和心力是很難以達到的。每一次的競賽，每一次的準備，每一次的投入，都是需要很專注的精神，才能夠獲取優異的成果表現。當一個人能夠在競賽中獲取優異的表現，又能夠兼顧學科測驗的高水準表現，這只能說，真是傑出的人才啊！但這可以肯定不是一般人做得到的。

五、 **不利德性素養**：個人德性的養成，原本在教育現場就一直受到冷落與忽視的，如今多元入學方案又設計出「綜合學習表現」的內容出來。這肯定是更不利於個人德性的培養了。試想，既然「綜合學習表現」正式成為大學入學的比賽項目，那麼學生的課程學習成果、

社會服務證明和讀書計畫的真實性究竟會有多少呢？只要是做資料，就有可能做表面功夫，甚至做假資料。在人的心靈黑暗面中，就是會有人為了達到個人目的，而不折手段地把表面粉飾的很亮眼。然而，表面的資料很亮眼，實際上的真實性又有多少，誰能保證其中的可信度是百分之百的呢？因此，「綜合學習表現」的表現，只會造成學生爭相學習應付表面功夫，先求表面的亮眼，先考了理想的大學再說了。說穿了，在多元入學方案的設計中，德性素養本來就不被放在眼裡，什麼是德性？德性有辦法做到客觀的標準嗎？德性怎麼做為入學的依據呢？因為無法有客觀的標準與依據，所以自然就沒有被看在眼裡，更不用說放在心上了。所以，國民的素質普遍上是無德的，那一點也不意外。

六、**聚焦個人責任**：國家教育培養國民的素質歷程中，最為重要的應當是聚焦於共同責任的培養，因為共同責任的達成，在教育的系統中最有機會達成，例如：對人的基本尊重、不傷害他人、民主的素養等，這些都是必須透過共同責任才能夠完成的。然而，現在的教育現場，共同責任的部分完全是被忽視的，而聚焦在個人責任的要求上。如今「綜合學習表現」的設計，更是完完全全地聚焦在個人的責任上，只要個人顧好自己，達到自己個人最好的表現才是最重要的。只要自己把學科能力測驗考到最好，所有的「學生學習歷程檔案」內容表現到最好，至於個人的德性如何？共同的責任是什麼？就不是大家所關心的主要內容了。

七、**窄化生命內容**：傳統的聯考制度，因為是非常單一的入學考試任務，所以只要把書唸好，把試考好，行有餘力，就可以做自己想要做的事了，發展自己的興趣了。然而，現在「綜合學習表現」的設計，已經把要關注的務任內容變多變複雜了，不再只是單一的考試任務而已，而是要求要完成多元任務的多元表現了。表現上，多元表現好像可以豐富學生的多元生點內容，事實上剛好相反，因為任務內

容已經被設定了，每一項的任務都要去完成，那麼生命有限，時間有限，在那麼多的項目中，不是花一點時間完成就沒事了，而是要花很多時間比別人更好，才有機會上理想大學。所以，學生的生命內容已經被設定了，也只能好好去完成指定的項目內容了，也不會有什麼多餘的時間去做自己想要做的事了。生命內容被窄化的結果，只會讓國民的生命內容更為乏善可陳而已。

八、 **無法獲得信任**：「學生學習歷程檔案」的設計，在內容上實在難以具有客觀公平性的標準，讓人足以信任入學方案的公平性。以「學生幹部證明」的項目來說，有錢有勢的家庭孩子，這個項目肯定是不會空白的，絕對是拿到夠，拿到滿為止。這個已經超越了個人努力的範圍，已經有很明顯地受到孩子家庭社經地位的影響因素存在。另外，「課程學習成果」項目，因為需要老師的評量依據，而每一個老師評量的標準自然會不一樣，那麼怎麼能以主觀不一的評量當做是入學的依據之一呢？同樣地，社會服務證明、學習心得，都可能包含著不一定是純粹學生個人努力因素的成果，都有可能由「非個人」因素所得到的結果。因為「學生學習歷程檔案」的內容設計，存在著太多的主觀因素和非個人因素的涉入，因此自然整套的制度設計，完全無法獲得學生、老師和家長的信任，不信任的因素是國家教育入學制度設計上很嚴重的問題。

九、 **壓力不減反增**：因為「綜合學習表現」的設計，使得學生所要關注的入學項目內容增多了不少，除了在林林總總的每一個項目都要費心去完成務任之外，還得要面對「校系自訂甄試項目」。學生每面對一個項目，就自然會多一份壓力。考試還是要考，除了要面對考試的壓力之外，竟然多出那麼多需要關注投入的項目。壓力從何而來？哪一個項目沒有做到最滿最好，心中的不安和焦慮就難以消除，因為學生會擔心哪一個項目輸別人太多，就不容易進入理想大學了。所以，「綜合學習表現」的設計，只會讓學生承受更巨大的壓力與

痛苦而已。

十、**簡單變成複雜**：無論是用什麼樣的制度與方案的大學入學制度，無論是台灣，還是日本、韓國、歐美國家等，都必定會有一群學生為了擠進頂尖大學的窄門而夜以繼日地奮發努力。如今這群人除了要努力準備考試之外，還得要面對「綜合學習表現」的多元項目挑戰。在消滅傳統聯考以簡單的考試為主之後，如今卻得要面對更為複雜的多元價值的多元表現了。我們不禁要問，從簡單的聯考制度變成複雜的多元表現之後，真的對學生的發展有比較好嗎？真的對國家的發展有比較好嗎？

原本傳統聯考制度是屬於「單一窗口單一軌道單一測驗的入學制度設計」，而多元入學方案是屬於「多元窗口單多元軌道多元表現的入學制度設計」。因此，整個的入學方案改革精神，最主要是朝向多元價值的方向發展。

在窗口的改變上，原本的傳統聯考制度是由「大考中心」的單一窗口負責發分學生入學；如今除了「大考中心」會有考試分發學生入學之外，多元入學方案也賦予各校系審查招收自己的學生了，因此成為了多元窗口。

在軌道的改變上，原本的傳統聯考制度，只有單一軌道的聯招考試；如今多元入學方案至少有「繁星推薦」、「個人申請」和「考試分發」，三大主要的多元入學軌道；在基本能力表現上，原本的傳統聯考制度，只有單一的考試測驗，做為大學入學的唯一比序標準；如今多元入學方案，強調多元表現，刻意要打破單一考試為主的價值，採取了「綜合學習表現」資料審查做為的主要入學方式。

在多元入學方案實施多年之後，事實上也證明了，單一不一定不好，多元也不一定好；單一會有單一的好處，多元會有多元的問題；單一會有單一的價值所在，多元也會有多元的價值所在。因此，國家教育心靈必須思索善用單一的優勢與多元的優勢，設計出一套公平、公正、公開、簡單、透明的入學制度，可以讓所有的國民，真正領受到「適性揚才，終身學習」的個人

自由學習，個人自由發展的教育體系。

因此，我們提出結合單一優勢與多元優勢的「單一窗口單一軌道多元檢定的入學制度設計」。單一窗口，就是由指大考中心統一分發學生入學；單一軌道，就是指以最為公正、公平、客觀的測驗與檢定，做為分發學生入學的依據；多元檢定，就是指一套知識，採取不同方式的測驗或檢定，以檢驗學生是否具備接受大學教育應有的基本知能。

什麼是「單一窗口單一軌道多元檢定的入學制度設計」呢？其內涵、功能、意義與目的何在呢？在制度的設計上，又會有什麼樣的優點與缺點呢？

八、單一窗口單一軌道多元檢定的入學制度設計

公平、公正、公開、簡單、透明的入學制度，給予全民終身學習與成長的無限機會，保障每個人生存與發展的權利，才能健全社會自由流動的體質。

　　回顧台灣教育改革的起點，自 1994 年 4 月 10 日「四一○教改聯盟」所提出的四項訴求：落實小班小校、廣設高中大學、推動教育現代化和制定教育基本法。此四項訴求在經過社會共識的多年奮鬥，大都已完成當時所提出的訴求。然而，隨著教育改革一路上的起伏顛簸，為了解決原先的問題，也無奈地製造出一些難以預料的亂象與問題。

　　針對教改旅途中所產生的亂象與問題，在 2003 年 7 月由台大教授黃光國和政大教授周祝瑛等專家學者發表教改萬言書《重建教育宣言》，書中痛陳自願就學方案、建構式數學、九年一貫課程、多元入學方案、教科書一綱多本、消滅明星高中、補習班盛行、教師退休潮、師資培育與流浪教師、統整教學、廢除高職、廣設高中大學及教授治校等十三種教改亂象。因此，教改三十年以來，功過難以論定，不過可以確定的是，當年教改萬言書所指稱的各種亂象，似乎還是進行式，例如：多元入學方案就是其中一。

　　多元入學方案最主要是為了「打倒升學主義、減輕升學壓力」，然而在年年改革，年年修正，年年受到極大抱怨的多元入學方案仍然一直埋頭苦幹實幹，無論社會輿論如何地指出學生、老師和家長的極大痛苦，無論多元入學方案已經實際地延伸出許許多多不信任、不公平和不透明爭議的聲音，並且製造出更多的心理壓力問題。然而，多元入學方案似乎就像是開進死胡同

小巷弄的大坦克車一樣，後退無路，向前卡住，在極度無奈的情況之下，也只能閉著眼睛，繼續勇猛地往前開，賭賭看能不能開出康莊大道出來。

　　一個國家的大學入學制度，如果連最基本的「公平、公正、公開、簡單、透明」精神，都無法獲得人民的信任時，那麼制度本身必定是潛藏著極大的弊病，才無法獲得大多數人民的信任。孔子說：「民無信不立。」《論語·顏淵》政府在施政的過程中，如果無法獲得人民的信任，那麼，政府就沒有什麼威信可言了，只能依靠僅存的權威和兵力在維持自己虛空的權力而已。所以，一個國家重要的高等教育入學制度，連基本的信任，都無法獲得人民的相信的話，那麼這樣子的制度本身就不是在解決問題，而是在製造更嚴重的問題而已。

　　為了可以達到「公平、公正、公開、簡單、透明」的大學入學制度精神，因此，我們提出「單一窗口單一軌道多元檢定的入學制度設計」。

　　傳統聯考制度是「單一窗口單一軌道單一測驗的入學制度設計」，其優點就是具有「公平、公正、公開、簡單、透明」的精神，所以才能從 1954 年開始實施大學聯考，到 2002 年廢除聯招，總共維繫了長達四十八年的聯招制度。然而，聯招制度最大的弊病就是一試定終身，造成許許多多莘莘學子的壓力與夢魘，甚至有人承受不了而輕生的新聞屢見於新聞事件，因此在改革風起雲湧的浪潮中，才不得不改採大學多元入學方案。

　　多元入學方案是「多元窗口單多元軌道多元表現的入學制度設計」，其優點是擺脫了一試定終身的壓力與夢魘。然而，雖然擺脫了一試定終身的壓力與夢魘，卻製造了更多元的壓力與夢魘。原本立意良好的多元入學方案，希望能真正解決長期以來的升學壓力。事實上，不但沒能真正解決升學的壓力，反倒是帶來更大的壓力與痛苦。

　　世界上有可能存在一種完美無暇的入學制度，可以讓所有的學生都能夠生活在毫無壓力，又能夠快樂升學的教育制度當中嗎？如果會有如此天堂境界的完美世界，那麼必定是所有的人都升華進入神意識了，因為神性意識不會有「自我」的執著，誰能上一流的大學，每個人都能樂見其成，每個人也

會盡己所能開發屬於自己的天賦潛能，沒有人是比較高，也沒有人會比較低，所有的人都能喜悅走在屬於自己的生命道路之中，也相信能力愈強的人，愈能為每一個人帶來更美好的快樂與幸福。神性意識不會有私心，無論能力多少，只要願意盡一份心力服務他人，就能獲得應有的尊重與敬意。每一個人有可能同時都具有神性意識嗎？在現實的答案是很明確的，那是想像中的世界，現實的世界是不可能存在的。為什呢？因為動物性的「本我」升華到人性「自我」，已經是生命的一大關卡了，在現實的世界中連追求純淨的人性化都是一種遙不可及的夢想，更何況是神性世界的「無我」境地。

人性的自我就是在相對性比較的世界，也就是活在頭腦的比較世界。在相對比較的世界中，就自然會有高低、好壞、上下、優劣、強弱之別，所以人的能力自然會有高低，人的品質自然會有優劣，人的技能自然會有強弱的差別。大學入學制度就是取高捨低、取優捨劣、取強捨弱，這似乎是很殘酷「優勝劣敗，物競天擇」的動物性世界。然而，人性世界的彼此比較和動物性世界的血腥競存是不一樣的，人在比較中可以升華個人的精神，而動物卻只能面對物競天擇的殘酷結果。所以，孔子說：「君子無所爭，必也射乎。揖讓而升，下而飲，其爭也君子。」《論語‧八佾》君子的精神就是人性的自我升華之後的結果，所謂運動家的精神「勝不驕，敗不餒」，都是在提升個人的人性自我，不致於落入在比較中受到心理的傷害。人性的自我需要依靠生命的經驗，不斷接受挑戰與挫折，藉以提升個人內在的精神力量。大學入學的關卡就是一個很好的精神修練場，無論過與不過，都是鍛鍊精神力量的寶貴生命歷程。每個人在地球上的日子，都需要不斷地探索個人的生命潛能，都需要不斷地提升個人內在的生命境界，這也是終身學習精神的修練場。

因此，大學入學制度是為了「人性的自我」而設計的，競爭比較是無可避免的，在競爭比較的競賽場上，可以激發個人生命潛能的提升，而人性需要「公平、公正、公開、簡單、透明」的競賽場，只要大家站在一個可以被信任的公平競賽場上，每一個人各憑本事去走自己的生命道路，國家教育心靈應該給予每一個人公平的機會，讓每一個人可以心甘情願接受公平機會

下的結果。

　　大學入學制度的學測主要是為大學校系初步篩選學生而設計，也是國家教育培育高等人材的重要機制，其測驗主要目標是評量考生，是否具備接受大學教育應有的基本知能。為了解決傳統聯考制度的弊病和多元入學方案的缺點，因此，我們提出結合單一優勢與多元優勢的「單一窗口單一軌道多元檢定的入學制度設計」。單一窗口，就是由指大考中心統一分發學生入學；單一軌道，就是指以最為公正、公平、客觀的測驗與檢定，做為分發學生入學的依據；多元檢定，就是指一套知識，採取不同方式的測驗或檢定，以檢驗學生是否具備接受大學教育應有的基本知能。

　　「單一窗口單一軌道」主要是能夠確保入學管道機制的「公平、公正、公開、簡單、透明」的人文精神，讓所有的人能夠信任其中的公平公正性，沒有人會質疑競賽場的公平性，每個人所需要面對的就是自己能力的提升與精實。為什麼在 2002 年採取大學多元入學方案之後，社會一直持續不斷會有許許多多的聲音，希望能夠回到原本的聯考制度。甚至開始有人質疑，國家教育心靈是不是一開始就陷入了行政學中所謂的第三類型錯誤，實際上 x 優於 y，卻說 x 比 y 差，也就是教改之前的制度比現在的好，卻說成比較差？因為目前我們所看到的多元入學方案，實際上充滿了不公平。當筆試不再是唯一的標準，甚至不再有參考性和重要性，而是其他方式，例如：人情、面試、推薦、身分、地位、外貌、關係、口才等為錄取的標準，這時候所產生的更嚴重的問題，是制度本身的缺失造成人民信任上的傷害。正所謂「民無信不立」，國家教育重要的培養人材高等入學制度，都無法獲得人民完全的信任，那真是立國根基很嚴重的問題。因此，國教教育心靈首要深思的課題是，如何重新建構一套可以重新獲得人民完全信任的大學入學機制。

　　所謂的「多元檢定」最主要是依據《教育基本法》（民國 102 年 12 月 11 日）第 14 條規定：「人民享有請求學力鑑定之權利。學力鑑定之實施，由各級主管教育行政機關指定之學校或教育測驗服務機構行之。」以目前多元入學方案的學力鑑定機構主要有二個：高中學校和「財團法人大學入學考

試中心基金會」。高中學校所負責的是「繁星推薦」的「在校學業成績」；「財團法人大學入學考試中心基金會」所負責的是「學科能力測驗」和「指定科目考試」。其學力鑑定的內容主要是針對高一、高二和高三的課程內容。然而，事實上，從「適性揚才」的理念來看，並非每一個人都需要透過完成高中所有課程內容，才能符合大學所需要的基本能力。尤其對於技術方面的科系能力，根本不需要用到高中大部分的課程內容，而是真正需要的是技術紮實的基礎，例如：善長作詞作曲的音樂歌手周杰倫，並經兩度報考台北大學音樂系都名落孫山，只因為在學科能力測驗上無法符合入學所謂的基本學測能力。這種的入學制度設計，實際上對於具有特殊天份的孩子，真的是一種嚴重的傷害。或許沒有了音樂，周杰倫也許就是老師口中的「智力低下」。周杰倫的音樂天賦已經獲得普遍性的認同與掌聲，他已經不再需要透過學歷測驗與任何的學歷來證明自己的才能了。所以，我們要問的題，如果不是周杰倫本身的幸運，最終能夠靠自己的努力與投入，才能走出屬於自己的美好生命境地。而國家教育心靈有做到真正的「適性揚才」嗎？我們所看到的只是，真的是一路上的障礙人才而已。周杰倫只是一個個案，然而事實上，我們真的無法計數，究竟有多少各領域的技術人才，是一路被教育體制所障礙而無法真正獲得「適性揚才」的支持與滋養。因此，為了真正達到「適性揚才」的教育理念，基本學科能力測驗應該採取多元的方式，而不是採用單一內容與程度的方式要求所有的考生。因此，我們提出了「多元檢定」的學力鑑定內涵「學科能力多元方式檢定表」（表 2-8-1）。

以 108 課綱的課程架構，主要安排的十二個年級學科能力的五大領域「國數英自社」來說，每一個領域級數有些差異，不過以整體的系統知識來看，每一個領域就是一整套系統知識，主流的學科學歷共有「國數英自社」五套。

從「多元檢定」的角度來說，「國數英自社」五套的學力鑑定方式可以分成四種：學科學歷、參與學歷、階段學歷和領域學歷。

表 2-8-1

學科能力多元方式檢定表

級數	學科學歷					參與學歷					階段學歷		領域學歷
12	12	10				12	10				第五學習階段	高級	國、數、英、自、社（一至十二年級全範圍）
11	11	11	9	9	9	11	11	9	9	9			
10	10	10	8	8	8	10	10	8	8	8			
9	9	9	7	7	7	9	9	7	7	7	第四學習階段	中級	
8	8	8	6	6	6	8	8	6	6	6			
7	7	7	5	5	5	7	7	5	5	5			
6	6	6	4	4	4	6	6	4	4	4	第一、二、三學習階段	初級	
5	5	5	3	3	3	5	5	3	3	3			
4	4	4	2	2	2	4	4	2	2	2			
3	3	3	1	1	1	3	3	1	1	1			
2	2	2				2	2						
1	1	2				1	2						
	國 數 英 自 社					國 數 英 自 社					國數英自社		

　　一、學科學歷：學科學歷就是每一個領域「國數英自社」，都有屬於本身的級數，以國語領域來說，共分成十二個級數。目前的 108 課綱規劃分成十二個年級給予受國民教育的孩子去完成。然而，在科技發達，網路盛行的年代，並不是每一個人都需要在教室靠老師才能完成這些學科內容的學習，也並不是每一個人都需要利用十二個年頭才能完成，或許有些天資聰穎的孩

子，只需要利用六個年頭的時間就可以完成十二個級數的精熟學習了。學科學歷測驗就是在鑑定孩子每一個級數的學習精熟程度。108課綱所強調的自發精神，就是希望孩子能夠自主性地去挑戰每一個的級數關卡，而不只是完全坐在教室等待老師去教學而已。以英語領域來說，有許多孩子從幼兒園就在家長一路栽培下，英語能力總是超前學校進度許多，甚至到國一已經具備了高中英語能力，但卻還必須坐在教室聽老師為那些二十四個大小寫英文字母還搞不清楚的孩子慢慢一步一步教學。這種教育現場不是在耗費天資聰穎孩子的寶貴時間與生命嗎？如果國家教育系統可以建構鑑定各領域的學科學力的測驗機構，那麼，只要孩子無論透過什麼方式，是自學或其他機構所獲得基本學科學力，一旦通過測驗所要求水準，就可以跳脫教室的學習，完全進入自主學習的時間與空間。例如：小柔的英語能力從幼兒園開始就展現出過人的天賦，在國小三年級要開始上英語課時，已經可以通過4級的英語學科學力測驗，那麼，小柔在校就可以申請跳脫教室的自主學習，也就是說，小柔的英語能力已經超前了學校的進度學習，小柔的英語課就有權利可以選擇要不要在教室上課了，國家教育心靈應該給予這樣孩子更大的自主學習空間。當然學校必須具備相對應的支持系統，例如可以利用圖書館或其他閒置空間，佈置成孩子的自主學習空間。當孩子為自己爭取到自主學習的時間時，也就是進度超前學校的課程時，孩子就擁有完完全全的自主時間，孩子想如何地運用自己的自主時間，就是完全由孩子自己決定。如此的自主時間設計，才能真正引發孩子自發性主動去挑戰每一個領域的關卡。

所以，學科學力鑑定系統的主要可以有三個用途：其一是，具有自發自主學習能力的孩子，可以跳脫教室的束縛與綑綁；其二是，當參與學歷不及格時，可以透過學科學力鑑定，重新鑑定基本能力的水準；其三是，可以提供各公家單位或私人機構的學科學力鑑定參考依據。

二、參與學歷：參與學歷就是所謂的「在校學業成績」，目前多元入學方案的「繁星推薦」主要就是採取第五學習階段的高中在校成績當做是各校排序的依據，然而，「在校學業成績」並沒有一個標準的測驗依據，可能不

同的老師所打出來的成績會有所不同。因此,「在校學業成績」不適宜當做是大學入學的排序依據,但可以作為報考的基本資格依據。每一個國民從六歲開始進入小學一年級,就開始會有「在校學業成績」的紀錄。參與學歷可應用於技術型大學科系,例如:體育系、美術系、音樂系等。許多技術型大學科系並不需要要求太高深與精熟的基本學歷,因此,依各校系統的需求,可提出「參與學歷」做為「報考資格」的依據,不需要再另外參加其他的基本學歷測驗或檢定考試。以周杰倫的例子來說,如果以鋼琴技術當成主要的入學排序依據,而學歷的部分只需要達到「參與學歷」的水準即可,那麼周杰倫肯定就不會因為基本學歷測驗能力不足而被刷掉。所謂「參與學歷」的水準,可依各校期待要求的水平為準。目前十二年國民教育的系統主要是以「優甲乙丙丁」為顯示成績方式。優為 100～90;甲為 89～80;乙為 79～70;丙為 69～60;丁為 59～50;以此類推。一般而言,60 分以上稱為及格分數,也就是視為有效的參與學習學歷;若在 60 分以下稱為不及格分數,也就是視為無效的參與學習學歷。若校系認為基本學歷水平不需要太精熟,那麼可以取達到丙等以上即可;若校系認為基本學歷水平需要精熟一些,那麼可以取達甲等以上的分數。在此需要特別再強調一次的是,「在校學業成績」只適合做為「報考基本資格」的依據,而不適宜做為入學排序的依據。雖然「在校學業成績」每一個學校,每一個老師的標準不太一樣,但並不會影響主要入學的排序。因為最主要只是需要確認考生在校學習的基本狀況,因此沒有一定標準的打分數方式,並不會影響入學排序的公平性。在《教育基本法》第 14 條規定中,學校也是很重要學力鑑定的機構之一,這也是學校和校外補習班很重要的差異之一,校外補習班不具有學力鑑定的權力,而學校的學力鑑定是可以被視為具有專業的學力鑑定的機構之一。

所以,參與學歷的功能最主要有三點:其一是,肯定學生在學校的有效參與學習;其二是,鼓勵學生在學校努力好好學習,對於技術型的科系來說,就可以不需要再去面對痛苦的基本學科能力測驗了;其三是,參與學習的過程,不只是基本學力的訓練,更是人文精神與態度的培養。

三、**階段學歷**：根據 108 課綱的學習階段劃分，可區分為五個學習階段：國民小學一、二年級為第一學習階段，國民小學三、四年級為第二學習階段，國民小學五、六年級為第三學習階段，國民中學七、八、九年級為第四學習階段，高級中等學校十、十一、十二年級為第五學習階段。

階段學歷的學力鑑定可以分成初、中、高三級，初級就是國小的課程內容，中級就是國中的課程內容，高級就是高中的課程內容。目前的多元入學方案所採用的依據「學科能力測驗」和「指定科目考試」，主要都是採取高中的課程內容。然而，事實上，並不是所有的大學科系都需要要求到高級的課程內容，甚而有些技術型的大學科系只需要要求初級或中級的基本學科能力即可。

因此，在階段學歷的學力鑑定上，可以由具有專業性的「財團法人大學入學考試中心基金會」負責，這也是「單一窗口單一軌道」的重要公平公正性平台，考生的成績資料檔案，都能夠完全詳細地紀錄著每一位考生每一次的學力鑑定水準。

所以，階段學歷的學力鑑定主要可用於大學入學比序的主要依據，而各校系所要求的階段學歷水準由各校系決定，不一定統一地全部都要求高級的程度。在生活現實的層次，不同領域的行業，所需要的階段學歷本來就會有所不同。合理的階段學歷要求，才有可能達到「適性揚才」的教育理想理念。

四、**領域學歷**：領域學歷就是指「國數英自社」五套系統知識領域，每一套所涉級的範圍就是 108 課綱所設計的課程架構內容。目前國家的學力鑑定系統並沒有這樣子的設計。領域學歷的學科學力範圍就是指十二年國民教育的十二個級數的內容。目前社會上具有公信力的類似設計如：TOEIC 多益檢定、全民英檢等。以 TOEIC 多益檢定來說，TOEIC 多益滿分為 990 分，共分成五等級的證照：金色（860～990）、藍色（730～855）、綠色（470～725）、棕色（220～465）和橘色（10～215）。TOEIC 多益檢定每個月都會舉辦，只要準備好的人，隨時都可以參加英文能力檢定，而且因著 TOEIC 多益檢定具有社會的公信力，已經有許多大學和私人機構會採用 TOEIC 多益檢

定分數做為重要的依據。

「國數英自社」的領域學歷也可以參考 TOEIC 多益檢定的設計，測驗內容可以包含五個等級的檢定水準，滿分也可以採取 990。如果在領域學歷上可以獲得金色證書，表示個人在此一領域上是精熟的達人。

所以，領域學歷的學力鑑定主要可以用於三個方面：其一是，可以申請跳脫教室的學習，只要拿到金色證照，該領域就可以爭取到自主的學習時間；其二是，做為大學申請入學的排序依據，以學術型大學對於學科學力要求需要比較高，因此可以採用領域學歷的學力鑑定。領域學歷的學力鑑定肯定是非常具有鑑別度，因為要拿到滿分是比登天還難，所以只能盡已所能地去爭取最好的成績；三是，可做為個人生涯發展的基礎，拿到金色證書的人，可以成為此一領域的家教老師或補習班老師，也就是此一領域的專業達人了。

「單一窗口單一軌道多元檢定的入學制度設計」主要的核心精神有以下六點（圖 2-8-1）：

一、以「圓滿德性」為基礎核心的設計。

二、以「單一窗口單一軌道」的「公平、公正、公開、簡單、透明」人文精神設計。

三、以「多元檢定」方式，擺脫不合理的統一基本學力水準要求，以各校系選才需求能力為主，以達到「適性揚才」的教育理念。

四、平衡「學術領域」與「技術領域」的發展，個人的發展就是為了自我實現，並進而服務他人。

五、建立「個人成長資料系統」，個人的成長是可以逐年慢慢累積的，只要準備好隨時都可以參加檢定，以擺脫一試定終身的困境。

六、培養「終身學習」精神，在心靈的成長中，能夠領受生命成長的美好與喜樂，而不只是汲汲營營地追求不知道有沒有用的學歷而已。

在人類的世界中，即使是東方心靈和西方心靈有著不同的思維，但東西

方共同所信仰價值的德性和美德（virtures），依然是很受重視的人類內在心靈品質。然而，德性是屬於主觀世界的元素，如何才能讓所有的國民都能重視德性的心靈品質，是國家教育心靈一個很困難且巨大的挑戰。

目前世界上絕大部分的教育系統，主要是以西方所興起的理性科學為主流，理性科學的思維強調的是客觀、具體、可觀察、可量化和可驗證的條件。因此，對於主觀、抽象、無法觀察、無法量化和無法驗證的存在內容，全部予以排除在外。在這樣的理性科學典範之外，個人的德性內涵自然而然地就會被排除在外。所以，即使學校教育會重視個人的德性發展，但長期以來，一直無法在社會上普遍地受到正式的重視。那是因為在悠關個人生存與發展的入學體制中，完全沒有德性存在的空間。既然高等的入學考試不考德性，也沒有相關德性履歷的條件，當然沒有人會在乎德性履歷的完整性。當大部分的人都不在乎德性的完整性時，那麼，社會新聞經常會出現青少年相互鬥毆事件、黑心商品、詐騙無所不在、貪污、隨機殺人、暴力討債、性侵、強暴、酒駕等傷害他人的新聞自然會層出不窮，以前這樣，現在還是一樣，即使換了 108 新課綱，其實也不會有什麼不一樣。也就是說，沒有德性基礎的社會，人打人，人傷人，人害人，人殺人，都是很普遍的新聞事件而已。

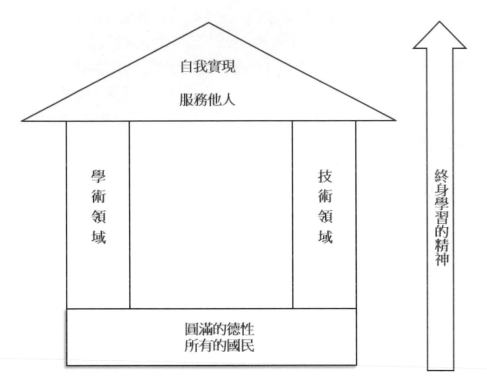

圖 2-8-1 以德性為核心的入學系統圖

　　因為德性是屬於主觀世界的心靈元素，因此任何主觀的因素都不適宜列入大學入學比序的項目。因此，這也說明了，為什麼在重要的入學管道中，德性元素一直容易成為被排拒的對象。既然無法也不適宜成為比序的項目，那麼可以成為報考資格的基本要素，也就是說，不具備圓滿德性的考生，是連報格的資格都沒有的。以「圓滿德性」為報考資格的最基本條件，自然可以成就高等教育人材的心靈品質素養，這樣子的設計，也可以讓所有的國民清楚地接收到國家教育心靈的訊息：「行有餘力，則以學文」，如果連基本的人性水平線都無法達到的話，那就從學習做人開始吧！先學習好做人，再來追求更深的學術與更高的技術吧！

　　目前我們國家教育的大學入學重要管道之一「考試分發」，其主要依據

「學科能力測驗」和「指定科目考試」的報考資格為臺灣高級中等學校之三年級在學學生、畢業生或具同等學力者。如果將報考資格改為二個基本條件：具備圓滿德性和不限年齡的所有國民。那麼，整個大學入學制度將會大大的改觀，整體的社會氣氛也將會被大大地改造。

條件一、具備圓滿德性：報考資格的圓滿德性依據，當然必須先建構國家教育系統的「德性成長系統」和「德性彌補系統」配合運用。任何人只要願意，都「一定」可以保持圓滿的德性，當然也必須配合「練心系統」的支持與滋養。如果大學入學報考資格的基本條件設為「在十二年國教期間，具備近六年的圓滿德性」，也就是說，要想報考大學，最快也要等到上國一才能具備至少六年的圓滿德性，而高三報考的考生則採取從國一到高三的圓滿德性條件。而圓滿德性的條件並不是透過努力而來的，而是與生俱來的，也就是說，一個人只要不做出傷害他人的言行舉止，自然就是德性圓滿俱足的。圓滿德性會有所缺損，一定是由自己的言行舉止所造成的，那麼，在追求高等教育的光環之前，就先必要面對自己內在會傷害人的動物性能量，這同時也可以篩選高等教育人材的心靈品質。為什麼考慮取近六年的圓滿德性呢？理由一：所謂學壞三天，學好三年。一個人會具有傷害人的強大動物性能量，至少要三年才能真正學得如何做人，再經過三年，其內在的心靈品質才具有足夠的人性穩定度；理由二：六年的時間也就是國小六年的階段，如果在小學的六年階段，都不會有任何傷害人的行為，那麼，他的內在人性品質應該具有一定的水準了；理由三：取六年的圓滿德性，剛好是最快國一可以有資格報考大學。國小階段的心智年齡心性仍然需要再培養，國一已經是十三歲，已經開始具有基本人性的穩定度了。

在 2020 年 7 月 17 日有一則新聞報導，十三歲神童跳級頂尖大學，一年後「天才崩壞」淪笑柄。故事的主角是一位 1996 年出生在大陸貴州的廖葳，他從小聰明過人，三歲時就能熟背幾百首唐詩，五歲就提早就讀小學，且僅花二年半就完成六年學業，並直接跳級進入高中念書，年僅十三歲的廖葳已經學完全部高中課程內容。因此，在家人和老師的支持下，他走入了高考考

場，並且拿下 563 分的好成績，順利考取內地頂尖學府之一的中國農業大學。因為家境不優渥，而難以負擔大學學費和孩子的生活費。因此，當地最大企業「貴州茅台公司」，不僅同意贊助廖葳 4 年的學雜費，同時連生活費也一併負擔，協助他能完成大學學業。當時廖葳也立下遠大志向，計劃利用二年時間修完本科學分，二年讀完研究生，二年讀完博士，再讀三年博士後。然而，短短一年過後，「貴州茅台公司」決定停止資助廖葳，原因是他上了大學後開始自我膨脹，除了迷上打遊戲，還常常不去上課，成績差到了極點，幾乎每個科目都不及格，已經面臨退學邊緣，更讓「貴州茅台公司」難以接受的是，廖葳從未說過一聲「謝謝」。因此，最後廖葳也不再受到關注。這就是個人心靈品質的議題，年紀尚淺，容易自滿自大，也容易受外界玩樂的誘惑，而失去本心的遠大志向。最重要的是連最基本的人性感恩之心都沒有，自然會遭受到唾棄。

另一則 2009 年 5 月 17 日的新聞，美國明尼蘇達州，有位年紀才十三歲的神童叫克雷伯（Kreber），就已經拿下人生第一個大學學位，也成為明尼蘇達州，史上最年輕的大學生。克雷伯三、四歲時，就對數學產生濃厚的興趣，五歲開始，他跟著在社區大學教書的媽媽，在校園活動，並且參加了學校舉辦的物理、電腦科學等夏令營。克雷伯從九歲開始，就在社區大學修學分，他白天和同齡的小朋友一起上課，利用晚上與週末的時間到大學修學分。因著熱愛學習新的事物，而讓克雷伯在十三歲就取得了大學文憑。

廖葳是十三歲上大學失敗的例子，而克雷伯是十三歲取得大學文憑的成功案例，這其中最大的差異就是「個人內在的心靈品質」。廖葳的心性仍是不穩定的，只是頭腦比一般人聰明而已，所以遇到生命的刺激與誘惑，就容易失去本心的初衷，而克雷伯一路有社區大學教書媽媽的支持與陪伴，所以能夠很穩定地熱情追求心靈成長的成就與快樂。

因此，六年的圓滿德性培養，不僅僅是人性水平線的最基本要求，更是個人精神與心靈品質的提升。

條件二、所有的國民：高等教育所針對的是應該是已經具備基本能力的

所有國民，而不應該是只侷限在高三以上的國民。為什麼目前的大學入學報考資格會限在高三以上的國民呢？那是因為要配合十二年國教的程課架構，就是要一步一步地往上爬，乖乖地配合用十二年的時間完成十二年的課程計畫內容。然而，在資訊網路發達的時代，學習的時間與空間已經不再像傳統時代，需要依靠以人教人的方式了。雲端教學、影音教學和視訊教學，已經完全可以取代過去以人教人的模式了。如果一個人可以二十四小時，隨時上線，隨時學習，為何還要配合用十二年的時間才能學完大學所需的基本學力課程呢？隨著科技與資訊時代的進步，學習的事情已經不再是侷限於學校或校外了，也打破了白天或晚上的限制了。最重要的是一顆渴望學習的心，只要擁有一顆熱情飽滿的學習精神，任何地點，任何時間，任何情境，都是可以保持學習狀態，保持持續精進的心靈成長。所以，如果大學入學報考資格能夠打破高三以上的限制，那麼，考試的壓力就不再是集中在一個年齡層上，而是要問自己想清礎未來想走的路了嗎？自己準備好投入了嗎？自己準備好更上一層樓去追求更高等的教育了嗎？

所以如果將大學入學的報考資格設定二個基本條件：具備圓滿德性和不限年齡的所有國民。那麼，長期的運作下來，德性品質的根自然就會深入整體的社會各階層中，所有的國民就能夠慢慢深刻地體會到「德性雖然不能當飯吃，但沒有德性，就會沒有飯吃。」的社會風氣。圓滿德性的素養，也會自然而然地成為人性化社會最為重要且最為核心的基石。

所謂「單一窗口單一軌道」的「公平、公正、公開、簡單、透明」人文精神設計，就是以「大考中心」為「單一窗口單一軌道」的公平公正機構。

大考中心就好比是分數銀行，所有國民的個人大學入學報考資格與入學比序項目，都能具有公平與公正的資料儲存。因此，大考中心具有「個人成長資料系統」的大數據個人檔案資料，其中所儲存的個人成長資料主要包含三大項目：德性履歷分數、學科能力分數和術科經歷證明。

一、德性履歷分數：個人的德性履歷分數由各級學校每學期主動輸入雲

端資料並予以封存,並予每學期末定出可以更動德性履歷的分數的時段。因此,每一個人的德性履歷可以獲得很完整的保存與持續累積。持續累積六年的圓滿德性履歷就可以成為大學入學報考資格的最基本要件。

　　二、學科能力分數:所有的國民六歲入小學之後的每個學期的學科成績,都由學校每學期主動輸入「國數英自社」的「在校學業成績」,這是參與學習學歷的成績資料,可做為大學入學報考資格的要件之一。而針對比序的學科能力分數,所有的國民隨時隨地都可以主動去參加學力鑑定,每一次參加的學鑑定都會進入「個人成長資料系統」的學科能力分數部分。

　　對於「多元檢定」的學力鑑定舉辦時程,最理想的方式是參考 TOEIC 多益檢定的方式,就是每個月都會在主要的縣市舉辦檢定考試。古時代的人,為了參加科舉制度的考試,除了日以繼夜的苦讀之外,也都不辭勞苦的長途步行好幾個月以上。現代的人幸福多了,除了有快速便捷的交通工具之外,也不需要辛勞地長途奔波。如果是每個月都可以舉辦「多元檢定」的學力鑑定,那麼就需要限制每一個人每年只能報考二次,以求公平原則,也免家境限制的孩子出不起報名費而比其他的人獲取更屬高分的機會比較少。

　　在「多元檢定」的定期舉辦時程上,至少應該寒暑假各舉辦一次。以提供只要準備好的考生,沒有年齡的限制,任何國民都可以隨時隨地報考自己想要的「多元檢定」的學力鑑定,而且每一次的檢定結果都會進入「個人成長資料系統」的累積中。

　　每一個人經過「多元檢定」學力鑑定的學科能力分數可以有效保留三年,也就是說,每一個人可以開發自己最佳的能力潛能,無論在三年之內報考幾次,可以取用個人最高的分數,申請參加大學入學比序的依據。雖然每次的「多元檢定」學力鑑定題目會有所不同,但並不影響入學比序的公平性,因為每一個人都同樣擁有一樣的機會,每一個人都可以盡自己最大的潛能去爭取最好的成績。只要每一個人的機會是公平的,就不會有不公平的問題。就像是 TOEIC 多益檢定每次的考試內容會有所不同,但並不影響英文能力的標準化學力鑑定,也就是說,如果你這個月去參加 TOEIC 多益檢定考了 500 分,

在沒有任何準備的情形下，過了一、二個月再去報考 TOEIC 多益檢定所得到分數必定會和 500 分相差不遠，這就是學力鑑定的標準化。一套有效的標準化學力檢定系統，一定可以有效地鑑定出一個人的基本學力水準。所以，「國數英自社」的基本學力測驗，如果都能夠建構出一套有效的標準化學力鑑定系統，那麼，就不需要讓高三的學生去承受那種不必要的升學壓力了。高三的學生不必要盲目地去符合社會對高學歷的期待，而需要清楚自己的人生方向，不然唸了一個沒興趣，又沒成就感的科系，只為了混張大學文憑，出社會後也不知道做什麼比較適合自己，反而會浪費許多寶貴的生命時光。或許，先出社會歷練人生，找到了自己人生的方向，有需要再花時間和精神去累積「個人成長資料系統」的分數，清楚了人生的方向，再去接受自己所需要的高等教育，那時候就不會只是呆坐在大學教室滑手機渡日子了。所以，不怕走得慢，只怕盲目地沒有人生方向地瞎走一遭。

所以，如果「多元檢定」學力鑑定可以做到理想性的每個月舉辦，那麼就可以讓學力檢定成為一種常態化的生活方式，也可以擺脫一試定終身的巨大壓力。最重要的是願不願意全心全意地投入學科基本能力的心靈成長歷程，最重要的是清不清楚自己人生要走的方向究竟在何方。

三、術科經歷證明：原本台灣教育體系有很完整的技職系統，然而在歷經多年的教育改革浪潮之後，技職教育系統已經幾乎被破壞殆盡了。過去的教育改革方向，為了滿足社會民眾對於高等學歷的需求，而大量開放大學的成立，造成大學生滿街跑，大學文憑快速貶值，甚至出現大量的流浪碩博士畢業生。目前的台灣教育體系完全地偏重於學術型的科系大學，而技術型的高中和大學被邊緣化，整體的教育發展已經嚴重的失衡了。因此，整體的教育體系需要重新建構「萬貫家財不如一技在身」的教育系統，以平衡已經嚴重失衡的教育系統。

技術領域的發展肯定也需要和學術領域的發展一樣，都是需要從小開始培養起來的，世界上頂尖的運動員、鋼琴家、舞蹈家、藝術家和所有的技術達人，也都是需要從小開始培養的。例如：老虎伍滋（Tiger Woods）兩歲時

就懂得打高爾夫球、莫札特（Wolfgang Amadeus Mozart）三歲開始就全心全力地投入開發音樂才能了、國際鋼琴家朗朗在三歲時就專注發展鋼琴演奏能力了。對於許多技術領域的天才來說，如果沒有獲得良好環境的支持與滋養，一旦被過渡地被束縛在學科分數的囚牢中，那麼再具有多大的潛能，沒有真正良好的「適性揚才」教育系統，也只是紙上空談「成就每一個孩子」而已。

曾經有一個具有與生俱來天賴歌聲的孩子，只是因為數學算不好，英文學不來，整天只能頭低低地走在校園，完全顯示出沒有自信的樣子。因為在台灣的教育系統中，他的未來無法只靠著歌聲就可以開發自己的天賦潛能，如果沒有通過大大小小的基本學力測驗，他還是無法進入大學音樂科系，繼續追尋自己的音樂夢想。因此，技術領域的發展必須徹底地脫離學術知識的綑綁與監禁，才能真正海闊天空地，無拘無束地開發那些具有非凡潛能的技術領域的人才，如此的國家教育系統，才能真正做到「適性揚才」的教育理念。

徹底地脫離學術知識的綑綁與監禁，是什麼意思呢？是放棄所有的學科學習嗎？當然不是，我們當然不能否認基本學力對於生活的重要性，只是很明顯地十二年國教的學科課程內容，已經嚴重脫離了生活的基本需求性，而是以學術領域為核心的發展方向。所以，要平衡技術領域的發展，應該就是以技術領域的思維為核心，一切的思維核心就是在於技術能力潛能的開發，任何會嚴重障礙技術能力潛能發展的不相關內容，應該都要被排除掉。而最好的方式就是技術型大學的科系就是以技術為最主要的入取比序項目，而學歷的鑑定應該就是以參與學歷為主，也就是以「在校學業成績」為報考資格的基本條件即可。只要考生「在校學業成績」具有有效地參與學習，就不需要再花費多餘的時間和心力，去準備完全會障礙技術發展的不會用到的複雜知識。

因此，有心於發展技術領域的孩子，就可以把大部分的時間和心力投入累積「術科經歷證明」，這樣子才能真正可以成就每一個孩子內心的人生夢想。

「大考中心」就好像是國民的「個人成長資料系統」分數銀行，只要分數累積存到自己想申請的大學要求標準，就可以主動向「大考中心」提出申請。「大考中心」就可以依據每個人的「個人成長資料系統」，過濾申請的基本資格，通過基本資格的審查之後，再進行比序項目的排序。

　　整套的「個人成長資料系統」，需要經過基本資格過濾審查，再運用電腦進行分數的排序，以公平公正的方式，完成大學入學的申請作業。整個過程是很複雜的資料工程，如果是以人工的方式進行，應該會有很大的困難，幸而拜資訊科技發達之賜，相信大數據的資料處理應該是可以辦得到的。

　　因此，公平、公正、公開、簡單、透明的大學入學制度，是給予全民終身學習與成長的無限機會，讓每個人可以在任何時間，任何年齡，任何階段，可以自由地開發個人生命潛能，也能夠健全整體社會的自由流動體質。在所有國民都能保持在人性水平線之上，盡己所能地享有終身學習型社會的美好與喜樂。

九、智慧的深化和知識的累積

知識的累積可以讓人拿到文憑，找到工作，但不一定會過得快樂；

智慧的深化可以讓人放下執著，找到自性，生命一定會獲得喜悅。

知識是渴望通往外在快樂的工具，而智慧是嚮往通往內在喜悅的工具，

知識和智慧都只是生命中的工具，而真正的快樂與喜悅才是生命目的。

我們的國民教育系統長期以來，主要是以知識系統為核心的教育，主要是耗費大量的時間與心力在於訓練孩子的頭腦，並培養國民擁有累積大量知識的頭腦。在教育系統的制度設計下，每一個國民被鼓勵著，誰愈有能力累積大量的知識，誰就愈有機會爭取更好的生涯發展機會，因此，為了自己的未來生活著想，只能盡量配合教育制度系統大量地累積知識，以爭取考上比較好的大學，以追求未來能夠獲得比較好的工作，以實現未來的自我能夠擁有比較美好與理想的生活。

長期以來，知識的累積一直是國家教育現場的核心主軸，一直沒有太大的改變過。雖然從 1990 年代至今漫長的教育改革重點之一，就是努力打破以「智育掛帥」的教育體制，如今的大學多元入學方案，就是極力地想要擺脫以智育掛帥困境的嘗試。事實上，從 108 課綱的具體實踐方式和多元入學方案的制度來看，很顯然地，目前整體的教育系統核心仍然遵循著西方自然科學的主流，依然信仰著英國哲學家培根（Francis Bacon）所說的：「知識就是力量」。因此，以知識為整體教育系統的核心，依然沒有太大的改變。

宏觀人類近百年來的文明發展，從早期的農業社會進入以機械取代人力的工業革命，到近幾十年來更快速地從工業時代躍入資訊時代。無論是上一個世紀的工業革命或是本世紀的資訊革命，都巨大地改變了人們的生活方式。在地球上的人們，再也不是過著日出而做，日入而息的生活了，而是不分晝

夜二十四小時的生活型態，無論白天或深夜都隨時有人在地球上活動著。再加上全球網路與人工智慧的快速發展，人們對於生活方式的改變與想像，已經完全徹底被顛覆了。地球的距離被快捷方便的交通工具縮短了，生活的時間被二十四小時化了，人類的通訊交流也被無國界化了，這一切都在百年之內發生了，人們空前難以想像的生活改變，無庸置疑的，這些都是來自於知識的巨大力量所帶來的空前改變。

西方自然科學的知識力量為人類帶來了物質文明的繁榮，也給人類提供了難以拒絕的豐盛物質饗宴。表面上，知識的力量確實為人類做出了極大的貢獻與利益，然而相反地也帶來了人類所無法預料的疾病與問題，例如：高血壓、憂鬱症、腦中風、貧富差距、環境污染和武器殺人等種種難以根絕的問題。「知識就是力量」帶來了空前的物質文明，也帶來了人與人之間的競爭變強，工作的壓力變大，生活的節奏變快，睡眠品質變差，文明疾病變多，人類在享受物質文明的同時，也必須忍受著層出不窮的疾病與問題。所以，維多利亞時代的英國小說家薩克雷（William Makepeace Thackeray）用深度智慧提醒著我們：「金錢可以買到床鋪，但不能買到睡眠；可以買到珠寶，但不能買到美麗；可以買到紙筆，但不能買到文思；可以買到肉體，但不能買到愛情；可以買到諂媚，但不能買到忠誠；可以買到房屋，但不能買到家庭。」那些金錢買不到的東西，才是我們在這個塵世更為珍貴的東西，但我們卻被金錢和物欲蒙蔽了心靈，失去了原有生命的大智慧。知識的巨大力量讓人們相信「人定勝天」，相信自己可以主宰宇宙，超越一切，但卻也忘記了自己真實存在的本質，如《聖經》上所說：「人若賺得全世界，賠上自己的生命，有什麼益處呢？」（新約馬太福音 16：26）。108 課綱的教育願景「適性揚才」所需要的從認自己的智慧開始，一個人如果都無法瞭解自己，無法認識自己，又如何談開發自己的生命潛能，發揚自己的才能呢？知識累積再多和自己的生命本性是沒有什麼關係的，知識學得再多和自己的個性與慾望，也是沒有什麼直接關係的。一個人因著衝動個性而經常傷害他人，學習再多的知識也不會改變一個人的個性，傷人的個性如果沒有透過深度智慧

的轉化，即使課程排的再完整，知識學得再豐富，還是一樣具有傷人的個性。所以，知識只是一種頭腦量化的累積過程，而智慧是一種內心質化的轉變歷程，知識和智慧是完全不一樣的生命追求。

　　人的一生不一定要擁有大量的知識，但一定需要深度的智慧；所有的國民不一定要學好學會學滿 108 課綱的所有知識，但一定需要生命的智慧。當一個人面臨生命的困境時，如中年被裁員、婚姻不幸福、孩子的叛逆、全身的病痛和失去親人的低潮時刻，知識並沒有太多的用處，道理也沒有太多的幫助，唯有深度的智慧，才能帶人走出生命的幽谷與黑暗的心靈；當一個人陷入生命的絕境，開始出現想不開一念頭時，再多的知識並不會有什麼幫助，唯有深度的智慧才能讓人重新尋找生命的希望與亮光。因此，對於每一個國民的生命需求而言，生命智慧的深化遠比生活智識的累積，實在重要的太多了。

　　當今的教育體系一直在強調知識的累積，每一年要求莘莘學生在不同的知識領域與層面上，不斷地精進與累積知識容量，而在深化智慧方面極少被獲得引導與啟發。我們不禁要問，國家教育心靈為何如此強烈要求，每一個國民必須學習大量累積的知識呢？這樣的目的究竟是為了什麼呢？是為了生存競爭，還是為了趕上時代潮流？是為了國家自身的利益著想，還是為了國民的幸福與快樂著想呢？

　　知識的累積是在累積沒有生命的東西，累積愈多的知識，並不會帶給一個人生命的光明感、希望感與意義感；而智慧的深化是體會真正活生生的生命內涵，愈是深化智慧的深處，愈能感受生命的奇妙、奧祕與光輝。因此，德國詩人歌德（Johann Wolfgang von Goethe）說：「知識是灰色的，生命卻常青的。」（All the theories aregrey, and the precious tree oflifeis evergreen.）

　　知識無法蛻變一個人的靈魂，而智慧才能真正讓一個人的靈魂獲得開悟與新生。因此，生命的蛻變與轉化，是透過智慧的深化而來的，而不是靠知識的累積而來的。一輩子，累積再多的知識，你仍舊是原來的你，知識不會

真正讓一個人的心靈品質變的純淨且美好；而一個人，透過智慧的深化，可以蛻變成不一樣的你，智慧才能真正讓一個人的心靈品質變得光彩且奪目。

智慧的深化是透過經驗的體驗，從內心深處升起的覺醒智慧，而知識的累積是透過外來的訊息，從不斷地學習過程中所建構起來的知識；智慧源自於內在自心，深化智慧，自身永遠受用，而知識源自於外在訊息，累積知識，久久不用就會遺忘。

深化智慧的目的就是引導個人活出自己，活出自己最快樂的生命，活出自己最滿足的生命，活出自己生命最宏大的利益，而不只是在追求與滿足個人狹隘的小利小益而已。當一個人的智慧被完全開啟之後，個人自然會做出對自己最具深度智慧的選擇，「利己、利他、利眾生、利天下」，才會是自己生命最宏大的利益。真正的智慧源自於自己裡面的，而所有的知識都是來自於自己外面的。真正的智慧會融合成為自己內在精神的一部分，成融入在自己的生存之中，生命之中和生活之中，真正的智慧會引領自己走出生命的幽谷和生命的絕境，真正的智慧會讓自己的內心安於當下，活生生地活在生命的活泉之中。

知識的內容來源是建立在別人經驗的累積，而智慧的內容來源是建立在自己經驗的累積。因此，知識是二手的，是來自於別人的；而智慧是一手的，是來自於自己的。108課綱的課程內容架構，讓孩子絕大部分的生命時間，必須坐在教室中去累積別人二手的經驗和知識，而自己第一手的生命智慧卻只能像是完全無人看管的蠻荒之地，任由野草毒蟲亂生亂長。在每一個人的生命歷程中，知識需要時間慢慢累積，智慧也是需要時間慢慢加深。知識的累積不需要依靠個人的生命經驗，而智慧的累積卻是需要個人生命的經驗，才能夠深化個人的生命智慧。如果所有的孩子，在十二年的國民教育歷程中，絕大部分的時間都坐在教室中，一直在累積108課綱所規定的知識內容，那麼，沒有太多機會去親身經歷豐富多彩的生命內容，又如何深化個人的生命智慧呢？

知識必須是來自於別人的訊息，而智慧必須源自於自己的體悟。如果孩

子在學校的生活，已經絕大部分時間都被塞滿了各種領域的知識學習，又有什麼時間可以深思自己生命的內涵與本質呢？108課綱所強調的「適性揚才」，如果孩子連自己都無法瞭解自己，那究竟是在適誰的性呢？如果國家教育心靈希望「帶好每一個孩子」、「成就每一個孩子」，然而連孩子的本性都不瞭解，那究竟要把孩子帶往哪個方向呢？那究竟要怎麼成就孩子的本性呢？如果國家教育心靈沒有足夠的智慧，也沒有足夠的耐心，慢慢引導每一個孩子找到自己的本性，又如何能夠達到「適性揚才」的教育理念呢？

如果國家教育心靈的教育信念是「個人是學習的主體」，那麼，為何108課綱的要求與規定，卻又活活生生地把每一個孩子變成是知識的奴隸呢？難道當孩子還在心靈年幼的階段，尚且缺乏智慧，去探尋最美好的自己時，國家教育心靈也同樣缺乏智慧，去引導孩子去探索最美好的自己嗎？

人一出生就自然會找乳頭喝奶；開始會走路的嬰孩，就不會想再用爬的了；開始學會奔跑的小孩，就經常雀躍地東奔西跑了；開始會思考的三歲小孩，就會一直問為什麼了，渴望趕快知道所有世間宇宙的奧祕。所以，古希臘哲學家亞里斯多德（Aristotle）曾說：「求知是人性本能。」（All men by nature desire to know）然而，為什麼許多高中生和大學生，頭腦確實已經塞滿了各種的知識，在教室課程中，就不再問為什麼了，就不再想要舉手發言了，就只想低頭玩自己的手機，就只想追求自己生命的小小樂趣了。對於宇宙的真相，對於生命的奧祕，對於人我之間的道理，不再感到有任何的興趣了。許多的高中生和大學生，早就已經喪失了學習的熱情，生命也喪失了開發潛能的活力，因為已經非常習慣，在教室裡等著時間一點一滴地慢慢流逝，寶貴的生命時間變得毫無價值。只要時間過去了，學分拿到了，最要的是拿到畢業證書就好了。至於生命否是過得充實？未來的生命方向在何方？自己生命的潛能在哪裡？自己究竟有什麼樣的長才？卻經常是在茫然的學校歲月中虛度過，這並非是缺乏知識，而是缺乏生命的基本智慧。

對於知識的學習，我們都非常地熟悉，然而對於智慧的學習，我們卻經常感到異常地陌生。什麼是知識呢？108課綱的八大領域課程核心內容，主

要都在於知識的學習，所以，我們會非常熟悉知識的學習。而什麼是智慧呢？在學校的十二年國民教育中，我們有學到未來出社會最基本「做人做事」的智慧嗎？上大學需要考基本學力測驗，以證明擁有基本知識的能力，然而，擁有基本知識就能擁有基本智慧嗎？從社會的許許多多新聞事件中，我們可以很清楚地看到，很多人是連基本的智慧都沒有的，例如：搶劫、殺人。其實應該說，所有的犯罪行為，都是連基本的智慧都是沒有的。因為從智慧的眼光來看，傷害別人，就是等於在傷害自己。如果一個人的智慧深度，可以看到生命深層的因果關係：「傷害別人，就是等於在傷害自己」，那麼，他自然而然不會主動地去傷害別人，而且會儘自己最大的能力不去傷害別人。擁有基本智慧的人，不會愚笨到隨便地傷害自己，既然「傷害別人，就是等於在傷害自己」，那又怎麼會隨便去傷害別人呢？

在學校，我們學了許許多多的知識內容，然而，我們究竟學了多少的智慧內容呢？而究竟智慧的內容又是什麼呢？

真正最高的智慧，沒有內容，所以有無法教。既然沒有什麼內容，也無法教，所以，學校自然就會放棄對於智慧的引導與追求了，因為學校需要準備與安排課程內容來教孩子，對於沒有內容，又無法教的東西，那自然容易被視為無物而遭受丟棄。因此，在學校，我們找不到，也看不到，智慧的引導與教學，那是非常正常的事。

所有可以成為教導的東西內容，都是一種知識，所以，108 課綱的八大領域課程內容都是一種知識的學習，學習知識的重點在於「知」。所有的考試，就是在考驗一個人知道不知道，知道就是具有知識了，不知道就是沒有學到知識。然而，智慧的重點不在於「知」，而在於「悟」。

西方自然科學的主流，就是在追求「知」；而東方心靈科學的主流，就是在追求「悟」。然而，「知」和「悟」有什麼不同呢？我們可以透過禪宗六祖慧能的故事來瞭解「知」和「悟」之間的不同。

慧能從小家境貧寒，靠打柴賣柴來養活母親。有一天他給一位客人去送柴，路上聽到有人念誦「應無所住而生其心」這句話，慧能若有所悟，上前

求問，是念誦《金剛經》。為求法，而前往黃梅東山寺拜見弘忍。後來，慧能靠著悟性，而接法於弘忍，成為禪宗六祖。為何在五祖弘忍門下，具有最豐富知識的神秀，沒能獲得弘忍的青睞，反而一個完全不識字的慧能，卻獲得師父的以心印心認證，成為禪宗六祖？這就是因為五祖弘忍所看重的是心的「智慧」，而不是頭腦的「知識」。

「應無所住而生其心」是一種知識，而慧能第一次聽到就有所悟，就是一種智慧。知識的學習，是依靠「頭腦」的「知」，而智慧的領悟，是依靠「心」的「悟」。所有佛陀講經說法所寫成的文字，都會變成是一種可以學習的知識。佛陀所說的法，是源自於佛陀個人內心的悟，澈悟一切存在現象的實相智慧。所以，佛經是來自於佛陀本身的生命智慧，也提供成為一種大家都可以學習的知識。同樣地，人類史上的四大聖人：佛陀、孔子、蘇格拉底和耶穌，和所有擁有深度智慧的人物，如老子、孟子、柏拉圖、亞里斯多德等，都為人類留下許多寶貴的智慧話語。然而，別人的經驗與智慧，也只是別人的經驗與智慧，就好像是別人的財富，也只是別人的財富，自己的生命財富，還是需要依靠自己努力去追求獲得。真正的智慧是從你的內在所釀造產生出來的，而不是來自於別人口中說的，或是從書本經典上所記載的。唯有透過渴望追求生命智慧的心，才能真正悟得屬於自己的生命智慧。

知識可以累積，智慧也可以提升；知識可以透過不斷地學習而獲得「知」，智慧也可以透過不斷地體會而獲得「悟」。所謂「不經一事，不長一智」，這個智，就是生命的智慧。如果沒有反省與領悟，也只是一直在累積知識和經驗而已。智慧的提升需要知識和經驗的材料，但一直累積知識和經驗，也不代表一定會有智慧。所以為什麼許多具有五車知識和豐富經驗的高知識份子，卻還是會被詐騙集團給騙走許多錢呢？2021年1月7日有一則新聞，「退休分析師遭騙7500萬」。受害者是一位七旬趙姓退休分析師，在美攻讀博士，擔任財經分析師多年，退休後長住美國，平均每年回台探親2、3次。去年（2020年）10月間，他接到假冒檢警單位的詐騙電話，對方誆稱是高雄調查局，語氣嚴肅地指他涉入詐領健保費案，要監管他的帳戶。雖

然案件是屬於使用多年的詐騙老哏，但被害人卻仍然不知台灣猖狂的詐騙集團手法，竟信以為真到銀行匯出大筆金額，當時銀行員見他年紀大，又一口氣大額匯款，直覺有異，還警示勸他小心詐騙，但是趙翁自稱金融分析師，自己是高知識分子不會被騙。因趙翁又是該銀行貴賓，行員勸阻不了，只好協助匯款。事後當他警覺受騙時，前後已經匯出了 7500 萬了。趙翁是個高知識份子，知識肯定學富五車，又是七旬長者，肯定人生經驗豐富，但可以確定的是，他之前沒有詐騙集團的最新知識，也沒有被詐騙的經驗，真的是「不經一事，不長一智」，只是長了這個新的智慧所付出的代價實在太大了。趙翁不是沒有知識，更不是沒有經驗，而是仍然缺乏生命的智慧。有智慧的人，面臨如此的怪異事件，必定可以立刻打電話到官方的高雄調查局或健保局求證，一旦到官方求證，真相就可以大白了。

　　騙人和被騙都是智慧不足的行為。詐騙集團的心靈就像一輩子都活在下水道的老鼠一樣，只能暗地裡在滿足自己的需求，而完全不能在光明的人性世界中坦蕩自在的生活，只能存著不被警方逮捕的僥倖心態。因此，夜晚入眠時，人身還沒入獄，心靈已經被萬一的不安所監禁。所以，騙人肯定是智慧不足的行為；當然被騙更是智慧不足的行為，詐騙集團的手法不外乎利用人性的貪婪、恐懼和無知，把沒有智慧的人耍的團團轉，再以強吃弱的動物性世界法則，把受騙啃得一乾二淨。受騙者也因著智慧不足，而受到極大的人性傷害，對於人性的光明與美好，完全也被詐騙集團啃得傷痕累累。國家教育心靈必須深思的是，為何在這片土地上，從九年到十二年的國民教育中，騙人者習得了許多基本知識，卻完全沒有人性的基本水平線，而受騙者也習得了許多基本知識，卻無法擁有基本的人性智慧。騙人者和受騙者都同樣出生、生長、生活在這片土地上，國家教育心靈所給予的只是基本知識，卻沒有給予基本人性與基本智慧的成長，而導致許許多多的人性而受到摧殘蹂躪，許許多多的心靈受到傷害，這並非沒有知識的結果，而是沒有智慧的結果。

　　知識是死的，而智慧是活的；經驗是過去的，而智慧是洞見未來的。知識是沒有用的，除非有所應用。應用知識在生活上，在生命中，就是一種智

慧。飽滿的知識和豐富的經驗，並不能保證一個人可以安穩地過美好與快樂的一生，而智慧可以讓人避免陷入黑暗的深淵，引人走在生命的光明之路上。

知識是片斷性的，所以可以片斷片斷去一直累積；而智慧永遠是整體性，生命的經驗是無法被分割的，所以必須透過不斷地去持續深化與擴展。

知識的累積是屬於頭腦的運作，頭腦運作靈敏的人，知識的累積就會愈快速，而智慧的深化是屬於心靈的蛻變，心思愈是敏銳的人，智慧的深化就自然會愈通暢。

一般人認為智慧需要長期經驗的累積才能領悟，然而禪宗六祖惠能卻說：「菩提般若之智，世人本自有之。只緣心迷，不能自悟。」還說：「智如日，慧如月，智慧常明。於外著境，被妄念浮雲，蓋覆自性，不得明朗。」所以，生命的智慧不在於年紀的多少，而在於個人的悟性多少。每個人從出生開始，就擁有了開發智慧的潛能，一個被火燙到的孩子，就自然會避免再被火燙到了。雖然，人類的心靈擁有與生俱來的開發智慧潛能，然而，沒有透過個人智慧的潛能開發，種子就永遠只是種子，沒有發芽成長的種子，就永遠只是沒有生命成長的種子。

無庸置疑的，國家教育心靈的 108 新課綱所安排的課程架構主軸就是以「知識」為主，而非以「智慧」為主。也就是說，十二年國民教育的課程內容安排上，主要是讓所有的孩子累積大量的知識，而不在於深化生命的智慧。

從 108 新課綱共三十八頁的全部內容來看，提到「智慧」一詞只有二次：展現共生智慧（總綱，頁 1）和尊重智慧財產權（總綱，頁 34）。可見國家教育心靈對於智慧的追求是完全忽視與完全不在核心思維之中的。雖然，108 新課綱極少提及生命智慧的培養與追求，然而 108 新課綱的關鍵詞「核心素養」，卻是需要依靠智慧的培養。知識及技能

依據 108 新課綱的「核心素養」是指一個人為適應現在生活及面對未來挑戰，所應具備的知識、能力與態度。「核心素養」強調學習不宜以學科知識及技能為限，而應關注學習與生活的結合，透過實踐力行而彰顯學習者的全人發展（總綱，頁 3）。所以，108 新課綱的教育心靈認為，一個人要適應

現在生活及面對未來挑戰，首先需要具有 108 新課綱所安排的八大領域課程內容，以習得基本的知識、能力與態度。然後，強調不再以學科知識及技能為限，要能夠將自己所學應用於生活上，要能夠實踐力行於生活中。如何「應用」，如何「實踐」，就是需要依靠生命的「智慧」，而非僅靠知識與技能。

理想上，108 新課綱的八大領域課程內容，把孩子的生命時間與內容塞滿塞足後，先設定好孩子所應具備的知識、能力與態度，再把如何「應用」，如何「實踐」的責任丟給教育第一現場的老師們，期待老師能夠在教學的過程中，引導孩子具有自發、互動和共好的精神。然而，知識的學習和智識的啟發是完全不同的生命方向，知識的學習需要內容，而智慧的深化需要經驗，知識的學習和智慧的深化都是同樣需要耗費時間和心力。如果所有的老師們，可以讓孩子在塞滿塞足八大領域的課程內容後，還能夠引導出孩子在生活上的應用與實踐智慧，那麼老師們也實在是太偉大了，那麼偉大的教育心靈工程也得以實現了。然而事實上，那是不會有的事，因為一個人的生命時間是有限的，魚與熊掌是無法兼得的。因此，不是光靠頭腦上理想性的幻想就可以實現美好的教育願景的，而是需要很務實的態度看待教育現場的實際生活和孩子當下生命的實際需求。

真正最高的生命智慧是沒有內容的，也是無法教的；真正最高的生命智慧是需要靠自己的領悟，而不是靠別人的給予。智慧的泉源在於自身的生命之中，人類歷史偉人的智慧都是源自於自身的生命，而非來自於別人的教導。當一個人內在的人性自我開始甦醒時，許多的為什麼自然會從心底深處升起，自身的生命探尋，才是屬於自己生命的智慧，例如：當一個人遭遇挫折與失敗時，他所需要的是生命的智慧去面對自己，而不是課本上的人生公式；當一個人失去生命摯愛的親人時，他所需要的是生命的智慧，而不是別人告訴他如何面對喪親的知識；當一個人面對愛人分手的低落時刻，他所需要的是生命的智慧，而不只是控管情緒的知識。

真正的生命智慧是從「面對自己」開始的。學校給予了孩子許許多多的

知識和技能，卻很少讓孩子真正去面對自己和認識自己。雖然在學校課程會安排探索自己和認識自己的課程內容，但那仍然僅僅只是知識，而不是真正認識自己的生命智慧。從日常生活中的生命經驗和言行舉止去面對自己，才是真正的面對自己，例如：日本知名的當代藝術家村上隆，年輕時畢業於日本最高的藝術家培養學府東京藝術大學。結果畢業後還是找不到工作，因此只能繼續呆在學校，沒想到竟然成了東京藝術大學日本畫專業歷史上第一個博士。然而藝術博士畢業的村上隆仍然是窮困潦倒，甚至吃飯只能去便利店撿過期的便當，所以女朋友自然也留不住。在一次機緣中，村上隆在紐約地鐵裡，看到幾隻老鼠在爭搶食物，強壯的肥老鼠把其他瘦老鼠都擠開，自己獨享受食物。那霎時間，村上隆突然有很深的領悟：「那被擠開的瘦老鼠不正是我嗎？」食物就是需要錢，於是他告訴自己，想要發揮藝術的力量，就是需要錢。藝術家不能自認清高而逃避需要金錢的事實。所以，村上隆的人生方向就發生了劇大的轉變，源自於內心的體悟，讓他開始思索藝術的商業價值與商業利益。村上隆也完全毫不諱言在公開演講場合直白地大聲說：「成功就是金錢！錢─錢─錢─啊！」村上隆在學校肯定累積了很豐富的知識和深厚的技能，然而當面對自己生活的困境時，卻是一愁莫展，找不到自己生命發展的方向。地鐵裡的老鼠啟發了村上隆的生命智慧，讓他真正領悟了自己理想和現實生活之間的關係，這樣子的生命領悟與生命智慧，引領他開闊了生命的視野，也開創了生命的亮光。這股源自於自身的內在生命智慧，才是自己生命真正的光輝。

　　「成功就是金錢！」這句話肯定不是學校所教導出來的價值觀，而是由自己的生命經驗中所體悟出來的。個人經驗所體悟出來的想法，不一定都是具有智慧的，甚至有些想法是愚蠢的。智慧會為生命帶來希望與亮光，而愚蠢會造成個人生命的傷害與黑暗。每個人出社會之後，對於金錢的需求是必然的，然而對於金錢的體悟，每個人都會有所不同。許多人因著金錢的因素在社會上被瞧不起，甚而被羞辱，深刻地感受到「有錢行遍天下，沒錢寸步難行」、「有錢能使鬼推磨」、「錢不是萬能，但沒有錢真的是萬萬不能」

的生命體悟。於是很多人就開始為了獲取金錢而不擇手段，詐騙、賣槍販毒、偷盜拐搶、黑心商品等不法之事情實在罄竹難書。雖然在學校習得了許許多多的知識，但對於自己的生命沒有實際上的幫助，只好用自己的頭腦想辦法來滿足自己無窮無盡的慾望。如此許多扭曲自我人性的行為，在社會上處處可見，只為了滿足自己的慾望，而完全不會顧慮傷害到他人的行為，這就是沒有基本智慧的行為，也是沒有基本人性水平線的德性水準。

有智慧的人同樣在追求生命的利益，卻不會像愚蠢的人招致生命的禍害。空有知識，沒有智慧，那麼累積大量的知識對於生命又有何益處呢？2015年4月2日一則新聞報導，一名高中生從小就愛吃校門口販賣的烤香腸，幾乎每天吃，到17歲時腹痛就醫發現罹患了第三期大腸癌，五年後因淋巴轉移病逝。學校的健康教育課程必定會教導許多有關於保養健康的知識，但沒有智慧保守自己的心，保養自己的身體，那麼累積再多的知識也是枉然。在生命的旅程中，必然會遇到數不清的種種誘惑，有智慧的人能夠清礎地看到，有毒糖衣的誘惑必會帶來生命的災難，自然會避而遠之，而愚蠢的人卻只看到可以立馬滿足自身慾望的誘惑，沒有深見遠瞻地先滿足了慾望再說，而等到要付出代價時，才後悔不已，但卻為時已晚。

智慧的潛能是與生俱來的，每個人都會擁有屬於自己的生命智慧，智慧在每個人的身上是深淺的差別，而不是有無的差別。每個人的生命中都需要開發屬於自己的生命智慧，而不一定需要累積大量對自己沒有用的智識。尤其一個人在面對人生的挫折與困境時，他所需要的是深度的智慧，而不是大量的知識。如知名藝人湯蘭花在二十五歲結婚，沒想到，婚後經商的先生竟然以湯蘭花之名開空頭支票，欠了二千萬左右的債，這個金額在當年簡直是天文數字。為還清債務，拚命努力工作，然而儘管努力工作，湯蘭花發現前夫的債務總是還了又來，像永遠填不滿的無底洞。於是三十一歲的她突然清醒，和對方協議離婚。她的智慧引領自己走出生命的陰霾，重新走向生命的自在與快樂。台大哲學教授傅佩榮說：「智慧的二個特質，完整和根本。」湯蘭花的生命智慧醒悟了婚姻的根本，婚姻的根本是為了獲得生命的美好與

快樂，然而一份婚姻帶來無底洞的債務和昏天暗地的生活，自己如此努力拚命的工作又看不到未來生命的希望。於是，湯蘭花重新面對自己的生命，重新檢視自己的生命，重新選擇自己的生命，這就是屬於自己真實的生命智慧。

　　每一個國民所需要的是智慧的深化，而不是知識的累積。因此，國家教育心靈應該關心每一個國民的智慧深化程度，而不是在意每一個國民的知識累積程度。然而，真正最高的智慧是沒有內容的，也是無法教的。智慧既然是無法教的，那又如何能夠在教育現場中引導每一個孩子深化自己的生命智慧呢？面對自己就是生命智慧的開端，真正地面對自己，才能夠真正開啟生命智慧的大門。

　　從教育的第一現場來說，小一六足歲入學的孩子，就要從面對自己的言行舉止開始，國中之後進而面對自己的態度禮貌，高中程度再深化面對自己的起心動念，每一個階段都是需要依靠自己的生命智慧去挑戰與突破。面對自己的言行舉止、態度禮貌和起心動念，也就是從面對自己的圓滿德性開始做起。每一個人出生都俱足圓滿的德性，會因著無知與愚蠢而導致自己的言行舉止破壞了與生俱來的圓滿德性。因此，國家教育心靈如果仍然視德性成長為教育系統的核心基石，那麼整體的教育系統就應該以「德性」為核心，以「智慧」為工具，建構一套以德性與智慧為基石的教育系統（圖 2-9-1）。

　　台灣教育家賈馥茗在《教育的本質》一書中強調：教育是以人為本，凡人便要學習「如何做人」；每個人都「無害」於別人，然後可以「各從所向」（賈馥茗，2005）。圓滿的德性就是對人無害，不會惡意地去任意傷害他人。無害於別人是一句非常簡單的知識，但在生命中要真正做到完全無害於別人是極為困難的生命境界。法律所有禁止有害於別人的言行舉止，都已經是非常嚴重的傷害行為了，而法律只是道德的最後底線。然而，有害於別人，當然會有程度的差別，造成別人困擾或讓人感到不舒服，雖然沒有達到違反法律的規範，但還是屬於有害於別人。所以，要真正做到無害於別人是一件非常困難的事，甚至連至聖先師孔子都說「七十從心所欲不逾矩」，孔子一生都在修身練心，修練到了七十歲才能夠有自信地說，自己無論怎麼說怎麼做，

都不會對別人造成傷害了，這是非常不容易的生命境界。所謂「人難做，做人難，難做人」，即使我們無心要傷害別人，都常在不經意之中會傷害到別人。因為，每一個人的生命想法與立場存在著很大的差異，一不小心，一句話，一個動作，就很容易造成別人的傷害。因此，要做到很純淨地對別人無所困擾與傷害，同時又不會造自己的困擾與傷害，那真的是很需要極為深度的中庸智慧才能真正做得到。

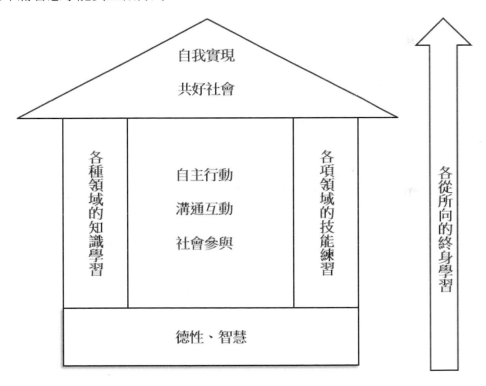

圖 2-9-1 以德性與智慧為核心的教育系統圖

108 課綱所揭櫫的教育理念「共好」，就是彼此不傷害，彼此給利益；彼此沒惡意，彼此給善意，這也就是孔子所希望達到的教育最高理想「大同世界」。「共好」是一種人文的精神境界，而不是一種知識；「共好」的精神需要練心的教育系統，而不是知識的教育系統。精神的境界是需要依靠智

慧與練心去達成，而不是在於學會學好學滿各種領域的知識。共好社會的基礎在於家庭教育與學校教育，喪失功能的家庭教育，唯一可以彌補家庭教育不足的場所就是學校教育。如果學校教育再喪失培養彼此「共好」的精神，那麼，可以非常確定的是，社會上肯定會有人因著他人強大的動物性能量而受到傷害，甚至而被害命。

「共好」的最深基礎就是「自己好」和「同理心」。人的動物性就是以本能的慾望為核心，只要自己好，不管別人好不好，而人的內在人性就是具有「人同此心，心同此理」的同理心，除了自己可以好之外，也能希望別人可以好。因此，「共好」是最終的人文精神目標，而共好精神的培養，肯定不能忽視如何才能對自己好，而對自己最好的生命目標就是「自我實現」。「自我實現」和「適性揚才」具有相輔相成的教育意義，以自我的本性為核心，充份地發展自己的生命潛能，發揚自己的天賦與長才，領受自我實現的最高峰生命精驗。自我實現的生命意義在於社會共好的基礎上，自我實現不僅僅只是充份地滿足自我的慾望與理想，而是對他人同時具有實質的利益與好處。

一所學校和一個班級就是一個小型小社會，各式各樣的人都有，有天份之別，有個性之別，有興趣之別，有家境之別，有強弱之別。如果一個班級都無法達到共好的精神，那麼怎麼能夠奢求整個社會具有共好的精神呢？以霸凌的議題來說，近幾年來霸凌的事件層出不窮，也經常成為被討論的議題。從 2010 年 12 月桃園八德國中爆發霸凌事件鬧上全國新聞版面以來，隔年教育部為營造友善學習環境，於 2011 年 2 月開始，每學期第一週訂為「友善校園週」，以「反黑、反毒、反霸凌」為宣導主軸。2012 年教育部制定了「校園霸凌防制準則」，以強調對於防制霸凌的重視與決心。為什麼需要特別宣導「反黑、反毒、反霸凌」的友善校園週，為什麼需要特別制定「校園霸凌防制準則」，就是因為太嚴重了，即使一再宣導，一再強調，仍然不時地會出現校園霸凌事件新聞。那究竟有多嚴重呢？根據兒福聯盟 2018 年針對全台灣十一到十四歲的孩子進行調查，發現近七成（66.5%）孩子有校園霸凌的經

驗，人數高達 56 萬人。可見上新聞的校園霸凌事件只是冰山一角，而在沒有人看見的陰暗角落裡，仍然持續上演著動物世界的以大吃小，以強欺弱的殘酷事實。

　　在校園中宣導「反黑、反毒、反霸凌」，就好像是國家在社會中宣導不能偷竊、搶劫、殺人一樣；制定「校園霸凌防制準則」，就好像是國家在社會中制定了民法與刑法的法律一樣。一個國家中不會因為宣導了不能偷竊、搶劫、殺人，又同時制定了民法和刑法，然後整個國家就太平安樂，沒有出現任何犯罪與違法事件，那是不會有的事。因為人的存在基本核心是動物性，而不是人性。動物性是以本能慾望為核心，本能的慾望並無法依靠外在的力量而消滅的，而是需要依靠個人內在的力量，才有可能完全轉化成人性的能量，而人性是具有理性的基礎，會有羞恥心和同理心的內在力量，自然不會出現欺負弱小和以小吃大的動物性行為。一般而言，宣導與防制的做為當然也很重要，只要有所重視與強調，就自然會有所效果，只是其效果是治標性質的，而不是治本性質的。一個人生病了，當然要去看醫師，頭痛醫頭，腳痛醫腳，就是治標的做法，即使是治標的做法，至少可以先讓人不要那麼難受和痛苦。但是如果一個人的身體體質不好，一受風寒就咳嗽感冒，持續一直看醫師當然可以緩解身體的難受與痛苦，但就是需要一而再，再而三地不斷看醫師，因為真正的治本就是需要調理身體的體質，需要強化身體的免役力和抵抗力，如此才不會三不五時地需要看醫師。同樣地，校園霸凌和社會犯罪的行為問題，其根本在於「人心」，而不在於行為本身，行為本身只是一個人的外在表現。所以針對行為本身的做為，只能治其標，而無法治其本。因此，即使校園已經持續宣導了十幾年的「反黑、反毒、反霸凌」，也極其重視地動員社會資源加入協助防治霸凌，但仍然會耳有所聞地出現霸凌事件。那是很自然的現象，如果國家教育心靈體質沒有徹底地調理，教育體制沒有徹底地改造，對於人腦的重視始終甚於人心的重視，那麼，校園霸凌和社會犯罪的行為問題仍然會一而再，再而三地持續發生，那也是非常自然的事。因此，如果國家教育心靈無法真正認清人的存在本質，是以動物性的本能為

核心，而以人性的角度去美化一切的表象，那麼，動物性能量的強大力量就會很狡猾地躲在人性虛華的帷幕下，恣意地滋養壯大，一旦壯大到目中無人時，那麼人性的虛華帷幕就會毫不客氣地被扯爛撕下了。所以，校園霸凌和社會犯罪的根本核心問題就在於人心，而不在於表象的行為而已。因此，台灣教育家賈馥茗在《教育的本質》一書中指出：「人的可塑性可以使一個人趨向上游，也可以使一個往下墮落。人性的卓越本在超越了動物性，而且有控制本能需要的力量。然而相對的，人也可以不往卓越處力爭上游，反而擴張動物性本能。」（賈馥茗，2005）如果國家教育心靈無法正視校在的動物性能量正在擴張之中，而一味地以美好的人文精神去掩蓋醜陋陰暗的動物性本能，那麼，校園會生病，社會會生病，那也是很自然的事。

人心人人有，只是品質高低的差別。德性的核心就是在於人心，而人心就是一個人品質的核心。東方心靈科學的基礎就是在於「心」，因為心的品質才是決定一個人高低品質的關鍵。心的品質和知識的累積完全無關，而和智慧的深化有密切的關係。從儒道佛的思想來說，儒家有君子和小人之分；道家有神人、真人、仙人、道人、聖人、賢人之分；佛家有佛、菩薩、凡夫之分，其主要的分別差異就在於「心的品質」，而不在於長相、高矮、胖瘦、家境、知識的多少、權位的高下，而主要在於「心」。

孔子說：「中人以上，可以語上也；中人以下，不可以語上也。」《倫語·雍也》孔子對於人的品質有「上智下愚」的區分，這表示在孔子的眼中，人是具有智慧高低不同之別；孟子說：「君子所以異於人者，以其存心也。君子以仁存心，以禮存心。仁者愛人，有禮者敬人。愛人者，人恆愛之；敬人者，人恆敬之。」《孟子·離婁下》所以，在孟子的眼中，人的品質高低關鍵在於存其心，要存著仁和禮的心，才是具有高品質心靈的君子，也就是存著人文精神的人性之心。在國學的經學與子學中，對「人」作分類說明的很多：如聖人、賢人、士、君子、大人、小人等等，可是把各類的「人」統括起來，作普遍說明的卻不多。只有《書經·泰誓》上有兩句話說：「惟天地萬物父母，惟人萬物之靈。」明代劉蕺（宗周）所著的《人譜·正篇》中

說：「大哉人乎，無知無不知，無能無不能。」「泰誓」所說，是指天地所生萬物之中，人是最「靈」的一類（賈馥茗，1999）。所以，人之所以可以成為萬物之靈，就在於「心」。人心和動物性的本能就是具有內在品質的高低之別。

心的品質就是一個人的品質。法鼓山創辦人聖嚴法師提倡「提升人的品質，建設人間淨土」，並教導人們遇到困難時要有「面對它、接受它、處理它、放下它」的智慧。心的品質和金錢、權勢、知識、才能、技術、家境、個性、長相、身材等並沒有直接的關係，而和一個人的智慧深淺有著直接緊密的關係。人的品質就是國家內在生命的品質，也是教育心靈需要重視的人文素養。當然，從國家教育心靈的視域來說，人不應該有類別的分別，古代對於人的分別：聖人、賢人、士、君子、大人、小人，也只是古時代讀書人對於心靈品質的分別。對於現代的社會普世價值來說，人人平等、人無貴賤之分、人無高低之別，是非常重要且基本的價值觀。所以，國家教育心靈不應該對於人的品質有所分類，而造成人心之間的貴賤之別，而對於人心的品質內涵，主要應該在於「德性的圓滿」，也就是「人性的水平線」。德性的圓滿和人性的水平線最主要為了建設一個可以滿足自我實現和共好的社會，每個人都能夠做到「無害」於別人，然後可以「各從所向」。以 108 新課綱的理念來說，自我實現的生命道路就是在個人「德性圓滿」的基礎上，以自主行動的精神「各從所向」，無論是各項領域的知識學習，或是各項領域技能的練習，都能夠自由自主地終身學習達到個人生命的自我實現；而共好的社會就是在「人性水平線」的基礎上，彼此之間都能溝通互動，共同投入社會參與，以達到共好的社會境地。

因著西方物質科學的主流典範是以理性思維追求知識為核心，而主導著全世界主要的教育心靈主要強調知識的學習與累積。然而，不同於西方物質科學的東方心靈科學是以追求心的品質為核心，以智慧為工具探求生命的悟道、解脫、寧靜、慈悲、仁愛、禮義、和諧、圓融等人文世界精神的心靈品質。「無害」於別人是一種心靈品質的展現，而和頭腦的知識累積沒有什麼

直接的關係。因此，在以知識累積為核心的教育系統中，許多高知識份子一樣會犯下極大的重罪，甚至造成別人與國家的傷害更是至深且遠的，例如：總統貪污、縣市長貪污、民議代表貪污等重大犯罪案件對於人民信任國家的核心價值與職位形象具有極大的傷害與玷污。高知識份子的犯罪行為，意謂著個人的心靈品質連最基本的德性的圓滿和人性的水平線都完全缺乏的，就好像一個學生連最基本的注意符號和最基本的 ABC 字母都學不好，怎能期待能夠寫出美好的文章呢？如果一個國家的知識份子連最基本的人性品質，德性圓滿和人性的水平線都沒有的話，那麼怎麼期待國家能夠擁有美好的人性精神的社會環境呢？

因此，以心為核心的東方心靈科學和以腦為核心的西方物質科學，在教育心靈的思維上有些什麼巨大的差異呢？我們可以從以下三點看出東西方心靈之間的主要不同點：

一、心的品質和腦的容量：心的品質是東方教育心靈所強調的核心，也就是以德性居首，而智、體、群、美居後，而腦的容量是西方教育心靈所強調的核心，也就是以智育居首，其他的領域就容易被邊緣化了。對於國家教育心靈而言，心的品質和腦的容量是一種典範選擇的議題，在以知識為核心所創造出來科技文明昌盛的時代，選擇趕上時代腳步與潮流，讓所有的下一代要把大量知識學會學好學滿，那也是非常自然的選擇。人生會面臨許許多多的選擇，國家也會面臨許許多多思想路線的選擇，面臨人生的選擇，就是需要生命的智慧。真正的生命智慧可以看見生命的整體與根本，即使在生命道路上會出現許許多多的意外與挫折，但生命智慧之亮光自然會引領著自己朝向充滿希望與光明的未來。

心的品質就是需要從面對自己開始，面對自己就是生命智慧的開端。因此，儒家強調修己修身的重要性：「自天子以至於庶人。壹是皆以修身為本。」《大學》修己就是需要認真地面對自己，從外在的言行舉止，到內在的態度禮貌，甚至更深細的起心動念。台灣教育家賈馥茗在《教育的本質》書中說到：『人道在於「修己」，意為每個人都從「自己」做起。這是由自

己想要「成為人」而起，完全是自己的「事」，也可以說是自己對自己的責任（賈馥茗，2005）。』人道就是人性的世界，也是人文世界的精神核心，每一個人要面對自己會傷害到別人的動物性能量因子。動物的世界是以本能為行為的動力，沒有修己的需要，一生就是依靠內在的動物本能過生活。然而，人是萬物之靈，人不是只有動物的本能層次，人還有更高層次和更美好的人性層次和神性層次。因此，修己的目的是為了追求更快樂的自己、更幸福的自己和更美好的自己。修己的核心並不是為了別人，而是為了自己；心的品質提升最大的受益者是自己而不是別人。

心的品質和腦容量的知識並沒有直接的關係。長期以來的教育系統一直強調腦容量的知識程度，然而對一個缺乏生命智慧的人而言，腦容量的知識累積愈多，愈是容易讓一個人變得自大且不自覺地傷人；而唯有透過生命智慧的深化，才能真正提升一個人的心靈品質，也才會讓一個人懂得虛懷若谷，懂得追求生命真正的福樂之境。

隨著資訊科技的日新月異，知識的取得已變得彈指可以，而且網路資訊與人工智慧機器人已經完全可以取代人們所有的知識。一個人的腦容量再怎麼大，也不會大過網路的知識；一個人的記憶再強，也不會強過人工智慧機器人的龐大記憶容量。雖然腦容量的知識已經逐漸地被現代資訊科技所取代，然而心的品質永遠是電腦與人工智能所永遠無法取代的。

心的品質源自於一個人的智慧深度，而不是一個人的知識多少。在孔子的三千弟子中，孔子最為讚賞的莫過於「不遷怒，不貳過」的顏回《論語‧雍也》顏回並非眾弟子中最聰明的，也不是腦容量最優的，而是心靈品質最高的。只要有出現任何的過錯，顏回必宗會反省自己並決心修正，不會再犯第二次同樣的過錯，這就是一種很高的生命智慧。面對自己的過錯，避免自己再造成別人的傷害與麻煩，就是一種心靈品質的提升。所以，禪宗六祖惠能說：「改過必生智慧，護短心內非賢。」《六祖壇經》因此，心的品質提升就是要從面對自己的過錯開始。以教育的現場來說，孩子會犯錯，會惹麻煩，會讓人生氣，那是自然的動物能量本能所致，唯有孩子願意面對自己的

過錯行為，才是人性能量覺醒的開始，也是生命智慧萌芽的開端。

因此，心的品質要從維護自己的圓滿德性和人性水平線開始。只有自己的言行舉止才會破壞自己的圓滿德性，自己的圓滿德性就是需要依靠自己的生命智慧去維護。

二、心的無知和腦的無知：腦的無知是不知道外在有的，而心的無知是不知道裡面有的。用生活的話語來說，腦的無知就是考試零分，頭腦裡面完全沒有知識的內容，就是腦的無知，而心的無知就是不知道自己已經擁有的，卻任意忽視破壞，導致無知地喪失原本所具有的一切，例如：科幻電影經常上演人類不懂得珍惜地球，恣意破壞而導致地球面目全非無法住人，就是影射人類心的無知；又如一個人的身體原本健健康康，卻無知地大吃特吃垃圾食物引以為樂，而導致日後百病纏身，這就是心的無知。因此，心的無知就是沒有智慧的結果，智慧需要被開啟，也需要被提升，才能夠讓心的無知消散無蹤，為生命帶來真正的快樂與美好。西方教育心靈總是強調要掃除腦的無知，而東心教育心靈則一直強調要覺醒心的無知。

釋迦牟尼佛悟道後說的第一句話，即是感嘆：「奇哉，奇哉，一切眾生皆有如來智慧德相，但因妄相執著，而不能證得」。佛陀成道後的智慧看見了，在人身上原本就已經具足的，但卻因為無知無明而無法看見生命本身原本所具足的豐盛與光輝。所以，孟子也說：「萬物皆備於我矣。反身而誠，樂莫大焉。」《孟子・盡心上》明朝思想家王陽明頓悟時體悟到禪宗的「本自具足，不假外求」而所謂的如來智慧德相、萬物皆備於我、本自具足，也只是先賢先聖的內證智慧，並無法直接成為個人的生命智慧經驗，除非自己的生命智慧同樣可以深刻地體會到當下的生命已經俱足一切。西方的瑜珈之父尤迦南達（Paramahansa Yogananda）說：「忘記過去，因為那已經從你的生命中消逝了！忘記未來，因為那超乎你所能碰觸到的！把握當下，好好全然地活在當下！這才是智慧的道路。」（Forget the past, for it is gone from your domain! forget the future, for it is beyond your reach! control the present! Live supremely well now! This is the way of the wise.）

　　智慧的生命道路就是當下即是，活生生喜樂地擁抱已經充滿所有的美好與神奇的當下生命。然而，如果國家教育的心靈處在不斷強調要孩子學會學好學滿各種領域的知識，不斷催逼孩子要提升自己的未來競爭能力，沒有一絲一毫的活在美好當下的心境，那麼又如何引導所有的國民享有經驗當下美好奇妙的生命歷程呢？深度的生命智慧就是當下即是的美好心境狀態，靜享那已經充滿豐盛與美好的生命本身，而不是隨著無窮無盡的慾望與日夜不安的焦慮起舞。

　　所以，腦的無知是沒有知識，而心的無知是沒有智慧。沒有基本知識不一定會對別人有所傷害，但沒有基本智慧就是會經常做出傷害自己和傷害別人的事情來。因此，對於一個國家的國民而言，心的無知比腦的無知更需要受到重視。所以，心的無知意謂著人性品質的低落，人性品質低落的社會與國家，就是意謂著會有許多人因著他人的人性品質低落而受到傷害，甚至死亡。本自具足的美好圓滿德性需要智慧之心的守護，唯有智慧之心的開啟，才得以喚醒原本就已經具足的美好人性能量；唯有智慧之心的提升，才能夠建造一個屬於自我實現與共好社會的和諧圓融世界。

　　三、共同成長和自我成長：共同成長就是大家共同的事，而自我成長就是個人自己的事。東方智慧心靈的思維傾向把共同的事擺在前面，因此常被視為集體主義的象徵；西方智慧心靈的思維傾向強調個人的權利為優先，因此常被視為個人主義的象徵。東方的心靈總是傾向把自己放在整體中來看待自我，而西方的心靈比較傾向如何將自己從整體中突顯出自我。從藝術的視域來看，很明顯地可以看出東西方心靈思維的差異，中國潑墨畫的人物，總是在大自然中，顯得那麼渺小而不容易被發現；而西方繪畫中的人物，總是佔據了大幅的畫面，背景的自然景緻只是陪伴襯托用的配角而已，人物本身才是最重要主要的角色。因此，東方心靈傾向於從整體來看待自己的存在，而西方心靈傾向從自己來彰顯存在的價值。共同成長就是從整體來看待自己的存在，而自我成長就是由自己來彰顯存在的價值。

　　東方聖者的孔子說：「克己復禮為仁。」《論語・顏淵》孔子認為，適時約束自己才能夠符合禮，也才是仁的表現。所以，對孔子而言，禮與仁是比自己的本能慾望還更重要，禮與仁就是人與人彼此互動出來的人文世界。禮與仁並非只是空洞的名詞，而是具體與自己互動的他人，除了自己以外，也需要在意他人的主觀感受，以同理心去對待他人就是禮與仁的表現，也是一種人性的基本表現。孔子的思想對於東方集體心靈的影響很深遠，「克己復禮」常會被認為是壓抑自己的行為表現，而過度抑壓自己的主觀情緒與感受，就容易讓心理健康產生失衡。然而事實上，過度抑壓自己也不是孔子的主張，孔子認為過與不及都是不好的。因為孔子真正核心的主張是中庸之道，也就是凡事過與不及都是不好的，而是需要培養智慧去保持中庸之道。所以，雖然孔子弟子有若認為：「禮之用，和為貴」《論語・學而》東方心靈因著孔子的影響，很重視人與人之間的和諧，但肯定並非為了人際和諧而輕易犧牲自己的個性與主體性。所以，孔子很強調：「君子和而不同，小人同而不和」《論語・子路》因此，中庸之道的思想並非是沒有原則的妥協式與討好式的人際和諧，而是必須符合「禮」的規範和體現「仁」的精神。所以，孔子說：「鄉愿，德之賊也。」《論語・陽貨》那些為了表現人際的和諧，而逃避、掩蓋、顧慮、粉飾、妥協、人人好等行為，在孔子眼裡，只是同流合污媚於世，雖然被鄉人認為是好人，但實際上卻不能區分善惡、好壞、是非的敗壞道德之人而已。甚而對於對於那些彼此態度立場不同和價值觀點不同的人，孔子也毫不含糊地站在禮的規範和仁的精神，就不需要再討論商議了，所以，孔子會很明確地表達自己的想法與立場說：「道不同，不相為謀」《論語・衛靈公》因此，「誠之者，擇善而固執之者也。」《禮記・中庸》在孔子的弟子中，能夠將中庸之道做得最好的就屬顏回了，所以孔子讚賞地說道：「回之為人也，擇乎中庸。得一善，則拳拳服膺，而弗失之矣。」《禮記・中庸》顏回的做人就是完全選擇中庸之道而行，只要是良善的道理，必定是恭敬地奉持，絕不會輕易地漫心失據。

　　因此，中庸之道是把握禮與仁最重要的核心精神。宋代理學大家朱熹在

《中庸章句集註》一書中注解中庸之道：「中者，不偏不倚，無過不及之名；庸，平常也。」據此，中庸之道就是不偏不倚，無過不及，人中至正，允執厥中；中庸之道也是一個人德性至高無上的最有智慧表現了。所以，孔子說：「中庸之為德也，其至矣乎！」《論語‧雍也》一個人圓滿德性就是人際和諧的基礎，也是彼此共同成長的基石。所以，東方心靈一直很重視人與人彼此之間真誠的和諧精神，而真誠的和諧就是立基於德性、禮、仁和中庸之道智慧。因此，亞聖孟子也說：「天時不如地利，地利不如人和。」《孟子‧公孫丑下》和諧的精神就是需要依靠共同成長的人性環境下，才得以建設一個利益於每一個人的人文精神心理環境。

　　和諧的精神是一種內在美好的心靈感受，東方心靈一直很強調這種高於個人享受的共同享受，如孟子所說：「獨樂樂，不如眾樂樂。」《孟子‧梁惠王下》和諧的精神肯定是共同的事，而不是個人的事。就好像每一個人拿一件樂器，即使每一個人都可以各自演奏的很好，然而在一起演奏時，卻又各吹各調，那麼百分之百肯定是會產生非常難以忍受的不舒服吵雜聲。大家在一起演奏時，就是需要彼此聽到彼此的聲音，除了要知道自己的演奏之外，也要知道別人在演奏什麼調，如此才有可能在一起演奏出美妙動人的和諧聲音。因此，二十世紀英國著名歷史學家湯因比（Arnold J. Toynbee）認為，和諧是東方很重要的文化寶藏與思想資源，也是未來人類前途很重要的資產。湯因比認為，西方已經掌握可以毀滅自己的高度發達技術核武，又同時經常處於極端對立的政治與意識形態營壘中，因此，如果人類沒能好好學習東方心靈的精髓—和諧，那麼整個人類的前途是可悲的。

　　東方智者的老子也同樣強調「和諧」。老子說：「人法地，地法天，天法道，道法自然。」《道德經》老子的智慧認為，天、地、人三者之間是自然共生的，共同遵循著自然法則的天人和諧。因此，老子認為，一個人的智慧是表現在個體的充分自由發展和整體的自然和諧，人與自己的和諧、人與社會的和諧、人與萬物的和諧、人與天道的和諧，以及人與自然的和諧。

　　1987 年《紐約時報》公佈：人類古往今來最有影響力的十大著作中，

《道德經》排名第一，評選老子為古今十大作家之首。依據聯合國教科文
2018 年最新統計數據顯示，《道德經》的銷量已經超越了《聖經》，躍居所
有經典之上，現在已榮登世界書籍排行榜榜首之位。因此，蘊藏老子智慧的
《道德經》，已經躍升為人類心靈智慧的共同資產。《道德經》之所以可以
受到西方心靈如此重視，就是因著老子的智慧深刻地描述自然與和諧的美好
心靈，是屬於共同的美好，而不只是單獨的個人享樂而已。《道德經》主要
在闡述「道」與「德」：「道」是宇宙之道、自然之道，即整體的和諧與美
好；而「德」是個人之道、處世之道，即個人存在的和諧與美好。所以，老
子說：「道之尊，德之貴，夫莫之命而常自然。」整體之道與個人之德，本
來就是自然而美好的，自然在人的內心之中，不需要特別去強調與規範，自
然就可以感受到道與德的尊貴美好。因此，老子深刻的智慧就在於整體的自
然宇宙觀，人是自然的一部分，也是整體的一部分，所以需要學習與自然，
與整體保持和諧的關係，才能擁有自在的身心靈健康。

　　東方覺者的佛陀也是從整體的生命智慧中，覺悟到個人存在的生命實相。
人生在世必然會歷經生、老、病、死，沒有人可以逃避人生的無常變化，每
一個人都必須面對生命中的八苦：生苦、老苦、病苦、死苦、愛別離苦、怨
憎會苦、求不得苦、五陰熾盛苦。驅樂避苦是動物的本能，並不需要任何知
識和智慧，只要是動物必然會本能地逃避當下的痛苦，並直覺地追求當下的
快樂。然而，生命的智慧會讓我們看見，「藉酒澆愁，愁更愁」、「短暫的
快樂換來更長久的痛苦」，逃避當下的痛苦，並無法解決根本的痛苦，而追
求當下的快樂，並無法獲得長久的快樂。因此，佛陀為了獲得根本解決生命
煩惱與痛苦的方法，為了追求真正離苦得樂的根本解脫之道，而斷然捨棄皇
宮富裕的物質生活，投入六年的艱苦修行，最終證悟生命圓滿的智慧。佛陀
的圓滿智慧內證悟道，從生命的幻象「無常、苦、無我、不淨」到生命的實
相「常、樂、我、淨」。《涅槃經》記載著佛陀的悟證說法：「法身即是常
樂我淨，永離一切生老病死。」、「常者即我，我者即淨，淨者即樂，常樂
我淨即是如來。」、「智慧者，所謂觀於如來，常樂我淨。」因此，佛陀的

生命智慧照見空與不空、常與無常、苦與樂、我與無我，照見生命的中道實相。「智者見空與不空、常與無常、苦與樂、我與無我。」、「智者了達其性無二，無二之性即是實性。」、「中道者名為佛性。是故佛性，常樂我淨。」《涅槃經》佛陀的中道實相智慧，即是不落兩邊的生命智慧，圓滿個人身心靈的最高生命智慧。

對於內證中道實相的生命智慧，享有「佛陀第二」與「八宗共祖」之美譽的龍樹菩薩，同樣有著很深刻地闡述：「非有亦非無，亦復非有無，此語亦不受，如是如中道。」《大智度論》，「自知不隨他，寂滅無戲論，無異無分別，是則名實相」《中論》中道實相就是一切無所分別的圓滿整體，無善無惡、無生無滅、無垢無淨、無增無減、無苦無樂。佛陀說，一切的存在本身就是圓滿的，眼前的一切存在就是充滿著生命圓滿的光輝。「一切諸法無自性，無生無滅，本來寂靜，自性涅槃。」《解深密經》

因此，東方智慧的心靈無論是孔子、老子或佛陀，都是從宏觀的生命視野，追求生命整體存在的和諧與圓融，而非只是單純地追求滿足個人的本能與慾望。共同成長的追求就是從整體的存在，用生命智慧的眼光，看見自我和他人之間彼此可以達到和諧與圓融的美好心靈境地。

不同於東方智慧的心靈所嚮往的整體和諧圓融，西方心靈的智慧主要強調「自我」的存在與追尋。古希臘哲學家蘇格拉底（Socrates）說：「我唯一知道的是，我一無所知。」因此，蘇格拉底在探尋宇宙人生的究竟道理時，就是從「自我」開始的；被譽為「近代科學的始祖」法國哲學家笛卡爾（René Descartes）有一句名言：「我思故我在」（法語：Je pense, donc je suis）就是以「自我」做為奠基認識一切存在的基礎，因此也影響了後來的自然科學以自我的感官，做為科學實證的根源基礎；又如德國著名哲學家和西方現代哲學的開創者尼采（Friedrich Wilhelm Nietzsche）在 1888 年出版的《瞧！這個人》（Ecce Homo）一書中，在前三個章節的標題名稱分別是：「為什麼我這麼有智慧」、「為什麼我這麼聰明」、「為什麼我寫出這麼好的書」。突顯「自我」存在的價值與強烈意志是尼采所讚頌的，而以

「自我」為核心的尼采思想影響後世至深且遠。在《查拉圖斯特拉如是說》書中，其中的名言「上帝已死」，就是為了追求強烈的個人自由的「權力意志」，以不斷自我超越，追求「超人」的誕生，以達到彰顯「自我」存在的最高價值與最高成就。

因此，西方智慧的心靈無論是蘇格拉底、笛卡爾或尼采，都是從自我的生命視野出發，以「自我」做為一切生命存在最為基本的基石，再追求自我生命的存在價值與不斷超越生命的限制。

無論是共同成長，亦或是自我成長，對於個人的生命旅程而言都是具有很重要的意義與價值。非洲有一句諺語：「如果你想走得快，就自己來；如果你想走得遠，就一起來。」（If you want to go fast, go alone; if you want to go far, go together.）自我成長可以按照自己的腳步與速度，自我超越的追求是屬於個人的事，無論是快是慢，並不會對於整體的社會有直接太大的影響；而共同成長就是需要大家一起來共同投入和參與，才能夠完成整體社會的和諧與圓融。共同的成長的速度與腳步，肯定是需要比較長久的時間與耐心，共同去經驗與交流，才能慢慢達到彼此都能享受其中的和諧與圓融。就好像是爬山一樣，自己雖然可以爬得比較快，但卻是獨自一人而已；而大家一起就可以爬得久，爬得遠，彼此可以有個照應，也可以共同分享沿路的生命風景。

因此，東方教育心靈的生命智慧所重視的核心是：心的品質和共同的成長；而西方教育心靈的生命智慧所重視的核心是：腦的容量和個人的成長。心的品質和共同的成長，需要依靠智慧的深化；腦的容量和個人的成長，需要依靠知識的累積。對於個人生命需求而言，智慧是一種工具，知識也是一種工具，智慧和知識並不是兩個完全不相同的東西，是一彼此相輔相成的東西。無論是智慧，亦或是知識，都只是個人生命中的工具，而個人生命旅程真正的目的是為了獲得生命中真正的快與喜悅。有一種快樂叫做物質的快樂，有一種喜悅叫做心靈的喜悅；有一種人為了追逐個人的物質快樂，而不折手

段、不借代價地任意傷害別人，卻也給自己與別人帶來生命中的陰暗與災難，這種人就是沒有智慧的人；有一種人為了追求個人心靈的喜悅，而折磨身體、捨棄物質享受，而讓自己的身體受苦，失去人間美好的物質享受體驗，這種人就是智慧尚未圓滿的人。一個人的生命中，想要獲得真正的快樂與內心的喜悅，不一定需要累積大量的知識，但一定需要深化內心的智慧。

從國家教育心靈的視域來看「智慧」，每一個孩子，每一個國民，每個人的一生，都需要不斷地深化智慧，但不一定需要許多知識。知識隨著資訊科技的發達，已經變成彈指之間即可以從無遠弗屆的網路世界輕易獲取，人的腦容量也早就已經被電腦的容量所取代了。因此，在資訊科技發達快速與通暢的時代，每一個人更需要擁有智慧去瞭解自己的生命所需與自己的生命追求。知識浩瀚無窮無盡，而我們有足夠的智慧去獲取自己真正所需要的知識嗎？ 108課綱的願景，想要成就每一個孩子，並非採取逼迫每一個孩子要學會學好學滿所有知識系統的課程內容，才能真正成就每一個孩子，這肯定不是具有智慧的思維方式。所謂「弱水三千，只取一瓢飲」，孩子需要什麼樣的知識內容與技術內容，應該是由孩子個人的生命需求與生命方向所決定的。所謂「生也有涯，而知也無涯」《莊子‧養生主》，知識是學不完的，而人生是非常有限的。立志當醫師的孩子，務必學會學好學滿所有108課綱的知識內容，也只是基本的條件而已；立志成為鋼琴演奏家的孩子，每天苦練幾個小時以上的基本練習，也只是基本的要求而已，但要一位立志成為鋼琴家的孩子，耗費那麼多時間去學習對他一輩子沒有任何用處的知識，又對誰有何益處呢？但無論孩子想成為什麼樣子的人，都需要擁有智慧去面對自己的人生，因為人生必然遭會遇到許許多多的困難、挫折、挑戰、瓶頸與試煉，不斷地挑戰自己與超越自己，才是真正自動自主的適性揚才，而真正的適性揚才是需要依靠孩子內在真實生命驗所開發出來的生命智慧，而不是依靠108課綱的知識課程架構。108課綱的精神內涵只是在文字上強調「學生是學習的主體」，事實上的做為卻是以大量的知識系統內容為主體，而並非以孩子真實的生命經驗與主觀感受做為開發每一個人獨特性的適性揚才。所

謂的「主體」，就是自己是自己的主人，自己的生命內容和自己的生命方向，是由自己所決定的，而不是由別人安排好的。生命中沒有自己的主觀意識決定，只是任由別人擺佈，只能聽從別人的安排與規定，那就叫做「傀儡」，而不是叫做「主體」。所以，在國家教育心靈的知識霸權之下，孩子大都只能成為 108 課綱課程架構的傀儡，而難以成為自己生命中真正的學習主人。108 課綱明文指示「學生是學習的主體，教師的教學應關注學生的學習成效，重視學生是否學會，而非僅以完成進度為目標。」、「對於學習後學生，應調整教材教法與進行補救教學」（總綱，頁 33）當孩子被強迫要求務必按照規定學會學好學滿所有的知識架構內容，那麼，在這種情況之下，孩子又怎麼有可能成為自己生命真正的主人呢？又怎麼可能在終身學習的生命起點上，培養出自發主動的喜樂學習心呢？

國家教育心靈的知識霸權對於那些不想學習知識的孩子而言，就是一種無形的精神霸凌。當孩子長期處於一種無形的精神霸凌，又為了好好生存下來，只能無奈地放棄自己內心真實的感受與想法，在無言的抗議下，就自然地會出現許許多多脫軌脫序的動物能量行為。孩子所有的脫軌脫序行為，孩子自己本身自然脫不了責任，然而國家教育心靈的知識霸權行為，也是脫不了本身做為應有的責任。

因此，如果國家教育心靈本身無法意識到，自己本身的知識霸權行為，那麼，所有的孩子在十二年國民教育的體制之下，也只能一直被監禁在大量知識的囚牢裡。長期待在知識囚牢裡的靈魂，一旦離開了國民教育系統的知識囚牢，逃都來不及了，怎麼還能夠培養出國家教育心靈所期待的終身學習精神呢？因此，智慧不僅是每一個人都需要，甚而國家教育心靈本身更需要智慧去解脫自身的知識包袱。大量的知識是許多人類智慧的結晶，知識本身並沒有什麼問題，知識是因人而存在，而不是人為了知識而活，所以問題是在於需要如何面對知識的智慧。

智慧，梵語稱為般若（Prajna）。佛家把「聞、思、修」稱為三慧，將般若分為三種：文字般若、觀照般若、實相般若。知識是屬於一種文字般若，

文字般若只是智慧的初階，所以，知識的學習並非完全不重要，也並非完全沒有用，而是需要更進一步的觀照般若與實相般若，知識才能對個人的生命產生意義與價值，才能真正感受到知識對自己生命的利益，感受到知識學習的意義與價值，才能真正領受到學習的成就感與喜樂心，擁有了源自於自己經驗的學習成就感與學習喜樂心，自然能夠踏著輕盈快樂的腳步，走在終身學習的生命道路上。以青少年的性衝動為例，學校會教導孩子許多有關於身體的知識，也會教導孩子認識自己和管理自己的情緒，然而這些所有的知識，也只是屬於文字般若。文字上的知識是死的，沒有生命的，也沒有感情的，對自己而言，用不上的知識，就是沒有用的知識，例如：2020 年 10 月 28 日一則新聞，長榮大學馬來西亞籍女學生命案，受害者是一位三年級的女學生鍾筱玲於晚間，由大學校園返回校外宿舍時被加害者梁育誌強擄，並且加以性侵殺害，此案因而引起台灣及馬來西亞的高度關注。無庸置疑的，梁育誌的生命走過了十二年國民教育的知識教育，對於基本的身體知識、性知識、性犯罪知識和情緒控管知識，必然知道文字般若的存在。然而，梁育誌卻徒有許多知識，卻完全沒有基本的人性基本水平線。沒有基本的人性水平線，肯定不是突然就直接發生在不幸長榮女大學生的命案上，而是從家庭歷程和學校歷程必有軌跡可尋。依據新聞調查報導，梁育誌在國中時就是一位出現偏差行為的非行少年，出社會後就連續犯下六起專偷女性內衣褲的竊盜案，而整個生命歷程，梁育誌似乎完全沒有真實地面對過自己內在的強烈動物性能量，而導致自己做出連自己都感到悔恨的重大刑事案件。連帶牽連的是自己的父母，也造成國家形象在馬來西亞人民心中的污點。正所謂「社會問題根源於家庭、顯現於學校、惡化於社會」，梁育誌的父母在案發後，出面向社會坦誠道歉：「對不起你們！我們教養的問題、過錯，造成這麼大的社會問題，真的對不起。」對於受害者的父母而言，喪女之痛真是一輩子都無法抹去的椎心之痛。因此，梁育誌的父母痛心地表示：「我們是對你們造成那麼大的傷害，這個遺憾是我們造成的，如果能速審速判，能還你們一個公道，以命償命的話，也對爸爸媽媽是最好的交代。 再多的道歉也彌補不了你們的

傷痛，」重大的兇殺刑事案件，肯定都不是突然發生的，而是必然有其生命軌跡可尋。從梁育誌的外表來看，鄰居表示他外表相當「古意」，長相斯文實在看不出會有性侵害傾向的人。長相斯文和古意樣子是梁育誌的人性化外表，每一個人都會有人性化的外表，但在內心深處所潛藏的強大動物性能量，最終只有自己最清礎，最明白，最能感受到那股超越自己而難以控制的巨大動物性能量。所以，所有社會問題最終極的根源之處，就是自己的心，而家庭、學校和社會只是可以滋養一個人內在人性化的環境之所。如果一個人不願意去面對自己的心，那麼，自己仍然得去面對自己的言行舉止和起心動念的後果，只是家庭、學校和社會就會有人必須去承擔如此不幸的生態系統下的自然結果。因此，梁育誌在家庭、學校和社會的生命歷程中，只是徒然擁有文字般若，卻完全沒有觀照般若和實相般若。

因此，從國家整體的生態系統來說，所有國民擁有基本良善，遠比擁有基本知識，還更為重要。目前我們的國家教育系統是以要求全體國民必須擁有基本知識為核心，而非以人性的基本良善為社會核心價值。如果一個國家教育心靈是以圓滿德性為核心信念，那麼就必須放下對知識的霸權與執著，以全體國民的真實快樂與幸福圓滿為教育目標，而不是以為了滿足自身的知識霸權與知識權威為主。如果一個國家教育心靈有足夠的智慧觀照，一個人的基本良善遠比基本知識更為重要，那麼，美好的人性化社會才會有可能從實相般若中誕生出來。

知識無窮盡，智慧甚深細；知識一生追求不完，智慧也是同樣追求不盡。在終身學習型社會的教育理念之下，國家教育心靈對於國民的知識累積與智慧深化，應該採取更為心胸豁達與自由開放的態度。自我成長的事，就是依照個人的生命需求與生命方向，一路關照守護其自我成長的喜樂之心；而共同成長的事，就是從「面對自己」開始，一路關心彼此的言行舉正、態度禮貌和起心動念。

從「聞思修」三慧與文字般若、觀照般若、實相般若的層次來看，「面對自己」只是聽聞和文字般若的層次，例如：小強經常滿口髒話，髒話已經

成為生活日常用語與難以改正的口頭禪。小強必然會經常聽聞到師長的糾正，但小強如果沒有真誠地面對自己，深入去思維自己和觀照自己的言行舉止問題，那麼小強的滿口髒話就自然會跟隨他一輩子，而身旁的人就得要忍受他滿口髒話的心情污染。除非小強願意打開智慧之心，深入去面對自己，思維自己的問題，以智慧之心去觀照自己的問題，才有可能再進入修練與實相般若的層次。如果小強願意下功夫去修練自己的心，願意深入實相般若的層次，那麼小強才有可能真實地轉化成為美好自己，也才有可能生長出令人讚賞的人性化花朵。

從整體社會國家的生態系統來看，共同成長的人生真善美境地基礎就是每一個人的圓滿德性；每一個人的圓滿德性基礎，就是從「面對自己」開始，從社會鏡中自我開始，從聽聞開始，從文字般若開始。「面對自己」所需要的是開發自己生命的深度智慧，而不是和自己生命沒有什麼直接關連的大量知識；「面對自己」是一件非常不容易的事，因為人性的自我自然會抗拒接受自己的過錯與自己的低劣。因此，國家教育心靈如果成功建立一套孩子能夠面對自己言行舉止、態度禮貌與起心動念的教育系統，那麼，思維的智慧與修練的智慧就是需要更有耐心去等待孩子自己從內心重新生出不一樣的自己。因此，觀照般若與實相般若的層次，就是從願意「面對自己」開始。孩子願意真誠地去面對自己，慢慢知道人生「真善美」的美好，慢慢領悟「真善美」的珍貴，慢慢心領神會地去實踐「真善美」的境地。那麼，整體社會國家所擁有的就是具有基本良善的國民，而不是只徒有基本知識的國民。因此，全體國民所享有的是整體社會國家的美好人性化芬芳與自我成長的終身學習生命樂園。

九、智慧的深化和知識的累積

參、生活篇

一、隨機殺人的陰影

在表面，每一個人都是不一樣的獨立個體；
在深處，每一個人都是整體系統的一部分。
萬事萬物都彼此相互效力，萬事萬物都彼此相互關聯。

在 2014 年 5 月 21 日爆發震驚社會的臺北捷運隨機殺人事件，造成 4 死
28 傷的慘劇。21 歲的兇嫌鄭捷當時是大二學生，以長期有目的性地完成內心
潛藏的想法，鄭捷供稱：「因為父母對我的期望太高，覺得求學太累、活得
很辛苦。從小學五年級就開始計畫這起殺人案，對於砍人殺人的犯行一點也
不後悔，還很舒坦，因為已經圓夢了，如果再來一次會殺更多人。」因此，
從鄭捷的話語中可得知，在他內心中的負向情緒已經從小時候就開始累積了，
如果從小學五年級開始算起到事件爆發，至少也累積了十年以上，累積了那
麼長久的負向能量都完全沒有獲得排解的機會，這股強大的負向能量已經壓
迫到他內心深處，產生了極大難以承受的心理壓力，同時也淹沒了他人性的
靈魂。所以，他才坦言對於自己的嚴重犯行沒有任何後悔，甚至是獲得一種
發洩的舒坦感覺。

為什麼是從小學五年級就開始計畫要殺人了呢？鄭捷提到在小學五年級
的時候，班上有二位女同學讓他受到心靈上的傷害，因而蘊釀了內心的仇恨，
讓他經常憤恨地說：「我真想殺掉她們兩人！」因此，從小就承受著極大的
心理壓力，再加上內心充滿著仇恨的報復心態，而導致鄭捷感到人生活得很
累很辛苦，於是內心產生了自殺的念頭。所以，他向警方說：「我從小學時
就想自殺，不過沒有勇氣，只好透過殺人被判死刑，才能結束我這痛苦的一
生。」所以，從生態系統的角度來看，想死的念頭才是真正爆發整起臺北捷
運隨機殺人事件的內在根本行為動力（圖 3-1-1）。

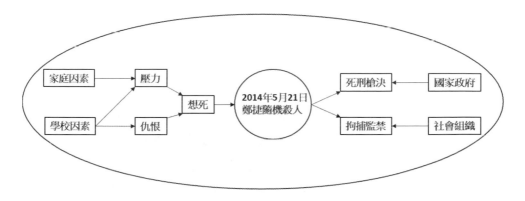

圖 3-1-1 鄭捷事件生態系統圖

在 1957 年獲得諾貝爾文學獎的法國哲學家卡繆（Albert Camus）在《薛西弗斯的神話》（The Myth of Sisyphus）書中說：「真正嚴肅的哲學問題只有一個，就是自殺。」一個人活著或許不一定需要原因和理由，但一個人會有自殺的念頭和行為，背後一定會有原因和理由。促使鄭捷想死的理由主要有二個：內心的巨大壓力和心中的糾結仇恨。內心巨大壓力的來源主要是來自於父母期望太高的家庭因素和求學太累太辛苦的學校因素；心中仇恨糾結的來源主要是來自於二位女同學的心靈傷害。埋藏了十年想死的念頭，最終在 2014 年 5 月 21 日爆發於臺北捷運的隨機殺人血腥場景。因為鄭捷的隨機殺人行為而立即當場被拘捕監禁，此刻社會組織的警方人員開始介入，隨後國家政府的法院也啟動予以死刑槍決。

因此，從鄭捷事件的生態系統來看，整體的生態系統包含了五個層次：個人、家庭、學校、社會和國家。在個人方面，鄭捷為自己的罪行付出了生命的代價，諷刺的是，國家政府幫忙完成了鄭捷一直以來想死的願望；在家庭和學校方面，過大的壓力和難解的仇恨持續埋藏在鄭捷內心有十年之久，但卻都難以獲得人性化的尊重與人性化的滋養；在社會組織和國家政府方面，只能在悲劇爆發之後，無奈地收拾事後的殘局。所以，從生態系統的角度來說，家庭和學校的系統會影響鄭捷的個人行為，而鄭捷的行為也同樣會造成

社會組織和國家政府的連鎖反應。鄭捷事件不單單只是個人的重大犯罪行為，更是顯示出整體社會的病灶所在。

鄭捷事件示顯示出整體社會的系統是生病的，而鄭捷就是整體社會系統病態下的代罪羔羊（scapegoating），用心理學的語言來說就是所謂的「可辨識的病患」（Identified Patient, IP）。鄭捷本身的犯罪行為除了個人的問題之外，也代表著家庭功能、學校功能、社會功能和國家功能存在著病徵；鄭捷內在人性能量無法獲得成長與滋養，意謂著家庭缺乏人性的尊重與關懷，過高的期待累積了心理壓力；學校也缺乏人性的尊重與關懷，無法適性揚才，只有強迫和要求，讓人求學太累，活得辛苦；社會也缺乏人性的尊重與關懷，在他二十一年的人生歲月中，旁身所有親朋好友的人際系統，沒有任何人可以讓他覺得活著的生命價值與希望，所以他自白說：「我從小到大都沒交過女朋友，因為我自認是個沒有未來的人。」；國家政府同樣缺乏人性的尊重與關懷，教育法令與政策硬性地要求每一個孩子要學會學好學滿所有的課程內容，缺乏應有的個別化的彈性與給予基本的人性化尊重。鄭捷所身處的生態環境系統，也是絕大部分的人所共同生活的生態系統，那麼，為什麼會發作在鄭捷的身上，而不會發作在每一個人的身上呢？那是因為鄭捷的心靈免疫力相對性比較脆弱，因此會發作在他的身上，就好像是寒冬來時，身體免疫力比較脆弱的人就會容易感冒，但並不是每一個人都會感冒一樣。

鄭捷是有病的，家庭和學校是有病的，整體社會也是有病的；鄭捷付出了生命的代價，家庭和學校隨之暗然無光，整體社會也付出了極為慘痛的代價。鄭捷被死刑槍決了，留下給家庭與社會的卻是難以抹滅的心靈陰影，甚至事件發生後有人嚇得不敢搭捷運，也有人說：「我現在走在路上，別人影子靠過來都怕。」大人開始教導孩子「不要太靠近陌生人，要對四周保持警戒。」因為是整體生態系統性產生了病態，所以鄭捷肯定不會是個案，而是偶而會有人發作，在人性不圓滿的社會中，必定會有人會遭受到動物性能量的襲擊與侵害。尤其，近幾年的隨機殺人事件似乎愈來愈多了，如表3-1-1。

表 3-1-1

台灣隨機殺人事件表

時間	事件	兇嫌	受害人	地點
2009 年 3 月 9 日	黃富康隨機殺人事件	黃富康	1 死 2 傷	台北市
2009 年 5 月 25 日	黃信菖隨機殺人事件	黃信菖	1 傷	新北市
2012 年 4 月 7 日	邱志明隨機砍人事件	邱志明	1 傷	新北市
2012 年 12 月 1 日	曾文欽隨機殺人事件	曾文欽	1 男童死	台南市
2013 年 3 月 26 日	涂嘉文隨機殺人事件	涂嘉文	1 死 1 傷	台南市
2014 年 5 月 21 日	臺北捷運隨機殺人事件	鄭捷	4 死 28 傷	台北市
2015 年 5 月 29 日	文化國小襲擊事件	龔重安	1 女童死	台北市
2015 年 7 月 20 日	北捷隨機砍人事件	郭彥名	4 傷	台北市
2016 年 3 月 28 日	王景玉隨機殺人事件	王景玉	1 女童死	台北市
2020 年 3 月 12 日	泰山隨機殺人事件	李姓男	1 傷	新北市
2020 年 3 月 13 日	王秉華隨機殺人事件	王秉華	1 死	新北市
2020 年 3 月 17 日	板橋隨機殺人事件	孫姓男	1 傷	新北市
2020 年 3 月 28 日	蘇偉智隨機殺人事件	蘇偉智	1 死	桃園市
2020 年 4 月 1 日	于維智隨機殺人事件	于維智	1 死	台北市
2020 年 4 月 17 日	汐止隨機殺人事件	闕姓男	1 傷	新北市
2020 年 6 月 11 日	淡水隨機殺人事件	劉姓男	1 女童傷	新北市
2020 年 10 月 28 日	長榮隨機擄人勒殺事件	梁育誌	1 死	高雄市

　　黃富康隨機殺人事件是為台灣犯罪史上首件隨機殺人事件，事件發生後震驚台灣社會，輿論一片譁然，並引起社會恐慌。此一事件發生後完全打破過去固有框架，一般認定殺人動機不外乎情殺、仇殺、財殺等三種因素。然而，無差別殺人的犯罪型態，開始給整體社會帶來不安全感的陰影，沒有人知道，什麼時候，什麼地點又會出現隨機殺人事件。

在 2016 年 3 月 28 日王景玉隨機殺人事件中，造成一名四歲女童小燈泡死亡，而母親王婉諭卻不及防備地親眼目睹女兒在眼前被兇嫌身首異處。王婉諭事後悲痛地表示：「這個社會一直在談家庭、教育以及工作間的平衡，我辭職回家帶小孩，我沒有想到這個社會是如此的不安全，我真的很希望政府、各級單位能夠做些事情讓媽媽放心帶小孩，或者讓媽媽放心工作。另外我認為，這樣的隨機殺人事件，兇嫌基本上在當時是沒有理智的，這不是靠立法、或怎麼去處置，就能夠解決這個問題。我還是希望能夠從根本、從家庭、從教育，來讓這樣子的人消失在社會上面，我希望我們以後的子子孫孫都不會再出現這樣子的人！」王景玉有毒品安非他命前科，也曾在專門收容精神病患的台北市立聯合醫院松德院區就診，但因著社會安全網絡系統功能不足而導致四歲女童小燈泡無法好好地長大，不但造成了一個家庭的悲劇，也讓整體社會倍感哀傷與無奈神傷。

根據專家研究分析指出，隨機殺人動機主要可以分成六種：一、對自身境遇不滿而遷怒社會；二、對特定人士不滿但無法報復而找代罪羔羊；三、藉由死刑來自殺；四、藉由被關來逃避現狀；五、殺人快感成癮；六、精神混亂或怪異想法。所有的隨機殺人事件都必然有其脈絡可尋，而肯定不會是突然發生的，而那些所謂的意外，只是我們無法更細微地關注到生態系統中所有可能的因素，所以源自於古埃及神祕智慧之書《凱巴萊恩》（The Kybalion）說：「每一個原因都有其結果；每一個結果都有其原因；每一件事情的發生都遵循這法則；意外只是未被了解的法則；存在著許多不同層面的因果，但沒有任何事物能逃脫這法則。」（Every Cause has its Effect; every Effect has its Cause; everything happens according to Law; Chance is but a name for Law not recognized; there are many planes of causation, but nothing escapes the Law.）事出必有因，有因必有果，所以在我們的智慧裡，又能透徹多少的生命因果法則呢？

所有的意外只是超過人們所能掌握的因素，而所有的意外都有其前因後果，沒有任何意外是無緣無由突然發生的，只是其緣由超乎人們的覺知與洞

察而已。然而，在整體性的寵大生態系統中，誰又能掌握所有一切的因素呢？當然是不可能的，所以在人類的世界中就必定會有所謂的意外。或許我們無法做到能夠掌握一切隨機殺人事件的所有因素，但我們肯定是可以做到透過教育系統讓每一個人更趨近於純粹的人性化，讓整體的社會神經系統趨於更細心，更敏感。純粹的人性化和社會性神經系統就是整體社會的安全心靈品質與彼此的心靈保護系統。

所以，要成就整體社會的純淨人性化和社會神經系統成長的心靈工程，只有義務性國民教育的學校是唯一可行的途徑。

二、無孔不在的詐騙集團

詐騙集團非人也，沒有基本的人性即是非人也；
人與非人之間在於心是否存有基本的人性水平。
人性基本水平就在於同理心、羞恥心、是非心；
非人之人是為人性世界之癌細胞，必防之除之。

　　詐騙集團猶如社會叢林裡埋伏潛藏在暗處中的豺狼，伺機尋找可下手的獵物，一旦鎖定獵物，必群起輪流圍攻，直到獵物到手，分而食之。人長得像人，但不一定都是人；沒有人性的人就不是人，詐騙集團所做所為就是非人也。二千多年前的亞聖孟子對於人與非人之間有非常清晰的分辨：「無惻隱之心，非人也； 無羞惡之心，非人也； 無辭讓之心，非人也； 無是非之心，非人也。」《孟子·公孫丑上》所以，孟子說：「嫂溺不援，是豺狼也。」《孟子·離婁上》如果嫂嫂溺水了，還不趕快伸手去救人，還在顧慮什麼男女授受不親的禮節，那就是缺乏人性的同理心，就和豺狼一樣了。詐騙集團的所做所為就是像動物一般的豺狼，沒有一點同理心，在社會叢林活著全是為了求得生存的食物和滿足欲望的金錢，為了求得生存和滿足無窮的慾望，完全毫無人性地大肆危害所有可能的善良老百姓，詐騙集團的行為舉止就是害人的癌細胞，詐騙集團的態度禮貌就是完全虛假的騙術，詐騙集團的起心動念就是充滿邪惡的心靈；而那些被生吞活剝的無辜善良老百姓，他們的行為舉止是守法的，他們的態度禮貌是人性的，他們的起心動念也是單純的，但卻完全沒有想到在人類的世界中潛伏著無孔不在的邪惡詐騙集團，騙人至極，害人至深，一切都只是為了食物和金錢。人類四大聖哲之一耶穌說：「人活著不是單靠食物。」《聖經·馬太福音四：4》所以，人不只是動物，人還有人性，更有神性（圖 3-2-1）。

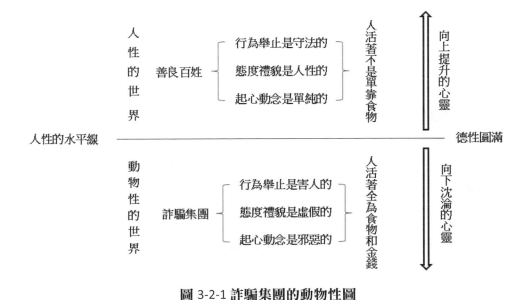

圖 3-2-1 詐騙集團的動物性圖

　　不知道從什麼時候開始，詐騙集團毫無忌憚地全面地肆虐台灣每一個角落，幾乎無處不在，無孔不入地滲入每一個人的家用電話、手機和電腦網路之中。根據統計在 2006 年的詐騙案件，讓全台財產損失金額高達 185.9 億元，因此，台灣警政署開始成立了「165 反詐騙諮詢專線」。在 2009 年 11 月 26日根據研考會調查接受民眾票選民怨排行榜，以供政府施政改善參考，結果：詐騙電話及網路詐騙居第一名，工作難找及失業問題居次，物價太高則排第三名。詐騙集團不知不覺中，如社會的癌細胞一般無形地全面入侵入所有善良老百姓的日常生活之中，只要家裡有電話，手上有手機，電腦會上網，幾乎沒有人可以倖免地受到詐騙集團的入侵與騷擾，更不幸地有許多單純善良的老百姓遭受錢財重大損失。根據台灣警方估計，全台灣有將近 10 萬人從事詐騙犯罪，光在 2005 年至 2014 年之間，台灣破獲詐騙嫌犯就有超過 20 萬人；僅僅 2015 年一年的時間，詐騙嫌犯就有 1 萬 7000 人。2011 年以來，根據中國公安部統計，中國每年約有 80 多億元的詐騙贓款在台灣被取走，因兩岸法律制度差異，多年來僅追回 12.7 萬元。

　　從 2006 年台灣警政署成立「165 反詐騙諮詢專線」以來，政府透過各種管道加強宣導詐騙集團的各式各樣手法，主要包括：解除分期付款詐騙、假冒網拍交易詐騙、假冒色情應召詐騙、假冒親友借錢詐騙、假冒機構詐騙、假冒綁架詐騙、假冒商務電子郵件詐騙、退稅詐騙、健保卡違規使用詐騙、假車禍真詐財、銀行帳戶被駭詐騙法、假中獎通知詐騙法、裝熟詐騙法、投資型詐騙、釣魚簡訊詐騙、公文詐騙法、刮刮樂詐騙、信用貸款詐騙、家庭代工詐騙、檢查瓦斯詐騙、假應徵真詐財、假護膚真詐財、期貨詐騙、防疫補助款詐騙。然而，長期以來，受害的善良老百姓似乎從來沒能完全脫離詐騙集團的魔掌之中，根據內政部警政署統計，光是 2021 年一月到三月期間，已經發生超過 3,700 件詐騙案件，詐騙造成損失金額將近 3 億元。詐欺案件之受害者，主要是因著無知、貪婪和恐等因素，而受到詐騙集團的操控，不知不覺地掉入毫無人性的陷阱之中。依據法務部法統計資訊顯示，近十年來已經確定的詐欺罪人數幾乎是有增無減，平均每年都至少會有一萬多人受到詐騙之害（表 3-2-1）。

表 3-2-1

近十年地方檢察署執行裁判確定詐欺罪人數表

罪名別	100 年	101 年	102 年	103 年	104 年
詐欺罪	11,559	8,985	7,993	7,521	7,712

罪名別	105 年	106 年	107 年	108 年	109 年
詐欺罪	8,277	12,313	14,111	13,427	15,815

每年平均：11,927

資料來源：法務部法務統計資訊網（法務統計圖示）

　　為什麼政府機關全力防堵，全力查緝，即使經過十幾年的努力之後，仍然還是讓詐騙份子如此有增無減地囂張橫行呢？在 2016 年 4 月 16 日一則新

聞報導，在馬來西亞涉嫌詐騙的 20 名台灣嫌犯被遣送回台灣後，卻因為沒有在台灣犯罪的具體事證，結果警方竟然就在機場直接將嫌犯放走了。此舉引來各方大肆抨擊，直言台灣就是詐騙集團出產國，台灣就是詐騙集團的天堂。由於台灣對詐欺罪刑責相對比較輕，對於詐騙集團完全起不了任何嚇阻作用，即使失風被補，也只是關個幾年就可以出來，出來之後又無法抗拒「低風險高獲益」的食髓知味經驗，因此，詐騙集團只會持續不斷將舊有手法重新包裝，又繼續在社會叢林裡尋找可讓自己飽足的獵物。2021 年 2 月 3 日，有一則新聞報導：刑事局中部打擊犯罪中心偵破一處詐騙集團機房，以 32 歲丁姓男子為首腦及成員共 16 人，其中年紀最小的只有 16 歲，估計每月起碼詐財得手上千萬元，訊後全案依詐欺等罪嫌送辦，全數聲押獲准。詐騙集團的成員的年紀不僅向下延伸，更是完全地從台灣成長壯大到全世界各地。詐騙集團的魔手全面性地延展到了全世界全人類的生活之中，包括：中國大陸、日本、南韓、柬埔寨、印尼、馬來西亞、越南、泰國、亞美尼亞、土耳其、希臘、西班牙、波蘭、澳洲、肯亞、多明尼加等（表 3-2-2）。

表 3-2-2

台灣詐騙集團橫行世界表

詐騙地點	詐騙時間	詐騙事件
中國大陸	2014 年 3 月	大陸一名食品公司張姓女財務主管，接到台灣詐騙集團全盈資產的電話，導致其個人戶頭內合計近 2 億新台幣全數被騙。
	2015 年 12 月 29 日	貴州省某政府單位的出納被臺灣電信詐騙集團騙走人民幣 1.17 億元。
	2016 年 12 月 13 日	中西兩國警方聯合開展「長城行動」，搗毀 13 個電信網絡詐騙窩點，抓獲 200 餘名

		主要來自台灣的犯罪嫌疑人，查明詐騙金額 1600 多萬歐元。
	2019 年 6 月 7 日	中華人民共和國公安部先後分 3 次組織包機共押回 225 人，其中台灣人 218 人。
日本	2017 年 1 月 4 日	日本媒體披露 30 多名台灣人涉嫌在日本福岡縣內設詐騙據點，打電話向中國大陸人騙取金錢，遭福岡警方逮捕。中華民國外交部表示，經查相關人士已遭強制遣送出境返國。
	2018 年 8 月	台灣詐騙集團老手晉升為祖師爺，搭配翻譯開班授課吸收外國人來台「上課」並直接設立機房，讓他們打電話回母國詐騙，該案破獲的就有日本班、泰國班、菲律賓班等。此案最早是日本警方破獲一起電信詐騙，之後發現這些人供出在台灣上「集訓班」的故事，通知台警方。
南韓	2006 年至 2009 年	有超過 400 名台灣人涉及詐騙案，是由於赴韓擔任提領詐騙贓款車手。
	2017 年 3 月 4 日	韓國警方通知台灣駐韓代表處，2 台女涉詐騙，未來將在韓國接受司法審判，兩人得在韓國服完刑才能返台。
	2017 年 12 月 20 日	韓國警方破獲一個由台灣人組織的電信詐騙集團，專門用電話向大陸民眾騙取金錢。

柬埔寨	2011 年至 2016 年	從柬埔寨遣返臺灣的人數將近 300 人，其中多數涉及網路詐騙。
	2016 年 8 月 31 日	至少 12 名台灣籍詐騙嫌疑犯在柬埔寨首都金邊被逮捕。
	2017 年 7 月 26 日	柬埔寨政府將 32 名電信詐騙嫌犯中的 7 名台籍嫌犯強制遣送至中國大陸，中華民國政府表示嚴正關切及深切遺憾。
印尼	2015 年 5 月 9 日	由 27 名台灣籍和中國大陸籍成員組成的詐騙集團在印尼三寶瓏地區設置機房，假冒中國公安名義，以電話行騙中國大陸民眾，獲利超過百萬人民幣。
	2015 年 6 月	廣東省公安廳與印尼及越南警方連破兩宗大型跨境電騙案，涉逾人民幣 7,000 萬元，逮捕 46 名台疑犯和 17 名大陸疑犯，警方指台疑犯是主腦。
	2015 年 8 月	海峽兩岸及印尼警方，聯手在雅加達逮捕 82 名台灣疑犯、查獲價值約 100 億印尼盾（約合 590 萬港元）現金。
	2015 年 10 月	在雅加達和泗水等 8 個地點共拘捕 224 名詐騙疑犯，包括 86 名大陸人及 138 名台灣人。
	2016 年 4 月	印尼東加里曼丹警方及移民局聯手在巴里帕潘市的飯店及豪宅區逮捕 42 名中國大陸和台灣人士，懷疑涉網絡犯罪，其中 31 名

		為台籍疑犯。
	2011 年 2 月 7 日	菲律賓破獲跨國詐騙集團,其中台籍成員佔 14 名。由於被害人為中華人民共和國公民,菲律賓政府應中國大陸之要求,移送台灣嫌犯至大陸。
	2016 年 11 月 22 日	台灣刑事局配合菲律賓當地警方,在一所豪宅內逮捕包含台灣籍嫌犯 19 名,大陸籍嫌犯 5 名的詐騙團伙。
馬來西亞	2016 年 3 月	查獲 5 處電信詐欺機房,逮捕嫌犯 119 人,其中台灣籍 52 人,大陸籍 65 人,馬來西亞籍 2 人。
	2016 年 10 月 27 日	馬來西亞警方會同中國大陸公安逮捕並拘留涉及跨境電信詐欺嫌犯,其中有台灣籍 21 人及中國大陸籍 6 人。
越南	2016 年 4 月 19 日	查獲一個台灣人電信詐騙集團,受害對象則是越南當地人,落網的 11 名嫌犯當中,包括 5 名台灣人,主嫌為台灣人與越南人。
	2017 年 1 月 1 日	4 名在越南涉電信詐騙的台灣人遭帶往中國大陸。
泰國	2009 年	台灣警方逮捕詐騙集團首腦郭偉正,並查出其在泰國設立詐騙據點,掌握上萬筆大陸百萬富豪的個人資料,專詐大陸人。
	2010 年	台灣詐騙集團首腦賴繼英在泰國,被以非

		法入境為由在泰馬邊界逮捕，並交台灣刑事局國際刑警科遣返回台。
	2016 年 11 月 24 日	34 台灣詐騙犯服刑 2 年後被遣返回台。
	2017 年 7 月 23 日	泰國移民總局長納塔通宣布，涉及電信詐騙案的 44 名兩岸嫌疑人（當中有 25 名台籍人士）定罪後將送往中國大陸。
新加坡	2017 年 7 月 10 日	新加坡警方破獲假冒員警詐騙案，逮獲 4 名台灣男子涉及這起金額超過新幣 80 萬元（約新台幣 1770 萬餘元）詐騙案。
亞美尼亞	2016 年 8 月 31 日	亞美尼亞 3 批共計 34 名台人疑似涉及電信詐騙案，當事人的護照遭當地警方集中保管，等同被限制出境。
	2016 年 9 月 8 日	亞美尼亞將 78 名台籍詐騙嫌犯遣送中國大陸。
土耳其	2016 年 5 月 31 日	土耳其逮捕 52 名涉嫌詐騙台灣人。
	2016 年 12 月 1 日	土耳其以涉嫌側錄 ATM，收押 10 名台籍詐騙嫌犯。
希臘	2016 年 7 月 22 日	希臘警方破獲大型詐騙集團，一共逮捕 120 餘位台籍嫌犯。
西班牙	2016 年 12 月 20 日	112 名台灣人在馬德里因涉嫌詐騙遭捕。
	2017 年 2 月 17 日	西班牙政府在內閣部長會議中決定，將涉嫌電話詐騙的 269 名台籍及陸籍嫌犯引渡至中國大陸，其中有 218 人是台灣人。

波蘭	2018 年 1 月 18 日	波蘭檢方表示，在當地破獲一個國際詐騙集團，逮捕 48 名台灣嫌犯和 2 名波蘭人，他們在 1 年內詐騙中國大陸人 180 萬歐元（約新台幣 6500 萬元）。
捷克	2018 年 1 月	中華人民共和國政府透過國際刑警組織（INTERPOL）發出紅色通緝令，指控 8 名台灣男子喬裝成中國的公安和檢察官，透過電話對住在澳大利亞的華裔婦女進行詐騙，金額達 6000 萬克朗（約新台幣 8000 萬元）。
澳洲	2015 年 8 月 9 日	澳洲布里斯本查獲一個台灣詐騙集團，該集團有 58 名台灣青年。
肯亞	2014 年 11 月 29 日	肯亞警方在首都奈洛比發現一個電信詐騙團伙，有 28 名台灣人、48 名中國大陸人以及 1 名泰國人被捕。他們被指冒充中國大陸公檢法機關大肆進行詐騙，被騙群眾達 100 餘人，涉案總金額超過人民幣一億多元。
	2016 年 4 月 8 日	肯亞警方破獲華人詐騙集團，包含 19 名中國大陸人、22 名台灣人。肯亞決定將上述人員中的 32 名大陸犯罪嫌疑人和 45 名台灣犯罪嫌疑人遣返中國大陸。
多明尼加	2017 年 12 月 6 日	刑事局偵七大隊與邦交國多明尼加檢警合作，在台灣、多明尼加 2 國破獲 1 個 28 人的詐騙集團，其中嫌犯之一的黃嫌在當地

| | | 經營雪茄店當掩護，找來當地人當助手，設置詐騙機房，冒充中國檢警進行詐騙。 |

資料來源：維基百科

　　為什麼詐騙集團可以如此壯大無孔不在地遍佈到台灣所有的地方，甚至蔓延到世界各地呢？那絕不是一、二個人的特例所能亂搞出來的，而是有一、二十萬個人所共同投入詐騙，才有辦法如此嚴重地毒害整個社會，竟然能讓所有的老百姓都無法倖免地受到入侵與騷擾。不僅有大量的人數願意加入詐騙集團，更值得注意的是，連16歲國中剛畢業的未成年少年都毫無一點招架之力地加入一起行騙。從教育的觀點來看，國家教育心靈面對如此龐大數量詐騙份子的現象，必須深省的是，為什麼會有那麼多的人，在接受從小一到高三的十五年教育歷程之後，雖然頭腦累積了大量的知識，而心的品質卻是連達到最基本的人性水平線都沒有呢？因此，我們可以很確定地說，所有的詐騙集團份子沒有人是文盲，也不會有人是知識無知，但卻是人性的心盲和心靈的無知。這樣子的現象與結果，就是源自於國家教育心靈長期以來所重視的就是知識的素養，而不是德性的素養；一直所強調的就是頭腦的容量，而不是心靈的品質。

　　在我們的日常生活中，人與人之間彼此應有的基本信任，可以說完全被一、二十萬人的社會癌細胞啃噬殆盡，完全沒有人性的社會基本信任感可言。《中庸》所謂：「不誠無物」，就是明確地指出，人與人之間如果沒有真誠的存在，那麼，人與人之間所有美好的人性品質就沒有存在的基礎了，也就是說，如果沒有真誠，人與人之間就好像是動物和動物之間一樣，彼此之間就不會存在人性的東西，如：同理心、羞恥心、是非心和慈悲心等美好的人性品質。

　　詐騙集團的社會現象直接顯現出，國家的教育系統核心焦點在於知識，而不在於德性；在於頭腦的容量，而不在於心靈的品質。所以，所有的國民

都能夠具有基本的知識水平，但卻不一定具有基本的人性水平。因為人性的水平線不是國家教育心靈所聚焦的核心，所以，社會現象就自然會充斥著各種非人性的欺騙、說謊、背叛、背信、謠言和假消息等情形。詐騙集團只是顯示出整體社會人性品質低落的冰山一角，而更多更深的還有許多情感背叛、愛情騙子、網購陷阱、惡意倒會、黑心商品和掏空公司等傷人害人的非人性現象。所以，不是只有詐騙集團在社會各處說謊行騙而已，看看多少人因著感情而受騙，看看多少人受到愛情的背叛，看看多少人買東西受騙，只能說是實在罄竹難書。

因此，詐騙集團既然已經形成氣候，國家政府所能做的也只能予以盡力防堵治標，老百姓也只能自求多福多吸收詐騙新知，避免貪婪和恐懼而成為詐騙集團的俎上肉。國家教育心靈倘若真正有心根絕詐騙集團的治本問題，那麼，就需要從教育的根本做起。教育核心系統必須聚焦於人性的基本水平，而非知識的基本水平；滋養孩子的心靈品質，而非重視孩子的頭腦容量。

純粹人性化的社會絕非一朝一夕所能成就，而是必須擁有長期的耐心與細心，給予孩子心靈人性化的灌溉與滋養，培養孩子心靈根植於人性化世界，才能對於動物性本能的免疫。只要培養出孩子強大的人性化能量，能夠體會「無害他人」的人性美好價值，才能具有對於詐騙集團的免疫力，詐騙集團無後繼之力，自然而然就會慢慢消失於光明的人性化社會之中。

三、歡樂過後的垃圾戰場

公德心是國民素質的指標，公德心是心靈品質的呈現；
生活的一切才是一切教育的依歸，
美好的生活才是教育最終的方向。

在日常的生活中，每一個人都會製造垃圾；在教育的歷程中，每一個人都知道不可以亂丟垃圾。然而，在我們的生活環境中，為什麼到處隨時隨地都可以看到有人亂丟垃圾呢？從生命的本質來說，一個人會亂丟垃圾只是源自於動物性的本能；相反地，一個人不會亂丟垃圾是需要透過教育學習而來的。

因此，從心的品質來看，亂丟垃圾是源自於動物性的本能粗心，內心充滿著自私自私為所欲為的能量；常常只為貪圖自己方便而對他人沒有任何同理心；心中只有自己隨興快樂就好，完全不會顧慮到他人的感覺感受。而不亂丟垃圾是經過心靈品質的成長，透過人性細心的覺醒，慢慢從他律的人性，逐漸達到自律的美好人性。在消極的人性方面，不亂丟垃圾是因著他律的因素，害怕被處罰，所以能夠不亂丟垃圾，也因著被別人指責，而不敢亂丟垃圾；在積極方面，不會亂丟垃圾是因著內心可以真正領受到，美好的環境是人人有責，如果每一個人都能夠維護好四周的環境，每一個人就能夠共同享有美好舒適的環境，並且能夠更細心地領悟，我在環境裡面，環境也在我的裡面，我屬於環境，環境也屬於我，能夠深地體會到我和四周環境是一體的，自然而然就不會亂丟垃圾了（圖 3-3-1）。

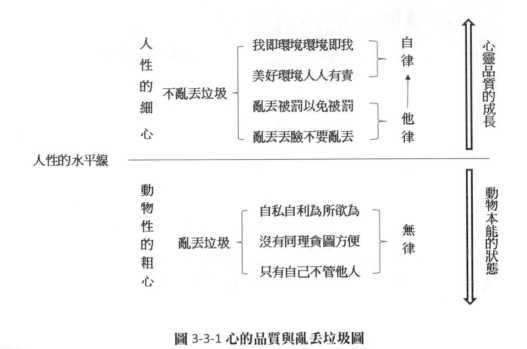

圖 3-3-1 心的品質與亂丟垃圾圖

　　動物的本能狀態是無律的，沒有任何一個幼兒在出生之後，在沒有大人教導之下，就懂得把玩具收拾整齊的，玩具隨手亂丟，東西隨手亂扔，只是本能的動物性行為。家庭教育和學校教育最主要的目的之一就是引導孩子進入人性的世界，啟發孩子內心的人性覺醒，讓孩子體驗到人性世界的美好。而對於亂丟垃圾的行為，為何一個人在接受超過十年以上的生命教育歷程，卻仍然連最基本的人性基本行為都沒有，仍然處於動物性的無律狀態，仍然只是以本能行為隨手亂丟垃圾呢？例如：2020 年 4 月 14 日一則新聞報導，台南市一名碩士生因為懶得外出倒垃圾，就把廢棄物丟進蓄水池，而導致多名住戶喝水後出現上吐下瀉或手腳皮膚紅腫發癢情形。一個已經讀到研究所的學生，也可以稱得上是一名高知識份子了，人生所受的教育歷程少說也有二十年了，卻竟然連最基本的人性行為都沒有，只為貪圖自己的方便，就害得別人上吐下瀉、皮膚紅腫。為什麼整體的教育系統中，無法讓一名研究生

有基本的人性覺醒呢？又例如：2020 年 5 月 20 日，有一則新聞報導，有一名桃園市洪姓男子為朋友舉辦慶生派對，花 12,000 元在汽車旅館租下總統套房，20 多名男女玩通宵到凌晨才離開。沒想到，工作人員隨後入內清掃時，發現房內宛如被轟炸過一樣，房間內滿滿都是啤酒罐和垃圾，四處凌亂不堪，宛如核爆現場，甚至水桶、沙發和桌子等雜物全被丟進裝滿水的浴缸內，而導致多樣家具也因進水而遭毀損，讓業者看了相當傻眼，也相當憤怒，並向洪男等人求償 6 萬元的預估損失。動物性的本能就是自私自利的為所欲為，只管自己玩得快樂，只管自己要嗨到最高點，完全不管怎麼損害到別人。20 多名男女全部陷入動物性的求樂本能，有意識地大肆瘋狂破壞，毫無同理心地發洩個人的情緒與衝動，只顧自己情緒嗨到最高點，而完全不顧他人的傷害與損失。大肆搞破壞，東西隨手亂丟，發洩完了之後，就完全讓別人去承受難以面對的後果，完全是毫無人性的行為。那麼，家庭教育和學校教育究竟對於人性的覺醒做了些什麼努力呢？

在 2019 年 9 月 3 日一則新聞報導，新北市一名女子利用清晨沒有人的時候，帶著整袋自家垃圾，到自助洗衣店丟棄，過程全被拍下，讓店家氣得將畫面怒 PO 上網。新北市環保局表示，公園的垃圾桶也很常被亂丟家用垃圾，一旦查獲則予以開罰，光是 2018 年度新北市就處分了 5092 件亂丟廢棄物，裁處總金額達到 1378 萬 3200 元。依據《廢棄物清理法》（2017 年 6 月 14 日）第五十條規定：隨地丟棄垃圾，可處新臺幣一千二百元以上六千元以下罰鍰。即使亂丟垃圾會有罰鍰，但還是許多人不在乎的，例如：2021 年 4 月 23 日一則新聞報導，苗栗縣環保局公布 1 至 4 月間的檢舉亂丟垃圾的違規案件，短短 3 個多月受理案數已破萬，其中九成以上是亂丟菸蒂。會亂丟垃圾的人就是處於動物性的本能無律狀態，也完全不在乎被處罰的他律，就是完全沒有任何同理心任意所為。同理心是美好社會的基礎，任何沒有同理心的行為自然會有人受到傷害，只是究竟是誰受害呢？

每一個人都渴望追求美好的生活，美好的生活也是教育最終所努力的方向。然而，動物性的本能只會顧自己美好的生活，而不會顧慮自己的行為是

否會影響到別人。因此，每年的歡樂跨年活動結束之後，就可以清礎地看見國民的心靈素質在什麼樣子的程度了，根據 2015 年 12 月 31 日的新聞報導，每次跨年活動所留下的垃圾量都是非常驚人的，以台北市 2014 年、2015 年的跨年垃圾產生量為例，分別是 22.63 公噸與 19.47 公噸，這個誇張的數字意謂著，幾乎每秒鐘都有人將垃圾隨手丟棄。結果就是需要依靠辛苦的清潔隊員不眠不休地連夜清掃。所以，每年大家最期待的歡樂跨年夜，卻是清潔隊員最大的惡夢。每年台北 101 跨年所產生的垃圾，往往會重達 20 噸以上，在大量人潮的匯聚之下，菸蒂、紙屑、報紙、飲料罐、塑膠袋、雜物等成了許多沒公德心民眾隨手丟棄下的垃圾戰場。為了在跨年後迅速恢復市容，清潔隊員每年總是都要忙到凌晨 3、4 點才能收工。為何自己的歡樂，卻總是成為別人的夢魘呢？為何自己追求美好生活的過程中，卻要帶給別人痛苦的生活呢？

　　在台灣這片生活的土地上，亂丟垃圾的行為是隨處可見的，無論是過年過節，或是旅遊景點，只要有人潮的地方，就會製造出大量垃圾散落四處的情景，例如：在 2020 年 1 月 20 日一則新北市新聞報導，過年前大掃除，許多民眾會把大型家具暫時放在路邊，等預約的清潔隊來處理，但往往是「一人丟棄、萬人跟丟」，導致垃圾堆積如山，大家為了便宜行事，把家中所有不要的東西都拿出來亂丟，家具、床墊、魚缸、裝潢廢材、花盆土堆，甚至家庭垃圾也隨手一起丟棄。新北市環保局統計，過年前一個月，預約清運大型家具高達上萬件，亂丟的黑數更多，實在讓清潔隊員疲於奔命；又如：2020 年 10 月 8 日一則台北市新聞報導，市府開放河濱公園給民眾中秋節烤肉，結果四天連假下來，留下垃圾量高達 60 公噸。原先的美意，卻帶給市府十分痛心，必須派許多人力辛苦地連夜清除；2021 年 2 月 17 日另一則新聞報導，民眾晚上到基隆外木山沙灘一帶景點，歡渡年節狂放鞭炮煙火，四處亂丟垃圾的行為，讓清潔人員感嘆每天都來清理，還是清不完；2021 年 3 月 2 日還有一則新聞報導，南投埔里暨南大學因為連假又是櫻花季，於是吸引了眾多人潮，校內 4000 個停車位一位難求，結果沒想到人潮隨之帶來的卻是

散落四處的垃圾，校方必須派出清潔人辛苦清出一袋一袋的垃圾，並且要請清潔公司清運堆積成山的垃圾堆。因此，如果從亂丟垃圾的行為來看國民的人性素質，如此普遍到處都是隨時隨處可見的垃圾戰場，那麼，究竟在學校的長年教育歷程中，即使頭腦已經累積了大量的知識，又對我們的日常生活有什麼樣子的意義呢？

所以，四處亂丟垃圾的行為並不是頭腦容量的問題，而是心靈品質的問題。身為一個人而言，只要願意不亂丟垃圾，就一定可以做到把垃圾做適當的處理，保持良好環境的清潔舒適。所以，孔子說：「仁遠乎哉。我欲仁，斯仁至矣。」《論語‧述而》仁在很遠的地方嗎？其實並沒有，只要我願意擁有仁，仁就可以立刻與我同在了。願不願意就是仁的基本層次，也是人性覺醒的根本起點，如果連最基本的仁的層次都不願意去做，如果連最根本的人性起點都無法覺醒，那麼，還談什麼更高更深的美好人性世界呢？因此，從仁的層次來看一個人亂丟垃圾的行為，可以分為三個層次來談：最基本的層次是意願層次；其次是認知層次；更深的是能力層次（圖3-3-2）。

	仁的層次	個人垃圾	
能力層次	做不做到	共同責任	仁
認知層次	知不知道	人境一體	的
意願層次	願不願意	丟與不丟	層
			次

人性水平線

圖3-3-2 仁的層次與個人垃圾圖

一、意願層次：意願的層次就是在於自己願不願意而已，只要內心想著願意去做，就一定可以做得到。一個人願不願意修改自己亂丟垃圾的行為，全在於自己的意願而已，只要自己想著不要亂丟垃圾，自然就不會隨手亂丟

垃圾了。如此說起來似乎很簡單，但為什麼對許多人來說是那麼困難呢？當然是牽涉到個人的習慣行為問題。如果一個人已經養成習慣隨手亂扔垃圾，想要修改舊有的生活習慣，就是需要有比較強的意願才能慢慢完全地修改掉原有的不好習慣。

願不願意修改掉自己亂丟垃圾的行為和同理心就有直接的關係，因為只要具有一點人性同理心的人，想要自己的行為會造成別人痛苦，那麼，自然就會丟不下去了；如果想到自己的行為會讓環境不乾淨，會造成別人的不舒服，那就不會亂丟了。所謂「己所不欲，勿施於人。」《論語・顏淵》只是人性覺醒的基本層次，自己不想要髒亂的環境，也不會讓別人去忍受髒亂的環境，而這只是基本的意願層次，只要願意去做，就是一定可以做得到。那麼，為什麼如此簡單容易做得到的事，卻不願意去做呢？當然和深層的認知有關係。動物性的本能只想到自己的方便就好，才會直接亂丟垃圾，而人性的自我會想到別人，會有更深一層的認知考量，自然不會那麼隨隨便便亂扔垃圾。

二、認知層次：在認知的層次上，每一個人都知道不可以亂丟垃圾，但在實際生活中卻是許許多多人會亂丟垃圾。所以，所謂認知的層次並不僅止於知不知道能不能亂丟垃圾的問題而已，而是更深一層地可以體會到，我在環境裡面，環境也在我的裡面；我屬於環境的一部分，環境也是我生命中的一部分，我和環境是互為一體的，彼此是共生共榮的存在。當一個人的臉弄髒的時候，就自然會去把臉洗乾淨，為什麼呢？那是因為和自己有直接的關係，被別人看到臉很髒是很丟臉的，所以自己會保持好自己的乾淨。但外在的環境如果沒有感覺到和自己有直接的關係，那就會有無所謂的心態了，反正又不是我的臉髒了，環境是環境，我是我，二者沒有什麼關係的時候，就會產生亂丟垃圾也沒關係的心態了。

所以，在認知的層次上，必須有人性上的覺醒，知道別人和我一樣，我想要擁有乾淨舒適的環境，別人也同樣想要乾淨舒適的環境，因此就會願意去做到「己欲立而立人，己欲達而達人。」《論語・雍也》我和別人生活在

同樣的環境，環境是屬於大家的，也是屬於我的，我和環境是一體的。如果內心之中擁有人境一體的共同感，就自然會像保持自己的臉一樣地保護好環境的乾淨舒適了。

三、能力層次：「環境保護，人人有責」是一句人人皆知的口號，但在責任分散之下，經常個人的責任部分就被自己忽略了。要做到「克己復禮為仁。」《論語‧顏淵》並不難，只要克制自己不要亂丟垃圾就已經達到仁的基本層次了，但想要達到更高層次仁的境界，那就不只是自己願不願意而已，而是有沒有足夠的能力去成就更美好的人性境界了。所以，孔子說：「無求生以害仁，有殺身以成仁。」《論語‧衛靈公》，孟子也說：「生亦我所欲也；義亦我所欲也；二者不可得兼，舍生而取義者也。」《孟子‧告子上》如果有人在我眼前亂丟垃圾，我是否有足夠的勇氣和能力去保護屬於我的環境呢？例如：在一個翠綠盎然的美麗公園裡，原本乾淨美麗的環境，只是一、二個人隨手亂丟垃圾，就會造成所有的人必須忍受環境被破壞的髒亂。那麼，我是否有意願和能力去恢復原有的舒適環境呢？或者我是否有能力去制止別人不要再亂丟垃圾呢？共同的乾淨舒適環境，是屬於大家共同的責任，所謂共同的責任並無法靠一、二個人的力量去達成，而是必須形成一股強大的人性能量圈，所有參與在其中的人，都願意投入這股屬於高層次的美好人性能量圈之中。在強大人性能量圈的力量保護之下，少數的個案就自然會因著強大的人性力量，而對於自己非人性丟垃圾行為感到羞恥不已，美好舒適的環境才能真正受到的保護。

因此，從教育的角度來看，國家教育心靈長期關注在孩子的頭腦容量，而過度忽視孩子的心靈品質，因此造就今日整體社會每一個人都能擁有基本的知識水平，但卻不一定擁有基本的人性水平。從台灣生活中的各大節日和各大景點到處充斥著隨處可見的垃圾，就完全可以清礎地瞭解到，國家教育心靈一直是重視知識的水平更甚於心靈品質的水平。如果每一個國民在接受長期的教育歷程之後，大家所共同生活的環境卻依然經常如此髒亂不堪，那

麼，如果教育最終的目的不是為了追求美好的生活，究竟是為了什麼呢？

四、抓不完的交通違規

違規不是突然發生的，而是從小就不守規矩了；
車禍不是莫名的意外，而是早已存有潛在因素。
凡人禍都是可以學習避免的，唯有深化智慧才能出入平安。

　　台灣的交通違規事件似乎是永遠抓不完的，依據 2020 年 9 月 2 日一則新聞報導，內政部與交通部宣布 2020 年 9 月 1 日辦理全國「路口安全大執法」，執法 5 大重點項目為「汽機車不停讓行人」、「車輛轉向不暫停讓行人優先通行」、「汽機車闖紅燈及紅燈右轉」、「行人未依規定行走行人穿越道」及「行人未依標誌、標線、號誌指示或手勢指揮穿越道路」。警政署表示，第 1 天統計取締總件數已達 1 萬 559 件，其中汽機車闖紅燈及紅燈右轉達 8321 件最多。所以，從驚人的數據中可以顯示出，交通違規幾乎是國民生活中常態的一部分。

　　雖然所有的人都知道交通違規會處予罰緩，然而從六大都會區的交通違規歲入金額，就不難看出交通違規只是人民生活中的習以為常的一部分而已。2020 年 11 月 3 日一則新聞報導，2019 年台中市警局交通罰款收入 14 億。統計台中市前 3 高的違規項目，第一名是違停，一年多達 38 萬件，第二名是超速，也有 14 萬 7000 件，第三多就是未依號誌行駛，有 13 萬件。另一則在 2021 年 1 月 27 日的新聞報導，高雄市議會審議通過民國 110 年交通違規罰款新台幣 15 億元，交通違規歲入 15 億元自民國 104 年起就延用此罰款數額，而且每年都會超額收入，罰款中以違規停車、超速、紅燈右轉、闖紅燈等項目居多。而高雄市的罰款歲入只排六都第 4；台北市編列約 25 億元、新北市 26 億元、台中市 15.8 億元、桃園市 14.6 億元、台南市 6.4 億元。

　　在我們的日常生活中，無所不在的交通違規意謂著，我們每天都通行的

道路上隱藏著無法預測的車禍危機。即使自己小心行車遵守交通規則，也同樣可能存在著無法預測的車禍危機，例如：2021 年 2 月 21 日一則新聞報導，北宜公路發生一起死亡車禍，一名 19 歲的林姓日籍騎士和騎乘重機的 24 歲蘇姓男子發生擦撞，事故撞擊力道之大造成車殼零件飛濺四散，就連騎士安全帽都被撞掉了，其中普通機車幾乎全毀，車殼被撞掉露出裡頭的支架，就連座墊都跟車體分離。蘇男經搶救後宣告不治，而林男則是由於顱內出血、意識不清，送入加護病房急救，然而與死神搏鬥 45 天後，仍不幸宣告離世。日籍台大生林俊德媽媽悲傷地說：「覺得他真的很冤枉遇上死劫。」林媽媽曾看過其他的行車紀錄器，對方幾乎毫無煞車就撞上，車速看起來還很快，她也希望北宜公路不要再發生意外，騎士們都能遵守限速。林姓日籍騎士真的死的很冤枉，連好好地遵守交通規則行車，竟然也會被撞死。這並不是天外飛來的橫禍，而是別人的違規超速，別人的粗心，別人的急躁所造成的，這是完全可以避免的人禍，這是人性素質的問題，而不是交通規則的知識問題。

　　導致車禍的可能因素很多，其主要包括：人為因素（如超速、違規、酒駕、疲勞）、車輛因素（如爆胎、煞車故障）、路況因素（路面坑洞、故障）、環境因素（濃霧、豪雨、落石、閃電），而絕大部分的車禍都是由於人為因素所造成的。依據世界衛生組織（World Health Organization, WHO）統計資料，2005 年的每十萬人車禍死亡率，台灣為 20.8 人，美國為 14.6 人，日本 7 人。很顯然地，台灣發生車禍死亡率高出美國和日本許多。根據交通部道路交通安全督導委員會近十年全台灣交通事故死傷人數統計（表 3-4-1），逐年以來的交通事故總件數一直持續往上攀升，而且每年都有二、三千人死於車禍，每年因車禍受傷的人數更是驚人。

　　由 2019 年 12 月 1 日一則新聞報導，依據交通部統計，若以 2018 年因道路交通事故死亡（2,780 人）、受傷（426,799 人）的人數估算，台灣因交通事故死傷造成的經濟損失，高達新台幣 5,515 億 9,241 萬元，占該年度國內生產總值（GDP）約 3.1%，損失金額創過去十年來之最。根據交通部運輸研

究所於最近一次發表（2014 年）的研究報告統計基礎，在台灣發生的道路交通事故，其所造成死亡或受傷的成本，其中包含醫療成本、生產力損失成本（薪資損失）、生活品質降低成本（精神撫慰金、撫養費用、喪葬費用）。所以據此基礎估計，台灣近十年期間因道路交通事故死傷造成的經濟成本，2010 年為 3,433 億 6,879 萬元，到了 2018 年已達到 5,515 億 9,241 萬元。因此，每年車禍所造成的傷亡與經濟損失，值得探究更深的人性根本因素。

表 3-4-1

近十年全台灣交通事故死傷人數表

年度	2011 年	2012 年	2013 年	2014 年	2015 年
事故總件數	235,776	249,465	278,388	307,842	305,413
死亡人數	3,343	3,219	3,072	3,075	2,942
受傷人數	314,003	332,940	372,445	412,010	408,861
年度	2016 年	2017 年	2018 年	2019 年	2020 年
事故總件數	305,556	296,826	320,315	341,972	362,259
死亡人數	2,847	2,697	2,780	2,865	3,000
受傷人數	402,697	393,046	426,799	455,400	482,153

資料來源：交通部道路交通安全督導委員會（道安資訊查詢網）

交通違規經常是車禍肇始的重要起因，例如：2021 年 2 月 14 日有一則新聞報導，嘉義縣鹿草鄉凌晨 1 時一名 14 歲的王姓少年發生一起死亡車禍，少年瞞著爸媽無照駕駛，沒想到卻自撞電線桿，當場頭顱破裂，不幸傷重身亡，而父母在接獲警方電話後悲痛不已。所謂「十次車禍，九次快」，王姓少年無照駕駛，加上車速過快，導致年少歲月就劃上人生休止符，也留給了家人無限的哀痛。根據交通部道路交通安全督導委員會近十年全台灣交通事故 13 歲至 17 歲年少的死傷人數統計（表 3-4-2），每年都有許多未成年少年無照駕駛，又加上血氣方剛的青少年經常追求感官的快速刺激，因而一不

小心就會造成終身無法彌補的憾事。

表 3-4-2

近十年全台灣交通事故少年死傷人數表（少年：13 至 17 歲）

年度	2011 年	2012 年	2013 年	2014 年	2015 年
少年死亡人數	114	105	99	83	68
少年受傷人數	15,783	16,298	16,266	18,266	17,529
年度	2016 年	2017 年	2018 年	2019 年	2020 年
少年死亡人數	78	81	74	62	65
少年受傷人數	15,855	15,268	16,047	16,698	130,038

資料來源：交通部道路交通安全督導委員會（道安資訊查詢網）

　　所有的車禍事件都不是意外，而只是早已潛在因子的爆發。因此，源自於古埃及神祕智慧之書《凱巴萊恩》（The Kybalion）說：「意外只是未被了解的因果法則。」（Chance is but a name for Law not recognized.）從教育的角度來說，車禍的主要核心因子就是人心。一個人經常會交通違規，肯定是從小就經常會有違規的行為發生；一個人經常會危險駕駛，也必定是從小就是急躁好勝的性情。因此，從人的本質來看車禍事件，車禍事件主因是源自於人的粗心、隨便、急躁、違規、自大和好勝，而這些因子就是屬於動物性的感官知覺；而人性的心靈覺知，懂得自我反省以減少錯誤發生，會學習覺察當下以避免意外，能夠觀照一切才能出入平安（圖 3-4-1）。

　　沒有人會希望自己發生車禍，但為何每年車禍事件卻帶來死傷慘重的結果呢？國家教育心靈又能夠為每年死傷慘重的車禍做些什麼呢？提升人性的心靈品質，深化個人的生命智慧，就是教育能夠化解車禍潛在可能因子的最根本途徑。教育現場可以透過練心系統，培養孩子的自我反省能力，從引導孩子去面對自己的言行舉止開始。從動物性的感官知覺中，啟發升華孩子內

在的人性心靈知覺系統，透過深化智慧的過程中，一步一步地由自我反省以減少錯誤，再學習覺察當下以避免意外，最終能夠觀照一切做到生活出入平安。

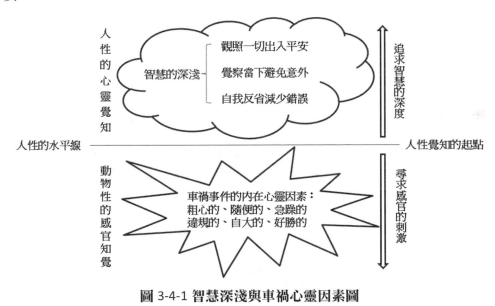

圖 3-4-1 智慧深淺與車禍心靈因素圖

致命性的車禍是沒有機會再反省的，而反省自我只是人性覺醒過程中的初階層次，例如：在學校的日常生活中，孩子經常精力旺盛地跑來跑去橫衝直撞，如此以動物性的感官生活就是孩子的本性。因此，在校園中經常會有人不小心而相撞受傷，甚至撞到牙齒流血斷裂也時有所聞。反省就是從日常生活中回頭檢視自己需要修改的言行舉止，透過一次又一次地反省，才能慢慢提升至覺察當下的能力。

覺察當下就是能夠隨時隨地覺知到自己的現狀，如果覺察到當下的自己是疲倦勞累的狀態，已經具有發生車禍的潛在因子，那麼，有智慧的人就會懂得先找個地方休息一下再行上路。而許多車禍和個人性情的粗心、隨便、急躁、自大、好勝有密切的關係，要修正提升一個人的心靈品質也不是一天二天的事情，而是需要用心投入好幾年才能有所成效的功夫，例如：小安經

常為了貪玩而隨隨便便應付回家作業，字跡潦草，錯誤一堆，這時候就是需要透過習寫回家作業的方式，讓小安練習細心與耐心的心靈品質。因此，覺察當下的自己是需要透過日常生活教育中，一件又一件的事情，慢慢帶領孩子面對自己當下的狀況，提升自己的生命智慧，幫助自己成為一個具有細心和耐心的人。一個具有細心和耐心的人，自然會避免掉許多不必要的交通意外。

觀照一切是人性心靈覺知系統之中較為深細的高層次智慧。覺察當下是面對自己內在的狀態，而觀照一切能夠隨時隨地同時覺察到身旁一切的大小事，例如：輪胎磨損到已經需要汰換了，觀照的智慧就能覺察到車子本身是否能夠安全上路的狀況；又如在路上突然遇到豪大雨，觀照的智慧就能立刻覺察到行車可能的危險性，而盡量降低車速，以保持安全無虞的狀態。

因此，所有的車禍事件和頭腦的知識多少並沒有直接的關係，而和個人的心靈品質、智慧深淺有著密切的關係。如果國家教育心靈能夠為每年死傷慘重的車禍做些什麼的話，那就是在教育現場提升孩子的人性心靈品質，深化孩子的生命智慧，就是直接幫助整體社會國家和所有的國民，化解車禍可能潛在因子的最根本解決之道。

五、利益至上的黑心商品

人人皆有心，良心、黑心各不同；
良心是心中純粹的人性化，別人始終存在心中；
黑心是內心瀰漫著動物性，心中完全沒有別人。
是良心，是黑心，只有天知、地知、自己知。

　　台灣的黑心食安問題從 1979 年的「米糠油中毒」、「假酒」二大事件開始，至今已超過四十年，黑心商品在我們的日常生活中似乎未曾消失過。即使透過中華民國消費者文教基金會等民間消費者保護團體和政府部門從各個角度檢討台灣食安治理機制，進而制定新法並加強稽查，但是在沒有人的暗處，那些沒有良心的人為了自己的利益，心中毫無人性的同理心，完全不顧別人的健康和死活，仍然還是只顧自己怎麼賺到錢而已。

　　台灣的黑心食安問題不僅止於是個人的自私自利行為，甚至許多國內知名大廠如：統一企業、鼎王麻辣鍋、頂新味全集團等也都涉入黑心食安風暴之中。每當黑心食安事件被新聞爆光之後，人們總是會問「他們的良心究竟在哪裡呢？」良心是什麼呢？家庭教育會在乎良心嗎？學校教育會教導良心嗎？台灣一直以來的食安問題，只能用罄竹難書來形容，以下就先列舉台灣主要幾個重大食安事件如表 3-5-1。

表 3-5-1
台灣重大食安事件表

事件爆光時間點	事件名稱	事件內容簡述
1979 年夏季	米糠油中毒	彰化油脂公司於生產米糠油過程中不小心混入做為熱媒的多

		氯聯苯，導致民眾中毒受害。
1979 年 12 月	假酒林嘉威	有教授因誤飲含有甲醇的假酒而失明。
1982 年	鎘米事件	桃園觀音鄉大潭村的農地遭到當地工廠高銀化工排放的含鎘廢水汙染而種出鎘米。
1984 年	S95 奶粉事件	台灣黑心藥商自美國進口「飼料奶粉」，不法加工製作成高價的「嬰幼兒專用奶粉」出售。
1985 年 9 月 20 日	餿水油事件	台北德泰油行長期把養豬餿水交給化工廠提煉成劣質沙拉油，再轉售至市內各夜市攤商與小吃店。
1996 年	飼料奶粉事件	不肖業者從澳洲進口大量飼料奶粉充當食用奶粉賣給加工業者，最後轉賣給消費者。
1998 年	甲醇米酒事件	不肖業者私釀米酒並使用工業用酒精「甲醇」，造成多人眼睛失明與數十起死亡案例。
2003 年 8 月	袋鼠牛肉事件	不肖業者以袋鼠肉、馬肉、海龜肉等低價肉類充當牛肉高價販賣。
2004 年 4 月	重組肉事件	我家牛排、貴族世家、原燒、

		西堤、陶板屋等業者爆發重組牛肉事件，王品集團澄清後推出全新牛排。
2005 年	鎘米事件	行政院農業委員會公布稻米重金屬含量檢測，4.94 公頃農田的稻米含鎘量超標，近 3 萬公斤的汙染稻遭到銷毀。
2005 年 6 月	毒鴨蛋事件	行政院衛生署檢驗發現，彰化線西鄉所產鴨蛋戴奧辛含量過高。
2007 年 9 月	假鱈魚事件	有賣場使用油魚冒充鱈魚，導致消費者食用後身體不適。
2008 年 2 月	假魚翅事件	踢爆許多假魚翅是用綠豆粉、冬粉或魚皮、明膠混合而成，為增加賣相，有些黑心業者甚至用雙氧水漂白。
2009 年 5 月	餵豬飼料米充白米事件	台北糧商與糧倉管理人勾結，將未碾碎的過期公糧偷運出去，當作一般白米販售，或當做中小學營養午餐用米。
2009 年 6 月	麥當勞回鍋油事件	台北消保官檢測 5 家速食業者使用回鍋油做為炸油，其中麥當勞超出合法標準值 12 倍，但後以罪證不足結案。

2009 年 11 月	工業用鹽充當食用鹽	桃園環海公司以會致癌的工業用鹽混充食用鹽販售，上萬公斤的黑心鹽透過家樂福、大潤發等賣場流入市面。
2011 年 5 月	塑化劑事件	衛生署查獲飲料食品違法添加有毒塑化劑 DEHP，總計有上萬噸的違法起雲劑製成濃縮果粉、果汁、果漿、優酪粉等 50 多種食物香料。
2011 年 12 月	竄改過期原料重新販售	烘焙原料進口商竄改西點原料有效期限，重新銷售給多家五星級飯店、餐廳及西點店，牟取暴利。
2013 年 5 月	毒澱粉事件	查獲統一企業原料供應商使用工業用化學物質順丁烯二酸製造毒澱粉，製成布丁、豆花及寒天等眾多澱粉類食品。
2013 年 8 月	胖達人香精麵包	胖達人麵包店標榜麵包以天然酵母製成，無添加人工香料，卻被爆出使用人工合成香精。
2013 年 10 月	大統黑心油事件	大統涉嫌欺騙消費者，其特級橄欖油是用部分橄欖油加上廉價的棉花籽油，再加入銅葉綠素調色，吃多肝腎會出問題。

2014 年 2 月 26 日	鼎王麻辣鍋湯頭事件	知名餐飲集團「鼎王麻辣鍋」遭員工爆料湯頭是用味精、大骨粉等 10 多種粉末調製而成，且被驗出含重金屬成份。
2014 年 4 月 9 日	肉類注保水劑增重事件	高雄農正鮮公司將牛、羊肉填充大量保水劑加水按摩後冷凍販賣，使牲畜肉重量增加至少一倍，再販售給國軍食用。
2014 年 9 月 4 日	餿水油混充食用油事件	強冠企業股份有限公司購買餿水油製成「全統香豬油」賣給包含奇美食品、盛香珍、85 度 C、味全、黑橋牌等多家企業。一個月後查獲頂新味全集團旗下正義公司前處長吳容合，涉嫌將飼料油謊稱食用豬油賣給正義公司，正義公司旗下油品皆為混充飼料油。
2015 年 2 月 12 日	飼料用雞血製鴨血事件	新北市双鵬公司製售黑心鴨血、豬血糕等相關產品，受波及店家包括鼎王、無老鍋、麻辣粉絲及各大夜市小吃攤。
2015 年 4 月	手搖飲料店殘留農藥	英國藍、清新福全、50 嵐等飲料店相繼傳出殘留農藥芬普尼。
2015 年 11 月	亞硝酸鈉熱狗、火腿	台北台全熱狗火腿行為節省成

		本，使用工業用的化學原料亞硝酸鈉和硝酸鈉，製成火腿、培根等肉品，販售給多家餐廳和早餐店業者。
2016 年 1 月 19 日	過期食品流入知名餐廳	臺南市衛生局查獲鮮洋食品股份有限公司使用逾期的食品，出貨給同為精彩集團的精彩火鍋、大大茶樓、上閤屋、威靈頓茶餐廳等餐飲業者。
2017 年 4 月 22 日	毒雞蛋事件	食藥署在雞蛋檢驗出含過量戴奧辛，彰化地區駿億、鴻彰、財源蛋雞場，查出戴奧辛蛋銷售至苗栗縣、新北市、桃園市等業者。
2017 年 6 月 2 日	販售過期牛肉等肉品	統賀冷凍食品有限公司遭新北市衛生局查獲，在公司囤放已過期的冷凍肉品以竄改有效期限的方式，販售給下游業者和餐廳，約有 1500 公斤過期肉品流入雙北的火鍋和燒肉業者。
2018 年 6 月 16 日	過期原料製造礦泉水	中油委託「達誼生物科技公司」代工生產的「健康元素水」，傳出使用了過期 1 年的原料，共有 4611 箱、11 萬

		664 瓶水受影響，其中 4 萬多瓶可能已經被民眾喝下肚。
2019 年 2 月 13 日	雞蛋檢出芬普尼	彰化縣順弘牧場驗出芬普尼蛋，逾 4.6 萬台斤流入台北市和新北市。

資料來源：維基百科

　　所有黑心食品的產生，難道商人自己不會知道是違法的嗎？難道商人自己不會知道黑心食品會損害別人的健康嗎？不是不知道，而是心中完全沒有別人，心中只完全顧著自己的利益而已。所謂黑心是來自於人文世界的相對性評價，相對於黑心的是人性的良心，在動物的世界裡並沒有黑心和良心的差別，動物的世界就是以大吃小、以強食弱的世界。因此，黑心只是動物性的本能，動物性的本能就是為了食物、為了金錢、為了利益，完全不會管別人的死活，只要能夠滿足自己的慾望，只要能夠獲取自己想要的，即使損害了別人，即使害死了別人，也完全不會在乎。相對性的良心就是指心中純粹的人性化，別人始終存在心中（圖 3-5-1）。所以，孔子說：「苟志於仁矣，無惡也。」《論語‧里仁》只要心中有仁的存在，就自然不會做出傷害別人的行為。黑心商人會躲在黑暗處進行違法害人的行為，在別人眼中看來是個正當的生意人，表面上依然是人模人樣，看起來也是很有人性的素養，但事實上骨子裡頭卻是昧著良心，做著傷害別人的事情。所以黑心商人在表面上也是完全是具有人性的素養，但內心卻是依然雜染著動物性本能自私自利的慾望；而具有良心的人，心中已經淨化了會傷害別人的動物性慾望，無時無刻都會想著自己的行為會不會傷害到別人，所以心中隨時隨地都會顧慮別人的利益，無論自己是怎麼緊急，無論自己是怎麼困頓，都會堅持心中純粹化的人性，這樣子的心靈品質，孔子稱之為「君子」。所以，孔子說：「君子無終食之間違仁，造次必於是，顛沛必於是。」《論語‧里仁》

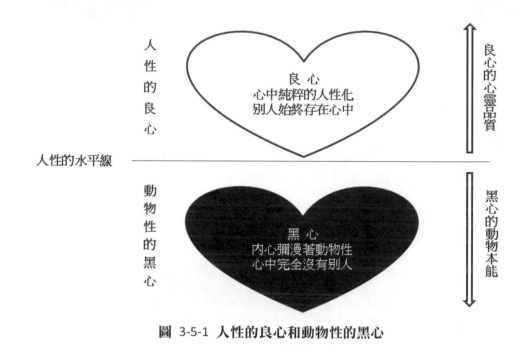

圖 3-5-1　人性的良心和動物性的黑心

　　良心和黑心之間最大的差別並不在光天化日之下的行為,而是在沒有人看得到的地方,沒有人看得到的時間,「無人之境,無人之時」,心中有沒有依然時時刻刻顧慮著別人的利益,例如:2017 年 9 月 8 日一則新聞報導,台北市一家誠實商店「樹梢上的奶瓶之誠實冰箱」於 2016 年 8 月起租屋開設誠實商店,除了賣植物奶,還引進其他自創品牌的手做飲食,店面採無人看管自助付款。因為營業期間發生過許多竊盜事件,讓老闆「奶瓶大叔」一度灰心喪志暫停營業,但因為「不想被人性打敗」,又繼續宣布復業。然而,商店業績每況愈下,加上不誠實的竊盜行為從沒斷過,以致於一年後百萬積蓄幾近耗光,最終只能忍痛宣布停業。即使老闆「奶瓶大叔」因不堪虧損而停業,但他說並沒有對社會失望,因為誠實的人畢竟占多數,誠實率仍很高。因此他希望能在社會上泛起漣漪,「盼有力量的人可以延續這個精神,我也會很開心。」竊盜的行為就是沒有良心的行為,沒有良心的竊盜行為是極為普遍的存在,根據法務部近十年地方檢察署執行裁判確定竊盜罪人數統計

（表 3-5-1），每年幾乎都有二萬件左右的竊盜案件。

表 3-5-1

近十年地方檢察署執行裁判確定竊盜罪人數表

罪名別	100 年	101 年	102 年	103 年	104 年
竊盜罪	21,392	20,468	19,462	19,930	20,213
罪名別	105 年	106 年	107 年	108 年	109 年
竊盜罪	18,900	21,764	21,724	21,408	21,852

資料來源：法務部法務統計資訊網（法務統計圖示）

　　二萬件左右的竊盜案件有很多嗎？一如「奶瓶大叔」所言，在整體的社會中，誠實的人是占大多數，有良心的人是比率較高的，而真正完全黑心的人是社會中的少數。在學校的教育現場中，每個班級平均都會有少數一、二個孩子的動物性能量極為強悍，總是讓老師發怒、生氣、頭痛的並不是大多數的孩子，而總是那少數一、二個孩子；如果以每個班級平均都會有一、二個具有強大動物性本能的孩子來進行推算，全台灣就差不多會有二萬個左右的孩子是屬於動物性強大的孩子，二萬個左右可能會傷害別人的因子散佈到社會的各個角落裡，就是會形成一個很驚人的數字。國家教育心靈是否有深刻地思想過，如何轉化已經顯化存在於校園中可能會傷害別人的動物性因子？如果國家教育心靈所一直重視的是頭腦裡的知識容量，而一直忽視內在的心靈品質，那麼，社會所顯現無所不在的黑心商品和行為也只是自然的現象而已。國家教育心靈知道想要轉化一個人的心靈品質需要耗費多少時間、心力、精神和耐心嗎？那肯定不是靠教育的理想和口號所能成就的，而是需要靠現育現場每一位老師努力用心、耐心和苦心地投入孩子的心靈品質轉化。如果國家教育心靈一直把焦點放在孩子的頭腦知識容量，一直督促所有的老師務必帶好每一個孩子的基本學力水準，而一邊又期待老師能夠為國家培養

出具有品德素養與國際競爭力的現代國民，魚與熊掌都想要兼得，可能嗎？

國家教育心靈對待老師要有更深度的人性良心，老師才能夠全心全力為國家培養出具有高度水準人性心靈素養的國民。然而，現今的教育現場背後存在著一股極為強大的力量，強大地支持著孩子內在動物性能量的滋長與茁壯，老師內在的人性良心經常受到無情地打擊與攻擊，校園的人性良心愈顯微弱，孩子的動物性愈顯囂張跋扈.。如果國家教育心靈無法有智慧地洞見校園現場中，人性的能量與動物性能量之間的消長現況，那麼，整體社會的亂象與黑心是不可能自動消彌於無形的，相反地只會愈來愈顯惡化而已。

動物的世界就是以內在的慾望本能為核心，而純粹的人性化社會是透過人的努力才能達成的，而不會自然而然成就的。在二千五百多年前的孔子就描繪出「大同世界」的人性美好與價值，所謂「盜竊亂賊而不作，故外戶而不閉，是謂大同。」《禮記‧禮運》就是指純粹的人性化社會，沒有人會想著去偷別人的東西，沒有人會故意去傷害別人。對於國家社會而言，純粹的人性化社會是極為困難的偉大心靈工程，只要有一個人無法純粹淨化為人性的心靈品質，就不會是「大同世界」。在日常生活中，我們怎麼能安心地做到外出的時候，家門都可以不用關閉上鎖呢？那一定是國家社會能夠完成純粹的人性化社會工程，人們才有可能安心地外出不用關門，例如，在一個社區中，有人家中遭竊盜，而查不出小偷是誰，即使只是一個小偷，就會造成整個社區的不安心與不信任的心理環境，所以為了防止家中遭竊，只能自己顧好自己的家門，把門鎖緊鎖好自然就會安心多了。

所以我們才說，維護每一個國民的圓滿德性是一件極為困難的偉大心靈品質工程。在古代的時候，教育並無法普遍於每一個國民的身上，有人會受教育，也會有人沒受任何的教育，所以，社會上四處充滿盜竊亂賊和無仁黑心，那也只是自然而然的動物性本能到處流竄現象。然而，在現代科技文明教育極為興盛發達的時代裡，盜竊亂賊和無仁黑心也同樣在社會中四處危害善良的老百姓，那麼，教育的功能與目的究竟發揮了什麼樣子的作用呢？如果只是腦袋變強，知識變多，技術變厲害，黑心商品與黑心行為依然四處可

見，而心靈品質與人性素養仍然和古代社會沒有什麼差別，那麼，如此的普及化教育系統對於所有的善良老百姓而言，究竟有什麼樣子的意義與價值呢？

六、為情為利痛下殺手

面對自己是開啟生命智慧的開端。
唯有自我反省，人性才得以覺醒；
唯有覺察當下，智慧才得以深化；
唯有觀照一切，情感才得以圓滿。

　　小魚被大魚吃，松鼠被老鷹抓，野兔被野狼追，羚羊被獅子活剝生吞，而人類什麼都抓什麼都吃。在動物的生態系統（ecosystem）中，人類就是頂級消費者，人類幾乎沒有什麼天敵可言，而人類最大的天敵就是同類的人類。在人類的社會中，我們極少聽到人類被其他的動物所殺害，但卻經常耳聞又有人被別人所殺害了。人除了自然的死亡之外，人最大的死因大部分都是由於別人所造成的，尤其如第一次和第二次世界大戰殘酷的大規模集體殺戮，更是證明了印度桂冠詩人泰戈爾（Rabindranath Tagore）所點出的人類內在本質：「人比動物還惡劣，當他是個動物時。」（Man is worse than an animal when he is an animal.）《漂鳥集》所以，一般動物沒有同理心，是動物自然的本質；然而，人如果沒有同理心的話，就容易造成別人的悲劇。被譽為「印度聖經」的人生智慧之書《薄伽梵歌》（Bhagavad Gītā）中，在二軍對戰的戰場前，上主克里希那（Krishna）對王子阿朱那（Arjuna）說：「世間的一切戰爭都由心而起。」對於心的慾望本質，《聖經》也深刻地說到：「私慾既懷了胎，就生出罪來；罪既長成，就生出死來。」（雅各書一：15）每一個人都會擁有心的私慾，心的私慾源自於內在動物性的本能，動物性的私慾本能就是會讓人容易陷入罪惡的世界，罪惡的世界就自然會充滿著無情殘酷的種種戰爭與殺戮。為情慾而殺人，為利益而殺人，是人類世界中最經常發生的人生悲劇，給別人帶來人生的悲劇，也是為自己製造了人生的

悲劇。

一、為情慾而殺人

為情慾而殺人最震驚社會的莫過於 1998 年發生於國立清華大學校園之「清大王水溶屍案」。兇嫌研究生洪曉慧因與閨蜜好友許嘉真同時愛上同系學長曾煥泰，於 1998 年 3 月 7 日二人談判不成，洪曉慧憤而直接殺害了以閨蜜好友相稱的許嘉真。後來洪曉慧被合併判刑 18 年且須賠償 2417 萬，服刑 10 年 8 月後因為表現良好，2008 年獲得假釋出獄。她在獄中經常表示懺悔，希望以自身為例，呼籲一旦感情出問題要找人輔導，而別像她一樣犯錯後後悔莫及。正所謂「一失足成千古恨，再回頭是百年身」，為何一位研究生會為情慾而殺人？為何唸那麼多書卻無助於情緒的智慧？在漫長的教育歷程中，一直在追求知識、追求分數、追求名次，曾幾何時好好面對過自己的言行舉止和起心動念呢？人生無法重來，因著智慧不足而犯了致命的錯誤，再多的反省也只能讓人生道路不得不轉彎而已。

在 2014 年 9 月 22 日被封為「台大宅王」的張彥文，因著私慾無法接受女友林佩真提出分手，雖努力挽救兩人感情關係而在復合無望之後，在臺北市松山區西松國民小學後門當街狠砍林佩真 47 刀致死洩恨，最後被依殺人罪判處無期徒刑定讞。兇嫌張彥文一味地追求滿足自己的情感私慾，無視於別人的主觀意向和情感需求，人性完全被動物性的慾望所淹沒，殺害了別人，也毀了自己的一生。

另外，在 2015 年 3 月 9 日 25 歲大學生黃仲佑，因長期愛慕同校學妹竺仲寧，二人平日無話不談，卻因求歡遭拒又無法保密的氣憤下，直接在台南租屋處將竺仲寧勒斃性侵得逞，還將屍體載到高雄棄屍焚燒。黃仲佑被警方逮捕之後，不斷自言自語「真的很愛她」、「好後悔」，事後也多次向警方表示後悔殺人，對不起死者和家屬，還有他的家人。然而，人死不能復生，即使黃仲佑一直懺悔表示「很後悔！我希望我沒有殺了她！」最後被依殺人罪判處無期徒刑定讞，但也永遠無法挽回一條無辜的寶貴生命，也永遠無法撫平一個家庭的無限悲痛。

依據《天下雜誌》653 期的＜台灣半年 20 多件情殺案！我們的情感教育到底做得多失敗？＞一文指出，衛福部保護服務司數據顯示，親密關係暴力案件數量，2014 年便已突破每年 6 萬件。光是 2018 年 7 月起的半年內便已超過 20 起手段兇殘的情殺案件。如果一個人沒有培養出人性的基本尊重與同理心，即使累積再多的知識，耗費再多的教育資源，一旦內在動物性的情緒野獸瘋狂出閘時，再多的知識也變得毫無用處，再高的教育也顯得毫無意義。除非人性得以覺醒，除非智慧得以深化，否則，讓人後悔莫及遺憾終生的情殺案件，仍然會在動物性的無窮無盡慾望世界中持續上演著。

二、為利益而殺人

俗語說：「人為財死，鳥為食亡。」2013 年 2 月 16 日新北市發生一起駭人聽聞的八里雙屍命案，兇嫌媽媽嘴咖啡店的店長謝依涵為了錢財，下藥迷昏常客陳進福、張翠萍夫妻並殺害，最後棄屍淡水河。《蘋果》記者在謝依涵高雄老家訪問到她外公說：「謝依涵孝順又乖巧，我不相信孫女會犯下滔天大罪。」從小生長在純樸南部的謝依涵，在親友眼中是個單純善良的女孩。如此一個表面看起來單純善良的女孩，陳進福夫婦怎麼也沒料到，居然會為了錢財會對他們痛下殺手。所以，從言行舉止和態度禮貌來看謝依涵，完全看不出她內心已經覬覦張翠萍的價值高達新台幣 4000 萬元的珠寶，處心機慮為了佔有錢財而獨自密謀 150 天後殺人。整起謀殺事件的過程，只有謝依涵最清礎自己內在的起心動念，然而，謝依涵只隨著強烈的動物性慾望向外追逐別人手上的金錢和財物，而無法好好面對自己的起心動念，以致帶來終身監禁的後果。因此，在 150 天的整個密謀過程中，能夠挽救自己陷於生命悲劇和造成別人不幸而死的人，只有謝依涵她自己。如果一個人沒有在練心系統下，向內長期的面對自己的言行舉止、禮貌態度和起心動念，自然而然就會習慣於向外追求滿足強烈動物性的慾望浪潮。

在人文的世界中，金錢是很具有實用的工具，金錢可以滿足自己許多物質上的慾望，金錢也可以達成自己內心的許多夢想。所謂「錢不是萬能，沒有錢卻是萬萬不能」，就是從現實的生活中有感而發的話語。如果一個人的

內心沒有人性的覺醒，而只有動物性的慾望核心，那麼因為利益而殺人也只是成為金錢的奴隸。金錢不會扭曲人性，而是動物性扭曲了金錢的價值與意義。近年來因金錢利益與糾紛而殺人的命案主要有以下幾件：

事件一：2018 年 2 月 1 日一則新聞報導，宜蘭因 71.5 萬債務而殺人棄屍命案。兇嫌 56 歲吳男子因為 64 歲邱姓男子向他討 71 萬 5 千元債務，還言語激怒說要叫小弟向他催討，因而起了殺機。犯案後，吳男自行向警方投案，並送交法辦。

事件二：2018 年 5 月 11 日一則新聞報導，台南市南化區驚傳凶殺案。39 歲郭姓外孫兇嫌坦承犯案動機是為了錢，而殺害了 83 歲的外婆李胡木哖、78 歲的叔公李清祥與其 77 歲妻子李蘇靜等三人。郭姓兇嫌一開始先到李姓叔公夫婦家，偷東西被發現而雙方起爭執，他因不甘挨罵而持鐵槌擊擊殺叔公和嬸婆，又因打鬥聲太大，驚動住隔壁的外婆李胡婦人發現要報警，於是讓他憤而痛下毒手一起殺人滅口。最後命案偵破，移送法辦。

事件三：2019 年 7 月 10 日一則新聞報導，新竹一間汽車旅館，發生殺人命案。一名廚師 29 歲的陳姓男子，為了借錢邀 25 歲的戴姓女友去旅館住宿，在逼問出提款卡密碼後，就徒手將人勒斃，盜領 10 萬元後逃逸。警方調查後，發現戴姓女子的男友涉有重嫌，立刻將人逮捕。

事件四：2020 年 3 月 28 日一則新聞報導，桃園市平鎮區發生一起搶劫殺人案。蘇姓嫌犯，因為向 19 歲的劉姓男子借錢遭到拒絕，沒想到嫌犯拿刀就刺，過程中劉姓男子不斷掙扎抵抗，但最後不幸被刺中心臟，送醫後傷重不治。蘇姓嫌犯犯案後選擇投案，也被依殺人罪移送法辦。

事件五：2020 年 6 月 25 日一則新聞報導，高雄愛河發生一起兇殺袋屍案。61 歲無業男子羅錦崑因不滿 80 歲王姓老翁催債，狠心下手殺害王翁，並切斷王翁的四肢分屍裝入旅行袋，將屍袋丟入愛河，不過當天上午屍袋就浮出水面。羅男因涉殺人、毀損屍體、遺棄屍體等罪嫌重大而被逮捕。

生命的價值與珍貴，不是金錢所能夠衡量的。為了金錢而殺人，為了利益而害人，肯定不是長期教育下所應有的結果，而只是人性未曾覺醒的結果。

如果一個人在長期的教育下，仍然沒有一點基本的人性覺醒，那麼，教育所給予的大量知識和許多技能，又有什麼樣子的意義呢？

三、人的天敵是人

人是萬物之靈，不是因為力量比所有的動物強大，也不是因為頭腦比所有的動物厲害，而是人心具有所有動物所沒有的人性靈魂。在動物世界的生態系統中，人類具有殺害所有任何動物的能力，而所有的動物卻難以動到人類的一根寒毛，只有人類會殺害動物，而動物卻難以殺害到人類。在地球上的生活，人類沒有天敵可言，人所會遇到的最大天敵就是別人。在動物的世界中，動物彼此相互殘殺是十分普遍的現象，有的是為了後代的繁衍，有的是為了爭奪食物和配偶，有的是為了維護自己的領域和地位，例如：公螳螂在交配後，會被母螳螂吃掉；蠍子在野外相遇其他蠍子，就相互大打出手，殺死並吃掉對方；蛇會吃的蛇；魚會吃魚，這就是大自然的生存法則。

在人類的社會中，所有的人文世界都會用法律嚴禁人與人之間相互殺害，因為人不只是動物，人還有人性。每一個人與生俱來都具有人性的種子，人性的種子在人的身上只是一種潛能，而不是自然而然會自動生長出來的。看看那些被一般動物養大的孩子，如：被狼群扶養長大的印度男孩薩尼查（Dina Sanichar）、被野狗扶養長大的烏克蘭女孩歐珊娜（Oksana Malaya），都在在顯示人性的覺醒必須在人性的環境下才得以成長，一直處在動物性環境的人類，依然只會一直停留在動物性的本能行為而已。一個人會有殺人的行為，就是完全處於動物性的本能狀態之下，完全喪失人性的同理心，才有辦法下得了手。根據法務部近十年地方檢察署執行裁判確定殺人罪人數統計（表3-6-1），每年台灣都會有上千人死於非命，也就是說，我們的整體教育系統是無法普遍讓每一位國民能夠長出基本的人性同理心。在文明的法治社會中，人竟然會死於別人的手上，只能說，人最大的天敵是人，而不是其他的動物。

表 3-6-1

近十年地方檢察署執行裁判確定殺人罪人數表

罪名別	100 年	101 年	102 年	103 年	104 年
殺人罪	1,985	1,890	1,716	1,623	1,652

罪名別	105 年	106 年	107 年	108 年	109 年
殺人罪	1,598	1,609	1,597	1,615	1,722

資料來源：法務部法務統計資訊網（法務統計圖示）

　　從教育的領域來說，教育的核心目的就是在於引導孩子的心靈成長。心靈的成長主要可以分為知識、技能和情意三大層面，因為知識和技能在學校教育系統中比較容易打分數，比較容易具體的看到績效與成果，而情意是非常細微的人性內涵，非常不容易打分數，也非常不容易掌握。因此在教育現場中，自然就很容易忽視，甚而捨棄情意上的觀察與追蹤，而會把大量的時間和心力放在知識和技能上的關注和追蹤上。而人性是什麼呢？人性的核心內涵就是屬於情意，是一種態度，是一種精神。因為在教育現場中，人性的內涵長期被忽視，長期被邊緣化，孩子的動物性本能只能依靠家庭教育啟發人性的種子，一旦家庭教育喪失啟發人性種子的功能，孩子就很容易停滯在動物性的本能慾望之中。如果孩子在進入社會之前，內在的人性沒有任何一點的覺醒，那麼，社會上就會有人因著動物性本能慾望的四處流竄而遭受到傷害，甚至被殺害死亡。

　　如果國家教育心靈能夠清楚地明白教育的本質在於：每個人都「無害」於別人，然後可以「各從所向」（賈馥名，2005）。「無害他人」就是共同的責任，也就是，每個人都能夠獲得人性的啟發與成長，每個人都能夠擁有基本水準的人性覺醒；「各從所向」就是個人的責任，也就是，每個人都可依照自己的生命需要與夢想，盡其所能地投入自己的生命熱情所在，享受個人生命成長所帶來的快樂與喜悅。

什麼是人性的覺醒呢？就是從面對自己開始（圖 3-6-1）。

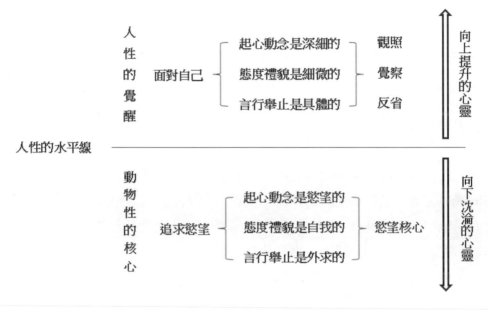

圖 3-6-1 人性的覺醒與動物性的核心

　　人的動物性核心就是追求自己慾望的滿足，因為在言行舉止上是一直向外追求的；在態度禮貌上就是唯我獨尊，目中無人的；在起心動念上就是充滿著強烈的慾望，一股連自己都難以克制的強悍慾望。所以，如果一個人沒有基本的人性覺醒的話，只是充滿動物性的本能慾望肯定會帶給別人麻煩和痛苦，甚而會給別人製造難以面對的生命悲劇。

　　國家教育心靈在幫助孩子的人性覺醒上，可以透過練心的系統，引導孩子維護個人的德性圓滿，進而培養孩子深化生命智慧。在教育的現場中，就是從生活教育和機會教育方面著手，讓孩子實實在在真誠地去面對自己的言行舉止，透過不斷地自我反省中去提升內在的心靈智慧，進而能夠慢慢開始覺察自己當下更細微的態度禮貌，最後才足以進入更深細的起心動念自我觀照。

七、校園霸凌與社會暴力

暴力是動物本能的力量，不需要學習；
暴力的淨化需要透過人性的覺醒，需要自覺。
人性的自覺力量來自於真誠地面對自己，
唯有真誠地面對自己，人性才得以覺醒與成長。

　　社會的暴力新聞時有所聞，有的欠錢不還遭暴力相向，有的向地下錢莊借高利貸而遭暴力集體威脅與恐嚇，有的因感情問題而遭到報復與毒打。暴力的陰影充斥著社會的各個角落，根據法務部近十年地方檢察署執行裁判確定恐嚇罪和傷害罪人數統計（表 3-7-1），每年近乎都有一萬件左右的社會暴力事件發生。恐嚇罪和傷害罪人數統計數字代表著，在我們的社會中，每年至少超過一萬人以上活在暴力的恐懼陰影之中，例如：在 2021 年 3 月 11 日有一則新聞報導，嘉義市警方配合警政署掃黑行動，逮捕林姓男子為首的暴力討債集團等 16 人，集團壓榨涉世未深年輕人借貸投資，若無法還錢就會以暴力相向、恐嚇、傷害。

表 3-7-1　近十年地方檢察署執行裁判確定恐嚇罪和傷害罪人數表

罪名別	100 年	101 年	102 年	103 年	104 年
恐嚇罪	1,125	906	794	784	809
傷害罪	7,927	8,210	8,501	8,752	9,111
合計	9052	9116	9295	9536	9920
罪名別	105 年	106 年	107 年	108 年	109 年
恐嚇罪	724	568	611	646	664
傷害罪	9,699	10,717	11,271	12,154	13,353
合計	10,423	11,285	11,882	12,800	14017

資料來源：法務部法務統計資訊網（法務統計圖示）

　　社會上為什麼會有那麼多的暴力事件呢？一個人會有暴力的行為，肯定不是突然發生的，而是有跡可尋的。追究其根源，社會暴力與校園霸凌都是來自於同樣一個源頭，就是人的動物性本能。所有的暴力行為都是動物性本能的力量，完全不需要學習，是與生俱來的，只要敢耍狠，只要心夠硬，只要不要把別人放在眼裡，任何人都具有動物性的本能力量，這是人與生俱來的生存本能力量。社會充斥著暴力的行為，那是因為校園早就一直潛藏著無所不在的霸凌行為。校園霸凌開始受到整體社會與教育當局的重視，主要是起於 2010 年 12 月 22 日的桃源八德國中霸凌新聞事件。因為該校當時候有多達十幾名的學生橫行霸道，目中無人，肆無忌旦地四處欺壓同學，甚至敢直接公開嗆要開槍射殺老師，更得寸進尺的還有高年級學生組成霸凌集團，專門破壞撕毀同學的制服。整個校園完完全全地被強大的動物能量所盤據，老師不敢亂動學生，校方更是完全毫無做為，最後導致整起事件爆發上社會頭版頭條新聞。八德國中霸凌事件只是整體教育系統下的冰山一角，肯定不是個案問題，而是整體教育系統已經出現了很大的人性破口漏洞。早在 2010 年的八德國中霸凌事件之前，筆者就已經發表過霸凌議題的相關文章：2009 年

的＜面對校園霸凌氾濫的真相與省思＞（詳見附錄三）、2005 的＜學校裡的一闖提＞（詳見附錄四）。因著霸凌事件接二連三發生的影響，教育部決心徹底杜絕霸凌事件再度發生，特別開始從民國 99 學年度第二學期第一週訂為「友善校園－反霸凌校園活動週」。之後每學期的第一週訂為「友善校園週」，學校務必舉辦「反黑反毒反霸凌」宣導活動。至今口號已宣導了十年的時間，校園霸凌就會因為消失於無形嗎？長期關注校園霸凌的兒福聯盟，長期追蹤做了一連串的調查研究報告，如表 3-7-2。

表 3-7-2　兒福聯盟校園霸凌調查報告表

時間	調查主題與對象	調查結果
2004 年	2004 年國小兒童校園霸凌(bully)現象調查報告（調查對象：國小四到六年級）	1. 校園霸凌現象普遍存在；霸凌的方式以言語的霸凌最多，佔五成以上(54.7%)；肢體霸凌佔近四成(36.8%)；關係霸凌佔(26.9%) 2. 多數的學童面對霸凌會求助於成人(74.5%) 3. 四成以上(41.9%)的學童面對霸凌的態度是忍耐
2007 年	2007 年兒童校園「霸凌者」現況調查報告（調查對象：國小四、五年級、國中一、二年級）	1. 中小學霸凌者佔 7%；全台至少 2 萬個「校園小霸王」，平均每班至少有 2 位霸凌者 2. 霸凌的類型以關係最常見，八成會排擠同學，逾三成會使用肢體暴力 3. 家庭衝突與威權式管教，教出小霸王

2009 年	2009 年台灣校園霸凌現象與危機因素之解析 （調查對象：國小四、五年級、國中一、二年級）	1. 中小學自陳被霸凌的比例佔 29.3% 2. 中小學霸凌者的比例佔 7% 3. 無論性別，均以關係霸凌的比例最高
2011 年	2011 年台灣校園霸凌現象調查報告 （調查對象：國小五、六年級、國中一、三年級）	1. 18.8%學童經常被霸凌 2. 近一成會霸凌同學 3. 霸凌的類型以關係、言語霸凌最常見 4. 16.6%曾經在網路上霸凌別人； 　 11.1%曾經受害
2014 年	2014 年臺灣校園霸凌狀況調查報告 （調查對象：國小五年級、國中七、八年級和高一、二年級）	1. 至少四萬名兒少正處於被霸凌陰影中 2. 一成一(11%)的高中職生表示曾於幼稚　園時　(11%)的高中職生表示曾於幼稚園時期被欺凌，半數發生於國中階段 3. 六成五(65.2%)兒少被欺負時通常不會告訴老師或家長
2017 年	2017 台灣社會大眾校園霸凌經驗調查報告 （調查對象：18 歲以上成人）	1. 七成五民眾過去曾接觸過霸凌事件，且影響深遠 2. 逾九成民眾普遍認為現在校園霸凌較過去嚴重 3. 三成二家長表示孩子在學校有接觸到(包含疑似)霸凌事件
2018 年	2018 台灣校園霸凌防制	1. 近七成(66.4%)兒少曾有接觸校園霸

	現況調查 （調查對象：11 至 14 歲）	凌的經驗：多數為旁觀者佔六成五（64.7%），曾被霸凌佔 17.1%，霸凌他人者佔 9.2%，曾霸凌人也被霸凌者佔 9.0% 2. 近半的學生(49.8%)如果發生霸凌事件選擇不告訴家長 3. 近兩成(19.1%)的兒少認為家人從不關心霸凌議題 4. 一成(10.1%)兒少認為學校從不關心霸凌問題 5. 有五分之一(20.6%)的學生主觀認為現在的防制校園霸凌宣導沒有用處
2019 年	2019 台灣家長對校園霸凌之認知與態度調查 （調查對象：家長）	1. 逾九成家長擔心孩子被霸凌 2. 逾八成認為台灣校園霸凌問題嚴重 3. 近四成(39.8%)的家長表示自己的孩子曾有遭遇霸凌的經驗 4. 逾七成家長認為老師不一定能察覺霸凌、近七成不一定會阻止
2020 年	2020 台灣學生網路霸凌現況調查 （調查對象：兒少）	1. 近半數(47.0%)兒少曾經涉入網路霸凌事件 2. 近三分之一兒少曾網路霸凌別人 3. 一成兒少正經歷網路霸凌困擾 4. 有近八成(78.4%)兒少曾遇過網路排擠問題

資料來源：兒盟資料館（研究調查報告）

從兒福聯盟的長期調查研究報告顯示，校園霸凌的問題一直長期存在於教育的生活現場中，從來沒有消失過，更沒有降低過，甚而逾九成民眾普遍認為現在校園霸凌較過去嚴重（2017 年），近七成兒少曾有接觸校園霸凌的經驗（2018 年），逾九成家長擔心孩子被霸凌（2019 年），近半數曾涉入網路霸凌事件（2020 年）。如此普遍性的校園霸凌事件層出不窮，那已經不是屬於零星個案的問題，而是屬於出了整體教育系統性的問題了。很顯然地，整體教育系統的功能對於孩子內在動物性本能的慾望與衝動，已經嚴重失去了抑制與轉化的功能。自從 2006 年 12 月 12 日立法院三讀通過《教育基本法》「禁止體罰條款」修正案第 8 條第 2 項：「學生之學習權、受教育權、身體自主權及人格發展權，國家應予保障，並使學生不受任何體罰，造成身心之侵害。」這條法令對於教育現場的學生輔導與管教產生了巨大且深遠的影響。在 2011 年時一項針對教師的調查顯示，九成六的教師認為零體罰，或至少缺乏配套的零體罰，導致學生更多行為問題。校園的許多行為問題並不是由大部分的孩子所造成的，而是由極少部分的動物性能量極為強悍的學生所造成的。如兒福聯盟 2007 年兒童校園「霸凌者」現況調查報告數據顯示，平均每班至少有 2 位霸凌者。在一個班級中 2 位學生是極少數的一部分，但只要一位「校園小霸王」就足以把整個校園搞的烏煙瘴氣了。以桃源八德國中霸凌事件為例，把全校搞到失去控制，讓老師和校方都感到無能為力，並非是一大群學生在做亂，而就是那十幾個學生帶頭嬉戲玩鬧，把整個校園帶入動物性能量的慾望發洩之亂流。以全校的比例來看，十幾個學生很多嗎？當然是極少數的動物性極強的做亂份子，而大部分是被帶動起鬨瞎鬧的。就好像法務部所統計出來恐嚇罪和傷害罪人數，每年約有一萬件的社會暴力事件發生是多數嗎？當然以社會整體人口比例來說，就是極少數的一些人所製造出來的社會暴力陰影。

然而，在人文的世界中，每一個人都是需要受到同樣的平等對待與尊重，而不是用冰冷的數字去忽視少數個案的問題。108 新課綱強調「成就每一個孩子」，但在這之前，應該先做到「保護好每一個孩子」吧！為什麼「至少

四萬名兒少正處於被霸凌陰影中」（兒福聯盟 2014 年臺灣校園霸凌狀況調查報告），整體的教育系統卻無法好好保護這些孩子免於害怕與恐懼的自由呢？是什麼力量造成整體的校園環境陷入動物性的粗暴能量之中呢？是什麼力量支持著校園的動物性能量蠻橫流竄呢？

　　在人的本質生態系統中，動物性的本能慾望是屬於粗能量，而人性的心靈品質是屬於較細的能量。從存在的法則來說，粗能量對於細能量具有破壞的力量，而細能量對於粗能量具有轉化的力量；所以，動物性的粗能量對於人性的細能量具有很強的破壞力量，而人性的細能量對於動物性的粗能量具有很深的轉化力量（圖 3-7-1）。以 2001 年 9 月 11 日發生在美國本土的 911 恐怖攻擊事件來說，當天早上，19 名恐怖分子劫持了 4 架民航客機，其中兩架飛機分別衝撞紐約世界貿易中心雙塔，並且使兩座建築均在兩小時內倒塌，導致總共有 2,749 人在這次襲擊中死亡或失蹤。19 個恐怖分子很多嗎？為什麼只有 19 個人就足以造成一個有三億人口以上國家極大的破壞慘況與留下難以抹滅的心靈陰影，這就是動物性的粗能量對於人性細能量所能造成的極大破壞力量。兩座紐約世界貿易中心雙塔和 4 架民航客機要多少時間才能建造完成，然而一夕之間就被動物性的破壞力量摧毀殆盡。同樣地，在校園的生活中，孩子的動物性粗能量對於校園的人性細能量是具有極大的破壞力量。對於這股對具有強大的破壞力量的動物性能量，如果沒有基本有效的抑制力量存在的話，那麼動物性的本能核心慾望就會容易地持續慢慢成長茁壯。如果孩子在學校的生命歷程中，動物性的粗能量無法有效地被提升為人性細能量，那麼，這股極大的破壞性能量就會自然而然地進入整體的社會之中，一旦動物性的粗能量亂竄於社會之中，就必然會有人受到傷害，甚至被害死，這也就是社會暴力行為的根本源頭。

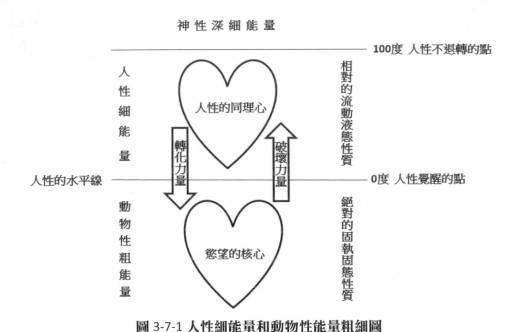

圖 3-7-1 人性細能量和動物性能量粗細圖

　　因此，國家教育心靈必須正視當前校園的人性能量與動物性能量的消長現況，為何孩子的動物性本能粗能量會愈來愈茁壯強大，而老師的人性能量會愈來愈顯微弱？如果老師的人性能量無法獲得教育系統的支持與滋養力量的話，卻僅憑老師一人的良心之力和一群孩子的動物性本能粗能量搏鬥的話，那麼在個人有限的力量之下，又怎能期待老師的教育熱忱可以支撐多久呢？

　　孩子的動物性粗能量是以自我慾望為核心的絕對固執狀態，是非常不容易被撼動的，肯定不是靠苦口婆心宣導和一直喊口號，就能夠轉化孩子的動物性能量成為人性能量的。孩子的人性覺醒就是需要從面對自己的言行舉止開始，然而，目前教育系統有什麼力量能夠讓孩子必須好好真誠地面對自己的言行舉止呢？如果人性覺醒的起始點為 0 的話，那麼，從 0 到 100 就是人性細能量的階段。人性細能量是就會上上下下，來來回回地慢慢累積與提升人性的心靈品質，這是需要一段漫長的靈魂蛻變歷程，肯定不是一二天，一二句話可以完成的，而是需要長期的耐心投入，才能慢慢感受到生命蛻變的

美妙與喜悅。所以，孔子的智慧告訴我們：「君子而不仁者有矣夫，未有小人而仁者也！」《論語・憲問》君子中沒有仁德的人是有的，而小人中有仁德的人是沒有的。君子就是屬於人性的心靈品質，而小人就是屬於動物性的本能慾望。為什麼君子還會做出沒有仁德的行為呢？那是因為個人的人性修練還很淺薄，動物性的能量還很強大，所以在人性和動物性參雜的過程中，動物性的慾望核心就會很容易地出現破壞了人性的品質。如果一個人的人性品質修練到很純粹的 100 度的話，就會進入人性不退轉的點，也就是說，完全不會再出現動物性的破壞力量了。孔子到了七十歲的時候，才有自信地說「從心所欲不逾矩」，也就是說，孔子一生努力地修練人性的品質，到了七十歲才敢說自己的人性品質很純粹了，肯定是不會再退轉了，這是非常不容易的生命境界。

孔子對於人性細能量心靈品質和動物性粗能量本能狀態之間的差異，有非常清礎深刻地描述。在《論語》一書中，「君子」一詞就有出現了 107 次，僅次於「仁」的 109 次，所謂的君子就是在描述人性品質的心靈內涵。我們可以從孔子的智慧話語中，列舉十八個君子和小人之間心靈品質差異（圖 3-7-2）。

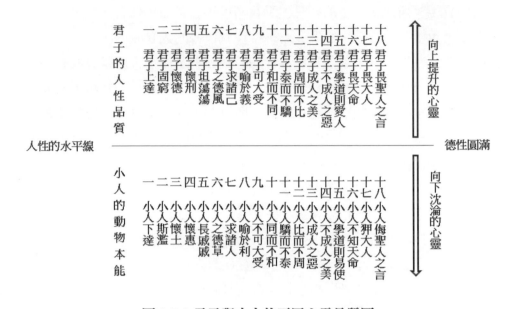

圖 3-7-2 君子與小人的不同心靈品質圖

　　以下的詮釋方式，是從心靈品質的角度來看，君子就是具有人性的人，而小人就是只有動物性本能的人。

　　一、子曰：「君子上達；小人下達。」《論語・憲問》

　　心靈品質差別：有人性的人會向上追求心靈品質成長；動物性的人只會向下追求慾望滿足。

　　二、子曰：「君子固窮；小人斯濫矣。」《論語・衛靈公》

　　心靈品質差別：有人性的人即使沒錢也不會亂來，動物性的人不得志的時候，就會胡作非為。

　　三和四、子曰：「君子懷德，小人懷土；君子懷刑，小人懷惠。」《論語・里仁》

　　心靈品質差別：有人性的人心中想的是德性圓滿，動物性的人心中想的是土地錢財；有人性的人心中想的是法治，動物性的人心中想的是利益。

　　五、子曰：「君子坦蕩蕩，小人長戚戚。」《論語・述而》

心靈品質差別：有人性的人心中坦蕩，安然自在；動物性的人心思常患得患失，心中經常感到鬱悶。

　　六、子曰：「君子之德風，小人之德草，草上之風，必偃。」《論語‧顏淵》

　　心靈品質差別：有人性的品德好比風，動物性的人品德好比草，風吹到草上，草就必定跟著倒。

　　七、子曰：「君子求諸己；小人求諸人。」《論語‧衛靈公》

　　心靈品質差別：有人性的人遇到問題先反省自己，而那些動物性的人出現麻煩總是想方設法推卸責任，責怪別人。

　　八、子曰：「君子喻於義，小人喻於利。」《論語‧里仁》

　　心靈品質差別：與有人性的人談事情，他們只問道德上該不該做；跟動物性的人談事情，他只是想到有沒有利可圖。

　　九、子曰：「君子不可小知，而可大受也；小人不可大受，而可小知也。」《論語‧衛靈公》

　　心靈品質差別：有人性的人不能讓他們只做小事，但可以讓他們承擔重大的使命；動物性的人不能讓他們承擔重大的使命，但可以讓他們做那些小事。

　　十、子曰：「君子和而不同；小人同而不和。」《論語‧子路》

　　心靈品質差別：有人性的人可以與人保持和諧相處，卻依然擁有個人的獨特性；而動物性的人追求跟別人一樣，卻不能與人保持和諧的關係。

　　十一、子曰：「君子泰而不驕；小人驕而不泰。」《論語‧子路》

　　心靈品質差別：有人性的人泰然自若而不驕傲；動物性的人驕傲而不泰然自若。

　　十二、子曰：「君子周而不比，小人比而不周。」《論語‧為政》

　　心靈品質差別：有人性的人團結但是不結黨營私；動物性的人則結黨營私，但是不團結。

　　十三和十四、子曰：「君子成人之美，不成人之惡；小人反是。」《論

語‧顏淵》

　　心靈品質差別：有人性的人通常成全他人的好事，不破壞別人的事；而動物性的人卻剛好完全相反。

　　十五、信乎孔子之言。「君子學道則愛人，小人學道則易使也」《論語‧陽貨》

　　心靈品質差別：孔子的話是可證實的。有人性的人學了道理就能懂得愛人；而動物性的人學了道理就容易被使喚。

　　十六至十八、子曰：「君子有三畏：畏天命，畏大人，畏聖人之言；小人不知天命而不畏也，狎大人，侮聖人之言。」《論語‧季氏》

　　心靈品質差別：有人性的人有三件敬重的事情：敬重天命因果，敬重老師和長輩，敬重智慧的話語；動物性的人不懂得天命因果，所以不知道敬重，不懂得尊重老師和長輩，也會輕蔑智慧的話語。

　　因此，校園霸凌之所以普遍性的存在，社會暴力之所以遍佈各個角落，那只是人的動物性本能慾望使然，沒有人性的覺醒，沒有人性的滋養，沒有人性的成長，只有動物性的本能慾望就是校園霸凌和社會暴力的根本源頭。所以，校園霸凌與社會暴力和讀多少書，學多少技術並沒有直接的關係，而是和人性的心靈品質有直接的關係。如果國家教育心靈依然執著於頭腦的知識容量，而邊緣化人性心靈品質的水準，那麼，校園霸凌和社會暴力的問題也只能發生一件處理一件，而那與生俱來的動物性能量將會是永遠不會有枯竭的一天。因為動物性能量不會自然而然地消失不見，而只能被轉化與提升。

八、走進愛情的墳墓

家庭暴力是心靈品質的問題，而不是知識多少的問題；
高離婚率是認識自己不足和認識他人不夠的問題，而不是技巧的問題。

　　愛情的魔力讓世世代代的男男女女如飛蛾撲火般，奮不顧身地墜入情網，有的很有智慧地找到了生命中的天堂，有的卻無知地墮入了生命中的地獄。同樣渴望追求愛情的快樂與美好，然而卻有天差地別的結果。如西方有一句諺語：「閃閃發亮的東西，並不都是金子；甜蜜動聽的語言，並不都是好話。」（All that glitters is not gold; all that sweet words is not good words.）所以，並不是每一個人都是好人，也並不是每一個人都是適合在一起生活的人，例如：1993 年 10 月 27 日台灣發生一件轟動社會的家暴事件–「鄧如雯殺夫案」。當時 22 歲的鄧如雯，因長期遭受夫丈林阿棋家庭暴力，而且鄧母、婚內本人和妹妹均被性侵害，再加上林阿棋長期虐待她、孩子，以及娘家人，經過六年的忍耐、報警、逃家，到處求助無門，最後忍無可忍的她選擇殺夫，解脫自己和家人長期受暴的夢魘。鄧如雯在受審過程中，受到婦女團體的支援，最後被判刑三年，此案並促成《家庭暴力防治法》於 1998 年 6 月 24 日立法通過，並使中華民國成為亞洲第一個有家庭暴力防治法與民法保護令的國家。此後，遭受婚姻暴力受暴婦女及其目睹暴力兒童終於可透過保護令，保障自己生命安全，免於受到家庭暴力的威脅恐嚇。

　　一個人會有暴力傾向，肯定不是突然爆發的，而是在成長過程中已經長年根植於動物性本能的自我中心私慾，因著缺乏智慧，毫無同理心的個性，才會以沒有人性的方式暴力對待身邊的家人和朋友。以鄧如雯的夫丈林阿棋來說，他早年時候就是板橋一帶的惡霸，也曾被列入流氓名單而管訓，暴力的因子從來沒有在他的身上消失過，只是一直不斷傷害別人地重複發生。又

如：2019 年 1 月 16 日一則新聞爆出，新北市一名林姓男子因兒子買肉圓忘了加辣，就毫無理性地發怒家暴妻兒，而林姓男子對妻小動粗家暴，已經不是第一次，而是已經好幾次了。事情曝光後，男童媽媽開始打離婚官司，經過五個多月的努力，夫妻倆已經協議離婚，而在官司訴訟時，雖然男童父親一直想挽回，但在孩子的幼小心靈已經造成難以抹滅的傷痕陰影，所以男童堅持拒絕讓爸爸探視，最後不僅監護權歸媽媽，男方也沒有探視權。因此，暴力不但是愛情的殺手，更是婚姻的劊子手。

表 3-8-1

近十年家庭暴力事件通報案件統計表

年別	2011 年	2012 年	2013 年	2014 年	2015 年
合計	117,162	134,250	152,680	133,716	135,983
年別	2016 年	2017 年	2018 年	2019 年	2020 年
合計	135,785	137,148	138,637	160,944	178,710

資料來源：衛生福利部統計處（家庭暴力防治）

依據衛福部近十年家庭暴力事件通報案件統計顯示（表 3-8-1），台灣的家庭暴力案件，不但每年都有十萬以上的案件數量，而且以近幾年的家庭暴力事件通報案件統計趨勢一直往上不斷攀升當中。在親密關係的婚姻當中，不僅是家庭暴力讓愛情走進墳墓，離婚更是將愛情直接宣判死刑，親手直接將已逝去的愛情給埋葬起來。根據內政部近十年台灣離婚對數與離婚率的統計數字顯示（表 3-8-2），台灣每年都會有五萬對以上的夫妻離婚。根據內政部統計指出，2012 年台灣有 5 萬 5,980 對夫妻離婚，位居全球排名第四，是亞洲最高，平均每 10 分鐘，就有一對夫妻離婚；2013 年台灣有 5 萬 6,04 對夫妻離婚，已居全球排名第三，是亞洲之冠，平均每小時就有 6 對夫妻離婚；在 2020 年也高達 5 萬 1,680 對，持續保持居亞洲之冠位置。在所有年齡

層中，以「35 歲至 39 歲」為離婚率最高的階段，在 2020 年已突破一萬對。而導致離婚最主要的原因，經統計結果顯示不外乎為：外遇、家暴、婆媳問題等。

表 3-8-2

近十年台灣離婚對數與離婚率統計表

年別	2011 年	2012 年	2013 年	2014 年	2015 年
離婚對數	57,008	55,980	53,604	53,190	53,459
離婚率	2.46	2.41	2.30	2.27	2.28
年別	2016 年	2017 年	2018 年	2019 年	2020 年
離婚對數	53,837	54,412	54,443	54,473	51,680
離婚率	2.29	2.31	2.31	2.31	2.19

離婚率單位：對／千人（‰）

資料來源：中華民國統計資訊網（內政統計月報）

　　離婚在自由開放的社會中是極為普遍的現象。離婚並不是人生的錯誤，更不是人生的悲劇，而只是人生重新的選擇，重新的選擇意謂著重新追尋屬於自己真正的快樂與幸福。結婚是為了追求人生的快樂與幸福，當在婚姻關係中，如果彼此已經成為彼此的痛苦與地獄，那麼，有智慧有能力的人自然會選擇離開讓人感到枯死沒有生命的婚姻關係，而重新開啟生命的新視窗，重新追尋生命的快樂與幸福。

　　有人說：「婚姻是愛情的墳墓。」為什麼結婚前，人生對於愛情充滿著無比的期待與希望，而最後卻讓婚姻進入愛情的墳墓呢？每一個人都渴望擁有美好的愛情與婚姻，期待從美好的愛情與婚姻中獲得生命的快樂與幸福。快樂與幸福是一種生命的滿足感，每一個人在生命的不同階段，能夠感受到生命的滿足感也會有所不同。從愛情的幸福來說，親密關係的幸福可以分成

三個層次：動物性的幸福、人性的幸福和神性的幸福（圖3-8-1）：

一、動物性的幸福：動物性的幸福最主要是以追求慾望的滿足為核心。有錢有閒，可以為所欲為，就是一種動物性慾望的滿足；追求物質慾望的滿足，追求食物和性的滿足，一旦獲得滿足之後，原本躁動不安的慾望就會得以暫時平息。在人類社會中，有一種所謂包養的文化，就是建立在動物性的幸福上，彼此互相給予動物性的慾望滿足，而不給予人性上的承諾。動物性的幸福所能維繫的時間比較短暫，在彼此的關係中，一旦無法再繼續提供滿足動物性的慾望，那麼，彼此的關係就非常容易面臨終止的地步。當孩子的人性心靈尚未甦醒時，孩子只要吃得飽，睡得好，可以為所欲為的玩樂，就是可以感受到無憂無慮的快樂與滿足了，這就是屬於動物性的幸福。

神性的幸福　靈性的滿足
- 靈性合一的滿足
- 自由無束的滿足
- 靈性同在的滿足

人性的幸福　心靈的滿足
- 心靈共鳴的滿足
- 細心體貼的滿足
- 尊重同理的滿足

動物性的幸福　慾望的滿足
- 物質慾望的滿足
- 食物和性的滿足
- 為所欲為的滿足

圖 3-8-1 愛情的幸福三層次圖

二、人性的幸福：動物性的幸福是在追求感官上的滿足與快樂，而人性的幸福是在追求心靈上的滿足與快樂。人性的心靈幸福是比動物性的幸福更為細微的，需要用心去體驗的。在親密關係中，互相彼此的尊重與同理是最為基本的人性幸福，如果沒有基本的尊重與同理，就難以擁有良好的交流與溝通。因此在尊重與同理的基礎上，相互的細心體驗與心靈共鳴，更能夠讓彼此的愛情更為堅固與滿足。一句關心的話語，一個體貼的動作和一個心領神會的眼神，都能夠讓人感受到心靈無限的滿足。在親密關係中，人性的幸福是維繫彼此感情很重要的養份，如果只靠動物性的幸福維繫彼此的感情，那麼，彼此的愛情就很容易被介入與取代。

　　三、神性的幸福：神性的幸福是在追求靈性上的滿足與快樂。靈性的滿足是更為深細的主觀世界感受與體驗，唯有彼此都能夠領會靈性的層次，才能共同達到靈性同在的滿足感。靈性的層次就是真實的愛，印度成道大師奧修（Osho）說：「愛是生命裡面最高的價值。愛只有一個準則：它給予自由，而且是無條件地給予（謙達那譯，1991）。」因此，靈性的愛會給予彼此完全的自由與完全的信任，而能夠深刻地感受到自由自在、無拘無束的心靈自由。靈性合一的滿足來自於彼此個體性的消失，我在伴侶的裡面，伴侶在我的裡，彼此互通有無，毫無障礙。因此，唯有彼此達到神性的幸福，親密關係才無法被任何人所取代。

　　如果一個人的生命活得很痛苦又很折磨，那麼，累積再多的知識又有什麼意義呢？如果一個人的生活過得很不快樂又很不如意，那麼，學習再多的東西又有什麼價值呢？從教育的角度來說，家庭暴力和高離婚率的產生，是心靈品質高低的問題，而不是人際表達與溝通技巧的問題；家庭暴力和高離婚率的問題，需要靠智慧來解決，而不是靠知識來應付。家庭暴力的根源是由於認識他人不清，所造成的不幸結果；而高離婚率的根源是由於認識自己不足，所引起的必然結果。因此，如果國家教育心靈能夠引導孩子培養深度

的生命智慧，多一份認識他人，就會少一份家庭暴力；多一份認識自己，就會少一份離婚案件。認識自己就是向內探尋自己的需求、條件、個人、興趣、能力、想法、價值觀、成長背景、生活習慣和生命信仰等；認識他人就是對外瞭解他人的需求、條件、個人、興趣、能力、想法、價值觀、成長背景、生活習慣和生命信仰等（圖 3-8-2）。

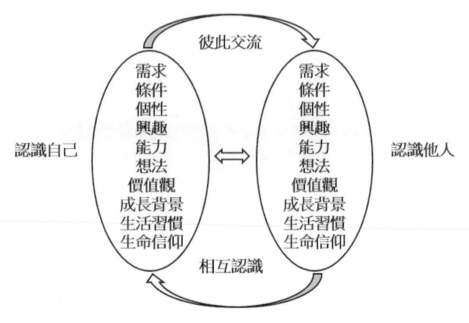

圖 3-8-2 認識自己與認識他人圖

認識自己是一輩子的生命功課，因為每個生命階段會有不同的需求，隨著生命的成長與變化，個人的想法和價值觀也會隨之改變。所以，學習認識自己是一件非常不容易的生命功課，而認識他人更是非常高度的生命挑戰。在充滿幻想的愛情國度裡，要能清楚真實地認識他人是非常困難的挑戰，因為我們經常認識了虛假的他人，而不是真實的他人。因著投射、偽裝、隱藏、自欺和衝動，會讓迷濛浪漫的愛情眼睛，很難清楚地看見彼此真實的情況。

一、投射：心理投射是一種心理現象，是指把自己內心所想的東西，不

自覺的投射到別人身上。在愛情的世界中，心理投射的現象更是自然而然會發生的事情，我們經常會把內心對於愛情美好的憧憬不自覺地投射對方的身上，以為對方就是我們心中所想的那個人，事實上對方肯定不會如我們所想像的那個人一樣，例如：旅美知名律師邱彰原本幸福地宣稱找到一位理想的好老公，而事實上這位老公什麼事情也不想做，賴皮地吃定邱彰，於是邱彰憤而訴請離婚，還付出了不少贍養費。而她後事卻在公開場合表示，瓊瑤小說都是騙人的，自己是瓊瑤小說害的。其實，邱彰就是把瓊瑤小說的浪漫與美好，投射到對方的身上，而無法認清對方的真實狀況，才會導致在婚後不得不面對真實的現實狀況，然而對方從頭到尾都沒有變過，變的是邱彰從愛情的心理投射回到了現實的真實狀況而已。

　　二、偽裝：在動物的世界裡，為了求偶交配，以最美好的一面表現自己，希望獲得對方的青睞，那也是天生所賦予的本能。在愛情的世界中，人類除了也會盡量表現自己之外，更會偽裝自己，例如：原本個性是很暴力的人，卻可以偽裝成為很溫柔的人；原本說話是很大聲公的人，卻可以偽裝成為輕聲細語的人。然而，偽裝是一時地，所謂日久見人心，只要細心地觀察，最終對方真實的面目必然會顯現出來的。

　　三、隱藏：在愛情的國度裡，為了獲得對方的肯定與認同，自然會把自己的弱點和不足的部分給隱藏起來，盡量不要讓對方看見，以保持自己在對方的心中的最美好的形象。如果對方也把自己隱藏得很深，那麼，就難以真正地瞭解到對方真實的面目了，例如：如果對方把自己的病情隱藏起來，從表面也看不出來，那麼也真的是無從得知真實的情形。所以，在彼此互相認識的過程中，彼此互相坦誠真實的自己是很重要的。否則，等到婚後才發現真相，就有可能引發婚姻危機。有一則國際新聞報導，64歲的詹恩（Jan）和48歲的莫妮卡（Monica）已經結婚19年了，詹恩對莫妮卡可說是一見鍾情，當初覺得她「美麗又有女人味」。莫妮卡溫柔體貼，婚前也表明不生小孩，她對詹恩前妻生的二個孩子很好，小孩稱她「大姊姊」。婚後的生活也一如正常的夫妻一般，沒想到有一天莫妮卡家的表親來訪，無意中透露她曾

國家教育心靈
創造個人幸福與美好社會的教育生態系統　　373

動過變性手術，才變成女人。詹恩非常震驚逼問她「妳真的是男人嗎？」莫妮卡坦承，她的確動過變性手術。詹恩頓時天旋地轉，覺得有如世界崩潰，經過幾天的心情沉澱，便向法院提出離婚。因為，詹恩認為莫妮卡婚前未吐實，讓他不可能原諒，只希望她快點從他的人生中消失，這就是隱藏自己太深的後果。

四、自欺：當二個人同時墜入愛河時，為了保持愛情的浪漫與美好，就非常容易產生自欺的現象，就是無法坦誠地認清對方的缺點與不足。即使對方的缺點和不足已經造成了自己的困擾和不舒服，但為了維繫彼此的美好愛情感覺，就會欺騙自己，相信對方總有一天會改掉自己的缺點和不足的。然而，事實上這只是自我欺騙的行為，如果對方的缺點和不足已經讓自己難以忍受與接受時，就必須認清事實的狀況，選擇更有智慧的生命道路，而不是一味地自我欺騙，最終受害的人還是自己而已。

五、衝動：有人說：「結婚需要一股衝動」然而對於男歡女愛而言，更重要的是「婚姻需要用心經營」。如果愛情缺乏衝動，那麼，也只是索然無味的平淡感情而已。因此，在愛情的世界裡，心中充滿著熱情與衝動，那是非常自然而然的心理現象。然而，如果只有熱情與衝動，卻沒有理性與智慧，就不容易經營一份可以長長久久的親密關係。美國耶魯大學的心理學家斯騰柏格（Robert. J. Sternberg）在 1986 年提出「愛情三元素理論」（Triangular Theory of Love）。斯騰柏格認為，愛情包含著主要的三種元素：熱情（Passion）、親密（Intimacy）和承諾（Commitment；Decision）。熱情與親密是屬於動物性的情緒，而唯有承諾才能夠讓彼此擁有人性的心靈共鳴與穩定。

因此，家庭暴力的問題不是學習多少知識的問題，也不是學會多少技能的問題，而是心靈品質的問題；高離婚率的問題不是知識不足的問題，也不是技巧不夠的問題，而是認識自己和認識他人的智慧不足的問題。所以，國家教育心靈可以從培養孩子的生命智慧，讓每一個人都能夠有智慧地認識自

己，也能夠有智慧地認識他人，如此才能避免家庭暴力的不幸事件，也才能減低高離婚率的社會現象。

九、層出不窮的貪腐案件

德性就是生命中的業力，

一言一行，一舉一動，都是業力的來源，

一言一行，一舉一動，都會影響到德性，

謹言慎行，三思後行，德性才得以圓滿。

　　一個好人有可能會變壞人，一個壞人也有可能會變好人；一位窮人有可能會富人，一位富人也有可能會變窮人，例如：前總統陳水扁原本充滿理想，熱心熱血，為國為民，如此一個聰明有能力的好人，因而獲得多數民眾的支持愛戴，在 2000 年至 2008 年受選民之託負擔任國家總統。然而，在擔任總統期間，卻做了法律所不允許的壞事，三審判決定讞的案子包括：2010 年 11 月 11 日龍潭收賄案判 11 年；2010 年 11 月 11 日陳敏薰案收賄案判 8 年；2012 年 7 月 26 日龍潭案洗錢案判 2 年；2012 年 12 月 20 日元大併復華案判 10 年等，如此的行為不僅毀壞了自己原本的圓滿德性，更傷害了所有曾經大力支持他的人民。好人成為壞人的過程，肯定是由自己的行為所造成的，而不會是由別人的造成的；又如流氓教授林建隆，原本是個混黑社會，經常做壞事的壞人。然而，在歷經反省洗心革面之後，奮發努力向上求學，最後成為人人敬重，作育英才的教授。壞人成為好人的過程中，一定要先面對自己過去的種種需要修正的行為，重回圓滿德性的基礎，立志不再傷害他人，重新做人，讓自己的行為可以利益他人，而不再是傷害他人，才能真正成為人人尊重的好人。

表 3-9-1

近十年的重大貪污案件

年度	貪污案件
2011 年	台北市汐止鎮長廖學廣：貪污罪
2012 年	總統陳水扁：洗錢案
2013 年	高等法院法官陳榮和、李春地、蔡光治集體收賄案
2014 年	政務司司長許仕仁：貪污案
2015 年	苗栗縣長何智輝：勒索財物罪
2016 年	高雄警方集體貪污 12 名官警羈押起訴：收賄罪
2017 年	消防署長黃季敏：受賄圖利罪；基隆市議長黃景泰：詐領財物罪
2018 年	立委高志鵬：圖利罪；台中高分院法官胡景彬：收賄罪
2019 年	雲林縣土庫國中校長楊善淵：圖利特定廠商罪；立法院秘書長林錫山：收賄罪
2020 年	台北市議員賴素如：收賄罪；屏東縣議員林玉如、連正勝、潘明利等 3 人：收賄罪；台東縣大武鄉鄉長趙宏翰：貪污罪；高雄市三警官蔡景德、林霙璋、齊德清：收賄罪

資料來源：整理自網路新聞

　　從近十年的重大貪污案件來看（表 3-9-1），每年都會有人因著貪污案件被判刑，從政府官員到民意代表，從基層人員到高層法官，都因著自己貪污的行為而從好人變成壞人。以 2013 年的高等法院法官陳榮和、李春地、蔡光治集體收賄案來說，法官的社會地位極為崇高，公正嚴謹的形象深植人心。要成為法官，必定是歷經層層的關卡考驗，無論是對於社會種種價值的判斷，或是對於社會種種正義的追求，必然是通過很深度的專業思想與專業規範洗禮。所以，對於法官倫理規範（民國 101 年 1 月 5 日）的第 5 條「法官應保有高尚品格，謹言慎行，廉潔自持，避免有不當或易被認為損及司法形象之

行為。」和第 8 條「法官收受與其職務上無利害關係者合乎正常社交禮俗標準之饋贈或其他利益，不得有損司法或法官之獨立、公正、中立、廉潔、正直形象。」身為一位法官，心中必然是非常清礎，收賄的行為是沒有品格的行為，是有損司法形象的行為，是犯罪的行為。然而，究竟是什麼樣子的狀況情境和起心動念，會讓一位法官願意丟棄多年所經營下來的好人形象，而甘願冒著成為壞人的風險呢？難道只是因為難以抗拒的巨大利益的誘惑？當一個人在沒有人看見的地方時，面對利益的強大誘惑和個人高尚品格的抉擇，為什麼會有那麼的政府官員和民意代表會選擇「先把利益放進自己口袋再說」呢？根據法務部近十年地方檢察署執行裁判確定瀆職罪人數表統計（表 3-9-2），每年平均會有 44 人會因為瀆職罪被判刑。或許瀆職罪的人數並不代表是貪污的人數，但所有裁判確定的瀆職罪，就是意謂著有人受到傷害了，法律的存在就是為了保護好人不致受到傷害，才會給予壞人懲處。如果連具有社會崇高地位的總統和法官，都無法抗拒利益誘惑而貪污，那麼，所有的老百姓怎能相信，社會中還有哪一個職業是純粹的人性化？社會中還有哪一個職業還能保有純淨美好的心靈呢？

表 3-9-2

近十年地方檢察署執行裁判確定瀆職罪人數表

罪名別	2011 年	2012 年	2013 年	2014 年	2015 年
瀆職罪	42	47	32	40	53

罪名別	2016 年	2017 年	2018 年	2019 年	2020 年
瀆職罪	52	62	37	35	44

每年平均：44

資料來源：法務部法務統計資訊網（法務統計圖示）

　　所有的貪污罪都是由自己的行為所造作出來的，所有的行為都是自己品

格的具體表現，所有的行為都是代表著自己的人性內涵程度與德性圓滿與否。一個人的一言一行，一舉一動，都會影響著自己生命道路的方向，也會影響著自己生命的快樂幸福與否。所以，有智慧的人懂得即使在沒有人的時候，也要謹言慎行和三思而後行的深意，因此儒家的思想特別強調「慎獨」的重要性，《禮記‧大學》：「君子必慎其獨也。」；《禮記‧中庸》：「君子戒慎乎其所不睹，恐懼乎其所不聞。莫見乎隱，莫顯乎微，故君子慎其獨也。」有品格有德性的君子在沒有看到的地方，也會很謹慎自己的一言一行；在沒有人聽到的時候，一樣會很小心自己的一舉一動。在沒有人看見的地方，最能體現一個人的心靈品質，最細微之處才能看出一個人的德性水準。所以，有品格有德性的君子在獨處時，也不會做出任何會傷害別人的事情來。

　　國家教育心靈必須深省的是，為何在整體社會中，我們幾乎找不到一種具有完全純淨心靈品質的職業，會做壞事的人幾乎可以滲入各行各業的領域裡面。這種現象表示，我們的教育系統對於心靈品質的價值是完全忽視的，才會導致會做壞事的人可以遍及各行各業之中。因此，如果國家教育心靈真的有心把德性擺在教育目標的首位，真正重視心靈品質的價值甚於一切的話，那麼，首先就是必須先放下對於個人的知識成長與技術成長的一致性執著，再者建立一套以德性圓滿為根基，以智慧深化為工具的教育體系，如此整體的社會才能夠營造出真正純粹的人性化社會，尤其在社會高層的所有政府官員和民意代表都能歡喜地堅守德性圓滿的價值與美好。

　　堅守德性圓滿意謂著追求人性品質的美好境界，在學校的生活中就需要培養慎獨的工夫，即使獨處的時候也是謹言慎行的，在私下時做任何事情也需要三思而後行，在沒有人的時候也一直保持著心念的純正，而不會胡思亂想一些可能損人利己的事情來。因此，在追求美好人性心靈品質的基台上，能夠做到言行一致和光明磊落的精神。所以，美好的人性心靈品質不是做給別人看的，而是為自己建造一個真正快樂與幸福人生的堅實基礎。因此，孔子說：「君子無終食之間違仁，造次必於是，顛沛必於是。」《論語‧里仁》在任何地方與任何時刻，即使沒有人看見，無論怎麼緊急，無論如何困頓，

都會堅持不做出傷害別人的事情來，這才是真正「慎獨」的功夫（圖 3-9-1）。

圖 3-9-1 心靈品質與貪污圖

　　相反地，沒有練心系統支持的人心，就是屬於自然而然的動物性私慾，一旦爬上了社會的高層職位，掌握了比較大的權力時，就會非常容易受到利益的誘惑，而把一切的人性的價值與美好完全拋之腦後，只追求盡可能地滿足自己的私慾。在私慾的驅使之下，為了追求自己最大的利益，就會長袖善舞地遊走於人情關說之中。而遇到強權的威嚇時，就會以先保護自己的利益為優先。所以，一個人內心如果只是充滿動物性慾望的本能，言行就會經常不一致，人外是一套，人裡又是另外一套，滿口說的就是人性的美好話語，然而事實上卻像是穿著華美衣服的野獸一樣而已，只會顧著自己私慾的滿足，即使會暗地做出傷害別人的事，也毫無愧咎感可言。所以，要做到孟子所說的大丈夫是不容易的：「富貴不能淫，貧賤不能移，威武不能屈，此之謂大

丈夫。」《孟子‧滕文公下》只要有人性的同理心，金錢富貴是誘惑不了他的，生活萬一陷入低潮困頓也不會做出傷害別人的事情來，即使有權力的威脅逼迫也不會低頭去配合讓心靈向下沈淪，這樣的人性品質才是真正具有仁與義的大丈夫。

因此，人的一生要保持德性的圓滿絕對不是一件輕而易舉的事。人要學習抗拒龐大利益的誘惑，忍受生命的困頓而不亂來，遇到強權逼迫也不會改變人性的美好價值，那一定是需要長期的修身養性才能真正做到慎獨的功夫。許多政治人物年輕的時，充滿理想與抱負，然而慎獨功夫仍過於薄弱，人性的品質仍然參雜著太多的動物性的私心慾望，一旦遭遇到利益的誘惑和強權的威嚇，人性的考驗就很容易地被現實的生活給擊潰了。所謂「為山九仞，功虧一簣」，如果沒有堅實的人性價值信念，就難以堅持純粹化的人性價值與美好。所以，即使國家教育心靈用心投入建設純粹化的人性心靈工程，都不一定可以達到讓每一個國民的認同與接受，更何況是一種有也好，沒有也好的心態。國家教育心靈對於德性價值的忽視，一種有也好，沒有也好的心態，社會中的各行各業會充斥著許許多多的貪污與惡事，那也沒有什麼好驚訝的了。

十、空污水污是心污

心淨，國土淨；心污，國土污。

污染來自於貪婪，清淨源自於智慧；貪婪是本性，覺醒靠智慧。

環境的污染或清淨決定於貪婪和智慧之間。

　　人類文明的發展隨著十八世紀的第一次工業革命以來，人類的生活就開始產生了巨大的改變，以機器大量生產製造取代了人工的勞動時代，從此以後人類的世界就愈來愈多各種不同大型工廠的出現。科技文明為人類的生活帶來了許多的便利與舒適，但同時也製造了許許多多難以解決的問題，空氣污染和水源污染就是最典型的現代文明問題。在台灣的生活環境中，所有的大都市都存在著空氣污染的問題，也很難找到一條清澈無污染的溪水和河川。而如此普遍廣大的污染程度肯定不是一、二個人所能造成的，而是整個系統性的問題。整個系統性的問題包括，從個人心污開始，然後有龐大織組的支持，再加上大眾冷漠態度和政府能力上的限制，國家為了經濟考量也隨之放任發展，因而才會造成系統性的空氣污染和水源污染（圖3-10-1）。

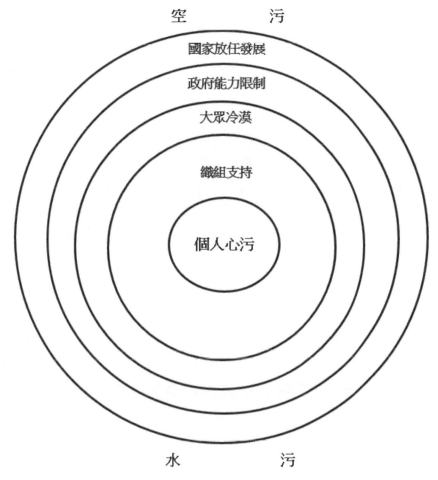

空　　　污

國家放任發展

政府能力限制

大眾冷漠

織組支持

個人心污

水　　　污

圖 3-10-1 空污水污人心污系統圖

　　人文世界所有的污染問題都是從人心開始的，因為人的貪婪與私心，只顧個人的利益而不在乎會不會對別人造成傷害，就以發展經濟為名，大舉招募員工建造工廠，這就是個人心污的開始。所有合法的空污工廠和水污工廠都是經由政府核准興建的，因而才能公開招募員工，而所有的員工也只能顧好自己能夠工作生存的機會，也不會在乎在幫忙製造空污和水污的問題，才會一起加入製造空污和水污的工廠組織。因為工廠是合法申請，合法營利，

老百姓也莫可奈何，也只能冷眼以待。政府和國家為了考量民生需求和經濟發展，在環保和經濟的考量之下，也只能睜一隻眼，閉一隻眼，讓空氣污染飄向四方，讓水源污染流向各地。所以，空污和水污是共業所造成的結果，而不是單一、二人所能製造那麼大規模的污染源頭。以下就從系統性觀點，探討空氣污染、水源污染和全球污染議題：

一、空氣污染

根據 2019 年 8 月 21 日聯合報、風傳媒報導，台灣大學、中興大學、陽明大學、國衛院與台灣癌症登記中心合作，刊登於國際期刊《胸腔腫瘤》（Journal of Thoracic Oncology）的研究，從研究逾 37 萬名肺癌患者的資料發現，自 1995 年至 2015 年，我國肺腺癌的發生率持續攀升，非腺癌則走低；男性肺腺癌發生率自十萬分之 9.06 增至 23.25，女性則自十萬分之 7.05 增至 24.22，致癌元凶不只是菸，高達五成三的肺癌患者從未吸菸，因此研究團隊懷疑是空污所致。研究並指出台灣南北的肺腺癌發生率走勢出現交叉，近年來高屏地區的肺腺癌年增加率是北部的 15 倍以上，且患者餘命較短，因此，推測空污是造成不吸菸人口卻罹患肺癌的可能因子。

肺癌已連續好幾年都是國人癌症的頭號殺手，所以又有新國病之稱。造成死亡率偏高的主要原因之一就是肺癌早期無明顯的症狀，等到確診時多已為晚期患者，存活率只剩 18%，導致許多家屬及病人有放棄治療的念頭。根據台灣癌症基金會統計，罹患肺腺癌的人，男性有 40% 不抽菸，女性有 90% 不抽菸，甚至也有 40、50% 的人很少下廚；而根據僧伽醫護基金會資料，華人特別容易得到肺癌，尤其是女性，除了生活環境之外，更推測可能跟基因有關。中研院的研究也指出，暴露於致癌物中，包括吸菸（二手菸也算）、毒化物、空汙、油煙、金屬化合物等，也會引起基因突變，換言之，減少生活中致癌物的暴露，也是預防肺癌的有效策略。

所以，台灣肺癌之所以增加有一個重要因素是空汙，致癌物如 PM2.5、戴奧辛等，戴奧辛沒有好好去定量管制是個問題，暴露在不好的空氣下，女性的基因又比較脆弱，成為不吸菸女性罹患肺癌的另個原因。從僅十幾年台

灣罹患肺癌的人口統計來看，發現女性比男性還多，而且女性肺癌患者經常是不抽菸的，這恐怕和空氣污染也有間接關聯性，因為長期吸入髒空氣，髒空氣在肺部造成慢性發炎，最終讓肺部癌化。此外，空污也容易造成過敏、心血管疾病等，是環境對人類健康的一大反撲（忻佳平，2020）。台灣臨床腫瘤醫學會理事長高尚志指出，肺癌是國人癌症頭號殺手，死亡率居冠，每年新增病例超過一萬名，這當中「肺腺癌佔了六成」。

因此，台灣的天空到處飄散著毒害老百姓的空污，這是整體社會系統性的問題，而不是單一因素的問題。凡牽涉到系統性的問題就不是短短一、二年所能夠根本解決的，因為其中的因素牽扯層層的複雜因素。所以即是政府有心解決空污的問題，也不是想要解決就可以立刻解決的。因為空污問題是屬於共業的複雜結構，因此需要集體的深度大智慧，集體的高度心靈品質，才能夠從根本處解決。集體的大智慧和集體的心靈品質就是需要透過教育長期的培養下一代的智慧和心靈品質，從個人的心污著手，只要沒有人的心是污濁的，貪婪私心的，大環境的空氣污染才能夠透過共同責任的力量予以徹底根本的解決。

二、水源污染

依據《污染防治法》（民國 107 年 6 月 13 日）之定義，水污染是指「水因某種物質、生物或能量的介入，而變更其品質，致影響其正常用途或危害國民健康及生活環境者。」由於大都市溪水和河川早已被破壞殆盡，想要在都會區找到一條清澈見底，魚蝦悠遊的景致真是比登天還難。以高雄愛河為例，早期 1960 年代因為高雄市的工業發展，隨就業機會而來的移民大量湧入，加上當時的高雄市污水下水道系統尚未普及，使原本具有排水功能的愛河無法負荷這些污染源，成為一條受到嚴重污染的河川，只見垃圾，難見魚蝦。為了整治愛河，前後花了 30 年，經歷多位高雄市長，愛河才慢慢消除臭味，遊客才慢慢回到河邊散步。即使時間花費了 30 年，經費耗費了上百億元，河水仍然難以清澈見底，但至少可以成為高雄的重要景點之一了。

愛河因為身處於大都市的重要位置，才能獲得政府的重視與龐大經費支

持整治。然而,在台灣的鄉間荒陌之處,有多少溪川河流污濁不堪,垃圾滿河,臭氣熏天,無人看顧。在 2018 年 7 月 19 日有一則新聞報導,2015 年時有地方民眾向屏東市議員蔣月惠陳情,指出屏東市郊區有一處 28 年歷史的翔奕皮革廠屢屢排放廢水,並且造成空氣惡臭,影響居民生活,甚至吃溪旁草的牛會因不明原因死亡。民眾希望議員可以幫忙舉發不良工廠,蔣月惠接受地方陳情後,她幾乎天天到現場勘查或夜間巡邏記錄,一年勘查天數高達 345 天,其餘 20 天係因人在外縣市無法到場勘查。為了舉發排放污水工廠,甚至還曾遭受不明人士威脅警告「節制一下」。最後,在 2015 年屏東縣政府環境保護局認定翔奕皮革廠排放廢水及汙泥處理等事項不合格,勒令停工,為屏東環保抗爭樹立成功案例。試想一條河川長期被污染了 28 年,那麼,究竟要花幾年時間與心血才能夠恢復原本的樣貌呢?

在存有的深處,萬事萬物都彼此相互關連,萬事萬物都彼此相互影響。所以,美國氣象學家艾德華勞倫斯(Edward Lorenz)在 1963 年提出著名的「蝴蝶效應」理論。「蝴蝶效應」是一個氣象學上的現象,他舉例巴西的一隻蝴蝶輕拍翅膀時,會造成氣壓的些微改變,形成日後美國德州發生暴風雨的結果。因此,後來人們將表面看似沒有關連的事物,卻會引發重大的影響和變化的結果,稱之為「蝴蝶效應」。同樣地,當個人的心污只顧自己的私利,完全不顧會不會造成別人影響,隨意地將垃圾、廢料、廢水、雜物、廚餘、有毒物質等廢棄物丟入溪流河川,個人的微小行為看似不會造成環境太大影響,但久而久之因著社會整體系統的沈睡與忽視,就會自然看到成為今日全台各地溪流河川的窒息與死亡結果。

因此,所有溪流河川的窒息與死亡都是從個人的心污而來的,有多少的心污個案,就會造成多少河川的受苦與傷害,而對於一般的老百姓而言,我們都只能無奈哀傷地看到各地溪流河川的窒息與死亡結果,如果連具有公權力的政府單位都無法徹底根絕水源污染的來源,那麼,又有幾個人像屏東市議員蔣月惠如此心懷公理正義,無論如何被恐嚇和警告,為了民眾的利益和環境的保護,不畏強權義無反顧地勇往直前呢?從各地方大大小小溪水河川

的窒息與死亡結果來看，我們就可以清礎地明白看見，國家整體的教育系統所教育出來的國民心靈品質素養程度如何了。如果心污的個案不是一、二個人，而是難以計數的個案，那麼就不是個別特例的問題了，而是整體系統的問題了。

三、全球議題

現代的人們已經生活在地球村（Global Village）的時代，因著科技資訊的發達通暢，全世界各地發生什麼重大事情，都可以立刻被所有的人們知道。最直接的例子就是，「2019冠狀病毒病」（COVID-19）無情地襲擊侵害全世界，新冠肺炎疫情重創全球，甚至連遠在亞馬遜叢林的原始部落也難逃疫情的肆虐與攻擊。國際世界衛生組織（WHO）負責傳遞最新全球疫情的發展與變化，全世界沒有一個國家可以例外，任何調以輕心的國家，都將遭受疫情更嚴峻的侵害與考驗。新冠肺炎疫情直接給予人們啟示，地球上人們的生活是彼此相互關聯，彼此相互影響的，任何人都無法忽視自己的任何言行舉止都可能影響著整體系統的變化。從一個人得到的新冠狀病毒開始，一不小心就足以造成整個國家疫情的失控，因此，任何人的一舉一動、一言一行都可能對別人產生不同程度的影響，如果沒有透過練心系統的長期培養個人智慧能力，個人的動物性本能私心就非常容易進入體整的社會系統中，最後的結果必定會有人受害，有人遭殃，甚至有人會被害死。

人類的科技文明發展的速度愈來愈快，人們的生活也變得愈來愈方便與舒適，但是隨之而來的也帶來了許許多多全球性的人類共業問題，例如：全球氣候異常變遷、溫室效應、酸雨、臭氧層破壞、生物絕滅，水資源枯竭、海洋污染、垃圾污染、各種文明病、憂鬱症、種族歧視和恐怖攻擊等種種問題，都等著全球人們的集體覺醒搶救。以世界最高的喜馬拉雅山來說，喜馬拉雅山每年吸引大量旅客前往朝聖，然而遊客走了之後就會留下大量的垃圾。根據國際新聞報導，位於喜馬拉雅山山脈山麓下，印度國境北美麗的阿坎德邦（Uttarakhand）一個村莊內，有一對夫婦於2017年年初開始就地取材，利用在山上被丟棄的26,000個膠樽垃圾，建造一所四房民宿，開放供旅人休

息。民宿女主人沙爾瑪（Deepti Sharma）原是學校老師，喜歡跟丈夫到喜馬拉雅山旅行，旅行所到之處發現充斥的是被丟棄的膠樽等各種垃圾，她說：「當我們看到山上垃圾的數量，便覺得很失望，它們沒有任何回收或被適當處置。因此我們便想到利用在山上收集到的膠樽，做一些事情。我們相信這些垃圾要不是在山上循環再用，要不就是由製造垃圾的人自行帶回去，不能讓遍地垃圾損害山脈。」於是以廢膠樽建屋的想法油然而生，希望以海量膠樽勸告其他旅人：別把山脈變垃圾場。根據新聞報導，每年造訪喜馬拉雅山的人數，從 1964 年的 20 人爆增到 2012 年的 3.6 萬人，因為遊客經常隨手亂丟垃圾的行為，以至於近幾年需要有義工組成清潔隊清出 20 頓的垃圾。根據部分估計，喜瑪拉雅山上有超過 50 噸垃圾和超過 200 具屍體。

人類對於自然環境的傷害與破壞不僅止於最高的喜馬拉雅山，甚至連海洋也到處充斥著難以估計的垃圾量。根據新聞報導指出，每年最多有 1,270 萬噸的塑膠垃圾流入海中，相當於每分鐘就有一卡車的垃圾往海裡傾倒。有超過 700 種海洋生物受到海洋塑膠污染的影響，有 15% 的瀕危海洋物種，包括所有的海龜、多數的鯨魚與其他海洋生物，會誤食海洋廢棄 物或遭到海洋廢棄物意外纏繞。因此，海洋廢棄垃圾已成為僅次於氣候變遷的全球危機。

台灣是四周環海的島嶼，因此為了保護海洋的環境，綠色和平與荒野保護協會於 2018 年 7 月共同規劃為期一年，連續四季的海岸快篩調查，是臺灣首次大規模的海岸垃圾調查，調查結果發現（Greenpeace 綠色和平，2019）：

一、臺灣海岸上有 12,272,000 公升的垃圾相當於每 100 公尺的海廢垃圾可裝滿 13 袋黑色大垃圾袋；重量 646 噸，當於每 100 公尺就有一個大冰箱（53 公斤）重的海廢垃圾。

二、一半的海廢累積在 10% 海岸線上，以北海岸（基隆、新北、桃園）和西南海岸（彰化、雲林、嘉義、臺南）污染最嚴重，應優先清理。

三、海廢的多寡，與海岸面向、所在地區、海岸地質有關。65% 的垃圾累積在北向、西北與東北向海岸；特別是面北向海岸，海岸線長度不到 5%，累積的垃圾量卻近全臺海岸垃圾的 20%。

四、海廢的類型與漁港、景點有關，與掩埋場沒有顯著相關。離景點越近的海岸，越容易發現塑膠袋、離漁港越近的海岸，越容易發現漁業廢棄物。

五、臺灣應擬定海洋廢棄物管理專法與海岸廢棄物污染標準，依海岸依垃圾嚴重程度訂定清除策略。

因此，愛別人之前要先學會愛自己；想要照顧別人之前也要先照顧好自己。如果自己家門口都已經到處都是垃圾了，又怎麼能抱怨別人家門口到處都是垃圾呢？全球的重大議題都是屬於整體系統性的問題，而對於個人而言，「修身」才是根本，如果連自己個人的事都做不好，該學的東西也學不好，那麼就先學習好好愛自己，先學習把自己照顧好吧！所以，儒家思想說得極好：「古之欲明明德於天下者，先治其國；欲治其國者，先齊其家；欲齊其家者，先修其身；欲修其身者，先正其心；欲正其心者，先誠其意；欲誠其意者，先致其知；致知在格物。物格而後知至，知至而後意誠，意誠而後心正，心正而後身修，身修而後家齊，家齊而後國治，國治而後天下平。」《禮記・大學》修身、齊家、治國、平天下，有其先後順序。要先把把自己的德性圓滿做好，把自己的智慧培養好，把自己的份內事做好，「修身」的根本可以做得好，再來談遠大的理想和全球重大議題吧！

我們只有一個地球，如果地球完了，人類也自然會跟著完了。隨著資訊科技的發展，我們已經進入了地球村的時代，人類是同在一條船上的命運共同體。國家教育心靈的視野應該著眼於為世界培養高度心靈品質的世界公民，而不只是站自己利益的角度強調培養具有競爭力的國民；國家教育心靈應該胸懷世界，教育的力量可以為世界盡些什麼力量，教育的力量可以為地球付出什麼努力，孩子如何可以成為世界和地球的利益者，而不是破壞者。台灣的詐騙集團行騙天下，危害世界各地，成為世界的破壞者。如果整體的教育系統連基本的人性水準都沒有的話，那麼，連自我的修身的基礎都談不上，更遑論談什麼天下與世界了！

　　從我們的生活中來看，整體社會充斥著無所不在的個人心污現象：隨機殺人的陰影、無孔不在的詐騙集團、歡樂過後的垃圾戰場、抓不完的交通違規、利益至上的黑心商品、為情為利痛下殺手、校園霸凌與社會暴力、家庭暴力與高離婚率、層出不窮的貪腐案件，以及空氣污染和水源污染等等心污現象。所有的個人心污都是源自於動物性本能的私欲行為，而動物性本能的私欲行為是不需要經過學習就可以做出來的行為。如果整體社會的國民仍然到處都是充滿著無所不在的動物性本能私欲行為，那麼，國家教育心靈強迫每一個孩子學會學好學滿所有的知識內容與課程領域，究竟對於所有生活在這片土地上的善良老百姓有什麼樣的價值與意義呢？

　　因此，對於生活在這片土地的所有善良老百姓而言，圓滿德性的重要更甚於大量的知識，深化的智慧更甚於奸巧的技能；唯有高度的國民心靈品質才能真正彰顯一個國家高度的精神文明與核心信仰。

肆、夢想篇

一、值得等待的人性花朵

人性是人文世界的光明面，純淨的人性不害人，人性的芬芳滿人間；
動物性是人文世界的黑暗面，自私自利會害人，動物性醜惡於人間；
人間有人性，也有動物性，動物性是本然的存在，而人性需要培養。

人性花朵的綻放，有如夜裡桂花散發的芬芳，有如滿園繽紛色彩的花朵，人間天堂的美好就是人性花朵的滿庭芳香與繽紛。

人性是一種內在的心靈品質潛能，人性表現在一個人的言行舉止和禮貌態度上，一個人的人性是否獲得啟發與成長，看他的言行舉止和禮貌態度就可以得知一二了。當然過度強調禮教文化，反而會喪失自然美好的人性，自然美好的人性根源就是一個人的起心動念。一個人心存同理心，懂得尊重人，懂得與人為善，外在的言行舉止和禮貌態度，自然就會顯現出人性的花朵與芬芳。

什麼是人性？千古以來的先賢先聖智者，對於人性的本質與內涵都有很豐富的討論與論述：性本善、性本惡、向善論、非善非惡、無善無惡、善惡混說、厚黑學、人性論、原罪論、存在主義、行為主義、人本主義，無論是從古代經典，傳統宗教或是現代的哲學思維，都無法閃避對於人性的深入探索與釐清，人究竟是什麼？是一個極深極廣極難以窮盡的千古議題。如果把人性的議題當做是學術主題來探討，那麼必定可以從網路上和圖書館中，找到百家爭鳴的各種說法與理論，可見人的存在是如此神奇，人的本性竟然可以有那麼多角度可以深入探討，甚至無論從什麼角度看人的本性，似乎都言之有物，有幾分道理。因此，身為一個人，渴望瞭解自己的人性，想要探求自己的本性，而人的想法與觀點有各有不同，所以就自然對於人的存在現象會有不同的詮釋與說法。無論怎麼詮釋人性，或是怎麼批評人性，那都是人

本身自己的自由。人擁有最為珍貴的生命自由意志，就可以隨自己的意思去詮釋與建構屬於適合自己的人性理論。

　　人究竟要如何看待自己的人性，那是屬於人自己的問題，而在動物的世界裡就沒有這個問題。因此，會渴望探求人性的本質與內涵的人，就是代表能夠真實地感受與體會到人和動物是具有不一樣品質的存在，只有人才有人性，而動物並沒有人性的內涵與潛能。所以，在人性之上，人才是一個真正的人，在人性之下，人和動物並沒有什麼不一樣，都是依靠著直覺與本能在過生活。因此，人本主義心理學家卡爾‧羅傑斯（CarlRansomRogers）說：「人性當中沒有動物性，人性之中只有人性。」

　　人的本性之中，具有人性，也有動物性。然而，因著動物性和人性之間並沒有涇渭分明的界線之別，因此，動物性的行為經常穿著人性的外衣，而造成人性經常被解讀為具有光明面與黑暗面。所以，然而人性之中只有人性，就是意謂著人性之中只有光明面，並沒有所謂的黑暗面。黑暗面是源自於人內在的動物性能量與行為，而不是人性。俗語說：「人不自私，天誅地滅。」人的本能核心是動物性，人的動物性是與生俱來的，人的自私就是以自我為中心去滿足自己的動物性私慾，而沒有人性地去同理他人的立場與感受，才會做出許許多多借著人性的名義，卻完全是動物性的自我中心行為，例如：2010年8月登上了美國著名週刊雜誌《時代》封面的比比‧愛莎（Bibi Aisha）「割鼻女孩」故事。愛莎一家人都在阿富汗烏魯茲甘省，十二歲的時候，她的叔叔殺死了她未來丈夫家族中的一名成員，為了解決兩家的家族恩怨，按照當地風俗，十六歲時，比比‧愛莎和一個妹妹被送給了夫家作為補償，不幸的是，比比‧愛莎夫家全都是塔利班武裝分子。夫家對待她們對像對待奴隸一樣，經常對她們施暴，以報復其叔叔殺害一名家族成員的行為。在長期飽受摧殘和凌辱之下，因無法忍受而選擇逃離的愛莎，最後還是被丈夫抓了回去。此後，她的夫家指控愛沙出逃「讓家族蒙羞」，丈夫親手用切割下了她的鼻子和耳朵。按照當地風俗，只要是女人讓丈夫或家族蒙羞，丈夫為了挽回自己的名譽和家族的尊嚴，就是割掉妻子的鼻子，甚至更嚴重的

可以處死妻子，被稱為「榮譽死亡」。因此，打著人性的旗幟，做著動物性中心的殘暴行為，所謂的「榮譽死亡」只是穿著人性的外衣，行為和動物的本我中心並沒有什麼兩樣。

　　幸運的是，後來喀布爾一家秘密的婦女避難所對愛沙伸出了援手，並獲得美國加州克羅斯曼伯恩基金會贊助愛莎接受整容手術。十九歲的愛莎手術康復後在媒體前展示她新裝的人造鼻子，她微笑著向曾經幫助過她的人表達了深切的感謝。而重獲新生的愛沙也得以在美國重新過著屬於真正的人性生活。

　　愛莎的夫家是人，幫助愛莎的也是人。人有黑暗的一面，也有光明的一面；人的黑暗面就是源自於動物性的本能自我中心，人的光明面就是來自於同理心的自我（圖4-1-1）。

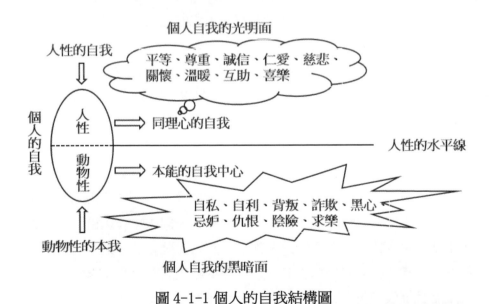

圖 4-1-1 個人的自我結構圖

　　每一個人都會有一個內在的「自我」。人一定會有動物性，但不一定會有人性。如果把人性和動物性混為一談，那麼，人性就無法真正彰顯做為一

個人的真正美好與價值。因此，我們必須要純粹化人性的本質與內涵，必須完全地釐清動物性和人性之間的迥異差別。人的所有黑暗面行為，如自私、自利、背叛、詐欺、黑心、忌妒、仇恨、陰險和求樂衝動，都是源自於個人內在本能慾望的自我中心，也就是說，所有一切人的黑暗面行為都是根植於個人自我的動物性；而人的所有光明面行為，如平等、尊重、誠信、仁愛、慈悲、關懷、溫暖、互助和喜樂，都是來自於個人內在的同理心自我，也就是說，所有一切人的光明面行為都是根植於自我的人性。唯有根植於人性的自我，才能夠真正成為一個具有人性美好與價值的個人。

因此，人與動物的一個最大的區別就是人擁有人性。人如果沒有開發出內在的人性潛能，那麼，人就只是動物，而不是一個真正的人。所以，一個人只是動物，或是具有美好人性價值的真正之人，完全取決於個人的言行舉止、態度禮貌和起心動念。每一個人都具有人性的潛能，但沒有表現出來的潛能，就和不具備人性的一般動物沒有什麼兩樣。所以，孟子才說：「無惻隱之心，非人也；無羞惡之心，非人也；無辭讓之心，非人也；無是非之心，非人也。」《孟子‧公孫丑下》惻隱之心、無羞惡之心、辭讓之心和是非之心，都是直指人的心，也就是一個人的起心動念，而不只是表面的行為舉止而已。

每一個人都擁有人性的潛能，只要願意呼應內在的人性潛能，必定可以成為一個真正的人。所以，顏回說：「舜何人也？予何人也？有為者亦若是。」《孟子‧滕文公上》人性只要有心想去做，是一定可以做得到。相反地，每一個同樣擁有動物性的潛能，只要放任慾望所為，人性的潛能就會被蒙蔽，讓人看到的就只是動物性的所做所為。所以，所有犯罪的人並非沒有人性，而是人性有時候會被動物性的本能慾望所蒙蔽，例如：一個小偷平常行為表現也是非常有禮貌，言行舉止和態度禮貌都顯得非常和善，然而在個人慾望興起時，就順手牽羊了別人的東西，就在偷東西的那個當下，個人的人性就被動物性的自我中心慾望所蒙蔽了。因此，所謂的小偷並不是一年三百六十五天都在偷東西，才叫做小偷，而是只要偷了一次的東西，就是成為

小偷了；又如在網路盛行的時代裡，經常發生的情感背叛事件，無論是婚姻關係或情人關係，情感一旦被背叛之後，彼此的信任感就不再可能是百分之百了，只要一次的情感背叛，彼此的關係就不可能再回復到原本純淨的關係了。所以，孔子才強調：「君子無終食之間違仁，造次必於是，顛沛必於是。」《倫語‧里仁》君子的言行舉止、態度禮貌和起心動念，就是完全源自於人性潛能的表現。君子的心靈就是人性能量的純粹化，無論內在的動物性能量如何的騷動與翻騰，人性的能量就是永遠會轉化掉具有傷害性的動物性能量。

　　動物一旦被攻擊而受到傷害，就會本能地予以強烈反擊，受到傷害的動物會以自我本能中心地產生攻擊的強大力量，通常人們會稱這股力量為「報仇」。個人的自我一旦受到傷害時，內心就自然會產生仇恨的心態，為了發洩內心的仇恨，就自然會展開報仇的行動。因此，黑暗的心靈的產生並非源自於美好的人性自我，而是來自於動物性受傷的本我，例如：2014 年 4 月 2日據《半島電視台》報導，有一名肯亞十九歲女生，在不幸感染愛滋後，於是展開瘋狂報復行動，導致三百多人染病。事件起因於，這名女子在一家夜店邂逅了一名陌生男子，卻在沒有任何防範措施下與對方發生關係。二個多月後，發現自己染上愛滋病。一開始，這名女大生曾經想要輕生，但她內心的仇恨讓她改變了主意：「我的未來被男人毀了，她恨男人，應該報復他們，他們必須要為此付出代價」，她經歷了崩潰的內心掙扎，心靈充滿著陰暗的黑心：「我發誓要讓儘可能多的男人染上愛滋病」。於是，她和學生、教師、政客、作家、名人和律師等不同身份的人上床。她表示，自己不會停止報復，她的目標是「再睡 2 千人」，女子的行徑曝光後，警方才循線介入調查。因此，有新聞評論，將自己的痛苦，拿來折磨無辜的人，就是人性最黑暗的一面。這裡所謂人性最黑暗的一面，就是把人們的所有行為視為源自於人性潛能的一部分，然而事實上，人性並不會像動物性如此產生仇恨與報復的行為。人性會有同理心，人性會反省自我，人性會有智慧去尋找最好解決問題的方法，只有動物的本能才會產生仇恨與報復。所以，孟子說：「行有不得者，

皆反求諸己。」《孟子‧離婁上》被傷害的人性，不會像動物性如此產生自然的仇恨與報復行為，而會反省自己，會用智慧去尋求生命的光明之道，而不會再往更黑暗的心靈鑽去，只有動物性的本能自我中心，才會讓自己陷入更難以自拔的黑暗深淵。

　　人類的心靈確實存在著許許多多不同的黑暗面：仇恨、虛榮、自負、妒忌、吝嗇、狂妄、自大、暴怒和歧視，所有人類心靈的黑暗面，都是因著個人內在動物性的自我中心私慾所產生而來的。聖經上說：「私慾既懷了胎，就生出罪來；罪既長成，就生出死來。」《聖經‧雅各書一：15》所有一切的罪惡，都起源於個人的私慾，私慾一旦有了行動，那麼，人性就死了，例如：發動第二次世界大戰的希特勒（Adolf Hitler），打著優越種族的光榮旗幟，主張種族歧視政策，大規模的屠殺計畫造成約六百萬猶太人慘死於納粹所設的集中營。在動物的世界中，動物為了生存發展，自然會有領域行為，而希特勒為了發展自己優越的種族領域，造成人類歷史上難以抹滅的大屠殺悲劇。一如印度桂冠詩人泰戈爾（Rabindranath Tagore）所言：「人比動物還惡劣，當他是個動物時。」（Man is worse than an animal when he is an animal.）《漂鳥集》造成人類心靈極大悲劇的下場，通常是來自於同類的人類，沒有同理心的人會造成他人的悲劇，並不是因為人性，而是因著人就是個動物的時候。

　　人性的光明面，就是人間的天堂；而動物性的黑暗面，就是人間的地獄。佛光山的創辦人星雲大師說了一個「天堂地獄的筷子」故事：天堂、地獄和人間一樣，都要穿衣、吃飯、睡覺。只有一點不同，就是天堂和地獄裡的人吃飯，所使用的筷子有三尺長。生活在地獄的人，每次夾起菜餚要往自己嘴裡送的時候，還沒送到嘴裡就會被別人搶去，自己永遠都吃不到。因此，彼此都在抱怨責怪，爭吵不休，不得安寧；而生活在天堂的人，一樣也有三尺長的筷子，而有所不同的是，他們夾了菜，不是朝自己的嘴裡送，而是服務別人吃。如此一來，彼此都在互道感謝，相處非常和樂。所以，星雲大師透過一段譬喻故事，說明天堂和地獄之間的差別：什麼是天堂？能把歡喜給人、

把福利給人，大家互相讚美、尊重，就是天堂；什麼是地獄？不重視大眾，不顧念他人，不為別人設想，自私自利，就是地獄。因此，天堂、地獄不在他方，就在我們自己的心中。可以說，每一個人一天當中，在天堂、地獄裡來回好多次，一念善心起，就是天堂，一念惡心起，地獄即現前。

孔子所嚮往的「大同世界」，就是充滿光明與美好的人性化天堂世界：「大道之行也，天下為公，選賢與能，講信修睦，故人不獨親其親，不獨子其子，使老有所終，壯有所用，幼有所長，鰥寡孤獨廢疾者皆有所養；男有分，女有歸，貨惡其棄於地也不必藏於己，力惡其不出於身也不必為己，是故謀閉而不興，盜竊亂賊而不作，故外戶而不閉，是謂大同。」《禮記·禮運》從二千多年前的孔子時代，到現今科技昌明的時代，人性的花朵與芬芳從來沒有在社會上消失過，只要有人的地方，就自然會有人性花朵的綻放，因為人性的美好與價值是超越物換星移的變幻，只要人的內心感受與體會到人性的美好與價值，就自然能夠看清動物性的黑暗與醜惡。孔子的美好心靈價值從來沒有在東方心靈世界消失過，如孔子所言：「德不孤，必有鄰。」《倫語·里仁》有品質的名牌，自然會吸引人們熱切追求；有美好的心靈，也自然會吸引人們渴望擁有。孔子的「大同世界」偉大理想，不在於個人擁有美好的人性化心靈，而在於百分百純粹度的人性化社會。怎麼樣的社會才能讓人安心做到「外戶而不閉」呢？就是必須達到百分百純粹度的人性化社會，才有可能讓每一個人可以安心出門而不用關門。在千百人的社區中，只要有一個小偷，又沒有人知道誰是小偷，那麼誰能安心外出的時候不關好門窗的呢？只要有一個沒有人性的人，就不是百分百純粹度的人性化社會，所以，國家人口愈多，愈是難以達到孔子所所嚮往的「大同世界」。因此，老子才覺得小國寡民是比較容易達到的理想國境地：「甘其食，美其服，安其居，樂其俗。鄰國相望，雞犬之聲相聞，民至老死不相往來。」《道德經》

「大同世界」並非只是孔子個人空洞的幻想，而是完全具體可行的人性化心靈世界。只要個人內心保持百分百純粹度的人性化心靈，與人為善，心存善念，無害人之心，內心祥和，隨境而安，就是個人心靈的「大同世界」；

只要家中每一個人，彼此相幫相助，同甘共苦，一起歡笑，一起流淚，不分彼此，攜手走過人生的風雨與彩虹，就是家庭共有的「大同世界」。至於整體社會的「大同世界」，那肯定和國家教育心靈的成熟度有絕對的關係，因為學校教育是整體社會「大同世界」的唯一途徑。所以，西藏精神領袖達賴喇嘛說：「道德、慈悲心、正直和智慧是所有文明的基石，這些品性必須在孩提時期就培育，然後藉由系統的道德教育在良好的社會環境中加以維持，如此，就有可能造就較為人性的世界（翁仕杰譯，2008）。」純淨人性化的社會基石就在於學校教育關注於孩子時期的圓滿德性與人性水平線的培養與成長，而不在於頭腦累積大量的知識。

每一個孩子都是具有值得等待的人性花朵。人性美好的花朵，必然是需要在人性化的環境之下成長，尊重每一個孩子的生命感受，尊重每一個孩子的生命選擇，尊重每一個孩子的生命夢想。如果國家教育心靈本身是沒有人性的社會性神經，無法深刻地體會到孩子真正所需要的適性揚才內在生命動力，無法深刻地尊重孩子的獨特性生命主觀感受，那麼又如何奢望期待孩子能夠長出懂得尊重他人的人性花朵呢？

二、生活是一切知識的依歸

如果獲得了宇宙一切的知識，生活卻感到很灰色，那知識又有何益呢？
如果賺到了世界所有的財富，生活卻感到不滿足，那財富又有何用呢？
生命本身的奇妙勝過於一切的知識，生活本身的美好勝過於一切的財富。

　　清晨醒來，又將開始忙碌的一天。牙刷、漱口杯、毛巾，知識發明了這些東西；吃麵包、喝牛奶，知識做出了美味的早餐；穿上衣服、開車出門，知識發展出許多便捷的交通工具；上班打開電腦、使用了手機，知識開啟了科技的生活世界；下班回家開了電視、也開了冰箱，知識讓日常生活變得豐富且美好；洗澡熱水隨開隨到，洗髮精、沐浴乳，清潔用品便宜又好用，知識讓人們不用再花任何時間去挑水，也讓身體可以快速洗淨一天下來所累積的塵垢；準備休息，熄燈、上床，知識讓夜晚可以不再黑暗，舒適的床可以讓精神獲得充足的睡眠。在人文世界中生活，一切所見、所用，那一樣東西不是需要靠知識創造發明而來的呢？

　　人類的世界依靠著經驗的傳承與知識的累積而造就了無語倫比的文明、文化與科技，為生活帶來許多的方便與色彩，而教育扮演著極為關鍵推動人類文明、文化與科技發展的角色。因此，現代化的國家為了強化自身的生存競爭力，無不使盡全力進行各種方式的教育改革，以求能夠符合時代潮流的演變與進步，莘莘學子不但被迫要學習在課程方面一直增加的內容，也要被迫完成愈來愈長的國民教育年限。想想在二千五百年前的孔子時代，必修主要科目只有「六藝」：禮、樂、射、御、書、數。古代的人不需要花費太多時間學習外國語言、外國地理和外國歷史，更完全沒有資訊科技方面的課程內容。回顧人類用文字記錄歷史不過只有六千年，大約從公元前 3500 年開始，

世界上許多文明就開始發展書寫系統，現在普遍認為前 3500 年左右的蘇美爾人（Šumeru）的楔形文字是世界上最早的文字。人類開始有文字記錄的文明歷史也只不過是數千年，比起地球的歷史從 45 億年前形成的初期，歷經冥古宙、太古宙和元古宙的地球演變，直至 5 億年前至今之古生代、中生代和新生代的生命繁衍。人類在生活在地球上的日子，真是猶如新春之嫩芽，但是人類對於地球的破壞程度，科學家已經提出嚴重的警告：人類僅佔地球總生命的 0.01%，卻已摧毀其他 83% 的物種。隨著人類知識爆炸性的累積與迅速的傳播，自從百年前的工業革命，人們所對地球的侵害與破壞，也是達到空前未有的程度，無論是海洋大量垃圾、空氣污染、森林濫伐、河川污染和氣候異常變化，也都是因著人類自私自私的無窮慾望，讓地球承受著億萬年以來難以面對的滿目瘡痍與創傷痛楚，而這些所有一切的破壞也都是隨著人類的偉大知識而產生的。

知識一方面為人們帶來生活上的便利與舒適，另一方面也給人們帶來難以面對與承受的問題。知識是為人們而存在的，而不是人為了知識而活的，所以孔子說：「人能弘道，非道弘人。」《論語·衛靈公》對人類而言，知識是為了創造更美好、更便利、便舒適的文明生活；對國家而言，知識是為了發展更有利於國民的文化生活；對於個人而言，知識要能用在生活中，無法連結於自己的發展生存、應用生活和豐富生命的知識，就是對個人是沒有用的知識。我們的國家教育心靈就是逼迫孩子填塞太多過度對個人完全沒有用的知識，而導致於許多人在離開學校之後，對於知識就產生了一種難以治療的知識厭食症。

人才是生命的主體，而不是知識；人真正渴望的是追求生命的快樂與幸福，而不是要成為知識的奴僕。拜科學知識之賜，自公元 2000 年後，一直有人類在太空中生活，人類一直擁有著一般動物所沒有的偉大夢想，渴望航向無垠邊際的宇宙；人類的心靈有著一般動物所沒有的宏遠理想，寧願冒著生命的危險也要登上月球生活，登上火星生活，甚至登上更遙遠的類地球生活，夢想有一天能夠殖民於宇宙的每一個角落。然而，在這之前，如果人類無法

具有足夠的智慧好好保護自己所唯一能生存的地球，那麼，再豐富的知識，再偉大的夢想，人類萬一真的把地球給毀了，那麼，所有人類偉大的文明、文化和知識，都將化為宇宙泡影，最後被遺忘在黑暗的宇宙邊埵。因此，人類必須開發生命的智慧，比開發科學的知識顯得更為重要；人類必須學習珍視自己當下所擁有一切的美好，而不是任由讓無窮無盡的慾望恣意奔流，最後夢想還沒到來，卻引來無法面對的生命悲劇。

孩子是自己生命的主人，而不是國家的工具；學習的生命活泉在孩子的生命裡面，而不在國家的手上。如果孩子在美好的生命歷程中，被迫學了一大堆對自己完全沒有用的知識，卻讓美好的生命徒勞留下蒼白的空白，沒有在學校真正體驗過人性中的美好經驗與感受。什麼是心靈的快樂？什麼是生命的幸福？什麼才是自己生命中真正想要的？在矇矇懂懂的孩子心靈中，似乎也只能一直填塞對自己不知識沒有有用的大量知識，到頭回首時，面對工作生涯卻又不知道過去所學的那麼多知識究竟是為了什麼？根據《遠見》與 yes123 求職網合作進行的調查指出（李建興，2018）：

一、問起上班族，工作與學校所學是否「學以致用」？結果有高達 55.4％的上班族認為，第一份工作無法學以致用。就算已工作八年，大學學歷的上班族，學用落差的狀況非但沒有改善，還提高至 62.7％。其中，藝術設計科系（含視覺傳播、音樂、舞蹈等）有高達 84.6％的人，從事和所學無關的行業。

二、當詢問上班族是否後悔念錯系了？總體而言，52.5％表示並不後悔，26％是畢業求職後才後悔，21.5％則在求學期間就後悔了。其中，藝術設計科系覺得後悔的比例最高，達 61.5％。

三、如果能再念一次大學，上班族會補強什麼專長？其中最多人選擇「培養一技之長」（64.7％），其次依序是「加強外語能力」（55.9％）、「培養第二專長」（47.1％），以及「考證照」（38.2％）。

國家教育心靈必須深省的是，為何整體的教育系統會導致超過一半的孩子在出社會後是學非所用的，而不是符合教育理想的適性揚才呢？最典型的

例子就是雞排博士宋耿郎。2013 年時宋耿郎，頂著「政治大學博士生」的光環，放棄月薪六萬元的工作，返回老家賣雞排，卻遭鴻海創辦人郭台銘點名批評「浪費教育資源」，結果卻也讓雞排店因此聲名大噪從此爆紅。那麼，宋耿郎的成功究竟是炸雞排的技術，還是博士生的光環呢？人生的際遇就是非常奧妙，如果宋耿郎沒有唸博士班就去賣雞排，也不會因此而上新聞，大大幫助了自己成功地真正成為雞排博士。能夠讀到博士的程度，必定累積了許許多多的知識，但累積大量的知識卻不一定能夠擁有深度的人生智慧與人性的美好，就如宋耿郎受訪時說：「我從小讀資優班，後來考上建中、政大，越來越自負。更糟的是，我大學讀法律，發現法律是培養你成為鬥雞，太溫馴在法庭上會被吃掉。我口才變得更好，卻不是用來溝通，是好辯，一開口就要找出對方的漏洞、講到贏。」因著知識的自負，而導致第一任妻子忍受不了而離他而去，所以前妻曾對他說：「你說話傷人不是傷到皮、肉，是傷到骨。」因此，在受到婚姻的挫敗與低潮之後，經過人生智慧的反省與修正，後來不但對人學習友善，也重新學習人生的功課，學習對於第二任妻子尊重與體貼，才能夠真正重新開啟人生的美好與快樂。

什麼才是成功的人生？什麼才是快樂的生活？什麼才是豐富的生命呢？人生是自己要走，生活是自己要過，生命是自己要去體驗。即使你是別人眼中的勝利者，但內心卻充滿著難以負荷的壓力與愁煩，如果連晚上都無法好好睡得著覺，那怎麼能稱得上是成功的人生呢？即使你在別人面前，總是笑臉迎人，似乎生活很快樂，但內心卻隱藏著許多難言之苦，那怎麼能說得上是快樂的生活呢？即使在別人看來，你每天過著一刻不得閒的忙碌日子，似乎生命充滿著豐富與色彩，但內心卻是空虛與無奈，那怎麼能說得上是充實且豐富的生命呢？因此，個人內心的主觀聲音，才是自己生命真正要走的路；個人內心的主觀喜樂，才是自己生命真正的快樂；個人內心的主觀圓滿，才是自己生命真正的豐富與滿足。

當國家教育心靈願意真正放下知識的霸權，讓孩子學習走自己生命的道路，活出屬於自己生活的快樂，創造屬於自己生命的豐盛與圓滿，那才是真

正教育理想中的適性揚才。適性揚才就是讓孩子去找出屬於自己的生命方向，讓孩子找到內心的學習活泉，終身學習的社會自然就會水到渠成。

　　什麼是知識的霸權呢？以學習英語為例：為了讓所有的孩子都能與時俱進，能夠與國際接軌，培養孩子的國際視野，因此將英語列為務必要求孩子學會學好學滿的基本能力，雖然國家教育心靈立意良善，但背後強迫性且無法拒絕的巨大力量就是屬於知識的霸權。知識的霸權就是以本身所認定的價值為核心，所有的人都必須配合以 108 新課綱為核心的學習，而孩子內心的想法與感受，完全地受到忽視與排斥。我們必須深思的是，一個完全無法受到基本人性尊重的孩子，究竟要如何學習對他人的人性化尊重呢？我們的社會充斥著許許多多數不盡的沒有人性事件，都和國家教育心靈對於孩子沒有給予基本的人性化尊重，肯定有著極大的關係。強迫每一個孩子都要學會學好學滿英語的基本能力，就是一種完全沒有基本尊重與沒有人性化的知識霸權行為，例如：小君一直無法趕上英語的課程進度，學習上一直處於長期的挫折與低潮。小君心中一直納悶為什麼自己那麼討厭英語，卻又被強迫一直要學下去。小君心中想著，以後只要能夠找一份服務業的工作，想要保持著單純的心靈，過著簡單的生活，自己沒有想要出國，也沒有要需要用到英語，為什麼要被強迫一定要學會對自己未來生活沒有什麼用處的英語呢？又以數學為例：小柔熱愛音樂，對數學的學習總是感到頭痛不已，尤其上了國中之後，數學課更是成了生命的夢魘。小柔無法理解，為什麼一定要學會那些和未來生活一點關係都沒有的複雜數學公式，為什麼不能把生命好好投入自己所熱愛的音樂世界呢？

　　一個人的生命內容是由自己的生命方向所決定的。國家教育心靈所給予每一個孩子的應該是「機會」，而不應該是要決定孩子的「命運」。當 108 課綱的所有課程架構內容限制了孩子內心的夢想想像與壓抑了孩子天生的生命熱情，就已經決定了孩子在學校難以快樂起來的命運了。有一個跨足六個國家的商人阿福分享著他的生命經驗，他在高中時期的英文完全有聽沒有懂，有學沒有會，連二十六個英文字母都搞不太清礎，阿福打趣地說最清礎的就

二個字「Yes」和「No」。當他高中畢業後開始學做生意，事業愈做愈大，做到東南亞、非洲和南美洲，為了生存下去，他努力地學會當地的語言，他在六十五歲的退休年齡已經學會了六國不同的當地語言，而且他很自豪地說，他是從完全不會，完全依靠自學，請教當地人而慢慢很流暢的使用當地語言。因此，阿福覺得只要有心想學，再難的語言都是學得會的，只要被環境逼到，自然就會認真去學習了。阿福的故事告訴我們，當生活遇到實際的需要時，內在的學習動力自然會很強大，只要內在的學習動力足夠強大，一定可以在短期間之內，學會自己生活上所需要的知識與技能。

曾被馬來西亞《南洋商報》評為「20世紀最具代表性華人歌手」的鄧麗君小學階段就已經培養出對歌唱的興趣，七歲時就已經有了歌唱生涯的夢想萌芽。眾所皆知的，鄧麗君的語言天賦是折服眾人的，舉凡國語、台語、英語、香港粵語與日語，都能唱能說。鄧麗君的生命之所以如此璀璨奪目，豐富多彩，就是因為跳脫了僵化的教育制度，而全心地投入了生命所熱愛的歌唱表演，因此鄧麗君為了生命中所熱愛的唱歌只有拿了小學學歷，所以鄧麗君三哥鄧長富說：「妹妹生前有三個遺憾，沒好學歷、沒組家庭、沒在中國開演唱會。」又說：「但她後來的成就也告訴大家，三百六十行，行行出狀元」。像鄧麗君如此才華出眾的明星，在台灣的教育體制底下，只能唱自己熱愛的歌，走自己快樂的生命道路，卻無法獲得國家教育心靈的讚賞與支持。為什麼要學會學好學滿所有的課程內容，才能上得了好的大學呢？這就扼殺具有特殊天賦孩子的非人性教育系統。

在科技無遠弗屆的資訊時代，知識的傳播與技能的學習不再只能靠人與人之間的傳承，而已經完全可由雲端系統與網路世界所取代。因此，國家教育心靈真正需要重新審視給予孩子的生命方向與生命內容究竟是什麼？國家教育心靈應該跳出知識霸權的牢籠，轉向機械世界所永遠無法取代的人性化心靈。因此，照顧孩子的心靈品質，遠比強化孩子的頭腦就更為重要了。尤其，在智慧手機普及與網路世界無所不在的時代裡，手機所傳達的訊息和網路上所傳達的文字內容之文化水準與素養，都和孩子的心靈品質有著絕對的

關係，而和知識的容量沒有什麼直接的關係。孩子要走什麼樣的生命方向，只要國家教育心靈給予充份的資源與機會，孩子自然會具有強大的學習動力去充實自己的生命內容。每一個人以後要從事什麼樣的工作服務社會，是由自己所決定的，而不是由國家所決定的。因此，每一個在生命的學習歷程中，就需要花費許多時間去探尋自己的生命方向與充實自己的生命內容。由於時代快速的演變，許多工作的方式與內容，都是國家教育心靈所未曾想像過的，但卻又是人們真正實際的生活所需，例如：YouTuber、家人出租和擁抱師等都是超越過去對於職業的想像，但卻又是實際存在於真實的生活所需之中。

不分國界，不分性別，也不分年齡的 YouTuber，已經超越傳統職業的框架，竟然可以靠吃、喝、玩、樂，賺到不錯的收入，這是過去的傳統職業所無法想像的，例如：在 2020 年《富比士》（Forbes）就公告了最賺錢的「遊戲玩家」（Video Gamers）前 10 名，第一名實況主 Ninja（Tyler Blevins）收入居然超過台幣 5 億元，這真是完全打破了傳統職業的腦袋。因著資訊的快速傳播，世界上正如火如荼地大批人們投入正職的 YouTuber。台灣投入當 YouTuber 的正職的前十名收入也同樣超越一般人的想像，因此也帶動許多人加入嘗試。許多 YouTuber 為了獲得網友的青睞與關注，完全不折手段地做出許多脫序行為與光怪陸離的事情，而這些和學校的知識完全沒有什麼關係，而和一個人的心靈品質與生命智慧有關係。如果知名網紅對於社會風氣有所影響力，那麼，究竟是網紅負向的言行舉止帶動社會風氣，還是整體社會心靈品質足以抑制網紅的負向言行舉止呢？那就需要依靠國家教育心靈所培養出的國民心靈品質而定了。

「家人出租」是由日本開始發展出來的一種新興行業，從 1989 年就開始在日本城市悄悄地萌生與發展「家人出租」產業。「家人出租」的現實生活演員，完全體現了十六世紀的英國大文豪莎士比亞（William Shakespeare）在《皆大歡喜》（As You Like It）中所說的名言：「全世界是一個舞台，所有的男男女女都是一些演員；他們有時下台，有時上場，每個人的一生都扮演好幾個角色。」（All the world's a stage, And all the men and women merely players; They have their exits and their entrances; And one man in his time plays many parts.）「家人出租」的服務方式，完全是依照客戶需求，在真實生活中扮演任何角色，可能是父母、子女、兄弟姐妹、同事、朋友或伴侶。「家人出租」完全是一種純商業行為，人與人的互動關係是建立在金錢的交易之上，付錢的是消費者，收錢的是服務者。客戶提出個人的關係需求，服務者提供滿足人性化的短暫真實。因此，在供需市場的「家人出租」職場中，只要拿得出錢，一切好談，無論想排遣寂寞，還是想要排場，都能夠獲得人性化的需求服務。「家人出租」是依照客戶個人需求而「飾演」來的關係，虛實真假，又開啟另一種道德與信任的生命課題。「家人出租」的職業性質，有可能是為了解決個人的人性化需求問題，而製造了另一個人性化的問題，例如：客戶為了應付父母親的結婚要求，而租了一個男友或女友去演戲給父母親看，短時間似乎可以撫慰父母親的心靈，然而一旦父母親知道受騙之後，那麼勢必會面臨到人性化的考驗。因此，牽涉到人性化的內涵時，一個人的生命智慧，遠比許多沒有用的知識還重要多了。

根據《每日郵報》2021 年 3 月報導，美國近年來興起一種行業稱為「擁抱師」（Cuddlist）。報導指出，一名已婚 41 歲女子莎絲基亞（Saskia Larsen），已經持續一年多聘「擁抱師」到家裡擁抱她。莎絲基亞表示，「因為我需要感情陪伴，我需要有人抱我讓我感受到愛！」丈夫亞瑟（Arthur Larsen）在外地工作，兩人每個月能見面的次數有限，因此在彼此討論後，亞瑟答應莎絲基亞每月可以聘請二次「專業的擁抱工作者」來服務，每次服務的花費大約是每小時 80 美元（約 2200 元台幣）。

「擁抱師」服務內容僅限於擁抱，不會涉及性服務，服務客群主要是工作繁忙、單身、剛失去親人的人、另一半不在身邊的人或是焦慮症與創傷後遺症的患者都有。擁抱職人克莉絲汀娜（Christina Hepburn）因應客戶需求發展出各種擁抱技巧：心心抱、樹幹抱、熊媽媽抱 、小樹熊抱、湯匙抱、幸運曲奇抱、觀星抱、背對背抱等等，克莉絲汀娜從來不會在沒過問客人前便

觸碰他們，並且會隨時問及客人感受，確保雙方在過程中是舒適而且放鬆的；另一名擁抱職人男子表示，他每週會收到 200 個服務請求，「我有各種各樣的客戶，是各種年齡的客戶。男人、女人、年長的客戶、年輕的客戶，他們都是為了個人接觸和人際互動而聘請我，這就是我的價值所在。」

「擁抱師」傳遞的體溫安撫了寂寞人們的心靈，讓生活在表面忙碌，內心卻倍感孤寂的靈魂。獲得一絲人性的溫暖與滿足。走向專業化的「擁抱師」自然也會發展出專業的知識和專業技能，然而更為重要的不是擁有什麼知識或是學會什麼技能，而是一顆尊重人性與溫暖人性的純淨心靈。因此，消費者莎絲基亞內心有需要被擁抱的需求，能夠充份地和丈夫亞瑟討論就是人性化的尊重；擁抱職人克莉絲汀娜在擁抱客戶之前，必定會先過客人，並隨時問及客人感受，這就是非常基本的人性尊重，只要彼此擁有一顆人性化的純淨心靈，人與人之間自然能夠減少許多不必要的爭執與衝突。

知識可以學習，技術可以練習，但純淨化的人性心靈的養成並非透過知識的學習，也非透過技術的練習，而是需要經過長期的面對自我心靈而培養出來的，從最基礎的言行舉正和態度禮貌，到更深度的起心動念，都不是一朝一夕可以成就個人內心的人性化純淨心靈。

生活才是一切知識的依歸，無論是實用的知識、工具的知識，亦或是專業的知識，都需要和個人的生命所有連結的知識，才是真正有用的知識，否則累積再多無用的知識，最終也只是個人生命中的夢幻泡影而已。

個人在生活上所需要不同的知識或多或寡，完全取決於個人的生命方向與生命高度；個人在生活上所需要不同的技術或深或淺，也是完全取決於個人的生命努力與生命意志。無論是什麼樣的工作性質，無論是傳統職業，或是新興行業，每一個人所共同需要的就是生命的智慧與心靈的品質。因此，國家教育心靈所需要關注的是每一個孩子的圓滿德性與人性的水平線，而不是在於知識的多寡與技能的深淺。唯有建構一個真正純粹人性化的社會，才能真正保障每一個人在共同的一片土地上，享有屬於個人獨有的快樂與幸福的人性化生活。

三、自由流動的靈魂

有了自由，才有人性；沒了自由，難有人性。
人性的成長需要自由與愛，愛給予自由，人性自然長成。

　　很顯然地，我們的國家教育心靈長期以來的思維核心就是以「知識」為教育現場的主要架構，無論從最早期的課程標準，歷經九年一貫的改革，再進入目前的 108 新課綱，以智育主導教育現場的主調並沒有太大的變化。因此，即使是充滿生命活力的孩子，只要身在學校教育的知識牢籠裡，就難以唱出屬於自己獨特性的生命曲調，只能聽著國家教育心靈獨唱自己的「適性揚才」理想高調而已。所謂適性揚才，自然是要適孩子的性，揚孩子的才，然而，當孩子的靈魂沒有生命的自由可言，在知識的霸權底下，孩子也只能被迫成為 108 新課綱的課程架構奴隸而已，所以，孩子也只能去適 108 新課綱的性，去揚 108 新課綱的才而已。

　　把孩子的靈魂牢牢地控制在 108 新課綱的課程架構內容之中，把孩子的生命歲月困鎖在教室裡，然後再高唱「學生是學習的主體」、「成就每一個孩子─適性揚才」，這真是再也矛盾不過的事了。從教育的本質來說，孩子是學習的主體，孩子是自己生命中的主人，孩子的生命道路最終要自己走。如果孩子沒有學習的自由選擇權，怎麼能稱得上是學習的主體呢？如果孩子沒有自由空間可以選擇投入自己生命所熱愛的事物，那又怎麼說得上是自己生命中的主人呢？

　　曾獲得 1927 年度的諾貝爾文學獎的法國哲學家柏克森（Henri Bergson）說：「人性只有一條法則，就是自由（鄔昆如，1985）。」當一個人的自由被捆綁時，就是被非人性的對待。1913 年獲得亞洲第一位諾貝爾文學獎印度詩人泰戈爾（Rabindranath Tagore），也極力反對把孩子關鎖在像監獄一般

的教室裡，這樣只要求完全服從，死背書，不與大自然接觸的教育制度學校。因此，他在自己故鄉建立了一個心中理想的學校，並且希望所有的人可以生活在一個完美的和平的世界中。人本主義心理學非常重視作為一個人內在主觀的意向性（intentionality），意向性是人性存在的一個很重要的基本成分，包含著個人的願望、需要和意志的完全參與，要求行動，獲得實現，它是一個人完全為自己的行為負責的過程。存在主義是現代西方人學中的時代精神和主要思潮，也強調「以人為中心」，反對客觀主義和極端決定論，重視自由、價值、選擇、責任、自我和情諸方面的價值（車文博，2001）。現代化的教育系統由於主要是建立在以「知識」為中心架構，孩子的時間完全被各種領域的課程佔滿，孩子的生命內容完全地被各種領域的知識所控制，慢慢習得無助感的孩子只能任由強權的教育系統剝奪人性應有的彼此同理與彼此尊重，大部分的孩子只能以一種消極的抵抗方式，被動地學習、被動地應付、被動地配合。如果學習的動力不是源自於真實的內心深處，怎麼有可以啟動 108 課綱所謂的主動學習呢？正如法國思想家盧梭（Jean-Jacques Rousseau）在《社會契約論》所說的：「人生而自由，但無往不在枷鎖之中。」孩子就是長期處在教育系統枷鎖的靈魂，沒有生命的熱情，沒有生命的夢想，沒有生命的關愛，只有生命的控制與枷鎖。長期處在在枷鎖中的人性就很容易受到扭曲而變質，就很容易產生非人性的反感、憤怒、衝突、對立與仇恨等黑暗的動物性心靈能量，例如：2018 年日本發生一起駭人聽聞的弒親血案，起因於三十四歲的桐生希因不堪母親長年的壓力逼迫和學歷期待，殺害了母親後分屍遺棄被捕，而震驚日本社會，日本媒體以「教育虐待」為此案下了註解。悲劇事件的發生是因為，桐生希的母親對醫科學歷異常執著，逼迫桐生希必須考上理想的醫科，因而迫使桐生希過了長達九年的重考生活。期間更以日夜緊迫盯人的方式，不但隔絕對外聯繫，態度也極為嚴厲苛刻，並不時咒罵「煩死了！去死吧！」等不堪語言暴力，而對桐生希造成極大的精神壓力。即使桐生希表達想擔任外科手術室護士，而且同時也在 2015 年大四時，取得滋賀醫科大附屬醫院的護士內定職位，但母親強烈拒絕不接受，

勃然大怒要求退職，繼續重考，因而加深親子矛盾，讓桐生希萌生極度不滿的憤怒與恨意。於是，2018 年 1 月，桐生希再度於助產士學校落榜，母親徹夜崩潰大罵，不僅砸爛手機，還痛罵桐生是背叛者，成為壓倒桐生希最後一根稻草。因此，桐生希在 2018 年 1 月 17 日 Gmail 筆記資料中，寫著犯案的決心：「被許多事情逼到走投無路了啊。即使機會還有很多，也會後悔無法當機立斷。早一點決定吧。不要感到害怕。畢竟，如果沒有明確且強烈的心願的話，是不可能的。大致準備好了。」當桐生希親手殺了母親並分屍後，在自己的社群上寫下：「終於打倒怪物了，從此可以安心。」可見母親「教育虐待」的非人性對待方式，在桐生希心中和可怕的怪物沒有兩樣。因著遭受到非人性的對待，相對性地也引發了非人性的可怕人倫悲劇。

　　「教育虐待」於 2011 年是由日本學者提出，意指「對升學過於執著的家長，在家裡大小聲、逼迫孩子讀書、參加升學考，要求孩子超出其承受能力地學習，導致孩子身心不堪壓力。」如果父母只是一味地把自己的理想與期待，全然地投射於孩子身上，毫無尊重孩子主觀性的想法與感受，只單方向地要求孩子照單全收，而完全沒有顧及孩子的能力與意向性，那麼，親子之間的爭執與衝突是自然無法避免的。如果沒有以人性的方式尊重與同理孩子，只是一味地以控制與逼迫的方式對孩子，那麼，卻期待孩子能夠培養出來人性的態度與素養，那肯定是緣木求魚。印度成道大師奧修說：「如果愛無法給予自由，那麼它就不是愛（謙達那譯，1995）。」、「愛是生命裡面最高的價值。 愛和自由是一起存在的，你無法選擇其中之一而留下另一個。愛只有一個準則：它給予自由，而且是無條件地給予（謙達那譯，1991）。」愛是人性中最美好的，而無法給予自由的愛，都只是虛假的愛。因此，瑞士實踐教育愛最具代表性的教育家裴斯塔洛齊（Johann Heinrich Pestalozzi）說：「教育的核心動力為『愛』，沒有愛就無良好的師生關係，更難談及培養有『愛』的人。」

　　有自由，才會有人性；有選擇，才會有智慧。在一百年前，真正實踐教育自由的先驅並且影響著全球的開放教育，即是創辦夏山學校（Summerhill

School）的英國教育家尼爾（A. S. Neill）。夏山學校成立於 1921 年，以自由、平等和民主為核心精神，其教育理念全然地給予孩子自由，充份地尊重孩子，讓孩子真正成為自己生命中的主人，也就是說，給予孩子全然人性化的心理環境，沒有任何的逼迫，沒有任何的進度，也沒有任何的干涉。夏山學校不分年級，沒有教科書，也沒有課表，上課是全完由孩子自由的選擇的，孩子愛上就上，不愛上就不上，完全地出自於孩子的內在自發性，沒有自發性的學習動力，就可以一直玩樂，不想上課也沒關係。一般來說，尼爾發現孩子從怕上課到願意上課平均需要三個月的時間，在他創辦夏山學校四十多年後總結道：從紀錄上來看，有一個從教會學校出來的女孩遊蕩了三年之久。尼爾重視人性的情意發展，甚於頭腦的無止境訓練，因此他的名言是：「我寧願夏山產生了快樂的清道夫，而不是一個神經質的學者。」雖然夏山學校給予孩子全然地自由，但尼爾也強調，自由不是許可證，你可以為所欲為，只要不給他人造成損害。如此的自由和 1789 年以「自由、平等、博愛」為口號法國大革命綱領性文件《人權宣言》中對自由的定義相類似：「每個人可以自由去做任何事，只要他沒有侵犯任何人一樣平等的自由。」（Each has freedom to do all that he wills provided that he infringes not the equal freedom of any other.）無獨有偶，台灣教育家賈馥茗在《教育的本質》也同樣強調：教育是以人為本，凡人便要學習「如何做人」；每個人都「無害」於別人，然後可以「各從所向」（賈馥茗，2005）。也就是說，孩子必須先學會不會傷害別人，才能擁有真正的自由做自己任何想做的事，才能夠發展自己想發展的生命方向。

　　一切的存在都是有條件的，一切的存在都是相對性的。因此，在人文的世界中，自由也是相對性的，在民主與法治的現代國家中，自由的界限就是「不妨害他人的自由」。所以，自由的前提是自律，自律才能享受自由。借鑑了夏山學校，丹尼爾·格林伯格（Daniel Greenberg）於 1968 年在美國建立瑟谷學校（Sudbury Valley School）。瑟谷學校是美國第一間自主學習學校，同樣相信最好的教育，就是給孩子完全地自由。丹尼爾認為，無論大人

或小孩，對任何事情沒有興趣，你再怎麼教他也是沒用的。一個人真正的成長需要靠得是源自於內在自發性生命動力的自主教育，最後他領悟，「老師」沒有必要存在。因此，瑟谷學校沒有「老師」，只有工作人員，工作人員什麼都做，主要是為學生準備一個安全且適合探索的環境。所以，瑟谷學校沒有課綱或教科書，沒有班級，沒有教室，沒有考試，更沒有干涉孩子要做些什麼事才行，一切的學習都孩子自己負責。因此，瑟谷學校從不標榜所謂「快樂學習」，只是強調「人要對自己的學習負責」。瑟谷學校相信，自由與責任相對性，無法分割。人可以也需要為自己的一切負責，我主宰我的人生。每一個人都有自我價值，每一個人存在的本身就有價值，做自己已足夠。所以，丹尼爾說：「我們必須等待孩子願意學的時候，才加以協助。」只要孩子真正有意願想要主動學習，一般可以用半年的時間，每週上兩堂課的速度，學完小學六年的所有數學課程；如果想上大學的孩子，大約花半年卯起來猛唸入學的參考書，都能申請到自己心目中的理想大學，甚至許多人孩子可以進了一流大學。因此，自發性的學習動力，才是真正有效學習的強大學習引擎。

夏山學校和瑟谷學校是以孩子為中心，給予孩子是完全的自由，被動地協助孩子學習，有如撞鐘，小叩小鳴，大叩大鳴，不叩不鳴；現代主流教育系統是以課程為中心，給予孩子完全地控制，主動地操控孩子的學習進度，有如灌腸，不論能力，不管意願，全都灌滿。從人性的角度來說，前者才是具有人性的心理環境，後者是非人性的做為。但無論是教育完全自由，或是教育完全控制，主要都是希望能讓孩子開發最大的生命潛能，展現自己最大的天賦才能，本意都是想要幫助孩子學習與成長，只是教育理念與立場有所不同，從孔子的中庸之道來看，完全不干涉的自由和完全全面控制都是過與不及，給予孩子的學習適當地彈性自由與適時地控制管理，開發孩子的學習泉源，在持續不斷地彼此互動與溝通中，成為孩子最人性的學習成長守護者，才是理想教育的中庸之道。

以 108 新課綱的課程內容來說，要求所有的孩子都學習同樣的內容是非

人性的；要求所有的孩子都要有同樣的進度是非人性的。所謂的人性就是尊重每一個人的獨一無二存在，每一個人都是不一樣的，興趣不一樣，能力不一樣，想法感受也都不一樣。因此，在同一套的課程架構下，為了達到人性化的自由，就必須具備彈性的做法。

首先，國家教育心靈應該將所有課程內容建置在雲端網路平台，以目前的資訊科技的發達程度，肯定是可行的。將每一個領域的每一個單元製成影片教學上網供所有的孩子和國民，可以在任何時間和任何地點，進行自己所需要的學習，如可汗學院（Khan Academy）、均一教育平台和因材網的線上課程。建置國民所需的完整線上課程，才能夠讓孩子擁有人性化的學習，可以依照自己的能力與狀況，隨時調整自己的學習內容與學習進度。

其次，依據《教育基本法》（民國 102 年 12 月 11 日）第 14 條規定：「人民享有請求學力鑑定之權利。學力鑑定之實施，由各級主管教育行政機關指定之學校或教育測驗服務機構行之。」建構一至十二級的各領域基本學力鑑定，以提供所有的孩子和國民，可以在任何年紀，任何時間，自願性地鑑定自己的學力程度。而學力鑑定證明可以做為跳脫教室條件和個人未來生涯發展的機會條件。

提供跳脫教室的彈性條件，可以激發孩子自主學習意願的強度。因為只要達到跳脫教室條件，就可以爭取到個人的完全自由自主時間與空間。以英語的學習來說，許多孩子因著家庭背景條件幫助，英語學習進度超前學校好幾年，但卻又被迫困鎖在教室裡，無形當中虛耗許多寶貴的生命時光。因此，只要提出超前進度的學力鑑定證明，就可以跳脫教室去做自己想要做的事，去學自己想要學的東西。當然，學校會有許多可以提供自主學習的空間，如：圖書室、電腦教室和多功能教室等。當然，孩子所爭取到的自由自主時間與空間，就需要學習自律，不能做出任何讓別人擔心或具有任何危害性的行為。

每一個孩子的能力與背景狀況條件都是非常不一樣的，課程學習上會有進度超前的孩子，自然也會有進度落後的孩子。對於進度落後的孩子，可能的因素非常複雜，沒有興趣、能力不足、還沒開竅、健康狀況、家庭狀況、

文化因素等，都有可能造成孩子在學習上產生停滯狀態。如果孩子已經充分表達沒興趣、學不來，在和家長討論與溝通之後，老師以專業性的評估，也認為所有的綜合條件適合申請「延後學習」，在經過正式的規定程序，允許孩子可以「延後學習」。例如：小強熱愛音樂，到了國中之後，對於數學感到很頭痛，一直學不來，又虛耗太多時間呆坐在教室裡。在經過小強和家長溝通同意之後，再和老師討論申請數學「延後學習」的可能性。如果經過審慎評估，也一再向小強和家長確認，調整進度是對小強最好的狀況，一旦經過正式通過「延後學習」申請之後，小強就可以把數學課的時間拿來做自己想要做的事，學習自己想要學的東西了。那麼，竟究要「延後學習」到什麼時候呢？基本上可以一年申請一次，每年進行必要性的評估。如果一直延後到小強十二年級之後，都還無法回歸數學進度的軌道，那麼，就代表小強的生涯發展規劃中，數學的學習並不會影響到小強的人生道路。或許等到有一天，小強覺得有必要重新再回歸到數學的學習軌道，那麼就可以採用國家教育所建置的線上課程系統進行自己所需要的學習，例如：知名歌手鄧麗君因著熱愛歌唱而中斷了學校的課程學習，在事業如日中天的她，於 1979 年決定暫別舞臺，重拾書本。因著鄧麗君語言天賦出眾，順利地通過了加利福尼亞大學洛杉磯分校的入學考試，主修英文、日文、生物和數學等課程，這就是終身學習的最佳典範。學習的最終目的是為了自己，而不是為了別人。無論是為了自己的生涯發展、為了提升自己、為了證明自己、或是充實生活、豐富生命，都是基於個人內在生命動力渴望主動去學習的喜悅歷程。

因此，以終身學習的角度來看待一個人的生命學習歷程，國家教育心靈應該採取更有耐心與宏觀的視野，給予每一個孩子人性化的尊重與關懷。只要孩子在人性化的學習環境之下成長，自然就能學習如何尊重別人與善待別人。如果國家教育心靈是以德性圓滿為教育系統的核心，那麼，所有的課程內容與架構就是孩子進行練心系統的材料，對於課程的內容學習與進度，孩子可以完全自由地流動，想快速就可以快速，想慢慢來就可以慢慢來，想休息一下就可以休息一下。因此，在孩子生命成長的學習歷程中，最重要的核

心重點是「心的品質」，而不是「腦的容量」。學校可以透過課程的內容學習與進度，來進行培養孩子負責態度、挑戰難關、超越自我的練心歷程。

　　讓孩子擁有自由流動的靈魂，才能真正達到適性揚才的教育理想；也唯有讓孩子成為自己生命中的主人，才能讓孩子真正發揮自己生命的最大潛能。國家教育心靈應該成為孩子生命中的幫助者，而不是成為孩子生命中的障礙者。只要國家教育心靈能夠放下知識的霸權，以人性化的態度對待每一個成長中的孩子，孩子必然會以人性化的心靈品質回應整體的社會與國家。

四、生命的累積與轉化

生命的時光在消逝中，生命的歲月也同時在累積中；
生命的歲月在流轉中，生命的內涵也同時在轉化中。

　　有一次，小龍在練習扯鈴的過程中，不小心讓扯鈴打到下巴！當然就是一個「痛」字，而且是非常痛。在那感到苦痛的瞬間，小龍的內心湧現了一股生命深刻的體驗：「時間流逝了，我的扯鈴技巧提升了。我用生命的歲月，提昇了我生命的境界。」因此，成長痛是生命必經的歷程，沒有深地地歷經生命中的苦，也難以懂得珍惜生命中的樂。生命的境界需要依靠個人的全心投入與努力練習，走過生命成長中所必經過程中磨練與痛苦，透過不斷地累積經驗與轉化生命，不斷地挑戰自我，不斷地超越自我，才能夠真正看見生命中最美麗的生命境界。

　　人一出生，就自然會隨著時間的歲月流轉，在歲月流轉消逝的過程中，又很自然地會累積一些屬於自己獨特的生命經驗與故事。人在生命的歲月中究竟需要累積什麼樣的東西，對自己才是最好的生命選擇，沒有人會知道，有可能是「命」，也有可能是「運」。所以，東方心靈科學強調「知命掌運」，要知道自己所屬的天生和後天的條件，再運轉自己的生命方向與未來，如此才不會在短暫的人生中虛耗太多無謂的爭鬥與對抗。108 新課綱已經決定了孩子學習黃金歲月的所有內容，讓那些不想累積已被安排好內容的孩子們，只能一直在對抗與掙扎中虛渡美好的生命歲月。然而在現實的生活證明，並不是每一個孩子都需要依靠學校所安排的課程內容才得以開發與發展自己的生命潛能，例如：知名扯鈴達人趙志翰，從小因著父母的栽培，除了學習扯鈴之外，還學習打擊樂、爵士舞、繪畫、小提琴等才藝，而在這麼多項目的才藝裡，就屬扯鈴玩得最好，拿了許多獎項，也讓他獲得許多成就感。趙

志翰因著對於扯鈴的熱愛，在小學階段就已經苦練超過一萬個小時，十七歲拿下人生第一個冠軍，二十七歲的在全球知名的太陽馬戲團第五次邀約下，開始人生的世界巡迴演出。扯鈴對趙志翰而言，就是投入生命熱情與累積獨特生命的所在，他說：「扯鈴已經是我生命的一部分，從我學習它以來，它從來沒有離開我。」趙志翰已經將大部分已經消逝的生命歲月，轉換成讓人驚嘆不已、神乎奇技、出神入化的扯鈴表演藝術了。因此，扯鈴不再只是單純的扯鈴，而是趙志翰的人生夢想羽翼，年紀輕輕的他因為扯鈴，到世界各國巡迴演出，幾乎把全世界都走了一遍，帶領著他飛向世界的廣闊國度。俗語說：「台上一分鐘，台下十年功。」在獲得眾人的掌聲與讚賞之前，趙志翰也必然歷經許許多多的低潮、挫折與磨難。每一場都要全心全意專注的表演，自然要承受著非常大壓力，不過他都非常感謝每一次的表演機會。因此，他希望自己可以在創新上努力，給自己的挑戰就是，在比賽場合永遠不重複過去的招式，因為對他而言扯鈴就是無止境的學習。每當一個目標完成之後，他就會給自己設下一個更大的目標，透過不斷突破自己與超越自己，希望自己可以做到最好。趙志翰用行動打破傳統的職業思維，愈來愈有自信地說：「在沒人走過的路上，走自己的路！」

同樣地，知名網紅魔幻藝術家王亦豐（Yif），從七歲第一次看到一個街頭魔術表演，讓他開始對魔術產生了極大的好奇與興趣，於是投入大量的生命歲月在研究魔幻藝術領域研究，不僅閱讀上千本魔幻藝術相關資料與訊息，並且對哲學、心理學、光學、物理和化學等各方面的知識進行了深入研究。由於他的獨特富有魔幻神祕，充滿驚奇與超越想像的表演方式吸引著眾人目光，因而二次受邀登上大型的中國央視春晚舞台。更受到國際魔術師協會（International Magicians Society）主席東尼‧哈辛尼（Tony Hassini）高度評價：「Yif 的作品充滿了原創精神，不但充滿詩意，而且包含極高藝術性，傳遞著很豐富的情感元素，能打動人心，Yif 或許將是下一個大衛‧考柏菲（David Copperfield）。」當 Yif 受訪時，被問到：「你都什麼時候在想魔術的事。」Yif 回答是：「無時不刻。一天二十四個小時都在想著有

關於魔術的事，無論是吃飯、洗澡，甚至睡覺也都是在做夢想著魔術。」因此，Yif 說：「為了自己的夢想，你該為自己付出什麼樣子的努力。」魔術可以說是 Yif 生命的全部，也完全融入了自己全部的生活中。Yif 在魔術領域上的成就與光環，肯定不只是一萬個小時的數字所可以說明的。

　　一萬個小時定律是由麥爾坎・葛拉威爾（Malcolm Gladwell）在《異數》（Outliers）一書中所強調，成功不是偶然的，天賦、家世、學歷、努力還不夠，自己必須設定想達成的目標，並投入大量的時間與心力，專注地練習、練習，再練習。「累積」也是葛拉威爾強調的一大重點，如知名英國搖滾樂團披頭四（The Beatles）經過一千兩百場的現場演出、微軟創辦人比爾・蓋茲（Bill Gates）連續寫了七年的程式，最後才能出人頭地。一萬小時定律的意義在告訴我們，在任何一個有著悠久歷史的產業或領域，要想成就一番事業，長時間艱苦的努力是必不可少的，也許並不一定是一萬小時的練習，但必然是要花很長時間的累積。因此，葛拉威爾認為，不管是任何的領域，都得花大量的時間來培養、練習，才能成為世界級的專家。葛拉威爾也以自己為例說：「一開始我對新聞業什麼都不懂，但後來我成了專業人士。這花了我十年，不多不少這麼長時間。」因此，成為專家的敲門磚，至少必須先勤奮投入一萬小時練習，才有機會成為真正專業人士。成為真正的專業人士，必定是靠自己不斷地累積經驗、知識和技能而來的，而不是靠別人的逼迫和要求所能成就的。

　　108 新課綱就是在逼迫和要求所有的孩子，務必要學會學好學滿所有已經安排好的課程內容，務必要一直累積已經安排好的知識和技能。國家教育系統將孩子的在學生命時間排好排滿，好讓所有的孩子可以達到國家教育目的所設定的五育均衡健康國民。國家教育心靈雖立意良善，希望能主動幫助孩子開發潛能、適性揚才，但事實上卻無形上扼殺了許許多多具有特殊天賦與夢想的孩子們，無法好好開發自己生命的熱情與夢想。在人生的旅途中，每一個人會有屬於自己獨特的生命際遇，或許是命，或許是運，也許就在那生命的一個偶然機會中，生命的道路就此轉彎，生命的熱情就此點燃，自主

學習的終身道路就此充滿著無限的精彩與豐富，就像趙志翰和 Yif 的故事一樣，走自己熱情的生命道路，創造屬於自己生命的價值與光亮。知名藝人林志玲在 2020 年 12 月 23 日受訪時，分享一路走來的心路歷程感性地說：「我覺得人生就像一座圖書館，必須不斷地存入各種的經驗，當有需要的時候才能有所提取。」經驗的累積、知識的累積、技術的累積和智慧的累積，對於個人生命的歷程而言，就是一直在累積有利於自己發展生涯和開發潛能的條件。個人真正要累積什麼樣的生命內容，必須從個人內在的聲音與熱情去深入探尋，而不是由國家教育心靈所真接命運決定與強迫要求，所能達到的適性揚才教育理想。

如果一個人累積了大量的知識，卻經常帶給別人痛苦；如果一個人累積了高深的技術，卻經常造成別人的傷害，那麼，他的生命對別人又有什麼樣的利益與價值呢？因著社會的許多亂象與自殺問題，2001 年 1 月 2 日，教育部長曾志朗正式宣布 2001 年為「生命教育年」，生命教育是以人為核心的議題，生命教育的學習主題包含了五大主題：「哲學思考」、「人學探索」、「終極關懷」、 「價值思辨」與「靈性修養」，其內容涵蓋了人的知、情、意、行。在心理學理論中，「知」指的是認知、觀念；「情」指的是情緒、情感；「意」指的是意志；「行」指的是行為。生命教育依據十二年國民基本教育課程綱要總綱之規定，也是議題融入的十九項議題之一。在《十二年國教課程綱要總綱》於「實施要點」明列八大領域課程設計應適切融入十九項議題包括：性別平等、人權、環境、海洋、品德、生命、法治、科技、資訊、能源、安全、防災、家庭教育、生涯規劃、多元文化、閱讀素養、戶外教育、國際教育、原住民族教育等。

從生命教育的知、情、意、行來看，生活行為的實踐就是一個人教育累積的結果檢驗（圖 4-4-1）。為什麼我們經常可以看到，社會上會有許多人，累積許多知識，累積高超技能，但卻依然會做出犯罪害人的不法情事。所以，一個人的生命中累積了許多知識，累積了高超技能，並無法代表他的行為是能無害於人的，換句話說，高知識份子不代表是高品德的人，高技術人才也

不代表是高品德的人。台灣教育家賈馥茗在《教育的本質》一書中說：『教育是以人為本，凡人便要學習「如何做人」。教育對一個人的效果，就要在二十年後，才能有一個「初步」的結論（賈馥茗，2005）。』如果一個人經過二十年的教育歷程，所獲得的初步結論竟然還是會違法犯罪，竟然還沒有基本的人性水平線，竟然還完全不懂得做人，也不知道怎麼尊重別人，那麼，這樣子的教育怎麼能算是成功的呢？

108新課綱是以「核心素養」做為課程發展之主軸，「核心素養」是指一個人為適應現在生活及面對未來挑戰，所應具備的知識、能力與態度（總綱，頁3）。知識可以累積，能力可以累積，但態度卻不是依靠生命的累積，而是生命的轉化（圖4-4-1）。每一個人的生命可能會有各種不同需求的累積，無論是智慧、知識、技術、經驗、條件、能量、信用、情感和財富等，都會因著不同的人，而自然會有各種不同程度的需求。因此，生命的累積是屬於個人的責任，而生命的轉化才是屬於共同的責任。

生命的轉化就是在轉化心的品質，也就是在於維護個人的德性圓滿，德性圓滿才是屬於共同的責任。因為個人的德性不圓滿可能會傷害到身邊的任何一個人，更可能在工作上危害到許多無辜的他人，例如：政府官員的貪污枉法所造成的傷害，肯定不是一、二個人的問題而已，甚至可能會危害到許許多多善良的無辜老百姓。

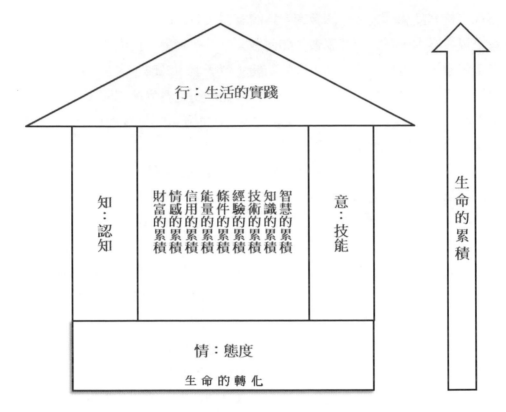

圖 4-4-1 生命的累積與轉化圖

　　生命的轉化不在於認知，也不在於技能，而在於人心。人心品質的維護與提升必須依靠「覺」、「悟」和「修」。覺就是面對自己非人性的行言舉止有所感覺，可以感覺到自己的動物性本能慾望所帶給別人的煩惱與痛苦；悟就是能夠有智慧地看見自己的言行舉止破壞了自己的圓滿德性，領悟自己需要修正對自己生命不好的因子；修就是在經過內心的覺悟之後，決心好好修練自己的內心，好好決定慢慢改掉自己會帶給別人傷害與痛苦的因子，例如：小安是個聰明活潑好動的孩子，在家經常惹父母生氣，在學校經常給老師帶來麻煩，但小安長久以來的言行舉止卻也沒有太大的改善，為了排解自己的無聊，總是會找些樂趣的事，讓自己可以消除無聊的感覺，如把鐵條放

進洗衣機裡轉、從樓上丟雞蛋到隔壁的陽台、吃飯時間把水果上丟到天花板的涼扇而導致葉片斷落，光怪陸離的行為真的是層出不窮，罵了也沒用，責備也沒效，小安依然過著讓人感到頭痛不安卻自己可以感到快樂的日子。為什麼小安的言行舉止總是讓人生氣和麻煩，卻長期以來依然固我，沒有任何一點的改善跡象？那是因為小安無法真正感覺到自己的行為有什麼問題，他從來沒有真正地面對過自己的問題，反而他總是覺得別人在找他麻煩而已，如果小安連基本面對自己言行舉止的態度都沒有的話，那麼他內在固有的製造麻煩因子，就是一而再，再而三地顯現在他的日常生活當中。所以，小安若要提升心靈的品質，有感覺地去面對自己的問題，才是根本解決麻煩因子的起點；又例如：小丁是個很容易生氣的孩子，動不動就會和同學起衝突，只要一句話一個動作讓他感覺到不舒服，就會立即生氣反擊，使得少有同學肯和他玩。因為同學不肯和他一起玩，讓他心情更低落，動不動又更容易生氣，導致自己負面情緒和負面人際關係產生惡性的循環。每一個人都會有自己的脾氣，生氣和發怒也是動物性本能的原始情緒，一般的動物只要被侵犯到，也容易會激起生氣和發怒的情緒。然而人和動物不一樣，人可以培養自覺力，可以解脫惡性循環的負向情緒泥淖之中。負向情緒的消解就是需要依靠「覺」、「悟」和「修」的生命轉化歷程，生命轉化歷程就是需要從願意面對自己的言行舉止開始。

因此，如果國家教育心靈是以德性為整體教育核心的話，那麼，教育現場所要關注應該是孩子心靈品質的轉化，而不是生命內容的累積。

五、培養智慧樂天知命

智慧是生命的光，樂天是生活的歌，知命是人生的路；
走自己的路，唱自己的歌，才是智慧的生命之光。

　　十二年國民基本教育之核心素養，強調培養以人為本的「終身學習」者
（總綱，P3）。從終身學習來看人的一生，每一個人所需要的知識容量會有
所不同，每一個人所需要的技術深度也會有所不同，但每一個人無論在什麼
樣的人生階段，都同樣需要培養深度的生命智慧。知識是屬於頭腦的，技術
是屬於身體的，而智慧是屬於那無限深度與寬廣的心。

　　人生在世，各如其面，人各有不同的命，人也會有不同的運。愛唸書的
孩子，或許能說出領受唸書的快樂與成就的感覺，而不愛唸書的孩子，卻無
法說出為什麼不愛唸書，自己也不知道為什麼不愛唸書，或許天生就是不喜
歡安靜坐下來好好唸書吧！每一個孩子肯定會有屬於自己不一樣的天賦、個
性、興趣、好惡、學習能力、學習速度、家庭背景和生命道路。面對孩子在
學習能力與學習速度的距大差異，國家教育心靈如果有沒設計一套具有富有
符合所有孩子差異的彈性教育制度，那麼，在僵化沒有彈性的教育體制之下，
必定會有無法好好順利在學習軌道上的孩子，必定會有許多孩子因無法適應
而脫離了，原先已經安排好的學習內容與學習進度。為什麼會有學習脫軌的
現象呢？可能是外在因素，如：家庭狀況、進度太快；可能是內在因素，如：
能力不足、沒有興趣。無論是外在因素或是內在因素所造成孩子的學習脫軌
現象，最主要的核心因素就是「那不是孩子想要的」，不是源自於孩子內在
的需求與渴望。如果一個人強烈渴望追求自己想要的東西，無論再大的阻礙
與困難，必定會全力以赴地想辦法克服困難去達到自己想要的目標。例如：
英國著名企業維珍（Virgin）集團的創辦人兼董事長理查德・布蘭森

（Richard Branson），小時候患有閱讀障礙症導致學習不良，尤其對於數字天生遲鈍，連基本的算術題都做不好，因而每周都會受到鞭打，學業都是全班最後一名。雖然他的數學不好，但他從小就具有商業頭腦，好不容易等到在十七歲離開學校之後，就開始全心投入了自己所感興趣的商業世界。由於布蘭森有閱讀障礙，所以他特別相信自己的直覺，憑借著個人的直覺智慧，而開創出英國最大的私營企業，旗下擁有近二百家公司的維珍集團。布蘭森的成功並非依靠學校所教導的任何知識任何技能，而是自己內在充滿對生命的熱情。生命的熱情會帶領他勇於接受挑戰，想盡辦法克服生命所遇到的任何挫折與困難，所以他說：「樂趣是自己從事商業的主要原因，也是維珍成功的秘密。」布蘭森的生命熱情深受著活了99歲的外婆影響，外婆告訴他：「既然你只能在世間活一次，那麼就該好好享用它。」布蘭森的外婆保持著兩項英國紀錄：最年長的拉丁舞高級考試通過者和高爾夫比賽一桿進洞者。所以，布蘭森分享自己的生命熱情說：「不要懷疑自己的夢想。相信自己可以克服萬難，敢於夢想。」、「如果你對手上的事毫無熱情，不妨將注意力和精力轉個方向。」世界無限寬廣，生命無限豐富，而國家教育心靈卻將孩子的靈魂困鎖在必務要學會學好會滿的課程架構之中，孩子完全不允許把自己的生命注意力與精力轉向屬於能夠引起自己生命熱情的東西。

德國著名哲學家尼采（Friedrich Wilhelm Nietzsche）喜歡使用「Amor fati」這個詞，Amor fati 原為拉丁文，意思是「熱愛命運」，無論是美好的或是醜陋的，無論是順境或是逆境，無論是快樂的或是悲傷的，無論是享受的或是受苦的，無論擁有或失去，都全然地接受事實呈現在生命的眼前，真心全意地接受一切命運的降臨。凡來到生命之中的一切，都全然毫無抗拒地接受自己所呈現的命運。所以，尼采說：「讓人成為偉大的，就是要熱愛命運。」（My formula for greatness in a human being is amor fati.）1998 年以電影《美麗人生》獲得奧斯卡最佳男主角的羅貝多‧貝里尼（Roberto Remigio Benigni），在上台領獎致詞時說：「我感謝我的父母，他們給我最好的禮物是貧窮。」並不是每一個孩子都能有很好的成長背景，

國家教育心靈
創造個人幸福與美好社會的教育生態系統　**425**

並不是每一個孩子都能擁有足夠的能力學會學好學滿 108 課綱所有的課程內容。每一個孩子自然各有不同的條件去發展屬於自己的生命潛能，只要讓孩子培養足夠的生命智慧，讓孩子深入去瞭解自己，探尋屬於自己生命熱情之所在，只要「無害」於他人，讓孩子「各從所向」，無論是什麼樣的外在因素或什麼樣的內在因素，一切都是好的。只要孩子擁有生命熱情的動力泉源，終身學習自然而然地會發生。例如：世界知名魔術師劉謙，在七歲時開始對魔術表演產生興趣，由於生命熱情的動力，在學期間不斷鑽研魔術知識及技巧。在 1998 年劉謙參加了「臺灣兒童魔術大賽」，並從世界著名魔術師大衛·考柏菲（David Copperfield）手上獲得頒發「全國兒童魔術大賽冠軍」。第一次獲獎，更讓劉謙感到十分快樂與萬分成就感，他覺得那快樂就是魔術帶來的，魔術給自己帶來快樂的同時，也給別人帶來快樂。於是，他熱情瘋狂地去購買許多有關於魔術的書籍、光碟和表演，並體驗更新更刺激的魔術。所以，在他的生命中，除了魔術之外，還是魔術，因此劉謙說：「努力做好一件事情，就會有回報。」能夠成就每一個孩子的因素，不一定是大量的知識，也不一定是高超的技能，但一定要有泉源不絕的生命熱情。

生命的熱情如果沒有智慧的引導，熱情終究有一天會被種種的挫折與打擊所磨損殆盡。所以，孔子說：「不知命無以為君子」 《論語·堯曰》人各有不同的命，也有不同的運，要能夠知命，才能夠樂天。《易經·繫辭上》說：「樂天知命，故不憂。」所謂成就每一個孩子，並不是意謂著每一個孩子都要能夠出人頭地，每一個孩子都能夠事業飛黃騰達，但每一個孩子在成長的過程中，都能夠學習用智慧的心靈，樂天知命無憂地走在屬於自己終身學習的生命道路之中。

西方心靈總是相信「人定勝天，永不放棄」；而東方心靈智慧教導「盡人事，聽天命」。人雖然有無限的潛能，但同時也存在著數不完的限制；人的夢想很偉大，但同時人的存在實在很渺小。所以，要瞭解孩子的天賦潛能，才能真正適性揚才；要知道孩子的限制，才不會讓孩子陷入無止境的受苦。

儒家相信天，也相信命。孟子闡釋「天命」說：「莫之為而為者，天也；

莫之致而至者，命也。」《孟子‧萬章上》不是人所能做到的而居然做到了，這是天意；不用人去求得的而自然來到了，這是命運。天，即是自然之道；命，即是人的正命。因此，孟子用「順受其正」四個字來教導人們「樂天知命」，也就是說，一個人要。順天理行正道，深入瞭解自己，真正接受自己，才是自己生命正確的道路。因此，孟子說：「盡其心者，知其性也。知其性，則知天矣。存其心，養其性，所以事天也。夭壽不貳，修身以俟之，所以立命也。」《孟子‧盡心上》想要知道天意，就是要先瞭解自己的本性；想要瞭解自己的本性，就是要盡心盡力地投入開發自己的生命潛能。所以，只要守護自己的心靈，培養自己的本性，就是順從天意了。無論是短命或長壽都沒有差別，只要好好修身養性，好好地開發自己的生命潛能，就是屬於自己立足於生命的根本了。

所以，人的生命旅程，有天意，也有命運。因此，孟子說：「莫非命也，順受其正。是故知命者不立乎岩牆之下。盡道而死者，正命也；桎梏死者，非正命也。」《孟子‧盡心上》天有天意，命有命運，只要順從天意，就是自己的正命。知道自己正命的人，不會讓自己陷入危險的生命處境，不會讓自己困頓於生命的絕境。只要能夠盡心盡力順從天意而死的人，也就是自己的正命了；那些傷害別人，犯罪受刑而死的人，就不是自己的正命了。正命就是要走在屬於自己正確的生命道路，走在自己正確生命道路的人，才是真正擁有樂天知命的深度生命智慧。

智慧是每一個人走在生命的旅程中所需要的。人不一定需要許多知識，才能夠好好生活，但人一定需要足夠的智慧，才不會有數不盡的煩惱；人不一定需要高深技能，才能快樂生活，但人一定需要深度的智慧，才能夠擁有樂天知命的喜悅生命。因此，要開發生命的智慧，才能夠知道發揮自己的生命潛能，也才會知道自己的生命限制所在。正如美國神學家尼布爾（Reinhold Niebuhr）在 1934 年寫下二十世紀最能激勵人心著名的「寧靜禱文」：

「神啊！求你！

賜我平靜，去接受無法改變的事；
賜我勇氣，去改變我能改變的事；
賜我智慧，分辨兩者之間的不同。」
（God, Grant me
the serenity to accept the thing I cannot change,
the courage to change the thing I can change,
and wisdom to separate the difference.）

六、存在本身就是個驚奇

地球是神奇宇宙中的奇蹟；
生命是奇蹟地球中的奇妙；
人心是奇妙生命中的奧祕。
一切的存在都是充滿著無限的驚奇，人心更是一切驚奇中的不可思議。

存在本身已經俱足圓滿，沒有什麼是需要增加的，
也沒有什麼需要削減的，更沒有什麼需要改變的，
存在本身一切都已經自然散發著無限驚喜的光輝。

存在是一個永恆的驚喜，生命本來就充滿著無窮無盡的驚喜。
孩子純真的心帶著晶瑩剔透的眼睛，快樂地探索著世界的新奇與美妙。
是誰封閉了孩子喜樂探索的心靈？是誰捆綁了孩子夢想的羽翼？

清晨的露珠在陽光下消失了，科學家說，那是水滴蒸發到天上了。
人猶如是地球上活動的露珠，當人消失了，科學家又怎麼說呢？
一顆種子竟然可以長成巨大的神樹，一個受精卵竟然可以長成一個人，
科學家說，那是細胞分裂的正常現象。
孩子的夢想是清晨的露珠，還是一顆巨大神樹的種子呢？
科學家又怎麼說，夢想究竟是怎麼成長的呢？

毛毛蟲羽化成美麗的蝴蝶，真是太神奇了！
科學家說，羽化成蝶是一種生物完全變態的現象。
那麼，科學家是否能夠看見人的靈魂蛻變呢？

為什麼會有惡人？為什麼會有善人？為什麼又會有神人？
人都會有身體的五官和四肢，但為何人的靈魂都會有不同的蛻變呢？
科學家又怎麼說，靈魂的蛻變是什麼樣的神奇現象呢？

山很高，海很深，科學家可以測量山有多高，海有多深。
比山還要高的是夢想，比海還要深的是人心，
科學家知道夢想有多高嗎？科學家可以測量出人心有多深嗎？

所有動物的童年都可以四處奔跑，卻只有人類小孩必須被關在教室裡。
人生而自由，究竟是什麼限制了人的自由？
當生命失去與生俱來的自由，夢想就隨之淹沒在時間的長河了。
唯有自由飛舞的夢想，才能領受存在本身充滿著無所不在的無限驚奇。

囚犯行了惡犯了罪，於是身體被監禁在牢獄中；
孩子做了什麼錯事，為何靈魂要被禁錮在課程牢籠中？
因著監獄太牢固，囚犯實在難以越獄，如果越得了獄，監獄就沒有人了；
因著權力太強大，孩子實在難以對抗，如果逃跑得了，教室就沒有人了。
監獄是非人性的，那是因為囚犯對待別人也是非人性的；
禁錮靈魂也是非人性的，如果孩子被非人性的對待，又怎麼人性化呢？

在億萬年地球誕生前，沒有人能知道發生了什麼事；
在億萬年地球消失後，也沒有人知道會發生什麼事；
但孩子知道要享受生命當下的每一個美好時刻，
孩子渴望探索生命驚奇的心，和宇宙的幻化一起鮮活地跳動著。

大人總是說，一切眼見為憑。
然而，孩子的夢想隱藏在神祕的心靈百寶箱之中，

那些眼見為憑的人，將永遠無法看見。

只有那些願意相信孩子夢想的人，

孩子才會喜悅地現出那不為人知的夢想珍寶。

每一片葉子都擁有屬於自己不同的葉脈；

每一片雪花都擁有屬於自己獨特的結晶；

每一個孩子都擁有屬於自己神祕的未來。

而那總是要求統一規格的課程架構，無形中摧毀了孩子的夢想。

當孩子的心中不再有夢想，世界自然就少了一份值得驚奇的美好。

道路遍佈於地球的各個角落，人們可以自由地走向自己想走的道路。

然而，冒險家依然渴望走向那沒有道路的祕境。

課程填滿了孩子心靈的各個角落，孩子只能被規定走在可以走的道路。

然而，充滿著各種驚奇夢想的孩子，

依然渴望飛往大人無法理解的神祕國度。

宇宙中唯一的不變就是變；

世界上唯一的絕對就是沒有絕對；

生命中唯一的永恆就是沒有永恆。

變來變去的孩子，需要不變的愛；

相對流動的孩子，需要絕對的愛；

跳上跳下的孩子，需要永恆的愛。

而究竟什麼才是真正的愛呢？

這是人們一生不變、絕對、永恆的生命功課。

陽光讓植物可以生長；

植物讓萬物得以生存；

食物讓身體獲得體力；
睡眠讓精神得著活力；
而愛讓孩子的夢想得以自由地飛翔。

孩子的靈魂在未來的世界奔跑；
孩子的夢想在未來的宇宙飛翔；
孩子的心靈是未來的時空膠囊。
沒有人知道，未來的孩子會成為什麼？
但孩子完全知道，快樂與滿足的泉源在何方。
讓孩子的靈魂奔跑，讓孩子的夢想飛翔，讓孩子的心靈自由，
有一天，孩子自然會展現那獨特奇異的生命花朵。

七、成為最美好的自己

生命本身就是美好的，當下一切即是；
孩子本身就是美好的，出生下來即是。
沒有人願意成為醜陋的，無知讓人成為醜陋的；
沒有人願意變成低劣的，無能讓人成為低劣的；
人性的覺醒讓人不再陷入無知的醜陋；
人性的超越讓人不再處於無能的低劣。

當孩子在夢鄉時，孩子本身就是美好無比的，一切都是美好的；但當孩子醒來時，有時候會像小天使一樣令人憐惜疼愛，有時候又會像小惡魔一樣令人煩惱頭痛。小天使就是孩子在人性的時刻，懂得不要讓大人生氣，知道要控制好自己，不要給大人惹麻煩，不要讓大人感到難過，這就是人性化的同理心；而小惡魔就是孩子在動物性的時刻，孩子的動物性就是以本能為中心，想做什麼就什麼，完全不會顧慮行為的後果，只求當下快樂就好（圖4-7-1）。

動物性的本能是人生存的根本核心，孩子不一定會有人性化的表現，但肯定會有動物性的行為，如：想要的東西一定吵著要、想玩的時候就只顧著玩、被侵犯到的時候肯定直接攻擊回去。人是以動物性的本能出生到這個世界的，每一個嬰孩一出生下來，本能地就可以找到奶頭喝奶，這就是生存的本能。動物性的本能自然會跟隨人的一生，動物性的本能並不會從人的身上消失，只會被淡化與轉化。因此，如果一個人沒有開發出人性的能量，那麼，他的一生可能都會活在動物性本能的世界裡，當然可以想見的是，只活在動物性世界的人，必定會和身旁的人經常產生許許多多的爭執與衝突。因為動物性的本能中心就是以「我」為一切，我的感覺、我的慾望、我的需求就是

我的絕對世界。我想要就是想要，就是會想盡辦法，不擇手段地得到自己想要的東西；我不想要的，就是會想盡辦法逃避，只要不要讓自己感到難過就好。

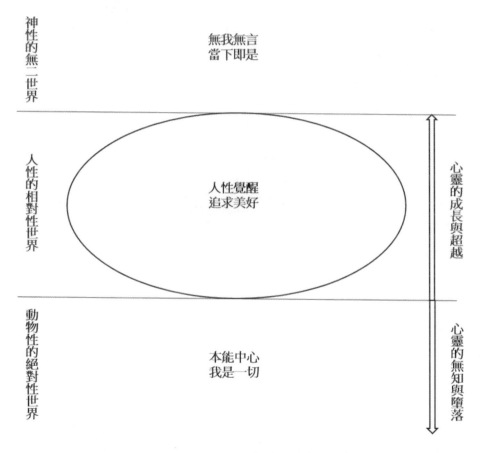

圖 4-7-1 人性的覺醒與美好圖

所以，早期有一句廣告詞很受年輕世代的喜愛：「只要我喜歡，有什麼不可以。」這句廣告詞鼓勵年輕世代勇於做自己，敢於表現自己，因此深獲具有強烈自我意識的年輕世代很大的共鳴。然而，這句廣告詞的流行，卻也引發了許多家長和老師的緊張，感覺好像小孩子很容易被誤導，很容易被鼓

動而為所欲為，做出一些傷害自己和傷害別人的事情。「只要我喜歡，有什麼不可以。」就是一種動物性絕對世界的宣言，我就是一切存在的中心，我不需要顧忌東顧忌西，只要我高興，只要我想要，只要我需要，就可以表現我想表現的，就可以做我想做的。當然，從心理健康的角度來說，「做自己」是非常重要的，敢於表達自己，勇於表現自己，自然是值得鼓勵的。但是稍有一點智慧的人就立刻可以分辨得出來，「只要我喜歡，有什麼不可以。」這句話所隱藏的人際危機與潛在問題。因為世界上不是只有自己，還有別人；每一個人都是自己世界的中心，所以，人性的世界是相對性的中心，而不是絕對性的中心（圖4-7-1）。

從教育的角度來看，只活在動物性的絕對世界中，就是一種心靈的無知與墮落。因為，動物性的絕對性世界是心靈品質的最低層次，不需要學習，也不需要任何的知識與智慧，誰都可以直接做到「只要我喜歡，有什麼不可以。」因為三歲以下的幼兒行為就是這樣子的表現。然而，人類用心良苦建立學校，要求所有的孩子都要到學校進行學習，學習各種的知識、技能與態度，簡單地說就是希望孩子能夠獲得心靈的成長與超越。所有的動物都活在自己的本能絕對慾望世界之中，一生中就是已經被限定在本能地慾望中過生活，完全沒有什麼心靈成長與超越的需求。而人卻完全不同於動物，人不只有本能的慾望與行為，人還有人性。當人性覺醒之後，自然就會渴望追求生命的豐富與美好（圖4-7-1）。

什麼是人性的覺醒呢？人性的覺醒起點就是從跳脫動動性的絕對世界開始，開始意識到，世界上除了自己，還有別人，而別人和自己一樣，擁有人性的所有特性，於是一種「人同此心，心同此理」的同理心就開始長出來了。當同理心開始長出來了之後，就完全能夠明白「己所不欲，勿施於人」的道理。在心靈成長的歷程中，也會開始學習更上一層樓的「己欲立而立人，己欲達而達人」的積極同理心，這就是人性覺醒的開始。

人性的核心是「自我」，而動物性的核心是「本能」。所以，當人性開始覺醒之後，自我開始會活在相對性的人性世界之後，再也不是「只要我喜

歡，有什麼不可以。」的簡單心靈了。因為人性的世界是相對性的，所以人與人之間開始會出現許許多多的比較與競爭。在互相比較之下，就自然會出現好壞、美醜、優劣、勝敗的情形出來。所以，小孩子在發展人性的初期，自然地會活在相互的比較世界之中，比看誰穿的衣服好看，比看誰的爸爸屬害，比看誰買的東西比較好。在人文的世界中，相互的比較和彼此的競爭是無法避免的。在彼此的比較和競爭之下，自然會有人被比下去，然而有誰想要丟臉呢？有誰想要成為輸家呢？因此，唯有透過提升心靈，超越自我中心，才能避免在相互的比較與競爭中，受到個人心靈的傷害。所以，美國心理學家多元智慧理論之父霍華‧賈德納（Howard Gardner）說：「小孩是全然自我中心的，但並不是說他只想到自己，而是他沒辦法想到自己。自我中心的小孩沒有能力把自己與外界分化開來。他還沒有能力將自己與他人或客體分開。他覺得別人分享著他的痛苦或快集，也聽得懂他的喃喃自語；每一個人都分享他的觀點，連動物和植物也參與了他的意識。玩捉迷藏的時侯，他會躲在別人的視野裡面，因為他的自我中心傾向使他不了解別人知道他的位置。人性發展的整個過程可以看成是自我中心傾向不斷消失的過程（廖世德譯，2005）。」「去中心化」就是提升心靈成長很重要的歷程，也就是說，人性化的心靈成長就是自我中心傾向逐漸消失，不斷的將自我融入周遭的人事物之中，自我就不再是一切的中心了。而要練習超越自我中心，就是需要依靠提升個人的生命智慧。

智慧是提升心靈品質最重要的工具，再多的知識，再高的技能，沒有深化智慧，心靈品質依然只會停滯在動物性的絕對世界而已。因此，從學校的教育角度來說，培養智慧，甚於學習知識和技能，因為個人的生命美好與社會整體的美好，必須依靠智慧的心靈品質提升，而不是知識和技能的提升。

在學校的教育現場，要如何提升孩子的生命智慧呢？智慧的核心是一種態度，一種精神，而不是一種知識，也不是一種技能，所以是無法依靠教堂上教學所能獲得的，更是無法看看線上課程所能達到的。雖然智慧是無法被教導的，但我們可以參考中國禪宗的師徒制就是一種智慧的傳承，沒有任何

文字，也沒有任何技術，就完全在師徒「心與心」之間的交流，徒弟的智慧就在日常生活中，慢慢一點一滴地被提升了。因此，在學校教育現場，提升孩子智慧最好的方法就是建立在「以心應心」的練心系統之中。孩子的心是活的，老師的心也是活的，在日常的生活中，一切的生活教育和機會教育，就是提升孩子智慧最好的方式。然而，如果沒有一套有效可行的制度，只是談談說說，那麼又有誰能夠體會與感受到智慧是什麼呢？智慧又是如何獲得成長的呢？所以，必須將「智慧」獨立出來給予具體的分數，才能真正獲得孩子和家長，真正重視個人生命智慧的重要性。

目前學校給予孩子的成績單所表列的分教，主要是以「德、智、體、群、美」五育為主。因此，在沒有動用到任何資源之下，只是很簡單地多加一個「智慧」欄位的分數。在每一個學期下來，所有的孩子和家長都可以看見個人的智慧得分是多少，久而久之，智慧的分數一旦獲得整體社會的重視與參考，那麼，智慧自然慢慢地會成為個人終身學習很重要的核心要素了。在學校的角色中，導師負責打孩子智慧的分數是最佳的選擇，就好像導師每一學期都會給每一個孩子打德性分數一樣，一點困難也沒有，也沒有多花一點多餘的時間和力氣。因為導師和孩子在學校的日常生活是緊密相連結的，在導師的眼皮底下，每一個孩子平常生活的表現，導師肯定是一清二楚的，沒有多花時間，也沒有多花力氣，就是需要多花一些心思，多多關心孩子的日常生活表現行為和狀況。

德性圓滿的分數和智慧的分數完全是不同的概念，德性圓滿的分數是從100 分開始，只要「無害他人」，就是自然能夠擁有德性圓滿分數的 100 分。德性圓滿的分數主要是在建構整體社會的人性水平線。然而，人性水平線只是消極上的作為，心靈品質的提升當然不只是對人無害而已，而是具有更深細的層次與內涵。因此，在積極的作法上，就是必須要依靠「智慧」的分數，智慧的分數和其他的「智、體、群、美」一樣，有做到才有分數，沒做到就是沒有分數，而「智慧」分數的依據主要可以從幾個面向來看：尊重、同理、負責、誠信、良善、耐心、細心、勇氣、挑戰和超越等（圖 4-7-2）。

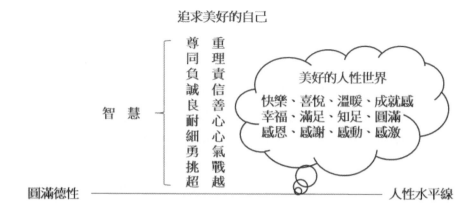

圖 4-7-2 追求美好的自己圖

　　在十個面向中，以每一個面向為 10 分來說，如果每一個面向都能做到完全無缺，那就是智慧 100 分。不過，以一般孩子的表現狀況來說，要拿滿分 100 分是很不容易的，相反地，可能甚而會有孩子是連 60 分都達不到的智慧程度，例如：小皮平常都不喜寫回家作業，回家後經常一直玩手機，玩到半夜也沒有人管。小皮經常性地無法準時繳交回家作業，老師的耐心也快要被磨光了。老師在回家前還是叮嚀小皮，回家要記得寫作業。結果隔天一來，小皮還是一樣玩手機，玩到不想寫作業。從小皮的行為中，顯而易見的是，小皮是沒有責任心的孩子，而且也經常對老師沒有誠信，嘴巴經常只是信口開河，根本只是隨便說說應付一下老師而已，完全沒有什麼誠信可言。如果小皮的行為一直持續，家長也完全不在乎，那麼一學期下來，在負責和誠信的面向上，就完全沒有分數可言了，再加上小皮沒耐心，也不想接受學習上的挑戰，更沒有想要超越自我的企圖，就只是想要玩手機而已。在這種情形之下，小皮整體上的行為表現，學期末的智慧分數就有可能在不及格的 60 分之下。

智慧的分數高低可以呈現一個人平常的生活表現態度與精神，也直接呈現出一個人真實的心靈品質狀態。或許，每一個孩子以後所從事的職業有所不同，不同的職業所需要用到的知識和技能就自然會有所不同。然而，不管什麼樣子的職業，負責的態度是所有的職業的基本精神，因為職業的服務意謂著對別人的負責。例如：黑心商品的出現，就是完全沒有職業道德，對自己的行為完全沒有責任感，心中只想著自己的利益，卻完全不管別人的死活，這就是沒有心靈品質的呈現，也是沒有智慧的結果。因此，所有的職業所共同需要的是智慧的培養，而不是知識的累積和技術的強化。

　　追求智慧的提升就是追求美好的自己，而提升智慧的起點，就是要從面對自己開始。面對自己的尊重、同理、負責、誠信、良善、耐心、細心、勇氣、挑戰和超越，而這些心靈品質的要素，就是需要從日常生活當中培養出來的，而不是從教科書或從網路資訊中可以獲得的。這些心靈品質要素就是美好人性化世界的基石，每一個人擁有基本的心靈品質水準，整體的社會才能夠讓人感受到快樂、喜悅、溫暖、幸福、滿足與圓滿（圖4-7-2）。

　　因此，從教育的角度來說，幫助孩子成為最美好的自己有二個主要方向，一是給予自己的美好，另一是給予別人的美好。給予自己的美好就是讓自己活在快樂與幸福的世界中，而給予別人的美好就是和別人一起活在快樂與幸福的世界中。給予自己的美好，就是屬於自己的事，自己要走自己的路，自己要為自己的生命負責。想要怎麼裝扮自己，想要怎麼滿足自己，想要怎麼完成夢想，都是自己的事；而給予別人的美好，就是在於德性的圓滿與智慧的深化。一個人的德性愈是圓滿，愈是可以帶給別人幸福，一個人的智慧愈是深化，愈是能夠帶給別人快樂。

八、教育是神奇的心靈工程

身體的成長需要營養的食物；

心靈的成長需要給予知情意；

靈魂的蛻變需要生命中的愛；

人的一生是神奇的生命旅程，

唯有透過不斷地成長與蛻變，才能真正深刻體會那生命最深的奧祕。

　　人存在於如此無窮瀚浩的宇宙，渺小如滄海之一粟，微小如天地之塵埃；人存在於億萬亙古生命長河，短暫如黑夜海上的一抹閃光，又如一眨眼之間稍縱即逝，如聖經所言：「人算甚麼？你竟顧念他。世人算甚麼？你竟眷顧他。」《聖經·詩篇 8：4》人的生存雖然渺微，卻可以思維無邊無際的無垠宇宙，人的生命雖然短暫，卻可以賦予萬物之靈的冠冕。人之所以稱得上是萬物之靈，不只人能夠使用各種工具，不只人擁有無窮無盡的創造力，也不只人發展出宏偉瑰麗的文明世界，而是人具有蛻變靈魂的神祕潛能。

　　在歲月的流轉中，每一個人一定會改變，無論是外在的改變，或是內在的改變，人的一生都一直在改變的歷程中，但不一定每一個人都能夠經歷神奇的心靈蛻變。為什麼平凡人可以成為偉人？為什麼惡人可以變成善人？為什麼暴力的人可以轉為溫和的人？為什麼無知的人可以變成無所不知的人？為什麼常被取笑的人，可以成為人人敬重的人？心靈的成長與靈魂的蛻變肯定不是突然發生的，而是經年累月逐漸幻化而成的。例如：曾經列名十大槍擊要犯的劉煥榮，小時候家境不好，經常受到流氓欺負，後來決定加入黑道組織，誓言只有欺負別人，不會再被欺負。從此開始浪跡江湖，過著刀口舔血的日子。後來因為殺人被補，入獄後不但潛心作畫，並且在獄中著書聲援拯救雛妓。最後劉煥榮在臨刑前面對著媒體高喊「中華民國萬歲！我對不起

國家！對不起社會！」從劉煥榮的行事作為可看得出來，他的內心渴望活在人性化的世界，渴望能為社會和國家貢獻自己的心力。然而，他的一生似乎掉入黑暗心靈的流沙，愈是掙扎愈是往下沈淪。從教育的立場來說，相信只要有人性的光明力量蛻變劉煥榮的靈魂，他的一生所走的路就不會是禍害他人的不歸路，而是利益他人的生命道路；又如知名流氓教授林建隆，出生在貧寒家庭，因不滿家境窮困而自甘墮落，國中時即步入黑社會。二十二歲時被提報為流氓，而在牢獄期間，母親的一席話讓他痛改前非，決心好好重拾書本，不再讓母親在別人面前抬不起頭。因著內心的轉念，開始全心全力投入學術的生命旅程，最終獲得博士學位，並成為教授。林建隆心靈蛻變的力量起點，源自己母親的關愛與期待，生命中的愛是蛻變一個人靈魂最強大的力量。如果沒有母親深切不離不棄的愛，就不會有流氓教授的激勵人心故事。

因此，劉煥榮的殺人行為，肯定不是突然發生的，而是從小就慢慢累積了極為強大的動物性能量。在動物性的世界中，彼此打打殺殺，互相冤冤相報，只是生活中常有的事，劉煥榮從來沒有覺得後悔殺害了傷害他的人。然而，唯獨對於台商一家滅門案件非常後悔，內在的人性聲音，讓他反省這件事做錯了。如果學校能夠及時挽救於一個身陷動物性世界打打殺殺的孩子，讓一個原本可能禍害社會的因子，蛻變成一個能夠貢獻於社會的力量，那麼，教育才是真正達到「成就每一個孩子－適性揚才」的根本目的。同樣地，林建隆的生命蛻變歷程也不是突然發生的，而歷經漫長的自我馴化生命旅程，所有靈魂的轉變肯定不是一朝一夕的，而是在歲月的流轉中，一點一滴慢慢形成的。

因此，人的一生是在歲月中一直在改變的生命歷程，因著人具有可以改變的潛能，所以自然就具有被塑造的可能性。美國行為主義學派心理學家華生（John B. Watson），從研究動物的過程中獲得一個很有自信的心得：「給我一打健全的嬰兒，把他們帶到我獨特的世界中，我可以保證，在其中隨機選出一個，訓練成為我所選定的任何類型的人物－醫生、律師、藝術家、巨商人，或者乞丐、竊賊，不用考慮他的天賦、傾向、能力，祖先的職業與種

族。」行為主義學派認為，人的所有行為和性格都是後天習得，都可以透過
控制環境的因素去塑造一個人的行為和性格。行為主義學派從動物的世界來
界定人，把人放在「刺激－反應」的動物性機制當中，把人放在可以被塑造
的客體而已。如此是過度窄化人的內在生命潛能，過度忽視人的主體性價值。
因此，美國人本主義心理學家馬斯洛（Abraham HaroldMaslow）認為，行為
主義者由於過份關注因應行為，因而只看到了人類性中動物性的一面。在他
看來，將人看作是可預測、可控制的，對人簡直是一種污辱。人本主義心理
學的目的，就在於將人從控制中解放出來，使人較少受預測和控制（車文博，
2001）。人本主義就是以人為核心，把人放在首位，相信人不只有動物性，
人還有人性。因此，人本主義強調主觀人性的內在價值，如尊重、真誠、同
理心和無條件的關懷。

　　從存在的層次來看，人的存在可以分為三大層次：生存層次、生活層次
和生命層次。（圖 4-8-1）

存在層次	意識層次	個人目標	依靠工具	教育目標	
生命	神性意識	終極的究竟	智慧	和諧共榮	心靈的層次
生活	人性意識	美好的生活	頭腦	各從所向	
生存	動物性意識	足夠的食物	本能	超越動物	

圖 4-8-1 存在的三大層次圖

　　一、生存的層次是屬於動物性意識，主要的目標就是尋找足夠的食物。
在動物的世界中，本能就是尋找食物最重要的工具。然而，在人文的世界中，
動物性的本能必定會給別人帶來許許多多困擾與麻煩，甚至會造成難以彌補
的傷害。因此，教育的目標就是教導孩子要超越動物的層次，不能只靠動物
性的本能過日子。所以，孔子說：「克己復禮。」《論語・顏淵》克己就是

控制自己內在動物性的部分，以免帶給別人的麻煩與痛苦，也給自己帶來人際的衝突與問題；復禮就是符合人性的相對性世界，人與人之間以禮相待，我尊重你，你也尊重我，我幫助你，你也幫助我。

二、生活的層次是屬於人性意識，主要的目標就是追求美好的生活。人類懂得運用自己靈活的頭腦，為自己創造出便利與舒適的生活環境。夏天可以吹冷氣，冬天可以泡熱水；衣服穿得美麗，房子蓋得漂亮；天上有飛機，地上的車子，海上也有船。每一個人貢獻自己的所長，共同為彼此創造一個便利又舒適的生活環境。教育目標就是讓每一個孩子各從所向，發揮各自的生命潛能，我為人人，人人為我，在相互效力的人文世界中，發展出一個互助合作的美好社會。

三、生命的層次是屬於神性意識，主要的目標就是探尋生命的終極究竟。生命的目的是什麼？生活的意義是什麼？快樂和幸福又怎麼總是稍縱即逝？有什麼是永恆的嗎？為什麼生命那麼多苦與不如意？如果有一天我離開了世間，我又剩下什麼呢？生命的層次不再只是活在找尋食物，也不再只是追求生活的便利與舒適而已，而是探尋更深的生命內涵，探求生命更深的終極究竟。探尋生命的終極究竟，就是需要依靠生命的智慧，唯有智慧的亮光，才能解脫生命的限制與苦難。從教育的目標來說，生命的層次就是為了達到和諧共榮的整體性。因此，東方心靈的智慧一直在追求圓滿與和諧的生命最高境地。

國家的教育內涵與體制對於所有的孩子與所有的國民，肯定是具有很大的影響力。孩子在學校追求累積分數，國民出社會追求累積金錢，這是非常普遍主流的生活重心與生命方向。而對於圓滿德性與人性內涵的追求又有多少人會重視呢？如果國家教育心靈只是在口頭上說德性很重要，但在實際做法上卻是要求基本學力的水準才是更重要的。在社會上工作之後，有誰聽過人性的基本水平線比學力的基本水平線還重要的嗎？因此，在學校的教育現場和社會職場上的要求就是學力的基本水平線，而不是人性的基本水平線。

所以，國家教育心靈的《國民教育法》（105 年 6 月 1 日）第 1 條規定：
「國民教育依中華民國憲法第一百五十八條之規定，以養成德、智、體、群、
美五育均衡發展之健全國民為宗旨。」雖然文字上把德育擺在第一位，而實
際真正的做法上是把智育擺在第一位。尤其在 108 新課綱之後，德育不僅不
是在第一位，更是不知道被融入到什麼位置了。孩子和國民重不重視德育，
肯定和國家教育心靈是不是真正地重視德育有絕對性的關係，也就是說，國
家的教育體制具有主導孩子與國民追求生命內涵與生命方向的重要力量。如
在人類的教育史上，西元前七世紀左右在古希臘城邦的斯巴達，建立了一套
專注於為戰爭做準備的教育體系。所有的男孩由他們的母親撫養到七歲，然
後就會被送到學校，以培養成戰士為教育的核心目標，而女孩從出生就被培
養成戰士的母親。所以，斯巴達教育就是以一種嚴峻的生活方式著稱，孩子
在成為戰士的道路上，會經歷極度的艱辛和剝奪。孩子會吃得不夠，但不會
到很餓的地步，仍然提供孩子可以接受鍛鍊身體訓練的體力。因為斯巴達教
育體制就是以培養戰士為目標，所以就會要求所有的孩子必須達到戰士的基
本水平線。孩子沒有自主權，也沒有其他選擇的權利，為了生存下來，只能
順從教育體制的要求。

我們國家教育心靈所設計出來的教育體制，就像是頭腦的斯巴達教育。
所有的孩子沒有自主權，也沒有其他選擇權利，只能以訓練頭腦為主，因此，
每一個孩子都必須達到基本學力的水平線。如此的教育體制的結果，就是所
有的國民都具有基本的頭腦基本水準，但卻不一定有人性的基本水準。所以，
就會出現許多頭腦很高水準，但人性素養卻很低水準，如詐騙集團橫流、官
員民代貪污和違規枉法充斥等，都在在顯示，頭腦的強大，並不代表人性素
養的高水準。所以，如果國家的教育心靈真正是以德育為教育體制的第一位，
那麼，學校的教育現場核心應該在於人性的覺醒，而不是在於知識的累積；
如果國家教育心靈真正重視孩子的德性圓滿和人性水平線，那麼，教育的心
靈工程核心應該在於人心，而不是在於頭腦。

如果國家教育體制是依據《國民教育法》的德育為核心首位的話，那麼，

教育的偉大心靈工程主要會有二大方向：「無害他人」和「各從所向」。無害他人是共同心靈的成長，而各從所向是個人心靈的成長；無害他人是大家的事，而各從所向是自己的事；無害他人是需要共同努力達成的，而各從所向完全依照個人的天賦、條件和努力去自己達成的。

　　無害他人的教育體制基礎，在消極方面是以維護孩子的德性圓滿和人性水平線為主；在積極方面是以培養智慧為主，透過以學習課程內容為材料，進行培養孩子的尊重、同理、負責、誠信、良善、耐心、細心、勇氣、挑戰和超越等心靈的品質。

　　各從所向的教育體制基礎，在消極方面是以孩子的主觀意願為主，給予孩子應有的基本尊重與自由；在積極方面是給予孩子應有的引導與交流，鼓勵孩子可以透過自主學習，流動於具有彈性的課程內容與架構。

　　老師就是守護孩子心靈的工程師，老師給予孩子的關懷與鼓勵，就是覺醒孩子內在人性能量的最大力量泉源。所以，瑞士教育家裴斯塔洛齊（Johann Heinrich Pestalozzi）把老師比喻作園丁，孩童比喻為花草樹木，學校如同花園。裴斯塔洛齊認為植物只要給予充分的陽光和水份，自然可以成長而茁壯。孩子的心靈成長亦是如此，只要給予孩子充份的自由與人性關懷，孩子的心靈自然可以發展的很好。在自然的法則下，生命本身會具有內在的成長力量，只要提供足夠的良好環境，生命自然會發展的很好。

　　因此，國家的教育心靈工程，其核心是要聚焦於頭腦，還是放在人心，完全在國家教育心靈的一念之間。

九、終身學習終身喜樂

累積性的心靈成長，讓人感受到生命的充實與喜悅；
轉化性的心靈成長，讓人領受到生命的美好與奇妙。
生命的喜悅與美好是終身學習源泉不絕的無窮動力。

隨著時代潮流的急速變化與社會環境快速變遷，各國對於終身教育的推動不遺餘力，無不重視個人終身學習的教育理念。我們的國家教育心靈，從九年一貫開始強調「培養終身學習的能力，培養終身學習之健全國民」，到108新課綱以「成就每一個孩子——適性揚才、終身學習」為願景，並期許「培養具有終身學習力、社會關懷心及國際視野的現代優質國民。」（總綱，P1）。政府早在1998年就訂為中華民國終身學習年，教育部發表「邁向學習社會」白皮書、並且研訂教育改革行動方案及「推展終身教育、建立學習社會」，且於2002年公布「終身學習法」，教育部更於2010年積極推動第一屆「中華民國全國終身學習楷模」選拔至今，希望透過全國性的終身學習楷模表揚活動，推展終身學習精神，培養國民正確的終身學習習慣，以充實新知、提升技能、增進生活品質並落實終身學習理念。

依據《終身教育法》（民國107年6月13日）第11條規定：「各級學校在學習活動中應培養學生終身學習之理念、態度、能力及方法，並建立其終身學習之習慣。」推動終身的學習是政府機關的事，而要不要成為一個終身學習者是自己的事。一個人能不能在「學海無涯，學無止境」的生命旅程中，保持「活到老，學到老」的精神，需要看有沒有具備終身學習內在生命動力的三元素：需求、自主和熱情，例如：被新加坡人視為國寶的許哲（Teresa）生命故事。許哲27歲上小學，47歲學護理，67歲獨立創辦養老病院，69歲學瑜伽，90歲學佛，100歲用功學中文，101歲皈依佛門，在世

115 歲一直保持著熱情的自主學習精神。許哲在小時候因家庭貧困因素而沒有機會上學，到了二十歲仍然是個文盲。在二十七歲時沒錢沒背景，只因為一顆渴望求學的心，請求天主教姑娘堂辦的小學讓她上學，並以願意幫忙打掃洗衣服予以回報。在仁慈的修女們同意後，許哲求知望渴的心，像海綿一樣快樂地大量吸收知識。因此，許哲開始了她人生第一個階段的求學，當時已經是二十七歲了。在三年後，許哲已經可以能流利地書寫中、英文，並且獲得一份手寫速記的秘書。在四十七歲時為了服務老人、窮人、病人，渴望申請護校學習如何照顧人的知識和技能，然而護校的學生的年齡限制是十七歲到二十五歲，許哲的年齡已經四十七歲，遠遠超過年齡的限制了。但因著許哲一顆慈悲的心，感動英國護校校長，破例錄取許哲。於是在校八年用心努力學習，只為了將一切所學的知識和技能，完全奉獻給需要的老人、病人和窮人。六十七歲在姐姐的支助下，獨立創辦了養老病院。六十九歲開始學習瑜珈，因此到了百歲身體依然十分柔軟。到了一百零一歲開始學習佛法，並且自詡為「101 歲的年輕人，只要心不老，就永遠不會老。」許哲一生中都保持著熱情鮮活的學習精神，而在終身學習的生命道路上，不只是在學習累積，也需要學習轉化。在累積知識方面，許哲分享生命經驗說：「看書是我最喜歡的事，有好書看，我不睡覺。我喜歡看哲學的書，哲學書能開闊我的視野。」在生命的轉化方面，許哲說：「我從來不發脾氣，因為發脾氣，第一、傷害自己，第二、傷害對方，第三、其他人聽到也受影響。」

因此，從教育的觀點來說，學習就是心靈的成長，內心成長的歷程就是生命的學習。人的心靈成長方式有二種：累積和轉化，累積主要在於量的增加，而轉化主要在於質的改變。知識和技術的層面就是屬於量的增加，是屬於累積性的心靈成長；而態度的層面就是屬於質的改變，是屬於轉化性的心靈成長。108 新課綱核心素養強調培養以人為本的「終身學習者」（總綱，P3），其課程發展的主軸主要分為三大面向：「自主行動」、「溝通互動」、「社會參與」。108 新課綱所強調的「自發、互動、共好」都是屬於態度的品質，也就是說，「自發、互動、共好」是屬於轉化性的心靈成長，是屬於

態度品質的培養。然而，事實上 108 新課綱的課程內容核心架構，主要是以知識和技術的累積為主，也就是說，108 新課綱重視累積性的心靈成長甚於轉化性的心靈成長。例如：小皮的脾氣很容易爆發，只要稍微不順他的意，只要稍微惹到他，就會很容易和同學起衝突，也經常成為班級和學校的麻煩製造者。以小皮仍然處在強大動物性能量的狀態之下，在心靈品質尚未獲得轉化為較高層次的人性能量品質之前，談論相互溝通和彼此共好都是相當遙不可及的夢想。而小皮心靈品質的轉化與提升，如果只是透過知識和技術的累積，其效果是非常有限的，因為累積性的心靈成長和轉化性的心靈成長是完全不一樣的學習路徑。

　　從許哲終身學習的典範例子來看，累積性的心靈成長並沒有年齡上的限制，只要內心具有強烈的需求，自願性地專注投入學習，保持熱情地學習態度，無論是什麼樣的領域知識和技術，都必定可以在三年之內，獲得基礎性的成果。所以，為什麼一定要在六歲就務必開始累積知識的基礎呢？為什麼不能十歲、二十歲、三十歲，甚至等到頭腦開竅了才開始呢？因此，在終身學習的生命旅程中，一開始的核心要點並不在於一個人累積性的心靈成長，而是在於學習心靈品質的培養。只要一個人內心擁有強烈的夢想需求，自然會產生自主性的生命動力全心全力投入心靈成長的生命旅程，只要擁有足夠的挑戰生命種種挫折與困難的精神，必然可以在心靈成長的路道上，領受充實且美好的生命喜樂，例如：2010 年 8 月 8 日有一則新聞報導，一位六十九歲的阿嬤，花了四年的時間，總共考了 960 次駕照，最後終於皇天不負苦心人考取了駕照。這位阿嬤叫車沙順，她為了一圓自己買小卡車做生意的夢想，從 2005 年 4 月就開始參加第一次筆試，筆試共有 50 題，而她即使考了幾百次，也從來沒有達到及格的 60 分標準，這位阿嬤最高只有拿過 50 分。每次上考場之前，阿嬤就抱著駕照筆試試題本猛讀死背。四年多以來，光是報名費就已經花了二千萬韓元，超過新台幣五十四萬元，這對以撿空瓶和紙類回收維生的阿嬤來說是很大的數目。即使一次又一次的失敗，但阿嬤不屈不撓的精神開始引起媒體的關注，最後終於考取了駕駛執照，並且獲得一家汽車

公司贈送汽車。

因此，終身學習的生命動力主要奠基於個人的需求上，需求愈強烈，學習動力自然就會愈強。無論是工作上生存的需求，或是希望創造個人生活上的多彩多姿，亦或是尋求內在生命上的豐富與圓滿，只要一個人具有內在性的生命需求，自然會渴望擁有心靈上的成長，例如：2010 年 6 月 11 日教育部頒發「中華民國全國第一屆終身學習楷模」四十位獲獎者，其中一位高齡八十七歲的侯陳玉鑾，已有十七個孫子，屬於阿祖級，也有博士孩子和孫子，年輕時因為沒有機會讀書，為此一直深感遺憾，於是在家人支持下進入板橋新埔國小補校唸書。因為學習態度認真，平日上課都拿放大鏡看書，除非身體不舒服，否則必不缺課，因而獲得終身學習勤學楷模的殊榮。無論是補校、社區大學或樂齡學習中心，只要有學習上的需求，就會有教育工作上的機會。因此，學習是一個很大的產業，以補習班的產業來說，每年都至少有上百億的產值提供許多的工作機會。所以，對於知識和技術上的累積性心靈成長，國家教育心靈應該以更宏觀的終身學習視野來看待孩子在學校的成長需求，而不應該是採取揠苗助長的方式，深怕孩子輸在起跑點，擔心孩子未來無法面對種種的競爭，就以快速急切的催逼進度，要求每一個孩子務必趕上來。結果無形中卻導致許許多多的孩子人性遭到扭曲，產生了反效果的學習厭惡症，無論在學期間累積了多少的知識和技術，一旦離開學校之後，就把一切所學完全拋諸腦後，到頭來卻以低層次的動物性本能在社會上尋找生存的機會。至於終身學習的教育理念，那也只是政府機構的公事，完全和個人的需求沒有什麼關係。

所以，終身學習究竟是個人的事，只要在心靈成長的生命道路上，能夠領受無窮無盡的美好與喜樂，「活到老，學到老」也只是自然而然的事。

十、為下一代編織夢想

夢想是心靈的羽翼，帶領人們飛往未來的世界；
夢想是跳躍的精靈，引導人們創造豐富的生命；
夢想是彩色的畫筆，給予人們彩繪美好的生活。
夢想讓人的生命變得豐富，夢想使人的生活變得美好。

　　每一個人都有夢想，而夢想是從何而來？夢想如何得以成長？夢想又如何會消散無影？夢想又隱藏在哪裡呢？

　　在人文的世界裡，夢想是無所不在，無處不在，無時無刻不在的，只要有人的地方，自然就會有夢想。我們一直生活在人類的夢想之中，天空的飛機是人類夢想的實現，地上各式各樣的車子跑來跑去都是人類夢想的結晶，我們每天走過每一條路和每一座橋都是前人努力完成夢想的成果。人文的世界就是夢想世界的王國，無論現實有多麼殘酷，無論挑戰有多麼艱難，人類心中一直泉源不絕的夢想從來沒有消失過。我們身上所穿的，生活上所用的，一切的食、衣、住、行、育、樂，夢想的影子總是無處不在的。現代的平民美食已經更勝於古代的帝王佳餚；現代的車子也遠勝於古代帝王的轎子；現代的時尚服飾也不遜色於古代帝王的龍袍加身；現代的醫學發達的程度完全超越古代帝王的御醫技術；現代人們生活所用的一切實在比古代帝王的生活舒適太多了。由於人類勇於追逐夢想的生命動力，才能讓所有的人類生活在遠勝於古代帝王的快樂與幸福。

　　同樣地，在教育的世界中，人們持續追求更美好的教育理想，努力打造更優質的教育環境也從來沒有停止過。二千五百子前孔子提出了二大教育夢想：有教無類和因材施教。在古代並不是每一個人都有機會受教育，文盲的

存在是很普遍的現象，因此，孔子內心夢想著有一天，所有的人不管是什麼身份，都能接受教育，都能開發自己的生命潛能。現代的民主教育制度完全百分之百地實現了孔子當年的夢想，現代的教育制度給予每一個孩子都有受教育的機會，有教無類在現代化的教育系統中是再平常不過的事了。而因材施教是比較不容易實現的教育夢想，孔子看到每一個人都是不一樣的，不論是才能、資質、個性、想法和興趣，每一個人都是獨一無二的，因此，孔子夢想能夠以學習者為中心，針對不同的學習者就會有不同的教材和教學方法。當然，孔子本身就是有教無類和因材施教的實踐者。而現代的教育系統主要是起源於十八世紀英國人瓦特改良蒸汽機的一連串工業革命（Industrial Revolution）下產物，講求的是效率、標準化、統一規格、大量生產和降低成本，把工業革命的技術用在教育上，當然對於國家政府生產知識人是最具有效率，也是比較符合經濟成本，並且可以大量生產。不過，人畢竟不是東西，人畢竟不是物品，人一旦採用標準化的統一規格大量生產，為了講求效率的結果，就是無形中忽視了個人的獨特性，也不知不覺地扭曲了個人的美好人性。

東西沒有想法，而每一個孩子有自己不同的想法；物品沒有夢想，而每一個孩子會有自己不同的夢想。不要忽視孩子內心小小夢想的種子，孩子的夢想可以讓自己的生命充滿活力，讓自己豐富生命的色彩，甚而可能帶給人類極大的生活價值與利益。例如：知名美國企業家伊隆‧馬斯克（Elon Musk）小時候就喜愛閱讀科幻漫畫書，夢想有一天能夠飛到外太空，探尋無窮無際的宇宙。然而，誰也沒有想到，馬斯克竟然真的實現了小時候的夢想，成立了人類史上第一家私人太空發射公司，名叫太空探索技術公司（SpaceX）。馬斯克的太空夢想不僅只是為了自己個人的夢想，更是為了全人類未來太空世界的發展。他更發願要帶領人類前往火星殖民，在火星上建設人類可以舒適生活的環境。他在公開場合談自己的心願，希望自己離開人世間的時候，可以在火星上告別人世，並長眠於火星的泥土中。早在 2002 年 10 月，馬斯克就以 15 億美元的價格將手上的貝寶（PayPal）轉賣給了全球最大的網上商

店一電子港灣（eBay）。照理來說，如果馬斯克沒有什麼特別夢想的話，15億美元的財富已經足夠他過著富裕舒適的一生了。但馬斯克因著內心強大的夢想動力，把獲得的龐大資金投入太空探索技術公司（SpaceX）和特斯拉汽車（Tesla Roadster）二大公司。在 2008 年的亞洲金融風暴中，馬斯克險些面臨破產的命運，身旁的人都在等著看他的笑話，許多人都認為他只是一個狂人拿著大筆資金在天空射火箭、放鞭炮，再多的資金，總有一天也會燒光的。沒想到「山窮水盡疑無路，柳暗花明又一村」，馬斯克不但渡過了事業中最大的危機，除了保住了太空探索技術公司（SpaceX）和特斯拉汽車（Tesla Roadster），並且又陸續成立了太陽城（SolarCity）、開放人工智慧（OpenAI）、神經連結（Neuralink）、超迴路列車（Hyperloop）等深刻影響人類未來生活發展的領域。2021 年 1 月 7 日富比士雜誌，公佈馬斯克以超過 2,000 億資產成為全球首富。馬斯克成功的勵志生命故事，已經成為年輕一輩企業家爭相效法的對象了。而今日馬斯克輝煌傲人的成就，就是源自於小時候內心小小的夢想種子。

　　談論夢想是美麗的，但實踐夢想的過程中必定會歷經許許多多的困難和挑戰，例如：日本木村阿公的奇蹟蘋果，木村秋則因為妻子美榮子對農藥極度過敏，每當果園噴農藥的季節，都會導致妻子嘔吐、皮膚潰爛，甚至高燒、昏迷的症狀。因此，日本木村發誓要種出不用農藥的蘋果，於是開始研究一本名叫《自然農法》的書，書中寫到「什麼都不做，也不使用農藥和肥料的農業生活。」為了實踐自己不用農藥的自然農法夢想，在八年內果樹完全沒有長出過一顆蘋果，但他仍然咬牙堅持自己的夢想，異常固執的木村成為了村民取笑的傻瓜。因為連續很多年沒有收成而導致自己和家人陷入窮困潦倒的困境，也幾乎數次堅持不下去，連惟一的稻田也被拿去抵債，最後還不得不數次到城市裡打工以維持基本生計。每年看著其他果農收穫的日子，木村一個人孤零零的坐在自己空蕩蕩的蘋果園裡，在極度的生命低潮與履次失望挫敗中，他幾乎絕望地想要一走了之。於是，木村獨自一人手拿著繩子，孤獨地走向深山之中。正所謂「天無絕人之路，地有好生之德」，木村正在心

灰意冷之境，在深山中正巧看到橡樹的枝繁葉茂。於是木村突然間恍然大悟，既然野生的橡樹可以在雜草叢生昆蟲遍布不打農藥不施肥的環境裡，生長的如此枝繁葉茂，那為什麼我家的蘋果樹卻快要被蟲子佔滿枯死呢？他終於理解，重點在於泥土，他開始刨橡樹下的土，把土含在嘴裡嘗味道。他又絕處逢生地興奮從深山下來，決定重新開始進行新的實驗。在遭人嘲笑整整十年之後，已經七旬的木村終於苦盡甘來，迎來滿園滿樹的蘋果花，在歷經無數次的打擊與挫敗之後，木村終於種出人們所渴望擁有的「奇蹟蘋果」。木村阿公一生只做好一件事，就是全心全力投入到自己的無農藥蘋果夢想之中，即使夢想的路途充滿了數不盡的挑戰與荊棘，然而達成夢想的那一刻，將是人生最充實與美妙的時刻。

夢想讓人充滿希望，夢想也會帶給人絕望；夢想會給人帶來快樂與幸福，夢想也會給人帶來痛苦與災難。夢想雖然可以帶給人美好的憧憬，但並非每一個夢想都是值得去堅持，也不一定屬於自己的夢想就一定非得達成才行。如果夢想是隱藏著未知的毒素，足以毀滅一個人的生命，那麼這樣子的夢想還值得無知地堅持下去嗎？有多少人為了堅持達成登上世界第一高峰聖母峰的夢想而葬送於山中？有多少善游者，忽視了大海的力量，而淹沒於深每之中？有多少創業者，高估了自己的能力，也輕忽了現實的條件，而垂淚一生？因此，不要輕忽孩子的夢想，但也不能高估孩子的胡思亂想。在夢想和胡思亂想之間，生命的智慧就成了生命的光明之路。因此，人生有夢固然重要，築夢踏實才是根本；陪孩子做夢的同時，也要培養孩子築夢踏實的智慧。每一個人都在編織屬於自己的夢想，每一個人也都生活在別人的夢想之中。在人文的世界中，因著充滿細數不盡的美好夢想，讓每一個人都能夠深刻地感受到，能夠活在美好的夢想國度，真是人生中最快樂，最幸福的生命禮物了。

因材施教究竟是孔子的胡思亂想，還是具體可行的教育夢想呢？不知道為何在二千五百前年，在人力不足和資源缺乏的年代，孔子就能夠擘劃教育的理想大夢，因材施教的教育理想在千年以來確實難以克服的，但隨著科技

與資訊時代的來臨，因材施教的教育夢想已經是具備可行的築夢踏實的條件了。所謂「萬事俱備，只欠東風」，東風就是國家教育心靈的智慧了。

伍、附錄

附錄一：

（本文在 2011 年已發表於諮商與輔導，310，2-7）

東方心理治療的科學基礎探源

一、前言

心理學是奠基於西方科學的背景下所產生的，而談論東方心理學似乎變得只是在跟隨西方科學的主流學術腳步。張春興教授在《中國心理學史》一書序言中指出：「心理科學是西方的產物，自十九世紀脫離哲學成為一門獨立科學以來，其目的在採用科學方法研究人性並發揚人性中的優良品質，俾為人類社會創造福祉。中國的傳統文化中，雖也蘊涵著豐富的哲學心理學思想，惟惜未能隨時代演變轉化為現代的科學心理學理念（燕國材，1996）。」

心理治療的領域深刻地觸及到人們內在的靈魂，如本能的衝動、童年記憶、原生家庭、過去的悲傷與失落、意義的追尋與生命價值的創造，這些議題都和人性有著很緊密的連結。張春興（2006）指出，「心理學研究應包括人性表現的內在與外在一切活動，心理學研究雖以外顯行為為起點，但研究目的則旨在了解內在的人性。」同樣身為人，無論東西方的偉大思想，都會對自身的存在進行很深刻地的探索。孔子說：「性相近，習相遠。」孟子說：「人人皆可為堯舜。」六祖慧能大師也說：「人雖有南北，佛性本無南北。」雖然東西方人性的本質與潛能可能很接近，甚至可能無所差別，但因著東方看待人性的方式和西方的方式有截然的差異，而造就東西方思想在追求解決心理困擾和追尋生命幸福圓滿上的努力，有著全然不同的脈絡基礎。

在東西方思想的差異上，游乾桂（1994）指出，西方的心理治療是源自於科學的基礎，其本質是分析的、歸納的、科學的、客觀的、應用的、普遍的、分辨的；東方則是合一的、不區分的、演繹的、獨斷的、直觀的。因此，東西方人類的差異並非在「本性」上的不同，而在於對人性觀點「學習」上

的不同，西方形成以自然科學的方式探索生命的真理，東方則形成以心靈科學的方式追求生命的實相。

從字面上講，英文「科學」（science）一詞源於拉丁文（scientia），其原意是「知識」、「學問」的意思。韋氏字典（Webster's Dictionary）對科學所下的定義是：從觀察、研究、實驗中所導出來的一門有系統的知識。東西方在數千年的思想歷史洪流中，已各自淬煉出不同深厚的科學基礎。二十一世紀印度成道大師奧修（Osho）指出：「科學是最終的價值，科學只有兩種：第一種是客觀的科學，它決定關於外在世界的事，第二種是主觀的科學，直到目前為止，它被稱為宗教，但是最好不要稱之為宗教，最好稱之為內在的科學。將科學分為外在科學和內在科學------客觀的科學和主觀的科學。但是使它成為一個堅實的整體，科學仍然保持是最終的價值，沒有什麼東西比它更高（謙達那譯，1987）。」

西方的心理治療源自於客觀科學，是為外在科學或自然科學；東方的心理治療源自於主觀科學，是為內在科學或心靈科學。

東方心靈科學的根基在於主流的儒、釋、道思想上，儒家的思想被稱為心性之學，佛家思想被稱為成佛之路，道家思想被稱為自然之道，儒釋道三家各自在東方的思想領域上佔有極宏大且深遠的影響力，時至今日，華人文化生活表層雖然深受西方自然科學的影響至甚巨大，但在深層的思想文化中，儒釋道的精神依然壯大地存在東方生活文化的各各層面裡。

二、東方心靈科學的根基

東方心靈科學的根基主要在於主流的儒、釋、道思想上，尤其在漢武帝採取董仲舒的建議，罷黜百家，獨尊儒術，此後儒術更成為中國學術思想的正統；而佛家與道家也同樣在東方的思想與生活文化中扮演著舉足輕重的地位。

不同於西方向外的客觀科學，東方的主觀科學是向內的，內向是指從對象轉向主體，不是說從「關注外在對象」轉向「關注內在對象」，而是從

「關注對象」轉向「關注者本人」。

儒家心性之學的目標在「內聖外王」；佛家成佛之路的目標在「成為覺者」；道家自然之道的目標在「天人合一」。在解脫個人焦慮與困境的生命旅程中，個人所面對的內在的自我，自我的言行舉止、行住坐臥和起心動念，都需要靠自我意識的清清楚楚的面對，才足以真正消解內心的焦慮與困擾。因此，當個人主體願意真誠地面對內在的自我時，個人內在的意識不再是行為主義所稱的「黑盒子」，而是清清楚楚、明明白白的自我內在心靈世界。許宗興（2007）認為，中國哲學關心的並不是自然生命，最少不以此為中心，它關注的是人的內在道德心靈，如何讓人的這種道德生命，由現在的不圓滿，走向道德的圓滿；由如今的有限心靈，走向理想的無限心靈；亦即成就「聖人」、「大人」、「仁者」、「真人」、「至人」、「佛」、「覺者」等的生命理想。

生命理想意謂著內在生命高度品質的實現。儒釋道三家都共同認為，美好快樂的生命需要從建立個人內在生命的品質開始。《禮記·大學》首章即提出：「自天子以至於庶人，壹是皆以修身為本。」儒學以「仁」修身、佛家以「法」修身和道家以「道」修身。人生不如意十常八九，生活中的種種挫折與困境，內心所產生種種的煩惱、痛苦、焦慮、衝突與不安，都是個人內在生命的必經歷程，透過不同方法的修身途徑，先聖先賢和諸佛菩薩不斷透過個人內在的實修證悟，肯定明確地指向一條足以達到個人內在和諧、清淨、自在的安心之所。

儒釋道三家在千年人文歷史的淬煉之下，已各自形成浩瀚如海的巨大體系，每家之言都足以滋養嚮往美好心靈品質世界的靈魂。以下本文僅以儒釋道三家的核心觀點，做為闡述東方心靈科學基礎的方向。

三、儒家心靈的科學基礎

誠，是儒家心靈科學的基礎。《中庸》第二十五章言：「不誠無物。」一個人若不誠，未來所將面臨的心理困擾與不安將會是難以計數的；一個人

若不誠，仁義禮智信的美好關係，也將無以生存。因此，傅佩榮（2005）指出：「孔子的智慧是什麼？首先即是「真誠」。人若真誠，將能體察內心有一股自我要求的力量，期許自己去行善。」

「誠信」是儒家倫理思想的基石。「誠」甚至被視為貫穿天地萬事萬物的基本準則，是天地之道，為人之本（楊中芳、彭泗清，2001：387）。因此，孔子說：「人而無信，不知其可也。《論語・為政》」孟子說：「誠者，天之道也；思誠者，人之道也。至誠而不動者，未之有也。不誠，未有能動者也。《孟子・離婁上》」荀子也認為：「天地為大矣，不誠則不能化萬物；聖人為智矣，不誠則不能化萬民；父子為親矣，不誠則疏；君上為尊矣，不誠則卑。《荀子》」從心理治療的觀點來說，當事人若不誠，諮商師將難以真正給予幫助；諮商師若不誠，也將難以真正幫助當事人。因此，在心理治療的領域裡，人本主義大師羅傑斯很明確地指出，在三種諮商特質裡，真誠是最重要的（鄭玄藏等合譯，2007：273）。

誠，是個人主觀的內在心靈，誠的品質需要由個人內在去提升，無法透過外力去強迫達成。因此，《中庸》第二十五章說：「誠者，自成也；而道，自道也。」

孔子的智慧已穿越時空二千五百多年，依然在東方心靈佔有極重要的份量，甚至逐漸被西方思想文化所瞭解被接納。因此，八十年代的一個初春季節，七十五位諾貝爾獎獲得者集聚巴黎。他們在一份會議宣言中寫道：「如果人類要在二十一世紀生存下去，必須回頭到二千五百年前去吸取孔子的智慧。」孔子究竟有何神通？他反覆闡述仁與禮。仁的內涵是愛人與修身正己，強調的是人格上道德的完全；禮指的是反映、表現出仁的行為準則，它強調名分與尊卑長幼。孔子的核心思想可以說就是一個「仁」字。「仁者愛人」，「仁」就正意味著博愛（丁遠峙，2001：57）。

綜言之，儒家心靈科學的基礎以誠為出發，所有仁義禮智信的人際美好關係的建立，都需要由個人的誠心誠意開始。

四、佛家心靈的科學基礎

心，是佛家心靈的科學基礎。當東方思想一直在談論「心」時，西方邏輯分析的頭腦總會想要明確獲得「心」的定義。西藏精神領袖達賴喇嘛給出了他的回應：「心即無心。（丁乃竺譯，2003：149）」如果從理性上的角度想要探究心的結構、內涵與作用，那將會是西方科學頭腦愛好的方式。然而，東方的心靈科學本著直覺、體悟和內證的方式，主觀深入到心的最浩瀚境地，即無心。

心，無來無去，無方無所，不在內，不在外，也不在中間，不可以蹤跡尋覓。《楞嚴經》有一段佛陀和阿難尊者關於「心在何處」的七次問答，阿難尊者妄計心在身內、心在身外、心潛根裏、心見內、心隨生、心在中間、心住無著，均被佛陀一一破斥，這就是「七處徵心」（星雲大師編著，1995：220）。

佛家認為，煩惱皆起於自心。因此，藏傳佛教格魯派的開山始祖宗喀巴大師指出：「煩惱根本是為我執。（法尊法師譯，2008：154）」去我執即成為佛家追求內心清明自在的基本功夫。心，若回歸本自清淨的位置，煩惱將如山中雲霧照見陽光，自然煙消雲散；心，若執著自我慾望的滿足，煩惱也將如牛蠅叮咬死纏不放，難以清淨自在。所以，《八大人覺經》說：「心是惡源，形為罪藪。」這個心就是指妄心。心逐境緣塵，貪染執著，即名眾生心；心對境不迷，清淨解脫，是為真心，亦名佛心（星雲大師編著，1995：221）。

因此，沒有調伏的心即是一般人的心，經過修身所達到的高度品質的心，才能享有內在世界的美好與幸福。達賴喇嘛說：「佛法的根本哲學原則就是，我們所有的苦都是因為無紀律的心所造成，而這個未經馴伏的心本身是源自於無明和負面的情緒。負面的情緒永遠是真正的敵人，這是一個必須消除和克服的因素。也只有透過方法的應用來訓練心，這些負面情緒才有可能被驅除和消滅。」他進一步指出：「因為佛教如此強調透過精神的訓練來消除苦的根源，而不仰仗對神的信仰或創造的理論，有些人認為真正講起來，佛教

不是宗教，更確切地說，佛教是一門心靈的科學(丁乃竺譯，2003：107)。」

對於心的認識、調伏與悟證，佛家的心靈科學基礎具備很完善的信、解、行、證的修學實踐次第。超個人心理學家 Ken Wilber 說：「我的確認為佛教是涵蓋最完整的宗教。它有許多特定的方法，可以幫助人往更高的層次進展，通靈、微細明光、自性、絕對境界。它在修行上有很清楚的次第，可以一步步引導你通過這些階段，除非你自己的成長與轉化能力不足才會受限（胡因夢、劉清彥譯，1998：294）。」

綜言之，佛海浩瀚，三藏無邊，深不可測，無窮無盡，皆以心為出發點。

五、道家心靈的科學基礎

道，是道家心靈的科學基礎。老子《道德經》開宗明義上說：「道可道，非常道；名可名，非常名。」道，是超越兩極的矛盾，是融合陰陽的內在力量。老子《道德經》不僅是智慧的寶典，更是全人類皆應珍愛的智慧遺產。根據聯合國教科文組織統計，在世界文化名著作中，譯成外文發行量最大的是基督教（聖經），其次就是老子（道德經），而且美國紐約時報便曾把老子列為全世界古今十大作家之首。可見道家思想智慧是為中國傳統文化的重要源頭之一，作為人類思想智慧的寶貴遺產，它在哲學、人文、心理、政治、人生等諸方面，將繼續發揮積極的或消極的影響。

人本心理學家不僅明確表明他們的學說繼承了西方人道主義的傳統，而且強調他們也尊崇中國古代老子的自然主義人道觀。老子強調道法自然，返璞還真；馬斯洛強調從人的存在的本來面目看人；羅傑斯反對以條件考慮代替自然自我評價，認為「在完全成為你自己時，你會感到和別人更親近而不是更疏遠」（孫大川譯，1990）。

人本心理學家將道家順應自然原則運用於心理治療中。馬斯洛主張，心理治療的基本方法應該是「有幫助的任其自然」，心理諮詢不是告訴人應該做什麼和如何做。它是一種「道」的啟示和啟示後的幫助。「道」意味著不幹預，「任其自然」（孫大川譯，1990）。道家的「自然無為」，最容易被

誤解為消極而無所做為。老子在《道德經》第四十八章說：「為學日益，為道日損，損之又損，以至於無為；無為而無不為。」

在此修行的過程具有三個層次，即「為、無為、無不為。」因此，他又說：「人法地，地法天，天法道，道法自然。」＜第二十五章＞一開始，人要努力學習，天地的運行之道，慢慢體悟自然生命的內在脈動，進而與自然的韻律相融，以達無為而無不為的鬆、靜、自然（陳騏龍，2010）。

道家講求自然而為，讓自己與自然的節奏脈動合而為一，致虛靜、守靜篤是修道的功夫；虛柔、無為及知反是道的力量。洪菁惠（2010）認為，道家取向的諮商師主以虛柔、無為及知反的態度，從相對、存有及宇宙論三個層次的視野提供協助，藉以徹底解決個案對內及對外的困惑和難題。老子人性論的相對層次符合多層次文化（情境）定位的思維；存有層次論滿足個體自發性的需求，了解順勢而為的價值，尊重個體有機發展中呈現多元及獨特的轉化歷程；宇宙層次論滿足個案追求更廣闊精神發展的靈性需求，假設人類意識和宇宙意識的連結始終存在。

馬斯洛推崇老子「道法自然」和「聖人」的作用在於「輔萬物之自然」的思想。他說：「道家的，意味著提問而不是告訴。它意味著不打擾、不控制。它強調干預的觀察而不是控制的操縱。它是承受的和被動的，而不是主動的和強制的。它好像在說，假如你想瞭解鴨子，你最好是向鴨子提問，而不是告訴鴨子是什麼。對於人類心理也是同理（車文博，2001：114）。」羅傑斯於 1980 年也提及，十分推崇東方哲學尤其是中國道家學說，他說：「能概括我的許多更深刻的信仰是老子的一段話：我無為而民自化，我好靜而民自正，我無事而民自富，我無欲而民自樸＜道德經，第 57 章＞（車文博，2001：193）。」

綜言之，道家智慧深遠，講求自然、虛柔、無為及知反，皆以道為依歸。

六、東方心理治療的應用

「心」是東方心靈科學很重要的根本核心。東方心靈科學的「心學」，

不僅強調格物致知，完整地認識心的結構、功能、內涵和作用，更強調生命實踐的歷程，即為修身或修心的功夫。東方修心的功夫，透過小我、大我、超我和真我四個層次的實證實修，以臻至和諧圓滿的無我境界。儒家的聖人由格物誠正而修齊治平、道家自然無為的聖人之境與佛家的破我執成佛境界，無不是在自己的生活中，時時面對自我不斷修練自己的「心」，以達「無我境界」的清淨自在。

西方自然科學努力的目標在於描述、解釋、預測、控制現象；然而，東方的心靈科學觀點認為，嘗試對靈魂任何形式的控制，都將成為一種無形的暴力。任何想控制別人的想法，都將會愈來遠離人的靈魂，東方心靈科學的觀點確實有著全然不同的體悟。馬斯洛也認為，行為主義者由於過份關注因應行為，因而只看到了人類性中動物性的一面。在他看來，將人看作是可預測、可控制的，對人簡直是一種污辱。人主主義心理學的目的，就在於將人從控制中解放出來，使人較少受預測和控制（車文博，2001：29）。

因此，以東方心靈科學為應用的心理治療，在消極上至少需要做到不預測、不控制，在積極上則需要做到全然地接納與支持。

無論東西方，有愈來愈多的心理治療師和諮商師，擷取了東方心靈科學的豐富資源加以活用，例如：靜坐治療法、Morita(森田)療法及 Nakian(內觀)療法，他們皆植基於佛教禪宗（Sharf, 2004），Jon Kabat-Zinn 設計「正念減壓」課程(Mindfulness-Based Stress Reduction, MBSR)（李明川、林孟薇，2009）等。

儒釋道三家，除了儒家之外，佛家和道家也被視為具備完善宗教的內涵與架構。作為撫慰人心的宗教，它內在本身就具有相當強的「心理諮商與治療」的性格（蔡維民，2004）。

完形治療法的創始人皮爾斯（Fritz Perls），也是一位深受東方心理學，尤其是禪宗影響的心理學家，他特別強調「覺察」及所謂的「當下一刻」（蔡維民，2004）。

領悟療法由佛教慧學發展而來。慧即智慧，也稱般若。凡是有助於人們

認識人生和宇宙的真諦，從而獲得解脫的論述都屬於般若的範疇（黃國勝，2002：224）。

　　智慧的追求是儒釋道三家共同的語言，黃光國於 1995 年在《知識與行動》一書中，指出：西方哲學的主要旨趣，在於追求客觀的「知識」；傳統中國哲學的內容，則在於提供各種「行動」的智慧。因此，聖人所說的智慧話語，讓他意識（悟）到事物的整體，而不是學習到某種認識世界的方法（黃光國，2009：42）。

　　所以，東方的心理治療所強調的是由他力走向自力，真正能徹底解決個人的心理煩惱與困境，只有當事人自己的智慧，諮商師站在他力的角色，需要給予當事人追求智慧的空間，以解決自我的煩惱與困境。

七、結論

　　Norman Friedman 於 2001 年指出，科學是西方思想的代表，而靈性的發展是東方思想的代表，兩者並不是不相干的體系，而是同一個整體的不同的面向，相互繞著另一個在舞蹈，等待著被納入人類的覺知（周明辰、許士亮譯，2001）。

　　因此，西方的自然科學和東方的心靈科學，並非不相干的體系，而是同一個整體的不同面向。本文將奧修所謂堅實整體的科學，分為客觀的科學和主觀的科學，配合以中國古老的太極觀念為基礎，完成以下的整體科學圖（圖一）。

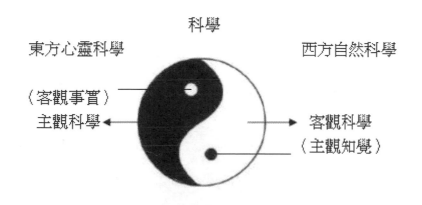

科學

東方心靈科學　　　　　　　　西方自然科學

（客觀事實）

主觀科學　　　　　　　　　　客觀科學

（主觀知覺）

圖一　整體科學圖（本文自繪）

在太極圖中，一條曲線將它分為兩半，形成一半白一半黑，白者像陽，黑者像陰，白中又有一個黑點，黑中又有一個白點，表示陽中有陰，陰中有陽。太極是一分為二的陰陽雙方彼此依存、制約、消長、轉化的動態展現。

西方以客觀科學為主，是為外在科學或自然科學，偏屬陽性較具陽剛、主動和控制的力量，客觀科學雖然凡事講求客觀，但其內的黑點表示，客觀的科學仍是以「五官」存在的主觀知覺為基礎，這也是為西方心理治療的起源；而東方以主觀科學為主，是為內在科學或心靈科學，偏屬陰性較具陰柔、被動和包容的力量，主觀科學雖然重視主體內在心靈，但其內的白點表示，主觀的科學仍是以「心」存在的客觀事實為基礎，亦即每個人都有「心」，這也是為東方心理治療的起源。

總而言之，在西方心理治療蓬勃發展之際，東方的心理治療應在呼應時代的需求下，需要更深入地建立以東方心靈科學為基礎的架構，俾能符合東方文化生活的思維脈絡，以造福社會人群。

參考文獻

丁乃竺（譯）（2003）。達賴喇嘛著。**大圓滿**。台北市：心靈工坊。

丁遠峙（2001）。**方與圓**。臺北市：滾石。

李明川、林孟薇（2009）。正念減壓（MBSR）在睡眠障礙上的運用。諮商與輔導，281，12-14。

車文博（2001）。**人本主義心理學**。臺北市：臺灣東華。

周明辰、許士亮（譯）（2001）。Norman Friedman 著。**心靈與科學的橋**。臺北市：方智。

法尊法師譯（2008）。宗喀巴大師著。**菩提道次第廣論**。臺北市：福智之聲。

星雲大師編著（1995）。**佛教（一）教理**。高雄縣大樹鄉：佛光。

洪菁惠（2010）。從《老子》人性論初探道家的諮商理念。本土心理學研究，33，181-227。

胡因夢、劉清彥譯（1998）。Ken Wilber 著。**恩寵與勇氣**。臺北市：張老師。

孫大川（譯）（1990）。Maslow, A. H. 和 Fromm, E. 著。**人的潛能和價值**。臺北市：結構群。

張春興（2006）。論心理學發展的困境與出路。**應用心理研究**，31，55-66。

許宗興（2007）。中國生命實踐哲學的範疇論。**華梵人文學報**，8，53-88。

陳騏龍（2010）。東方心靈科學對現代人心理健康的意義。**諮商與輔導**，300，2-7。

傅佩榮（2005）。**孔子的生活智慧：眞誠與圓滿**。臺北市：洪建全基金會出版。

游乾桂（1994）。**心靈醫師：中國的寬心術**。臺北市：遠流。

黃光國（2009）。**儒家關係主義:哲學反思、理論建構與實徵研究**。臺北市：心理。

黃國勝（2002）。**佛教與心理治療**。北京:宗教文化。

楊中芳、彭泗清（2001）。人際信任的構念化：一個人際關係的觀點。收錄於：楊中芳主編。中國人的人際關係、情感與信任：一個人際交往的觀點。臺北市：遠流。p371-399。

蔡維民（2004）。宗教信仰與心理諮商－基督教與佛教的初步比較。**新世紀宗教研究**，3 卷 2 期，59-102。

鄭玄藏等合譯（2007）。Gerald Corey 著。**諮商與心理治療的理論與實務**。
　　新加坡:新加坡商亞洲湯姆生國際出版。

燕國材（1996）。**中國心理學史**。臺北市：臺灣東華書局。

謙達那（譯）（1995）。奧修大師著。**放輕鬆些下冊**。臺北市：奧修出版。

Sharf, R. S .(2004). *Theories of psychotherapy and counseling :*
　　Concept and Cases. (3th ed.). , Belmont, CA: Brooks/Cole-
　　Thomson Learing .

附錄二：
（本文在 2010 年已發表於師說，218，4-16）

當前國民教育學生學習態度現況調查研究

摘要

　　本研究目的在於探討九年國民教育學生學習態度之變化歷程。受試者為國中小學生一年級到九年級共 1612 人（男生 838 人、女 774 人）。研究結果顯示：1. 學生各方面的學習態度，包括上學、課業學習、考試和喜歡老師的態度，都是逐年下滑的；2. 學生學習態度的改變歷程可分為四個時期：「熱情時期」、「轉變時期」、「冷淡時期」和「抗拒時期」；3. 四年級學生是學習態度的轉變關鍵時期；4. 學生彼此的吸引力會隨著年齡成長而增加。

　　最後，研究者提出建議，在改變學生的學習態度之前，我們必先改變自己的教育態度：照顧孩子的「心」，取代監督孩子的「腦」。

關鍵詞：國民教育、態度、學習態度

壹、緒論

一、前言

　　教育部去年（2009）六月擬於一年半內，提撥 12 億經費在各級學校推動「台灣有品教育」，活動計畫一推出，立刻引發四面八方的質疑，品德教育是可以靠金錢堆出來的嗎？

　　暫且不論「有品教育」實施的方式與成效如何，但由此活動可以看出我們台灣社會，目前似乎真的已經明顯地缺乏品德，我們迫切地需要把「品德」找回來。教育專家洪蘭教授憂心地指出，目前社會亂象及偏差價值觀如果不及時導正，我們以後一定要付出社會成本的（洪蘭，2008）。

品盟（品格教育推展行動聯盟的簡稱）調查指出，那個字最能代表2008年的台灣？答案是「亂」。毒奶粉和黑心食品、經濟大海嘯、政商勾結⋯等，這些亂象背後有一個共通點：製造亂象的人，「作亂」的人，都是些沒有「品格」，甚至沒有「良心」的人（品盟，2008）。

　　天下雜誌以「品格」為主題調查指出，九成九的家長認同品格教育的重要性（何琦瑜、吳毓珍主編，2007）。

　　品格只能呈現於生活之中，而無法呈現於分數之中的；品格是在人的身上，而不是在白紙黑字上。品格的核心內涵就是態度，一個人的態度可以決定一個人的品格；一個國家的人民態度可以決定一個國家的素質。

　　我們可以從學生在學校的學習態度，看到他未來的生活態度。如果一個學生一直長期處在對立、反抗和痛苦的環境之下，他未來的生活態度會是良好的嗎？

　　當前學生在學校的學習壓力越來越大，學習態度越來越不好，這是學校老師們共同所面臨的困境。近十幾年來，為了解決這樣的問題，自1994年起，教育改革就已經如火如荼地展開。行政院在1996年育改革審議委員會提出「教育改革總諮議報告書」回應民間教育改革需求，並定出五大方向為：1. 教育鬆綁；2. 帶好每個學生；3. 暢通升學管道；4. 教育體質的提升；5. 建立終身學習的機會。這一波的教育改革中，衝擊最大者，莫過於「國民中小學九年一貫課程」、「多元入學方案」和「師資培育多元化」的實施，至今餘波盪漾，爭議仍在（吳清山，2008）。

　　當然，教育問題所牽涉到的範圍，千緯萬端，也非從單一層面所能釐清的。不過，我們必須先清礎地知道，教育的主體是「學生」，而不是「知識」，更不是傳統、文化或政治的工具。

　　因此，本研究嘗試從學生在學校的學習態度中，去探求我們的教育制度究竟帶給學生什麼樣的感受，並進一步深入討論省思，面對學生在學校學習的態度變化歷程，我們應該如何調整自己面對學生的學習態度。

二、文獻探討

（一）態度

態度是人們平常很生活化的用語，如：「小心你的態度」、「你的態度是什麼？」、「你看看你的態度」、「那是態度的問題」等。

我們如何定義「態度」呢？以下就中外學者的觀點進行探討。

Allport（1961）認為，態度是透過經驗組成一種心理或精神的準備狀態，使個體對某一事物或情境反應。

Moos & Trikett（1974）認為，態度是指個人對事物、情況、概念或他人之正向或負向反應的一種學得傾向。

李美枝（1984）認為，態度是準備行動的主觀心理狀態，行為傾向。

林生傳（1994）認為，態度是個體在環境產生交互作用時，對人、事物或狀況所表現的內在反應傾向。

洪蘭（1997）提出，近代的社會心理學認為態度是一個穩定的心智狀態，它代表對一些理論、物體或人的看法。而態度是社會化的產物，一個人對某些事物、情境和他人如何反應，會受態度影響。

張春興（2004）認為，態度係個人對人、事、物所持有一種具有持久又協調一致、有組織的內在心理反應行為，其行為包含三個成分：認知性、情感性和行為性。

綜合來說，態度是為心理學的中介變項，其主要內涵包括：

1.態度只是一種行為傾向，而非指行為本身，態度不能直接觀察，只能從個人外顯行為中去推知。

2.態度必有其對象，態度的產生可能是人，也可能是事，也可能是物。

3.態度具有一致性與持久性。

4.態度是是指對人事物所抱持一種積極與消極的傾向。

因此，態度是指個人內在的主觀心理狀態，對人、對事、對物所持有的一種具有持久而又一致性行為傾向，其行為包含認知性、情感性和行為性的成分。

(二)學習態度

學習態度不是生來就有的，而是後天習得的，是個體在家庭、學校和社會生活中，通過交往，接受別人的示範、指導、勸說而逐漸形成的。

積極的學習態度是理想學習的基礎，將使學習者傾向於喜好與參與；消極的學習態度將使學習者退卻、拒絕學習，不同的學習態度將嚴重影響學童的學習成果（吳武典，1987）。

因此，學習態度的好壞，不僅直接影響學習成效，而且直接關係學童個性與人格形成與發展。

有關於學習態度的相關研究變項很多，以下就國內外研究與學習態度有關的變項進一步加以探討。

Purkey（1970）認為學業成就與自我概念二者具正相關，並互為因果關係。Diller 於 1954 年與 Roth 於 1959 年分別指出學業成敗可提高或貶低自重感，但自重感亦會影響學業表現（郭為藩，1979）。

Begum 在 1985 年調查印度 301 個中學男生及 423 個中學女生，研究結果發現女生在對學校、教師、同學、學業等方面的態度均較男性學生積極。以及 Moon 於 1993 年的跨文化研究中也發現美國女學生對於學校及課業的學習有較佳的態度，女學生亦和老師保持相當友好的關係；而韓國方面，則男生比女學生對學校的態度較為積極，和老師的關係亦是男生較佳（吳美玲，民85）。

在國內研究方面，林紀達（2004）以資訊為主題的研究中發現，使用資訊科技融入國語文教學能提升學生國語文的學習態度。

鍾瑞彬（2004）以原住民和自我觀念為變項的研究中發現，家庭功能似乎與學生自我概念與學習態度發展息息相關。

陳文典（2005）的研究發現，影響學習的因素眾多，班級氣氛的影響只佔其中一小部分；學習的態度與信心、動機、興趣關係密切。。

學習態度（learning attitude）是指對學習各種事物的態度，學習態度一般由學習者的認知因素、情感因素和意向因素構成。從上述的研究中，可

以發現學習態度與性別、自我概念、學業表現、班級氣氛和家庭功能等變項都有著密切關係。學習態度也會直接影響學習成效和人格發展，因此，本研究以學習態度為主題，進行探討各年級間學習態度的變化，並進而發掘其背後的意義與啟示。本研究之態度是指學生在學習上，在「我的學習感受問卷」(如附錄)中，呈現出來喜歡或討厭的程度。

三、研究目的

主要研究目的是探討當前國民教育學生學習態度現況情形。有關於學習態度的研究，大部分是探討學習態度和各變項之間的關係，而比較少探討不同年級之間的學習態度的差異。因此，本研究以橫斷研究的方式，進行調查不同年級的學習態度情形，並從其中探究變化的情形。

貳、研究方法

一、研究對象

本研究對象為國民教育一年級到九年級學生共 1612 人（男生 838 人、女 774 人），來自屏東縣市的國中小學校，包括仁愛國小、信義國小、公館國小、至正國中、長治國了和里港國中等。抽樣方式是以班級為單位之隨機抽樣，但以獲得同意之學校為主。研究對象的年級分佈情形如表 1。

表一　研究對象的年級分佈情形

年級	一	二	三	四	五	六	七	八	九	總和
人數	156	158	191	191	184	171	192	181	188	1612

二、研究工具

本研究之「學習感受問卷量表」是依據文獻探討，並參考黃朝凱（2002）所編製之「學習態度問卷」與李清榮（2005）的「學習態度問卷」所建構而

成的。問卷的構成包含學習者的認知因素、情感因素和意向因素。

本研究編製「我的學習感受問卷」共五個題項：「1. 我喜不喜歡來到學校上課呢？」、「2. 我喜不喜歡學校安排的課程呢？」、「3. 我喜不喜歡學校的考試呢？(包括平常考、月考)」、「4. 我喜不喜歡學校的同學呢？」、「5. 我喜不喜歡學校的老師呢？」。作為研究工具，量表的信度為.798。依據 Gay(1992)等人認為，量表信度在.70 以上是可以接受的最小信度值（吳明隆編著，2006）。計分方式分，採李克特五點計分量表，非常喜歡為 5 分，非常討厭為 1 分。

三、研究程序

本研究自編「我的學習感受問卷」預試問卷，先以筆者的學校為對象，全校共 392 人(男生 186 人，女生 206 人)，經過預試修正後成為正試問卷。

資料處理採描述統計、單因子變異數分析和雪費法(Scheffe)事後檢定，以 $\alpha = .05$ 為顯著水準。

本研究目的在於，觀察不同年級之間學習態度的變化，因此，每一題先以單因子變異數分析進行 F 考驗，檢視組間是否存在著差異。若存在差異，再進行雪費法(Scheffe)事後檢定的多重比較分析，觀察那幾個年級有差異性的存在。

參、結果與討論

本研究問卷主要的結果分析與討論如下：

一、年級間在學態度差異性比較

（一）題 1、我喜不喜歡來到學校上課呢？

透過簡單的描述統計數字和單因子變異數分析的事後分析，得到表 2 的數據，從表 2 的數據中我們可以得到以下幾個結果：

表二　題1、我喜不喜歡來到學校上課呢？年級間變項差異矩陣

年級	一	二	三	四	五	六	七	八	九
一	—								
二	.266	—							
三	.363	.097	—						
四	.803*	.537*	.440*	—					
五	1.091*	.825*	.728*	.288	—				
六	.947*	.681*	.583*	.144	-.144	—			
七	1.286*	1.020*	.923*	.483*	.195	.339	—		
八	1.415*	1.149*	1.052*	.612*	.324	.468*	.129	—	
九	1.286*	1.020*	.923*	.483*	.195	.340	.000	-.129	—
平均數	4.53	4.26	4.16	3.72	3.43	3.58	3.24	3.11	3.24
標準差	.933	1.011	.984	1.193	1.195	1.005	1.051	1.038	.948

*$p < .05$

　　1. 平均數是從一年級到九年級逐漸遞減的，學生喜歡上學的態度以一年級的 4.53 為最高，以八年級的 3.11 為最低。這樣的結果顯示，學上喜歡上學的態度逐年一直在降低。為什麼學生喜歡上學的態度會一直在降低，其中的原因很值得教育工作人員深省。

　　2. 從各年級間變項的差異性而言，從一年級到三年級仍然保有高度的上學動機，所有沒有顯著性差異。

　　3. 值得注意的是，從四年級開始，學生喜歡上學的態度有了極為明顯的差異，而且是大幅地降低。這樣的結果顯示，從四年級開始，許多學生已經出現對學校學習態度的明顯轉變。

　　4. 四到六年級之間，學生喜歡上學的態度並沒有出現顯著差異性。有趣的是，六年級反倒有了微幅地上升，但並沒有達顯著差異。這樣微幅的上升，可能知道自己即將畢業，有少數的人會調整自己的心態有關。

5.五年級以後，到九年級之間，學生喜歡上學的態度並沒有顯著的差異性。這樣的結果顯示，國小的高年級和國中的學生，對於喜歡上學的態度已經變化不大了。四年級和國中學生之間的態度還具有顯著性差異，五年級以後，學生上學的態度就沒有明顯的差異性了。這樣的結果顯示，學生喜歡上學的態度，從五年開始發生了重大的轉變。

（二）題2、我喜不喜歡學校安排的課程呢？

透過簡單的描述統計數字和單因子變異數分析的事後分析，得到表3的數據，從表3的數據中我們可以得到以下幾個結果：

表三 題2、我喜不喜歡學校安排的課程呢？年級間變項差異矩陣

年級	一	二	三	四	五	六	七	八	九
一	—								
二	.137	—							
三	.237	.100	—						
四	.578*	.440*	.340	—					
五	.994*	.856*	.756*	.416*	—				
六	.943*	.806*	.706*	.366	-.051	—			
七	1.274*	1.137*	1.037*	.697*	.281	.331	—		
八	1.308*	1.171*	1.071*	.731*	.314	.365	.034	—	
九	1.384*	1.247*	1.147*	.807*	.391	.441*	.110	.076	—
平均數	4.35	4.22	4.12	3.77	3.36	3.41	3.08	3.04	2.97
標準差	.878	.940	.922	1.050	1.087	.918	1.013	.862	.883

*$p < .05$

1.從平均數的角度來看，從一年級到九年級逐漸明顯地遞減，學生喜歡學校安排的課程態度以一年級的 4.35 為最高，以九年級的 2.97 為最低。這樣的結果顯示，學生喜歡學校安排的課程態度逐年一直在降低。為什麼學生

喜歡學校安排的課程態度會一直在降低呢？這可能和課程的難度愈來愈難有關，那些具有累積性學習的課程，如數學和英文等，一旦跟不上之後，在挫折感一直累積之下，跟不上課程，而且不喜歡課程的人只會愈來愈多。

2. 從各年級間變項的差異性角度來看，在五年級的時候出現了很明顯的轉折。這樣的結果顯示，從五年級開始，突然有許多的學生感到對學校安排的課程感到沒有興趣。

3. 從表 3 得知，學生剛入學的前三年，對於學校所安排的課程保有高度的興趣動機，沒有顯著性差異。

4. 從表 3 中，我們可以明顯地看出，七到九年級學生喜歡學校安排的課程態度，很明顯地低落。這樣的結果顯示，國中時期的學生，已經有許多的學生不喜歡學校所安排的課程了。

（三）題 3、我喜不喜歡學校的考試呢？（包括平常考、月考）

透過簡單的描述統計數字和單因子變異數分析的事後分析，得到表 4 的數據，從表 4 的數據中我們可以得到以下幾個結果：

1. 從平均數的角度來看，學生喜歡喜歡學校的考試態度以一年級的 3.98 為最高，以八年級的 2.30 為最低。

2. 從各年級間變項的差異性角度來看，在四年級的時候出現了很顯著的差異性。這樣的結果顯示，從四年級開始，有許多的學生開始對學校的考試感到不喜歡。

3. 五到九年級的平均數分別為，2.45、2.53、2.41、2.30 和 2.48。我們可以看得出來，這之間並沒有顯著的差異性。這樣的結果顯示，從五年級之後，學生對於學校考試的態度已經沒有太大變化了，這可能代表著，不喜歡考試的族群一直從五年級開始到九年級是同一群人。

4. 各年級的平均數普遍偏低，這樣的結果可能顯示，有許多人可能喜歡上學，可能喜歡學校課程，但是不喜歡考試。

表四 題3、我喜不喜歡學校的考試呢？ 年級間變項差異矩陣

年級	一	二	三	四	五	六	七	八	九
一	—								
二	.481	—							
三	.284	-.196	—						
四	1.211*	.730*	.927*	—					
五	1.530*	1.049*	1.245*	.319	—				
六	1.449*	.968*	1.164*	.237	-.081	—			
七	1.575*	1.094*	1.290*	.363	.045	.126	—		
八	1.682*	1.202*	1.398*	.471	.153	.234	.108	—	
九	1.502*	1.021*	1.218*	.291	-.028	.053	-.072	-.180	—
平均數	3.98	3.50	3.70	2.77	2.45	2.53	2.41	2.30	2.48
標準差	1.172	1.471	1.232	1.391	1.262	1.154	1.154	1.075	1.000

*$p < .05$

（四）題4、我喜不喜歡學校的同學呢？

透過簡單的描述統計數字和單因子變異數分析的事後分析，得到表5的數據，從表5的數據中我們可以得到以下幾個結果：

1. 從平均數的角度來看，學生喜歡學校同學的態度以二年級的4.58為最高，以八年級的3.89為最低。在所有的題目中，只有這一題的平均數不是一年級最高，這可能是在新生入學後的一年，同學之間彼此更熟悉了之後，更比較喜歡同學一點，但這之間並沒有顯著性的差異。

2. 從各年級間變項的差異性角度來看，年級與年級之間並沒有顯著性的差異。這樣的結果顯示，學生對於喜歡學校同學的態度一直沒有太大改變。

3. 各年級的平均數普遍偏高，這樣的結果可能顯示，同儕對於學生的學習態度存在著可能的助力。

4. 如果以一到三年級和八、九年級做比較，這之間存在著顯著性的差異。

這樣的結果顯示，學生在學校學習期間，並沒有因為透過學習而懂得如何去欣賞別人，進而去喜歡同儕，反而產生了自己個人明顯的好惡情形。

表五 題 4、我喜不喜歡學校的同學呢？年級間變項差異矩陣

年級	一	二	三	四	五	六	七	八	九
一	—								
二	.063	—							
三	.178	.241	—						
四	.340	.403*	.162	—					
五	.420*	.484*	.243	.080	—				
六	.220	.284	.043	-.120	-.200	—			
七	.336	.399*	.158	-.004	-.085	.115	—		
八	.623*	.686*	.446*	.283	.203	.403*	.288	—	
九	.577*	.640*	.399*	.237	.156	.356	.241	-.047	__
平均數	4.51	4.58	4.34	4.17	4.09	4.29	4.18	3.89	3.94
標準差	.854	.768	.848	1.064	.957	.802	.779	.930	.825

*$p < .05$

（五）題 5、我喜不喜歡學校老師呢？

透過簡單的描述統計數字和單因子變異數分析的事後分析，得到表 6 的數據，從表 6 的數據中我們可以得到以下幾個結果：

1. 從平均數的角度來看，從一年級到九年級逐漸明顯地遞減，學生喜歡學校老師的態度以一年級的 4.61 為最高，以八年級的 3.30 為最低。這樣的結果顯示，學生喜歡學校老師的態度逐年一直在降低。為什麼學生喜歡學校老師的態度會一直在降低呢？這可能和上述的課程與考試有關，剛入學的新生，很明顯地對老師有著高度的喜歡，但經過幾年後的學習，隨著課程難度的影響和其他因素的影響，學生對老師喜歡的程度就隨之降低了。

2.從各年級間變項的差異性角度來看，在四年級和八年級的時候出現了很明顯的顯著性差異。這樣的結果顯示，在四年級和八年級的時候，有許多的學生開始轉變成對學校老師感到不喜歡。這樣的結果可能和上述「喜歡上學」與「喜歡學校課程」有著相當大的關連性。

表六 題5、我喜不喜歡學校老師呢？年級間變項差異矩陣

年級	一	二	三	四	五	六	七	八	九
一	—								
二	.191	—							
三	.164	-.027	—						
四	.546*	.355	.382*	—					
五	.815*	.624*	.652*	.269	—				
六	.825*	.634*	.661*	.279	.010	—			
七	.916*	.725*	.752*	.370	.101	.091	—		
八	1.305*	1.114*	1.141*	.759*	.490*	.480*	.389*	—	
九	1.285*	1.093*	1.121*	.738*	.469*	.459*	.368	-.021	—
平均數	4.61	4.42	4.45	4.06	3.79	3.78	3.69	3.30	3.32
標準差	.741	.823	.792	1.014	1.072	.898	1.051	1.076	.792

*$p < .05$

肆、結論與建議

一、結論

經過以上深入的探討之後，以下就研究結果進行進一步的綜合性討論，並梳理其中的理路脈絡，以更清楚地點出研究結果背後所隱含的意義。

（一）一種態度多種樣貌

在本研究部分，除了題4的「喜不喜歡同學」外，其餘選項的趨勢都是從一年級到九年級，呈現逐漸遞減的趨勢。這樣的結果告訴我們，在國民教

育的學習歷程中，學生越來越不喜歡上學，越來越不喜歡學校安排的課程，越來越不喜歡考試，也越來越不喜歡老師，而且學生的學習越來越痛苦，越來越懷疑所學的東西對未來有沒有用。這些種種的現象，都呈現出學生在學校的學習狀況是越來越下滑的趨勢，然而，這樣的研究發現並不是新奇的，而是教育現況的舉證而已。

十幾年來的教育改革是為了什麼了？無非是要挽救學生無心於學習的冷淡態度，因為學生的學習越來越痛苦，家長看了越來越累，老師教得也越來越無力感。本研究的數據只是呈現出，學生的學習態度依然只是一種「越來越來下滑」，而這樣如此下滑的學習態度會呈現在課業、考試和看待老師等不同的樣貌上。

在單選題和複選題的數據上是一致的，學生的學習態度是呈現逐年下滑的趨勢，無論是在各領域上，亦或是整體上的學習，對學校的態度與對老師的態度，都是每下愈況的現象。而且大部分的選項指出，四年級是學習態度的轉變時期，這是很值得細細思考的點。

(二)學生學習態度改變的四階段

從本研究結果，我們可以將一年級到九年級的學習態度分為四個時期：一到三年級為「熱情時期」、四年級為「轉變時期」、五和六年級為「冷淡時期」和七到九年級為「抗拒時期」。

當然，這樣的分法並非是指每一個學生的學習態度改變歷程，而是在指在當前的教育體制之下，整體學生的學習態度的改變歷程。這樣的分析結果也非常符合我們當前學校學生的學習現況，低年級的學習態度是很積極熱情的，中年級的學習態度仍保有好奇渴望的，高年級的學習態度明顯地變成冷淡無聊的，進入國中階段的學習態度已經轉變成叛逆反抗的。

「生也有涯，學海無涯」，學習是一輩子的事。理想的教育體系當然是為終身學習的教育體系，每個人都可以按著自己的生命不同階段歷程，不斷地學習成長，以求利己利人，讓自己的生命更多彩而快樂，也讓別人的生命更豐富而美好。然而，不幸的是，我們的眼光總是太短淺，急於將宇宙所有

的知識塞進辛辛學子的腦袋裡面，深怕他們慢了別人一步，深怕他們的競爭力不如別人，深怕他們學得不好學得不夠。事實證明，如此僵化的教育制度只成就了少數的菁英份子，而那些所謂的菁英份子也不見得是快樂的。於是，「讀書」成為一種職業，「學習」成為一種負擔。我們的教育制度竟然只在短短的三年之內就結束了學生一輩子的學習興趣，四年級的轉變期一過，學生就開始感覺被架在「普羅克魯斯的鐵床」上了，就這樣一年又過了一年。在學生的心中，讀書似乎只是為了考試，學習只是為了分數。就這樣，學生的學習態度已經早在國民教育階段被破壞怠盡，取而代之的只是考試和分數而已。

(三)自由是快樂的基本條件

西藏精神領袖達賴喇嘛說：「人類快樂和創意的真正來源就是自由。（丁乃竺譯，2003）」

失去自由的人自然會感到痛苦，剝奪一個人的自由就是一種懲罰。

教改人士深感「課程標準」是不符合時代潮流的僵化標準，太過於剝奪學生和老師的自由，於是九年一貫課程，便以「課程綱要」代替「課程標準」。

九年一貫課程最核心的價值之一就是「課程決定權力的鬆綁」，亦即將課程規劃權，由中央移轉至縣市、學校和老師，期望能透過學校教師的參與，將學校各種學習條件系統性的分析，共同規劃「整體適合本校學生學習的課程」而達到適性，將每個孩子帶上來。

九年一貫課程自93學年度起實施至今，我們從表9的第三部分和第四部分中結果得知，師生之間的衝突並沒有減少。印度成道大師奧修說：「我們的教育－家庭的、學校的、社會的－全都在我們身上製造了緊張。這個基本的緊張就是：『應該』這個夢魘（奧修，2003）。」

無論是「課程標準」，或是「課程綱要」所包含的內容，都是人類經驗與智慧的菁華所在，沒有人可以否認先人的經驗與智慧的價值。值得深省的是，我們為什麼會讓先人的經驗與智慧成為後人的負擔與痛苦呢？為什麼不

是讓先人的經驗與智慧成為後人的快樂與讚嘆呢？難道是因為我們自己的智慧不夠所造成的結果嗎？

每個人成長的背景與智力都存在著極大的差異，我們的教育制度卻要強硬用一套「課程綱要」，強迫要求每個學生在同一個時間，學習同一種內容，達到相同的標準，這實在是非常荒謬的要求。

「課程標準」是用鋼做的床，而「課程綱要」是用鐵做的床，形式做了改變，本質上卻沒有太大的改變。對學生而言，躺在上面是一樣痛苦的，老師必須強迫的態度與做作也沒有太大的差別。因此，不是學生討厭老師，而是學生討厭老師如此地讓他們失去自由。

自由只是快樂的基本條件。自由不是無序、散漫、膚淺地快樂學習，許多教育改革者為了讓學生快樂學習，而導致學生「感覺很好」，但「表現很差」。如此的快樂學習也只是另一極端的偏差教育。

美國教育哲學家杜威說：「教育的目的，在於使接受教育的人繼續接受教育。」

為什麼我們的教育制度可以在短短的三年之內就把學生一輩子的學習態度給予摧毀，這是很值得進一步深思與探究的。不是老師願意這麼做，而是教育制度使然。

在我們希望學生改變學習態度之前，我們必須先改變自己的教育態度。奧修說：「隨著態度的改變，那個品質就會改變（奧修，1992b）。」我們需要改變的不是教育的內容，而是教育的態度。除非，學生能獲得「真正」的自由，否則，快樂的學習只是一種空泛的妄想。

二、建議

透過以上深入的討論中，本研究提出改進學生學習態度的建議如下：

（一）照顧孩子的「心」，而非監督孩子的「腦」

奧修說：「在我們的教育課程裡，心沒有地位，我們的教育是屬於頭腦的，心已經幾乎從我們的存在被移開、被消音。從來沒有人給它一個成長的機會，使它能夠由潛力變成實際，我們總是由頭腦在控制（奧修大師，

1992a）。」

　　會造成孩子學習態度的逐年下滑，主要是我們的教育制度沿襲了，西方主流的物質科學與資本主義為核心。西方教育一直在過度使用、過度操作一個中心：理性的中心。因此，造成了理性至上，知識無價的核心價值。而這樣的價值，導致了「心」不見了。「心」，在那裡？我們必須再度回到東方的智慧之海重新尋找，這是一個教育很核心的關鍵所在。如果我們找不到「心」，那麼，「有品教育」也將流於形式。因為，「心」的教育，就是「有品教育」。

　　重點不在於「課程標準」或是「課程綱要」。首先，我們必須改變我們的態度，放下監督孩子的「腦」，轉向照顧孩子的「心」。

　　(二)以「品格」為核心，而非以「知識」為核心

　　法王路易十四的財政大臣考伯特(J. B. Colbert, 1619-1683)說：「一個國家的強盛不在它疆域的大小，在它人民的品質。（洪蘭，2008）」

　　大家都深知「品格」的重要，然而我們的教育長久以來卻一直以「知識」為核心。以「知識」為核心的結果，就是造成學生學習態度的逐年滑落，品格也自然隨之沈淪。

　　「品格」的核心在於「心」；「知識」的核心在於「腦」。我們的態度必須轉向「心的教育」，否則在以「知識」為核心的視域裡，花再多錢推行「有品教育」，最終也將流於空談。

　　當我們找回學生良好的學習態度，「品格」的形成自然水到渠成。

　　(三)個別差異是生命的色彩

　　教育心理學家加德納教授在在《再建多元智慧》一書說：「生命中一個非常奇妙的特質就是：我們每一個人都異於他人。（李心瑩譯，2000）」

　　加德納教授明確指出，「我們每一個人有各自獨特的智力組合。」

　　「因材施教」是孔子的教育理想，沒有人可以否認，每個人都擁有獨一無二的存在價值。我們應該允許孩子以自己的速度成長，或快或慢，他們肯定有潛能去挑戰自己；我們應該允許孩子以自己的方式成長，或文或武，他

們肯定可以找到自己的方向；我們應該允許孩子以自己的內容成長，或多或少，他們肯定渴望找到自己的生命色彩。

　　「課程綱要」必須回歸個人責任，而非共同責任。如此才能達到「因材施教」的教育理想，學生才能由目前四個時期的學習態度，從「熱情時期」、「轉變時期」、「冷淡時期」和「抗拒時期」，轉化為「熱情時期」、「快樂時期」、「深入時期」、「驚嘆時期」。然後，在人生的旅程中，帶著無限的「驚嘆」去完成個人的終生學習，實現個人的生命色彩。

伍、參考文獻

何琦瑜、吳毓珍主編(2007)。**教出品格力**，頁 80。臺北市：天下雜誌。

吳武典(1987)。**散播愛的種子－談輔導的理念與方法**。臺北：張老師。

吳美玲(1996)。**國中補校學生自我概念對教師教學行為的知覺與數學學習態度關係之研究**。國立高雄師範大學教育系碩士論文。

吳清山(2008)。**解讀台灣教育改革**，頁 piii。臺北市 ：心理。

李美枝(1980)。**社會心理學**。台北：大洋出版社。

李清榮(2004)。**高雄市國小教師領導類型、班級氣氛與學習態度之研究**。國立高雄師範大學成人教育研究所在職專班碩士論文。

李雪莉(2008，4 月)。我不想上學教改戰場下的百萬孩子兵。**天下雜誌**，395。

林生傳(1988)。**教育社會學**。高雄：復文書局。

林紀達(2004)。**資訊融入國語文教學對學生學習態度與成就影響之研究**。佛光人文社會學院資訊學研究所碩士論文。

洪蘭(2008)。**通情達理：品格決定未來**。臺北市：遠流。

張春興(2004)。**教育心理學--三化取向的理論與實踐**。臺北：東華。

郭為藩(1979)。資賦優異兒童生活適應（自我概念）之評鑑。**資賦優異兒童教育實驗叢書第五輯**，教育部國教司印，14-29。

奧修(1992a)。**智慧金塊**，謙達那(譯)，頁 76。臺北市：奧修出版。

奧修(1992b)。**信心銘**，謙達那(譯)，頁 159。臺北市：奧修出版。

奧修(2003)。**身心平衡**，陳明堯(譯)，頁 47。臺北市：生命潛能文化。

達賴喇嘛(2003)。**大圓滿**，丁乃竺(譯)，頁 125。臺北市：心靈工坊。

鍾瑞彬(2004)。**原住民與非原住民國小學童在自我觀念與學習態度之比較研究**。國立新竹教育大學進修部輔導教學碩士班碩士論文。

Allport, G. W. (1961). *Personality and Social Encounter*. Boston :Beacon Press.

Barrow，J.C.（1977）. The variables of leadship：A review and conceptual framework. *Academy of Management Review，2（2）*，231-251

Moos, R. H & Moos, B. S(1978). Classroom social climate studentabsences and grades. *Journal of Educational Psychology, 70(2)*, p.263-269.

品盟(2008)。**答案是一「亂」字**。2009 年 2 月 18 日，取自：http://tw.myblog.yahoo.com/cepatw/article?mid=793&prev-794&next=791

附錄三：

（本文在 2009 年已發表於師說，212，43-47）

面對校園霸凌氾濫的真相與省思

摘要

　　在教育部推動「台灣有品教育」的過程中，霸凌肯定是無法被忽視的議題之一。本研究針對當前教育，校園霸凌氾濫問題嚴重程度，進行檢討與反省。本文認為，校園霸凌之所以不斷發生，最主要是因為，我們的教育已經被西方「物質科學」的頭腦所束縛，而忘記了屬於我們東方「心靈科學」的智慧。因此，我們必須運用東方「心靈科學」的智慧，重新找回孩子的「心」。想要「帶好每位學生」，我們需要帶好的是孩子的「心」，而不是孩子的「腦」。因為，「心的教育」就是「有品教育」。

　　最後，本研究提出建議，教育需要照顧孩子的「心」，而不是孩子的「腦」。

關鍵字：霸凌、校園暴力、一闡提

壹、前言

　　「校園霸凌氾濫，台灣兩個孩子就一個被欺侮。」在 yahoo 首頁如此驚悚的標題，曾經引起了社會與網友的一陣不小的討論漣漪（陳志東，2009a）。

　　這起事件起因於一名國中二年級的男同學，只是不小心與一名同年級的女同學產生碰撞，使得女同學心生不滿，因此找了三年級的男學長，放學後將人帶到學校附近公園圍毆，受害學生肋骨裂傷，而且整個過程被同學用手機拍下，貼在網站流傳。事後，花蓮縣政府教育處表示，涉嫌動手打人的四名同學已經被記大過處分，而被害同學則暫時被安置在同校特教班。

此一事件是只冰山一角，校園霸凌氾濫的問題已經是到了身為教育人員，不得不深刻反省的時刻。教育專家洪蘭教授憂心地指出，目前社會亂象及偏差價值觀如果不及時導正，我們以後一定要付出社會成本的（洪蘭，2008）。

校園霸凌氾濫是普遍存在的事實。霸凌隱藏於校園的各個角落，無論是霸凌者或是受霸凌者，都是我們的孩子，他們是一樣需要幫助的。

教育部今年（2009）六月積極擬於一年半內，提撥 12 億經費，計畫在各級學校推動「台灣有品教育」，計畫一出，許多人立刻開始質疑，「品格」是可以花錢買到的嗎？當然，我們都深信品格教育的重要性，天下雜誌曾經以「教出品格力」為主題調查指出，九成九的家長認同品格教育的重要性（何琦瑜、吳毓珍主編，2007）。而霸凌的問題，就是教育長期忽視品格教育的結果。

在品格教育的光譜中，霸凌肯定是無法被忽視的議題之一。

貳、無法面對的真相

當我們從國際新聞看到，西方的校園又出現碟血事件，一幕又一幕地呈現在眼前時，我們總難以置信如此瘋狂的行徑竟然會出現在校園裡。如此驚世駭俗的校園事件，對我們善良人民而言，似乎也只是遠在遙遠國度的故事情節而已。我們不會相信，如此恐怖的校園事件會出現在我們的生活四周，但我們必須清礎地明白，也是不容忽視的事實，我們的教育路線是走在西方國家後面的。

根據長期關注霸凌議題的兒福聯盟（2009）公佈了一份「兒童校園霸凌者現況調查報告」，發現全台至少有 2 萬個「校園小霸王」經常會對同學「肢體霸凌」，平均每班至少有 2 位霸凌者會嘲笑或欺負同學。逾七成的霸凌者最常使用的霸凌方式為關係霸凌或言語霸凌，另有超過三成的霸凌者會對同學施以肢體暴力，甚至會找校外的幫派人士來幫忙報仇，讓校園安全亮起紅燈。

從比較的角度來看，兒福聯盟表示，如果以國家來區分，在美國，平均

每 4 個孩子中就有 1 人被霸凌，其中有 8% 的學生會因為害怕被霸凌，因此平均一個月會缺課一天；紐西蘭的經驗則是約有 75% 的學生一年內被霸凌至少一次；英國則是約有 21% 到 27% 是經常被霸凌的出氣筒（陳志東，2009a）。

兒福聯盟表示，所謂霸凌（Bully），指的就是一個學生長時間、重複地被一個或多個學生欺負、騷擾，或被鎖定成為出氣筒。

根據美國長期研究霸凌學者 Olweus(1993) 的定義，霸凌包括三個要素：（一）是刻意造成傷害的侵犯性行為；（二）這種行為是種複出現一段時間的；（三）人際關係中呈現權力的不平衡（邱珍琬，2001）。

同時，Olweus(1993) 認為，按照欺凌手段、方式的不同，大致可區分為關係霸凌、言語霸凌、肢體霸凌、性霸凌、反擊型霸凌、網路霸凌六大類（陳志東，2009b）。

「關係霸凌」最常出現在小學生身上，例如小孩愛說「我不跟你好了！」「我叫大家不要理你！」這類的霸凌非常常見，但也因為沒有立即可見傷害，因此最容易被忽視，但卻會讓受害者覺得非常沮喪與無助。

「言語霸凌」就是有的小孩不斷透過言語來刺傷或嘲笑他人，使被凌者造成非常嚴重的心理創傷。

「肢體霸凌」，這類霸凌最常出現在國中生身上，手段非常殘暴，會讓被打的小孩每天活在恐懼裡，甚至留下傷痕與永難抹滅的心理傷害。更可怕的是，根據統計，曾是校園小霸王的男孩通常到 24 歲為止，有 60% 的人至少會有一次犯罪紀錄，有 40% 的人有高達 3 次或 3 次以上的犯罪紀錄，遠比不會霸凌小孩的 10% 犯罪紀錄高出許多。

「性霸凌」指的是不斷的性騷擾或性暴力，譏笑對方是男人婆、娘娘腔、同性戀，或是傳遞誰和誰在廁所接吻、性愛等等紙條或謠言，甚至真的進行身體上的性侵犯行為。

「反擊型霸凌」則是兒童長期遭受欺壓之後，會產生嚴重的報復與反擊行為，或改而欺侮比他更弱勢的兒童。

「網路霸凌」則是近年來流行的霸凌方式，就是透過匿名留言攻擊他人

等。

綜合以上所述，我們可以把「霸凌」視為學生同儕之間的暴力行為，是屬於校園暴力的一種；校園暴力是指發生於校園內所有的暴力行為，所包含的層面是屬於比較廣的。

根據陳皎眉（1998）所述，校園暴力有越惡化的趨勢，其指出：1.發生的時間、地點普遍；2.手段越加殘忍；3.教師成為被害者的案件越來越多；4.對道德規範、法律制裁的漠視。

鄔佩麗和洪儷瑜(1997)的校園暴力研究指出：1.校際間問題類差異不大，以輕佔小部份；2.師生之間對事件的詮釋有明顯的認知差距；3.教師對自己處理問題的能力普遍缺乏信心；4.學生對學習的環境有焦慮的比率相當高；5.學生對自己的行為缺乏自我控制力，也缺乏保護自己的能力；6.無論學校行政單位、教師、學生對現有的環境均感到強烈的無力感。

在目前校園三合一輔導新體制：初級、二級、三級輔導的預防機制中，霸凌事件似乎無法獲得有效的改善。我們知道防範校園霸凌事件，最好是從小做起，問題是，我們的教育從小只努力地一直在灌注「知識」給孩子，我們卻從來不曾真正關照過孩子那顆經常受傷的「心」。我們的教育已經被西方「物質科學」的頭腦所捆綁了，我們已經完全遺忘了屬於我們東方「心靈科學」的心。

以筆者的教學經驗而言，那些霸凌學生是非常值得同情的，因為他們通常在成為加害人之前，他們的成長背景經常是受害者的身份。

學校極力要灌注給他們的知識，對那些校園小霸王而言是完全沒有任何意義的，因為他們早已在學習的路上脫軌了，他們會用自己的方式建構出屬於自己的世界，他們會樂在其中，他們已經學習不在乎成人的那一套，因為在成人的世界裡，他們得不到他們要的自尊與肯定，他們會一而再，再而三地順從自己的情緒出口走去。在以「知識」為核心的教育體制下，有「頭腦」的人才能受到青睞，而那些「校園小霸王」會用他們的方式證明，他們並不是沒有頭腦的人。他們真正需要的不是「頭腦」的「知識」，而是一顆早已

受傷等待被撫平的「心」。

參、一闡提可以成佛嗎

　　根據兒福聯盟（2009）調查，「校園小霸王」每天都會霸凌同學的佔 2%，值得我們注意的是，這並不是多數，但他們卻是班級與校園秩序的關鍵人物。在一個班級裡，經常搗蛋的人總是不會變的，只要一個小霸王就夠了，牙疼只要一顆就會要人命了。在教育界有一句話，罪惡在家庭落地生根，在學校成長茁壯，在社會開花結果。我們為什麼會讓罪惡在學校中成長茁壯呢？當校園霸凌事件發生時，我們給了老師什麼樣的協助與支持，去面對如此棘手的情境呢？不要忘記了，醫生也有無法面對的絕症，將軍也會有打敗仗的時候，王牌投手也會有被打暴的挫折，同樣地，老師也會有無奈的時刻。

　　筆者曾擔任學校輔導老師，也遇過許多校園小霸王，其中有一個學生的行徑猶如佛經裡所提到的「一闡提」，實在令我深省許久：

　　他，目中無人，無法無天。

　　他，傷人無數，一犯再犯。

　　他，浪盪過日，毫無秩序，晚上泡網咖，白天睡大覺。

　　他，父母無奈，學校沒輒，家暴中心前來關心，警局單位前來關照，少年法庭也予以觀護。然而，他依然本性固我，抽煙、偷竊、毆人、恐嚇、勒索、搶劫，惡行橫行，泱汲無辜。

　　他，小皮（化名），一個不折不扣的一闡提。

　　何謂一闡提呢？一闡提是指「沒有善根的人」。《涅槃經》說：「一闡提者，斷滅一切諸善根本，心不攀緣一切善法。」一個人斷絕了善根與善緣，如同無根的大樹，得不到養分的滋潤，如何枝繁葉茂，開花結果？

　　由於一闡提的斷善根、積眾惡，所以《涅槃經》稱這種人是「諸佛世尊所不能治。」也就是千佛出世也無法感化他。

　　有人會問：「一闡提既然那麼壞，還有沒有救？」稍微了解佛法的人都會回答：「有」。為什麼呢？因為一闡提雖然斷絕善根，但是他原本具足的

成佛本性仍在，照樣未受污染。

中國佛教歷史上有名的禪宗公案，「生公說法，頑石點頭」。

生公，是南北朝時的竺道生法師。在當時佛經翻譯還不完備時，他大膽提出了「一闡提也可成佛」的看法，受到當時佛教界嚴厲的批判。道生法師被擯後，隱居山中。後來來到蘇州虎丘，以石為徒演說佛法，當講到「一闡提也有佛性」時，頑石居然一一點頭。一直到《大般涅槃經》傳進中國，經中闡釋「一切眾生皆有佛性」，眾人方才歎服。

目中無人的「校園小霸王」就是「一闡提」的種子。佛陀說這樣的人還是可以教育成佛，真是何等的大悲心。然而，「一闡提」的教育不是一般老師所能承受的重，「一闡提」應該被視為特殊教育（陳騏龍，2005）。

肆、結語

李遠哲（2004）說，「帶好每位學生」等於是以白話文把「有教無類」、「因材施教」等傳統教育理念重述一遍。

「帶好每位學生」，我們需要帶好的是孩子的「心」，而不是孩子的「腦」。如此才能達到真正有品教育的理想。因為，「心的教育」就是「有品教育」。

如果我們注目的焦點還是以西方的物質科學為核心，一直想著要如何「帶好每位學生」的「頭腦」，那麼，校園霸凌事件也將永無止息。除非我們的教育能真正明白「心」的本質，「帶好每位學生」的「心」。那麼，教育所有的努力與付出，才能真正開創出美好的純淨人性化社會。

伍、參考資料：

何琦瑜、吳毓珍主編（2007）。教出品格力。**天下雜誌專刊**。

李遠哲（2004）。**李遠哲教改省思**。2009 年 4 月 16 日，取自：
　　http://web.ed.ntnu.tw/~minfei/Drleepaper.pdf

兒盟(2009)。**兒童校園「霸凌者」現況調查報告發表記者會**。2009 年 4 月

16 日，取自：

http://www.children.org.tw/news.php?id=1848&typeid=11&offset=0

邱珍琬（2001）。**國小校園欺凌行為與對應策略**。屏東市:屏東師範學院。

洪蘭（2008）。**通情達理：品格決定未來**。台北市：遠流。

陳志東（2009a）。**圍毆弱智生／校園霸凌氾濫**。2009 年 4 月 16 日，取自：

　http://tw.news.yahoo.com/article/url/d/a/090416/17/1hxzu.html

陳志東（2009b）。**校園霸凌六大類，國中生最殘暴**。2009 年 4 月 16 日，取

　自：

http://tw.news.yahoo.com/article/url/d/a/090416/17/1hxzt.html

陳皎眉（1998）。校園的衝突與暴力。**學生輔導通訊**，57，20-31。

陳騏龍（2005）。學校裡的一闡提。**屏縣教育**，22，47-51。

鄔佩麗、洪儷瑜(1997 年 9 月)。校園暴力行為之診斷與處理策略研究。**教育
心理學報**，29，177-214。

附錄四：
（本文在 2005 年已發表於屏縣教育，22，47-51）

學校裡的一闡提

我們學校有一個一闡提。

他，目中無人，無法無天。

他，傷人無數，一犯再犯。

他，浪盪過日，毫無秩序，晚上泡網咖，白天睡大覺。

他，父母無奈，學校沒轍，家暴中心前來關心，警局單位前來關照，少年法庭也予以觀護。然而，他依然本性固我，抽煙、偷竊、毆人、恐嚇、勒索、搶劫，惡行橫行，殃汲無辜。

他，小皮（化名），一個不折不扣的一闡提。

何謂一闡提呢？一闡提是指「沒有善根的人」。《涅槃經》說：「一闡提者，斷滅一切諸善根本，心不攀緣一切善法。」一個人斷絕了善根與善緣，如同無根的大樹，得不到養分的滋潤，如何枝繁葉茂，開花結果？

由於一闡提的斷善根、積眾惡，所以《涅槃經》稱這種人是「諸佛世尊所不能治。」也就是千佛出世也無法感化他。

輔導老師深知，小皮成長在一個充滿暴力、沒有關愛的家庭，才會成為一個一闡提。為了改善小皮內在暴力的性情，輔導老師嘗試想成為對他有幫助的朋友。請他看電影、請他吃東西、給他其他小朋友沒有的特權，不時地給予他心理上的輔導。經過一次又一次的事件，輔導老師終於明白了「一闡提」的深意，一片乾旱的沙漠，倒進再多的水也會被蒸發掉，為何千佛出世也無法感化他了。。

「一闡提」的教育不是一般老師所能承受的，「一闡提」應該被視為特殊教育。

在小皮的世界裡，已經沒有了是非對錯，他完全用自己的方式，去滿足他個人的欲望。他因為在外面偷東西，在法院已有備案的記錄。但他依然不改偷竊的習性，有一次星期二，他趁全班不在教室時，大肆搜索別人的書包，雖然教室剛巧有個女同學，他完全毫無顧忌，照樣翻東翻西，翻不夠還趁隔壁班不在，一起搜，連老師的抽屜也不放過。搜完了，還警告目擊女同學不可說出去，否則要給予顏色。為了使自己能不被懷疑，還特地到另一隔壁班老師告知，"我們班上有人的錢被偷了。"上完科任課回教室後，有人發現錢丟掉了，輔導老師出面處理。根據時間、地點以及目擊女同學的證據，從整體事件的推斷，輔導老師直指兇手就是小皮。

輔導老師毫不客氣質問小皮：「錢是不是你拿走的。」

小皮很冷靜地回答：「我又沒有拿。」

從小皮的回答口氣中，輔導老師大致上可以斷定，沒錯，就是他，因為根據經驗，誤會他的場面絕對是很火暴的，而不是那樣出奇地冷靜。

輔導老師再次用肯定的口氣質問：「錢一定是你拿走的，錢放在那裡？」

小皮又面不改色地回答：「錢又不是我拿的。」

小皮一點也沒有生氣，輔導老師更加確定，就是他拿的沒錯。於是，輔導老師開始把事態說重：「我知道是你拿的，只差沒有物證，只要你主動承認，把錢拿出來，就當作沒有這回事，你家人也不會知道，不然我只好請你家人來處理，如果被查出來，再加上你有案在身，那事情就嚴重了。」

小皮開始心虛，但仍死賴不承認。

這時候，有人前來告密，在那段時間，有人看見他在廁所抽煙。輔導老師請人協助到廁所搜尋，小皮見勢不對，臉色大變，立刻承認：「我把錢放在廁所裡。」

果真，在廁所的垃圾桶裡找到了遺失的金錢。

為了保護小皮的自尊心，輔導老師還特別找了台階讓他下：「還好，在最後一刻你主動承認了，我會信守承諾，不會讓你家人知道的，希望你以後別再偷東西了。」

　　小皮沒有任何表情，也沒有任何感謝之意，只是覺得被逮到，只好默認。

　　沒想到，就在當週的星期五放學後，他又在家樂福偷東西被安全人員逮到，安全人員並沒有直接通知警察，而是先通知家人不得，轉而通知校方，學校訓導主任接獲通知，馬上去找小皮的爸爸，而小皮的爸爸當時正在賭博。當然，小皮被領回之後，又難免慘遭一頓修理。

　　小皮不但已經學會使用狡滑來保護自己，而且生性暴唳性格的他，任何人稍微惹到他，他絕對不手軟，出手兇殘令人寒心。

　　打人成了小皮發洩心中不滿的習慣，有一次，在逛夜市的時候打了一個女孩子，對方的爸爸剛巧是個流氓，當晚立刻被揍到輕微腦震盪，在家休息三天。小皮的爸爸在這次的事件中，獲得了五千塊的賠償金，這次的教訓並沒有使小皮變得收斂，他依然固我。

　　在學校打人，對小皮來說已經是常態，差別只是程度的嚴重性。一次，他因不滿打人被老師罵，放學途中拿棍子重擊該生，予以報復。

　　翌日，該生媽媽帶著證據來找校長理論：「如果沒有這頂安全帽，我這個兒子早就被打死了，看到安全帽的傷痕，到現在我的心還在不安，這樣子，我怎能安心讓兒子在這個學校念書呢？」

　　又一次，他為了打隔壁班的同學，被該班導師出面制止，小皮毫不放在眼裡，拿起掃帚，抵住該班導師脖子，目露兇光，語帶威脅：「你幹嘛擋住我的路。」

　　「你要打我班上的學生，我當然不讓你進來。」

　　小皮大罵三字經，掃帚用力丟向隔壁班同學的身上。

　　小皮的爸爸被通知前來處理，一到學校，二話不說，先來個三拳。

　　校長見勢態嚴重，只好約了訓導主任和輔導老師，找了個時間，一同前

往家訪，剛巧小皮最怕的大伯和大姑都在。

校長一開口就說：「小皮這次已經太嚴重了，那有人敢動老師的。我想要不要考慮給孩子換個新環境，看能不能改變他的行為。」

大姑：「我不知道，他在學校發生這麼嚴重的事情，不然昨天就不給他吃飯。」

校長：「你們看有沒有什麼辦法，可以解決這樣的問題，因為，學校真是用盡了各種辦法，他仍然不改暴力的習性，他在學校的問題，也常造成其他人的威脅。」

大姑一再為小皮求情：「你們看可不可以再給他一次機會，如此再發生打架事件的話，就把他直接送到感化院去好了。」

校長無奈地回應：「我們學校從來沒有發生過，學生敢動老師的案例，這次實在是太嚴重了，這不是給幾次機會的問題，而是他的心理病了，需要換個環境重新教育他。」

大伯看情形不對，只好出面說話：「這樣子好了，你們再給他一次機會，我有時間就去學校巡視關心他的情形好了，如果他還有任何對老師不敬或打人的行為，我再出面處理。」

大伯叫小皮出來，當著眾人的面，告戒小皮，如果以後再發生任何對老師不敬或打人的行為，就不用讀書了，直接送到感化院去好了。

校長看情形只好接受：「好吧！我們就再給他最後一次機會好了。」

當小皮被支開後，校長把話講明：「你們不要再包庇他了，他一定會再犯的。」

當然，一闡提的本質如果那麼容易被壓下來，就不叫一闡提了。之後，他仍然不斷地打人，然而，不到二個禮拜，小皮又發生一件大條的。他又不滿被告密而遭受老師責罵，放學後，竟下手將該生打得顏面瘀血，送醫驗傷，竟有輕微腦震盪現象。

另一長期被恐嚇、勒索、欺負的學生家長，聽聞此事，實在忍無可忍，

決定對他提出告訴，要不是在鄉裡建廟，不想起是非，早就對他提出告訴了，這次絕對不能再縱容他了。少年法庭的保護官也說明，如果沒有受害者提出告訴，他們是不方便介入的。

然而，這次小皮的家人不知從何得知，此事將一發不可收拾。於是，找了家族的人，帶著小皮，一同前往將要提出告訴的家長那裡求情了三個小時，最後，讓小皮在神明面前跪著發誓，以後絕對不再打人、恐嚇、勒索、欺負別人，同時隔日，必須到學校輔導老師那裡簽下悔過書，保證以後絕對不再打人。

小皮都照做了，然而，這只是一齣演給大人想看的戲罷了。

他依然固我，抽煙、欺負人，只是他生活中的常態。

不久，小皮因為同學對他開了個小玩笑，把對方揍到流鼻血，而該生是個不折不扣的好學生，平時安靜乖巧，人緣很好，生性良善，沒想到，卻會因為一個小玩笑而遭受血光之災。小皮真是病了，而且病的很嚴重。

輔導老師感到十分無能為力，再次求助於，負責小皮的少年法庭保護官：「你一直告訴我，如果沒有受害人提出告訴，你們不方便介入，然而，我們這個鄉下地方，家長一聽到要上法院，個個就退避三舍了。我們用盡了方法，只能眼睜睜地看著下一個受害者被毆傷，我們為此地辛辛學子內心的恐懼陰影感到痛心，卻無法為他們揮走那層恐懼的面紗。所有的家長和師長，每給他一次機會，就等於在害另一個人。我們能怎麼辦呢？」

終於，保護官願意主動介入輔導了。

小皮目前內在惡性的成長速度很驚人，每經歷一次事件，他的出手就愈重，而且目無尊長的程度已經習以為常。

有人會問：「一闡提既然那麼壞，還有沒有救？」稍微了解佛法的人都會回答：「有」。為什麼呢？因為一闡提雖然斷絕善根，但是他原本具足的成佛本性仍在，照樣未受污染。

中國佛教歷史上有名的禪宗公案，「生公說法，頑石點頭」。

生公，是南北朝時的竺道生法師。在當時佛經翻譯還不完備時，他大膽提出了「一闡提也可成佛」的看法，受到當時佛教界嚴厲的批判。

道生法師被擯後，隱居山中。後來來到蘇州虎丘，以石為徒演說佛法，當講到「一闡提也有佛性」時，頑石居然一一點頭。

一直到《大般涅槃經》傳進中國，經中闡釋「一切眾生皆有佛性」，眾人方才歎服。

一闡提，是五逆十惡，斷善根的人。佛陀說這樣的人也可成佛，是何等的大悲心。

一闡提大都來自於沒有愛的家庭，目前，學校的功能並無法取代一闡提家庭的地位。所以，一闡提的種子在家庭種下，在學校裡發芽、成長，在社會中爆發。

如果要避免一闡提未來在社會中爆發，最直接、有效的方式就是，將一闡提抽離原生家庭，交由特教學校取代家庭的地位，給予一闡提生命中應有的愛與關懷，這不僅是救了一個人，而且是一個人性光輝社會的基礎，一闡提的問題沒有在學校中被解決，談論理想的社會模式都是不完整的。

近日，台北市教育局為杜絕層出不窮的體罰事件，首創全國先例以大過嚴格約束老師體罰，相較之前體罰只會遭到記申誡的輕罰重了 6 倍。

在教育界中提倡零體罰的目標，相當於在國家層級廢除死刑，在世界層級倡導和平一般地理想。如此境界的理想是無庸置疑的，是不證自明的。非暴力的世界，沒有死刑的國家，零體罰的教育，這是人類共同理想生活的境界。然而，值得我們深思的是，倡導和平並沒能消彌戰爭，廢除死刑並不能消除壞人，提倡零體罰並無法根絕一闡提。

我們必須正視的是，一闡提確實存在於我們的學校裡，未來社會的十大搶擊要犯就在這裡面滋長。我們要給老師的是，共同建設未來理想社會的希望，而不是一再挫敗老師的教育自主權。理想可以被高舉，但問題更需要被

解決。

　　一個一闡提足以搞亂整個校園，一個陳進興足以作亂整個社會，一個賓拉登足以恐怖整個國際。

　　一闡提是一片沒有愛的乾旱沙漠，這是一般老師所無法負荷的重。當老師面對一闡提束手無策的時候，誰來伸出專業的援手呢？

附錄五：

（本文在 2010 年已發表於師友月刊，515，99-102）

誰不想擁有歡樂的時光？

渴望歡樂的時光

開學的第一週，一位三年級的孩子，小光（化名）興緻高昂地跑進音樂教室，快步地走到我的面前直嚷著說：「老師，我們來唱歌。」

小光的提議引起旁邊幾個一起進來同學的附和，其中有一個疑似過動兒的孩子喊得特別大聲：「唱歌！唱歌！」

我沒有積極的回應他們，只是淡淡地說：「以後有空再唱歌，等一下我們要上課。」但小光和身旁的同學仍然不死心地一直盧著我。

身為音樂老師的我，孩子喜歡唱歌自然是很值得高興的事。我知道，他們很喜歡上學期期末時，我為他們安排的歡樂卡拉 OK 時光，我趁著期末課程結束之際，在音樂教室運用卡拉 OK 的形式，直接上 YouTube 網站，讓孩子點唱自己喜歡的歌曲。

當然，為了讓音樂教室資訊化，我特別買了一台實用型的投影機和專業型的麥克風，我知道孩子應該會喜歡唱自己喜愛的歌曲。以當代的網路科技來說，我們想要的資訊，幾乎都可以輕而易舉地從網路上取得，實用快速又方便的不得了。所以，我就運用了 YouTube 網站和一組音質還不錯的音響，開啟了孩子的歌唱歡樂時光。

必須、應該與想要

我明白，小光真的愛上了學期末的歌唱歡樂時光，但孩子畢竟是孩子，孩子總是一味地追求自己想要做什麼，而忘記自己必須或應該做什麼。

當上課鐘聲一響，孩子們都坐好準備上課時。小光仍然不死心的說：

「老師，我們來唱歌啦。」話語一出，立刻引起全班同學的熱烈回響，尤其那個疑似過動兒實在精力旺盛，大聲的帶動全班呼叫：「唱歌！唱歌！唱歌！……」

我可以感受到孩子們內心那一股強烈的渴望，他們真的喜歡唱他們自己喜愛的歌曲。這時，我的內心是充滿欣慰且平靜的，欣慰的是，孩子是喜歡來到音樂教室這個空間的；平靜的是，我知道如何去平息這股不平靜的浪潮。

我先以同理心的態度去瞭解他們內心的渴望：「好了。我知道你們很喜歡唱卡拉 OK！老師也很喜歡唱。但是，老師只能說，畢竟你們是小孩子，你們還無法清楚地分辨，什麼是必須？什麼是應該？什麼是想要？」

於是，我順手以層次性的方式將「必須、應該和想要」寫在在黑板上。

想要
應該
必須

而且，我在「必須」的下面畫了一條長長的直線。

心靈的深度溝通

「老師是大人，老師不能像你們一樣，無法分辨必須和想要之間的差別。」

這時，全班已經慢慢的平靜下來，我知道，這時可以進一步地做心靈的深度溝通，我沒有用老師嚴肅的角色直接制止他們內心的渴望，反而以同理心的角度去感受他們的想要。

「如果可以的話，老師也很想跟你們一起，從期初的第一週歡唱到期末的最後一週。因為老師和你們一樣覺得唱歌是一件很快樂的事情，但是如果老師這樣做，你們覺得你們的爸爸媽媽知道了會怎樣說。你們想想看，你們的爸爸媽媽會同意老師這樣做嗎？我相信，他們一定會罵老師，怎麼那麼混，

都沒有在上課，只是放任孩子在卡拉 OK。」

　　孩子靜靜地聽我說，我知道，他們已經慢慢進入了我的溝通世界。

　　「唱卡拉 OK 不是不好，老師也很想一直唱自己喜歡的歌就好，這樣你們高興，老師也樂的輕鬆。但是你們的爸爸媽媽一定不會同意老師這麼做。因為我們連必須要做的事情都還沒有做，就只想要做想做的事。老師必須做的事就是教學，你們必須做的事就是學習。」

　　我儘量使用孩子聽得懂的話語，解釋「必須、應該和想要」之間的差別。

　　「我們怎麼知道，什麼是做須要做的事？什麼是應該要做的事？而什麼是想要做的事呢？」

　　我用小棒子指在黑板上寫著「必須」的底線上：「必須要做的事，就是你個人生命的基本底線，也就是個人的基本責任。如果你連必須要做的事都沒有做，就自然會產生痛苦。」

　　我知道這樣的解釋有點抽象，對於三年級的孩子而言，可能會很多人聽不懂。因此，我進一步用簡單的比喻說明：「就好像，每個人都必須吃飯。只要是人就一定要吃東西，如果你連吃東西都不吃的話，你自然會餓得很難過，甚至會死掉。如果你必須做的事情沒有做，自然會有人責罵你。所以，如果你常常被爸媽和師長責罵的人，就是你連必須做的事都沒有去做，才會常常被罵。這樣你和師長的關係就會很難過，甚至你和師長的關係會枯死。因為你連生活中最基本必須的底線都不願意去做。例如：寫功課是學生必須要做的事，如果你連最基本的寫功課都不寫的話，爸媽和師長就自然會責罵你。」

　　接著，我用小棒子往上指著「應該」：「應該要做的事，就是你個人主動把事情做得好。例如：你把字寫的很整齊、很漂亮，爸媽和師長就會很高興、很喜歡你。因為你不僅做了必須做的事，而且做好應該做的事。如果你只是應付了事，把字寫的很潦草，老師也拿你沒辦法，因為你已經有做了，但你只是被動地做了必須做的事。所以，如果你做好應該做的事情，爸媽和師長開始會為了你而高興。那些把必須和應該的事情做好的人，他們會受到

爸媽和師長的信任，他們才有資格談要想做的事。」

我再把小棒子往上一層指向「想要」：「當你做好必須要做的事和應該要做的事時，這時候不但沒有人會責罵你，而且你可以真正快樂地做自己想要做的事。」

我舉了班上幾個平常很認真負責的學生，用具體的事實來讓他們明白：「像小玲、小琪這樣，平常很努力認真學習，爸媽和師長看了都很高興，喜歡他們都來不及，怎麼會去罵他們呢？他們真正可以選擇自己想要做的事，而且可以做的很開心，師長們看了也會為他們感到開心。」

我用很嚴肅的心情告訴他們：「要分辨必須、應該和想要之間的差別並不是那麼簡單，有人就是一輩子搞不清楚。不要說你們是小孩子，連有的大人都只想做想要的事。」

我開始把視野拉到現實的生活層面，讓他們省思自己：「你們看那些被關在監獄中的人，難道他們不知道不可以偷東西，不可以欺詐別人、貪污嗎？大家都知道，沒有人不知道。他們就是沒辦法管好自己，一味地只想滿足自己的欲望，只是想著自己想要的東西，全部忘了什麼是必須和應該，最後只好由社會來管他們。」

我感覺到大家有了接受度，於是我開始把他們的心收回來：「所以，老師只能說，你們還小，還有許多東西需要學習。當你們搞不清楚的時候，老師不能像你們一樣搞不清楚。你們來學校就是要學習，而唱卡拉 OK 是一種休閒活動。休閒活動也是很好的，只是需要等我們做好必須和應該的事之後，老師一定會安排你們想要做的事。這樣子懂了嗎？」

我無法確定，經過漫長的心靈溝通之後，到底有幾個人可以聽得懂，於是最後我問了一句話：「老師這樣說明，聽得懂的請舉手。」

此時，教室原本的浮燥激動的氣氛沈澱了下來，我感受到他們接受了，我苦心為他們好的心靈溝通。

舉手的人超過了三分之二以上，我感到很欣慰地請他們放下，然後翻開課本開始上課。

時代的省思

在少子化的時代，孩子愈來愈受寵愛，有的孩子想要什麼就有什麼，老師經常無奈地必須和孩子的想要之間抗衡。有人說：「想要害一個人最好的方式就是，滿足他一切所需。」

二十年來的教書生涯中，深切地感受到，現在的孩子愈來愈自我，耍脾氣、鬧脾氣、我行我素、學習散漫、貪求玩樂，甚至頂嘴、投機取巧、行為荒唐的現象愈來愈多。愈來愈多孩子只求滿足當下快樂的衝動，這就是當代教育感到憂心「有品與無品」的問題。

教育部去年（2009）六月擬於一年半內，提撥 12 億經費在各級學校推動「台灣有品教育」，活動計畫一推出，立刻引發四面八方的質疑，品德教育是可以靠金錢推出來的嗎？

如果我們不老老實實地，從生活教育的基礎做起，再多的計畫，再多的金錢，也無法扭轉時代追求刺激與消費的速度文化。機會教育就是生活教育很重要的一環。

誰不想要擁有歡樂的時光？但誰又願意為最基本的事情付出心力呢？

陸、參考文獻

一、中文部分

Bhakti（譯）（2010）。**情緒**（原著者：Osho）。臺北市：麥田出版。

Greenpeace 綠色和平（2019）。《海，有什麼「塑」—臺灣海岸垃圾總體檢》報告。**Greenpeace 綠色和平**。取自：

https://www.greenpeace.org/taiwan/update/15198/%E3%80%8A%E6%B5%B7%EF%BC%8C%E6%9C%89%E4%BB%80%E9%BA%BC%E3%80%8C%E5%A1%91%E3%80%8D%E2%94%80%E2%94%80%E8%87%BA%E7%81%A3%E6%B5%B7%E5%B2%B8%E5%9E%83%E5%9C%BE%E7%B8%BD%E9%AB%94%E6%AA%A2%E3%80%8B%E5%A0%B1/

丁遠峙（2001）。**方與圓**。臺北市 ： 滾石。

玄奘大師（2019）。**解深密經精要**。臺北市：奧修出版。

朱衣（譯）（1999）。**生活更快樂：達賴喇嘛的人生智慧**（原著者：達賴喇嘛和霍華德‧卡特勒）。臺北市：時報文化。

宋文里（譯）（1999）。**成為一個人：一個治療者對心理治療的觀點**（原著者：Carl R. Rogers）。臺北市：桂冠。

忻佳平（2020）。不吸菸卻罹患肺癌 恐是空污惹禍。**元氣網**。取自：

https://health.udn.com/health/story/6008/4703750。

李建興（2018）。55.4%上班族學非所用。**遠見**。取自：

https://www.gvm.com.tw/article/42808

車文博（2001）。**人本主義心理學**。臺北市：臺灣東華。

兒童福利聯盟文教基金會（2014）。2014 年臺灣校園霸凌狀況調查報告。**兒童聯盟**。取自

http://www.children.org.tw/news/advocacy_detail/1174

兒福聯盟（2004）。2004 年國小兒童校園霸凌(bully)現象調查報告。**兒福聯盟**。取自 http://www.children.org.tw/research/detail/69/232

兒福聯盟（2020 年 12 月 10 日）。2018 台灣校園霸凌防制現況調查。**兒盟**

資料館。取自

https://www.children.org.tw/research/detail/69/1458

兒福聯盟（2020 年 12 月 14 日）。2020 台灣學生網路霸凌現況調查。**兒盟
資料館**。取自

https://www.children.org.tw/research/detail/69/1733

周和君（譯）（2003）。**開心：每天的幸福快樂，來自心靈的開放**（原著者：
達賴喇嘛 & Nicholas Vreeland 編）。臺北市：遠流。

周明辰、許士亮譯（2001）。**心靈與科學的橋**（原著者：Norman
Friedman）。臺北市 ： 方智。

施郁芬、廖本聖（譯）（2009）。**慈悲與智見**（原著者：達賴喇嘛）。臺北
市：橡樹林文化。

柯采伶（2010）。**真的只是囝仔的打鬧嗎？－國中霸凌者校園霸凌行為之研
究**（未出版之碩士論文）。國立高雄師範大學，高雄市。

洪福源，黃德祥（2002）。國中校園欺凌行為與學校氣氛及相關因素之研究。
彰化師大教育學報，2，37-84。

洪蘭（譯）（2009）。**天生愛學樣：發現鏡像神經元**（原著者：Marco
Iacoboni）。臺北市：遠流。

郎朗（2008）。**郎朗：我用鋼琴改變世界**。臺北市：遠流。

翁仕杰（譯）（2008）。**達賴喇嘛教你認識自己**（原著者：達賴喇嘛）。臺
北市:天下雜誌。

康健網站編輯（2017）。PM2.5 危害 肺癌、肺腺癌主因之一。**康健**。取自：
https://www.commonhealth.com.tw/article/74018

陳明珠（2010）。**高中職學生霸凌經驗與人際依附風格、焦慮、憂鬱情緒之
相關研究**（未出版博士論文）。國立高雄師範大學，高雄市。

陳明堯（譯）（2008）。**蓮花中的鑽石：寂靜之聲與覺醒之鑰**（原著者：
Osho）。臺北市：生命潛能文化出版。

陳雅汝（譯）（2013）。**四%的人毫無良知，我該怎麼辦？**（原著者：

一、中文部分

　　　　Martha Stout　）。臺北市：商周出版。

陳騏龍（2005）。學校裡的一闡提。**屏縣教育，22**，47-51。

陳騏龍（2009）。面對校園霸凌氾濫的真相與省思。**師說，212**，43-47。

陳騏龍（2010）。當前國民教育學生學習態度現況調查研究。**師說，218**，
　　　　4-16。

陳騏龍（2010）。誰不想擁有歡樂時光。**師友月刊，515**，99-102。

陳騏龍（2011）。東方心理治療的科學基礎探源。**諮商與輔導，310**，2-7。

傅佩榮（2003）。**釐清自我的真相：從心理學談起**。臺北市：天下遠見。

傅佩榮（2005）。**孔子的生活智慧：真誠與圓滿**。臺北市：洪建全基金會出
版。

楊士隆、蔡德輝（2004）。**犯罪學**。臺北市：五南。

賈馥茗（1999）。**人格教育學**。臺北市：五南。

賈馥茗（2005）。**教育的本質**。臺北市：五南。

鄔昆如（1985）。**西洋哲學史話**。臺北市：三民。

鄔昆如（1989）。**人生哲學**。臺北市：五南。

鄔昆如（2004）。**西洋哲學史話**。臺北市：三民。

靳文穎（譯）（1996）。**揭開心智的奧祕**（原著者：Jeremy W. Hayward &
　　　　Francisco J. Varela 編著）。臺北市：眾生文化出版。

廖世德（譯）（2005）。**萬法簡史**（原著者：Ken Wilber）。臺北市：心靈
　　　　工坊文化。

黎建球編著（2004）。**人生哲學**。臺北市：五南。

賴貞秀（譯）（2019）。**完全圖解 元素與週期表**：解讀美麗的週期表與全
　　　　部 118 種元素！（原著者：日本 Newton Press）。高雄市：人人出版。

謙達那（譯）（1987）。**道之門**（原著者：Osho）。臺北市：奧修出版。

謙達那（譯）（1991）。**女人與婚姻**（原著者：Osho）。臺北市：奧修出版。

謙達那（譯）（1992）。**智慧金塊**（原著者：Osho）。臺北市：奧修出版。

謙達那（譯）（1993）。**白雲之道**（原著者：Osho）。臺北市：奧修出版。

謙達那（譯）（1995）。**新人類**（原著者：Osho）。臺北市：奧修出版。

謙達那（譯）（2000）。**靈魂的科學**（原著者：Osho）。臺北市：奧修出版。

鍾鴻銘（2017）。九年一貫課程發展的歷史反思。**課程研究，**12（2），1-
19。

二、英文部分

Baldry, A. & Farrington, D. (2004). Evaluation of an intervention
program for the reduction of bullying and victimizationin
schools. *Aggressive Behavior, 30*, 1-14.

Coffield, F., Moseley, D., Hall, E., & Ecclestone，K. (2004).
*Learning styles and pedagogy in post-16 learning: A systematic
and critical review.* London: Learning and Skills Research
Center.

Dulmus, C., Theriot, M., Sowers, K. & Blackburn, J. (2004). Student
reports of peer   bullying victimization in a ruralschool.
Stress, Trauma & Crisis: An International Journal, 7, 1-15.

Eisenberg, M., Neumark-Sztainer, D. & Perry, C. (2003). Peer
harassment, school connectedness, and academic
achievement. *Journal of School Health, 73*, 311-316.

Fleming , N. D. （2001）. *Teaching and learning styles: VARK
strategies* . Christchurch , New Zealand: N. D.

Limber, S. & Nation, M. (1998). Bullying among children and youth,
in Arnette, L. & Walsleben, M. C. (eds.). *CombatingFear and
Restoring Safety in Schools*. Washington, D. C.：Office of

二、英文部分

Juvenile Justice and Delinquency Prevention.

Nansel, T. R., Overpeck, M. D., Pilla, R. S., Rian, W. J., Simons-Morton, B. & Scheidt, P. (2001). Bullying behaviors among US youth. *Journal of the American Medical Association, 285*(16), 2094-2100.

Reid, Joy. (1997). Different Styles for Different Learners. *Time Express, May, 30-33.*

Reiff, M. (2003). Bullying and violence. *Journal of Developmental & Behavioral Pediatrics, 24,* 296-297.

Van derWal, deWit, C. A. M. & Hirasing, R. (2003). Psychological health among young victims and offenders of direct and indirect bullying. *Pediatrics, 111,* 1312-1317.

國家圖書館出版品預行編目資料

國家教育心靈：創造個人幸福與美好社會的教
育生態系統 / 陳騏龍著. --初版.--臺中市：白
象文化事業有限公司，2021.9
　　面；　公分
ISBN 978-626-7018-26-2（平裝）
1. 教育哲學 2. 人生哲學
520.11　　　　　　　　　　　110011699

國家教育心靈：創造個人幸福與美好社會的教育生態系統

作　　者　陳騏龍
校　　對　陳騏龍
專案主編　水邊
出版編印　林榮威、陳逸儒、黃麗穎、水邊、陳婕婷、李婕
設計創意　張禮南、何佳誼
經銷推廣　李莉吟、莊博亞、劉育姍、李如玉
經紀企劃　張輝潭、徐錦淳、黃姿虹、廖書湘
營運管理　林金郎、曾千熏
發 行 人　張輝潭
出版發行　白象文化事業有限公司
　　　　　412台中市大里區科技路1號8樓之2（台中軟體園區）
　　　　　出版專線：（04）2496-5995　　傳真：（04）2496-9901
　　　　　401台中市東區和平街228巷44號（經銷部）
　　　　　購書專線：（04）2220-8589　　傳真：（04）2220-8505
印　　刷　基盛印刷工場
初版一刷　2021 年 9 月
定　　價　450 元